Die anwaltliche Tätigkeit während
der nationalsozialistischen Herrschaft

Rechtshistorische Reihe

Band 235

Peter Lang
Frankfurt am Main · Berlin · Bern · Bruxelles · New York · Oxford · Wien

Friedo Schröder

Die anwaltliche Tätigkeit während der nationalsozialistischen Herrschaft

Eine Analyse der anwaltlichen Argumentation in Zivilprozessen anhand der vorhandenen Prozeßakten der Landgerichte Frankenthal, Wiesbaden, Limburg und Frankfurt und der Handakten der jüdischen Konsulenten des OLG-Bezirks Frankfurt am Main

Peter Lang
Europäischer Verlag der Wissenschaften

Die Deutsche Bibliothek - CIP-Einheitsaufnahme

Schröder, Friedo:

Die anwaltliche Tätigkeit während der nationalsozialistischen Herrschaft : eine Analyse der anwaltlichen Argumentation in Zivilprozessen anhand der vorhandenen Prozeßakten der Landgerichte Frankenthal, Wiesbaden, Limburg und Frankfurt und der Handakten der jüdischen Konsulenten des OLG-Bezirks Frankfurt / Friedo Schröder. - Frankfurt am Main ; Berlin ; Bern ; Bruxelles ; New York ; Oxford ; Wien : Lang, 2001
(Rechtshistorische Reihe ; Bd. 235)
Zugl.: Mainz, Univ., Diss., 2000
ISBN 3-631-36606-X

Die vorliegende Arbeit wurde von
Professor Lingelbach zur Aufnahme
in die Reihe empfohlen.

Gedruckt auf alterungsbeständigem,
säurefreiem Papier.

D 77
ISSN 0344-290X
ISBN 3-631-36606-X

Printed in Germany 1 2 3 4 6 7

Für meine Eltern

Danksagung

Die vorliegende Arbeit hat der Fachbereich Rechts- und Wirtschaftswissenschaften der Johannes Gutenberg-Universität Mainz im Wintersemester 1999/2000 als Dissertation angenommen.

Für die angenehme Diskussionsatmosphäre, die guten Ratschläge und die große Geduld möchte ich mich bei meinem Doktorvater Herrn Prof. Dr. Andreas Roth sehr herzlich bedanken.

Herrn Prof. Dr. jur. Eckhart Pick schulde ich Dank für die Übernahme des Zweitgutachtens.

Während der Erarbeitung meiner Dissertation war ich am Lehrstuhl von Prof. Dr. Arndt Teichmann beschäftigt. Ihm verdanke ich ein vertieftes Verständnis für das systematische und strukturierte Erfassen von Sachverhalten.

Ein großes Dankeschön geht zudem an meinen früheren Kollegen Herrn Markus Beck, in dem ich einen meine Arbeit unterstützenden Freund gefunden habe.

Auch an die Mitarbeiter des Landesarchivs in Speyer und des Hauptstaatsarchivs in Wiesbaden, namentlich die Herren Dr. Paul Warmbrunn und Dr. Klaus Eiler, besten Dank. Sie waren mir stets behilflich, erteilten gern Auskünfte und stellten mir die umfangreichen Akten, die ich für meine Recherchen benötigte, zur Verfügung.

Besonderer Dank gebührt Frau Sabine Jörg, Frau Marion Petri und Herrn Peter Staab, die mit ihren kritischen Anmerkungen und dem Korrekturlesen wesentlich zum Gelingen der Dissertation beigetragen haben.

Inhaltsverzeichnis

Literaturverzeichnis

* = Vorname in der Fundstelle nicht vorhanden.

Abraham, Hans Fritz: Wesen und Ziele einer Neuorganisation der deutschen Rechtsanwaltschaft, JW 1919, S. 427.

Adam, Uwe Dietrich: Judenpolitik im Dritten Reich, Düsseldorf 1972.

*Badura**: Anwaltsfragen, DR 1942, S. 1575.

Ball, Wolfgang: Sondergerichte im Oberlandesgerichtsbezirk Zweibrücken, in: 175 Jahre pfälzisches Oberlandesgericht, hrsg. v. Sven Paulsen, Neustadt a. d. Weinstraße 1990, S. 227 ff.

Ball, Wolfgang: „Panzertruppe der Rechtspflege". Die Tätigkeit der Sondergerichte in der Pfalz während der Herrschaft des Nationalsozialismus, in: Die Pfalz unterm Hakenkreuz, S. 141 ff.

Barkai, Avraham: Der wirtschaftliche Existenzkampf der Juden im Dritten Reich (1933-1938), in: Aus Politik und Zeitgeschichte, Beilage zur Wochenzeitung Das Parlament, B 31/86 (1986), S. 39 ff.

Barkai, Avraham: Vom Boykott zur „Entjudung". Der wirtschaftliche Existenzkampf der Juden im Dritten Reich 1933-1943, Frankfurt 1988.

Barkai, Avraham: „Schicksalsjahr 1938". Kontinuität und Verschärfung der wirtschaftlichen Ausplünderung der deutschen Juden, in: Der Judenpogrom 1938. Von der „Reichskristallnacht" zum Völkermord, hrsg. von Walter Pehle, Frankfurt 1988, S. 94 ff.

Baumbach, Adolf: ZPO-Kommentar, 9. Aufl., München/Berlin 1934.

Baumbach, Adolf: ZPO-Kommentar, 15. Aufl., München/Berlin 1939.

*Baumeyer**: Buchbesprechung, JW 1927, S. 2612.

Bechert, Rudolf: Die deutschrechtliche Rechtsprechung, JW 1933, S. 2309 ff.

Becker, Hans-Jürgen: 100 Jahre Kölner Anwaltverein: Zur Geschichte der Kölner Anwaltschaft 1887-1987, in: 100 Jahre Kölner Anwaltverein, Köln 1987.

*Benkendorff**: Treu und Glauben im Zivilprozeßrecht, JW 1933, S. 2870 ff.

Benz, Wolfgang: Von der Entrechtung zur Verfolgung und Vernichtung. Jüdische Juristen unter dem nationalsozialistischen Regime, in: Deutsche Juristen jüdischer Herkunft, hrsg. von Helmut Heinrichs/Harald Franzki/Klaus Schmalz/Michael Stolleis, München 1993, S. 813 ff.

Berning, Cornelia: Vom „Abstammungsnachweis“ zum „Zuchtwart“. Vokabular des Nationalsozialismus, Berlin 1964.

*Biermann**: Ein Vorschlag, JW 1923, S. 677.

Bilfinger, Rudolf: Der Gemeinschaftsgedanke im geltenden Recht, JW 1933, S. 2550 f.

Boberach, Heinz: Richterbriefe, Dokumente zur Beeinflussung der deutschen Rechtsprechung 1942-1944, Boppard am Rhein 1975.

Boberach, Heinz: Dorten, Hans Adam, Politiker, in: Biographisches Lexikon zur Weimarer Republik, hrsg. von Wolfgang Benz/Hermann Graml, München 1988.

Böhme-Köst, Gabriele (Bearbeiterin): Auflösung von Sozietäten mit Juden (Mitteilung), JW 1935, S. 3287.

Böhme-Köst, Gabriele (Bearbeiterin): Jüdische Kommentare in der Ehrenrechtsprechung? (Mitteilung der Reichsrechtsanwaltskammer), JW 1936, S. 846.

Böhme-Köst, Gabriele (Bearbeiterin): Vom Arbeitseinsatz der weiblichen Rechtswahrer (Mitteilung), DRW 1939, S. 1629.

Böhme-Köst, Gabriele (Bearbeiterin): Anordnungen des Präsidenten der Reichs-Rechtsanwaltskammer, MdRRAK 1939, S. 121.

Böhme-Köst, Gabriele (Bearbeiterin): Mitteilungen der Steuerstelle der Reichs-Rechtsanwaltskammer, MdRRAK 1939, 232.

Böhme-Köst, Gabriele (Bearbeiterin): Arbeitstagung des NSRB (Mitteilung), DR 1942, S. 163 ff.

Böhme-Köst, Gabriele (Bearbeiterin): Arbeitsgruppentagung des Reichsgruppenrates der Rechtsanwälte, DR 1942, 1090.

Böhme-Köst, Gabriele (Bearbeiterin): Anwendung der §§ 22 ff. KWVO bei den freien Berufen (Mitteilung des Reichsrechtsamtes und des NSRB), DR 1942, S. 31 f.

Böhme-Köst, Gabriele (Bearbeiterin): Weitere Abkürzung des Vorbereitungsdienstes für Gerichtsreferendare, die Kriegsteilnehmer sind (Mitteilung des NS.-Rechtswahrerbundes), DR 1943, S. 510.

Brockhaus, Die Enzyklopädie, Bd. 20, 20. Aufl., Mannheim 1996.

*Brodauf** (Reichstagsabgeordneter): Redebeitrag im Reichstag, JW 1922, S. 461.

Broszat, Martin: Der Staat Hitlers, Grundlegung und Entwicklung seiner inneren Verfassung, München 1969.

Brück, Carlheinz von: Ein Mann, der Hitler in die Enge trieb, 2. Auflage, Berlin 1975.

*Buhmann**: Zur Frage der Änderung der Rechtsanwalts-Ordnung, JW 1920, S. 678.

Burkart, Erich: §§ 2229-2264, in Münchener Kommentar, Bürgerliches Gesetzbuch, Bd. 9 (Erbrecht), 3. Aufl., München 1997.

Burrin, Philippe: Hitler und die Juden. Die Entscheidung für den Völkermord, Frankfurt 1993.

Dackweiler, Edgar Werner: Reichskonkordat und katholische Schule, JW 1933, S. 2487 ff.

Debus, Karl Heinz: Christen und Juden und die Justiz im Dritten Reich im Oberlandesgerichtsbezirk Zweibrücken, in: 175 Jahre pfälzisches Oberlandesgericht, hrsg. von Sven Paulsen, Neustadt a. d. Weinstraße 1990, S. 181 ff.

Debus, Karl Heinz: Die großen Kirchen unter dem Hakenkreuz. Kirchen und Religionsgemeinschaften in der Pfalz 1933-1945, in: Die Pfalz unterm Hakenkreuz, S. 227 ff.

Debus, Karl Heinz: Kreuz gegen Hakenkreuz. Kirchen in der Pfalz im Alltag, in: Die Pfalz unterm Hakenkreuz, S. 273 ff.

Dittenberger, Heinrich / Magnus, Julius (Schriftleiter): Verhandlungen der Vertreterversammlung des Deutschen Anwaltvereins zu Leipzig, JW 1920, S. 171 ff.

Dittenberger, Heinrich (Schriftleiter): Aus der Vereinstätigkeit, AnwBl 1928, S. 316 f., 347 ff.

Dittenberger, Heinrich / Magnus, Julius (Schriftleiter): Bevölkerungszahlen und Anwaltszahlen, JW 1928, S. 2765 ff.

Dittenberger, Heinrich / Magnus, Julius (Schriftleiter): Bevölkerungszahlen und Anwaltszahlen. JW 1929. S. 394 ff.

Dittenberger, Heinrich (Schriftleiter): Vereinsnachrichten, AnwBl 1930, S. 49 ff.

Dittenberger, Heinrich (Schriftleiter): Aus der Vereinstätigkeit, AnwBl 1930, S. 52 ff.

Dittenberger, Heinrich (Schriftleiter): Vereinsnachrichten, AnwBl 1930, S. 161.

Dittenberger, Heinrich (Schriftleiter): Vereinsnachrichten, AnwBl 1931, S. 12.

Dittenberger, Heinrich (Schriftleiter): Prozeßtätigkeit von Handwerkskammern und Innungsausschüssen, AnwBl 1932, S. 392 f.

Dittenberger, Heinrich (Schriftleiter): Aus der Vereinstätigkeit, AnwBl 1932, S. 159 ff.

Dittenberger, Heinrich (Schriftleiter): Entwurf eines Gesetzes über die Reichs-Rechtsanwaltskammer, AnwBl 1932, S. 170.

Dittenberger, Heinrich (Schriftleiter): Vereinsnachrichten, AnwBl 1933, S. 50 f.

Dittenberger, Heinrich (Schriftleiter): Die Justiz am 20. August 1943, DR 1943, S. 878 ff.

Douma, Eva: Rechtsanwälte als Staatsdiener. Der „Einsatz" der Rechtsanwälte in der Justiz während des Zweiten Weltkriegs, in: Juristische Zeitgeschichte, Bd. 1 (Justiz im Nationalsozialismus), hrsg. v. Justizministerium des Landes Nordrhein-Westfalen, Geldern 1993, S. 103-130.

Dreher, Franz: Die Veränderungen des Rechtsanwaltsrechts in der Zeit von 1933-1945 und seither, Ravensburg 1947/Tübingen 1949.

Droege, Heinrich / Raeke, Walter (Reichsfachgruppenleiter): Das Selbsthilfeprogramm der Deutschen Anwaltschaft. Denkschrift der Reichsfachgruppe Rechtsanwälte des BNSDJ, JW 1934, S. 1309 ff.

*Drucker**: Deutscher Anwaltverein, Stenographischer Bericht über die 22. Abgeordnetenversammlung, AnwBl 1929, Beilage, S. 1 ff.

Ecke, Felix: Die braunen Gesetze. Über das Recht im Unrechtsstaat, Berlin 1990, S. 92 ff.

Ehrlich, Ulf: Recht-Nationalsozialismus. Eine Bibliographie nebst erschließenden Registern, Pfaffenweiler 1990.

*Eich**: Die Frau in der Rechtspflege, DJZ 1919, Sp. 625.

Feuchtwanger, Sigbert: Die Neuorientierung der Standespolitik, JW 1927, S. 2601.

Feuchtwanger, Sigbert: Anwaltssozietäten, JW 1932, S. 2847.

Flitner, Fritz: Rassenhygienische Betrachtungen im Recht, JW 1933, S. 2490 f.

Frank, Hans: Anordnung A XXI 1/39, JW 1939, S. 85 f.

Freisler, Roland: Die neuen Gesetze zur Behebung der Not des Rechtsanwaltsstandes, DJ 1935, S. 1790 ff.

Freisler, Roland: Das Gesetz zur Änderung von Vorschriften des allgemeinen Strafverfahrens, des Wehrmachtstrafverfahrens und des Strafgesetzbuches und seine Stellung in der Strafverfahrenserneuerung, DJ 1939, S. 1565.

Friedrich, Eberhard: Der Rechtsanwalt als Rechtswahrer, JW 1938, S. 1300 ff.

*Fritsche**: Was ist ein Eingriff in die Berufsaufgaben des Rechtsanwalts?, JW 1937, S. 525.

*Fromherz**: Rücktritt von Verlagsverträgen mit nichtarischen Verfassern, JW 1933, S. 2366 f.

*Gaedeke**: Die rechtliche Stellung des Kriegsvertreter aus Art. 2 der Schutzverordnung vom 1. September 1939, DR 1940, S. 1870 f.

Göppinger, Horst: Juristen jüdischer Abstammung im „Dritten Reich", Entrechtung und Verfolgung, 2. Aufl., München 1990.

Grau, Richard: Reichstag und Rechtsanwaltschaft, JW 1929, S. 2490, 2492 ff.

*Grau**: Die Vierte Verordnung zur Vereinfachung der Strafrechtspflege vom 13. Dez. 1944, DJ 1944, S. 309.

Gribbohn, Günter: Der Volksgerichtshof, JuS 1969, S. 109 ff.

*Grimm**: Das Reichsgesetz über die Zulassung zur Rechtsanwaltschaft v. 7. April 1933, DJZ 1933, Sp. 651 ff.

Grimm, Friedrich: Mit offenem Visier. Aus den Lebenserinnerungen eines deutschen Rechtsanwalts, biographisch bearbeitet von Hermann Schild, Leoni am Starnberger See 1961.

Gruchmann, Lothar: Justiz im Dritten Reich 1933-1940. Anpassung und Unterwerfung in der Ära Gürtner, 2. Aufl., München 1990.

Gürtner, Franz (Reichsjustizminister): Richter und Rechtsanwalt im neuen Staat. DJ 1934. S. 369 ff.

Güstrow, Dietrich: Tödlicher Alltag. Strafverteidiger im Dritten Reich, Berlin 1981.

Guttmann, Max: Gefährdung des Anwaltzwangs, AnwBl 1928, S. 328.

Hachenburg, Max: Juristische Rundschau, DJZ 1919, Sp. 400 ff.

Hachenburg, Max: Juristische Rundschau, DJZ 1919, Sp. 726 ff.

Hachenburg, Max: Juristische Rundschau, DJZ 1923, Sp. 220 ff.

Hachenburg, Max: Juristische Rundschau, DJZ 1926, Sp. 1146 ff.

Hartstang, Gerhard: Der deutsche Rechtsanwalt, Rechtsstellung und Funktion in Vergangenheit und Gegenwart, Heidelberg 1986.

*Hein**: Buchbesprechung, JW 1938, S. 446.

Heinrich, Robert: 100 Jahre Rechtsanwaltskammer, München 1979.

*Hempel**: Zur Stellung des Prozeßvertreters nach § 57 ZPO und Art. 2 der Verordnung vom 1. September 1939, DR 1940, S. 1046 f.

Herboth, Hermann / Weiler, Heinrich: Die Geschichte des Landgerichts Frankenthal. Zugleich ein Beitrag zur rheinland-pfälzischen Justizgeschichte, Band 2, Frankenthal 1977.

Herold, Karl: Fünf Jahre Arbeitsgericht. Die Prozeßbeschleunigung und die Zulassung der Rechtsanwälte, JW 1933, S. 2681 ff.

*Herschel**: Ist die Kündigung von Doppelverdienern und Schwarzarbeitern „unbillige Härte"?, JW 1933, S. 1866 f.

*Heuß**: Gemeinschaftslager für Referendare, JW 1933, S. 2495 ff.

*Hildebrandt**: Grundsätzliches zum Dienst im Gemeinschaftslager Hanns Kerrl, DJ 1936, S. 1757.

Hillrichs, Hermann: Zur Frage der standesrechtlichen Zulässigkeit offenkundig aussichtsloser Revisionsbegründungen, DR 1939, S. 753 f.

Hitler, Adolf: Mein Kampf, 10. Aufl., München 1932.

Hofmann, Klaus: Die Verdrängung der Juden aus öffentlichem Dienst und selbständigen Berufen in Regensburg 1933-1939, Frankfurt, Berlin, Bern, New York, Paris, Wien 1993.

Jessen, Jens: Die Selbstzeugnisse der deutschen Juristen. Erinnerungen, Tagebücher und Briefe. Eine Bibliographie, Frankfurt, Bern 1983.

Jöckel, Wilhelm: Politische Rechtswissenschaft, JW 1933, S. 1051 f.

Johe, Werner: Die gleichgeschaltete Justiz, Organisation des Rechtswesens und Politisierung der Rechtsprechung 1933-1945, dargestellt am Beispiel des Oberlandesgerichtsbezirks Hamburg, Frankfurt 1967.

*Jonas**: Gedanken über die Neugestaltung der Gerichtsorganisation, DRW 1941, S. 1329 ff.

*Jung**: Die Auflösung der Ehe zwischen Ariern und Nichtariern, JW 1933, S. 2367 f.

Jungfer, Gerhard: Julius Magnus (1867-1944). Mentor und Mahner der freien Advokatur, in: Deutsche Juristen jüdischer Herkunft, hrsg. von Helmut Heinrichs/Harald Franzki/Klaus Schmalz/Michael Stolleis, München 1993, S. 517 ff.

Kaiser, Jochen-Christoph: Protestantismus, Diakonie und „Judenfrage", S. 673 ff., in: Vierteljahreshefte für Zeitgeschichte, hrsg. von Karl Dieter Bracher/Hans-Peter Schwarz, München 1989.

Kempner, Robert M. W.: Jüdische Juristen in Deutschland, RuP 1971, S. 112 ff.

*Kersten**: Die Rückkehr zum deutschen Volksrecht, JW 1933, S. 1233.

Knobloch, Gundula: Deutsch das Recht und deutsch auch die Juristen - Zur Ausschaltung der jüdischen Rechtsanwälte aus der Anwaltschaft 1933-1938, AnwBl. 1990, S. 483 ff.

König, Stefan: Vom Dienst am Recht. Rechtsanwälte als Strafverteidiger im Nationalsozialismus, Berlin 1987.

*Koenigsberger**: Mitwirkung der Anwälte bei der Geschäftsverteilung der Gerichte, AnwBl 1928, S. 304.

Kolbe, Dieter: Reichsgerichtspräsident Dr. Erwin Bumke, Studien zum Niedergang des Reichsgerichts und der deutschen Rechtspflege, Karlsruhe 1975.

Krach, Tillmann: Jüdische Rechtsanwälte in Preußen. Über die Bedeutung der freien Advokatur und der Zerstörung durch den Nationalsozialismus, München 1991.

Krausnick, Michael: „Man kann verzeihen, aber nicht vergessen". Der Völkermord an den pfälzischen Sinti und Roma, in: Die Pfalz unterm Hakenkreuz, S. 357 ff.

Krohn, Manfred: Die deutsche Justiz im Urteil der Nationalsozialisten 1920-1933, Frankfurt, Bern, New York, Paris 1991.

Krug, Karl (Schriftleiter): Personalnachrichten, DJ 1935, S. 1858.

*Kunisch**: Darf sich ein auf Grund des Gesetzes vom 7.4.1933 ausgeschiedener Rechtsanwalt „Rechtsanwalt a. D." nennen?, DJ 1934, S. 414 ff.

Lang, Hans: Die Unfruchtbarmachung Erbkranker, JW 1933, S. 2035 ff.

Lange, Heinrich: Vom Gesetzesstaat zum Rechtsstaat, Tübingen 1934.

Lehmann, Rudolf / Schlüter, Franz / Rempe, Heinrich: Die Strafprozeßnovelle vom 28. Juni 1935, JW 1935, S. 2327 ff.

Magnus, Julius / Dittenberger, Heinrich (Schriftleiter): Der Deutsche Anwaltstag von 1844 und die damaligen Bestrebungen für nationale Reform der Gesetzgebung, JW 1903, S. 308 f.

Magnus, Julius / Dittenberger, Heinrich (Schriftleiter): Verhandlungen der Vertreterversammlung des Deutschen Anwaltvereins zu Leipzig, JW 1920, S. 171 ff.

Magnus, Julius / Dittenberger, Heinrich (Schriftleiter): Bevölkerungszahlen und Anwaltszahlen, JW 1928, S. 2765 ff.

Magnus, Julius / Dittenberger, Heinrich (Schriftleiter): Bevölkerungszahlen und Anwaltszahlen, JW 1929, S. 394 ff.

Majer, Diemut: „Fremdvölkische" im Dritten Reich. Ein Beitrag zur nationalsozialistischen Rechtssetzung und Rechtspraxis in Verwaltung und Justiz unter besonderer Berücksichtigung der eingegliederten Ostgebiete und des Generalgouvernements, Boppard am Rhein 1981.

*Mannhardt**: Rückwirkende Kraft von Strafgesetzen, JW 1933, S. 2636.

*Megow**: Gebühren für Hilfeleistung in Steuersachen, DR 1944, S. 402 ff.

Meinck, Jürgen: Justiz und Justizfunktion im Dritten Reich, ZNR 1981, S. 28 ff.

Meinzer, Lothar: Ludwigshafen am Rhein und die Pfalz in den ersten Jahren des Dritten Reiches, Veröffentlichungen des Stadtarchivs Ludwigshafen am Rhein, Bd. 9, 2. Aufl., Ludwigshafen 1993, S. 82 und 236.

Meinzer, Lothar: Die Pfalz wird braun. Machtergreifung und Gleichschaltung in der bayrischen Provinz, in: Die Pfalz unterm Hakenkreuz. Eine deutsche Provinz während der nationalsozialistischen Terrorherrschaft, hrsg. von Gerhard Nestler/Hannes Ziegler, Landau 1993, S. 37 ff.

*Merzbacher**: Zweiteilung der Anwaltschaft. Spezialistentum, AnwBl. 1929, S. 32.

Morisse, Heiko: Rechtsanwälte im Nationalsozialismus - Zur Funktion der Ehrengerichtsbarkeit, Hamburg 1995.

Moser, Jonny: Die Entrechtung der Juden im Dritten Reich. Diskriminierung und Terror durch Gesetze, Verordnungen und Erlasse, in: Der Judenpogrom 1938. Von der „Reichskristallnacht" zum Völkermord, hrsg. von Walter Pehle, Frankfurt 1988, S. 118 ff.

Müller, Ingo: Furchtbare Juristen, München 1987.

Nestler, Gerhard: „In einem Namen nur ist Heil". Der Widerstand ehemaliger Zentrums- und BVP-Politiker gegen die nationalsozialistische Diktatur in der Pfalz, in: Die Pfalz unterm Hakenkreuz. Eine deutsche Provinz während der nationalsozialistischen Terrorherrschaft, hrsg. von Gerhard Nestler/Hannes Ziegler, Landau 1993, S. 293 ff.

Neubert, Reinhard (Präsident der Reichs-Rechtsanwaltskammer): Die Schranken richterlichen Prüfungsrechts bei staatspolitischen Handlungen der Verwaltung, JW 1933, S. 2426 f.

Neubert, Reinhard (Präsident der Reichs-Rechtsanwaltskammer): Neue Richtlinien für die Ausübung des Anwaltberufs, JW 1934, S. 1763 f.

Neubert, Reinhard (Präsident der Reichs-Rechtsanwaltskammer): Der Gnadenerlaß für Rechtsanwälte, DR 1940, S. 355 f.

Neubert, Reinhard (Präsident der Reichs-Rechtsanwaltskammer): Arbeitstagung des Reichsgruppenrates der Rechtsanwälte, DR 1942, S. 1090.

Neubert, Reinhard (Präsident der Reichs-Rechtsanwaltskammer): Ein ernstes Wort an meine Berufskameraden, DR 1942, S. 1090.

Neubert, Reinhard (Präsident der Reichs-Rechtsanwaltskammer): Die neuen Maßnahmen auf dem Gebiete des Anwaltsrechts, DR 1943, S. 593 f.

Neubert, Reinhard / Raeke, Walter (Reichsfachgruppenleiter): Gemeinsame Mitteilung des Reichsfachgruppenleiters Rechtsanwälte und des Präsidiums der Reichsrechtsanwaltskammer, JW 1934, S. 3049.

Neukirch, Carl: Zweiteilung der deutschen Anwaltschaft, AnwBl. 1928, S. 364.

Neumann, Hugo (Herausgeber): Der Deutsche Anwaltstag von 1844 und die damaligen Bestrebungen für nationale Reform der Gesetzgebung, JW 1903, S. 308 f.

Neumann, Siegfried: Vom Kaiserhoch zur Austreibung. Aufzeichnungen aus dem Leben eines jüdischen Anwalts in Deutschland (Schriftenreihe der Bundeszentrale für politische Bildung, Bd. 129), Bonn 1978.

Neumüller, Bernd: Die Erbgesundheitssachen in der Zeit des Dritten Reichs, in: 175 Jahre pfälzisches Oberlandesgericht, hrsg. v. Sven Paulsen, Neustadt a. d. Weinstraße 1990, S. 257 ff.

*Nicolai**: Rückwirkende Kraft von Strafgesetzen, JW 1933, S. 2315 f.

Niekrens, Kurt: Beratender und verhandelnder Anwalt, AnwBl. 1928, S. 237.

Niermann, Hans-Eckhard: Die Durchsetzung politischer und politisierter Strafjustiz im OLG-Bezirk Hamm 1933-1945, in: Juristische Zeitgeschichte, Bd. 1 (Justiz im Nationalsozialismus), hrsg. v. Justizministerium des Landes Nordrhein-Westfalen, Geldern 1993, S. 12 ff.

Niermann, Hans-Eckhard: Die Durchsetzung politischer und politisierter Strafjustiz im Dritten Reich, in: Juristische Zeitgeschichte, Bd. 3 (Strafjustiz im Dritten Reich), hrsg. v. Justizministerium des Landes Nordrhein-Westfalen, Geldern 1995, S. 1 ff.

Noack, Erwin: Kommentar zur RAO, 2. Aufl., Leipzig 1937.

Noack, Erwin: Die Stellung des Anwalts sowie der freien Berufe im Staat, JW 1933, S. 2185 ff.

Noack, Erwin: Die Entjudung der deutschen Anwaltschaft, JW 1938, S. 2796 f.

Noack, Paul: Carl Schmitt. Eine Biographie, Frankfurt 1993.

Oertmann, Paul: Kommentar zum Bürgerlichen Gesetzbuch und seinen Nebengesetzen. Bürgerliches Gesetzbuch. 2. Band. Recht der Schuldverhältnisse, 5. Aufl., Berlin 1928.

Oppenhoff, Walter: Erfahrungen eines Kölner Anwalts, in: 100 Jahre Kölner Anwaltsverein, hrsg. von Oswald Bussenius/Manfred Hüttemann/A. Gérard Schwend, Köln 1987, S. 187 ff.

Ostendorf, Heribert: Die Strafverteidigung im Dritten Reich, Strafverteidiger 1983, S. 120 ff.

Ostler, Fritz: Die deutschen Rechtsanwälte 1871-1971, Juristischer Fachbuchverlag, 2. Aufl., Essen 1982.

Ostler, Fritz: Rechtsanwälte in der NS-Zeit. Fakten und Erinnerungen, AnwBl 1983, S. 50 ff.

Otte, Gerhard: Die zivilrechtliche Gesetzgebung im „Dritten Reich“, NJW 1988, S. 2836 ff.

Paech, Norman: „Ich habe nur als proletarischer Anwalt meine Pflicht den angeklagten Proletariern gegenüber erfüllt.“ Hans Litten, Rechtsanwalt (1903-1938), Demokratie und Recht, 1988, S. 70 ff.

Palandt, Otto: Bürgerliches Gesetzbuch, 3. Aufl., München, Berlin 1940.

Passelecq, Georges / Suchecky, Bernard: Die unterschlagene Enzyklika. Der Vatikan und die Judenverfolgung, München 1997.

Paulsen, Sven: Die Verfolgung jüdischer Richter, Beamter, Notare und Rechtsanwälte unter nationalsozialistischer Gewaltherrschaft in der Pfalz, in: 175 Jahre pfälzisches Oberlandesgericht, hrsg. v. Sven Paulsen, Neustadt a. d. Weinstraße 1990, S. 267 ff.

Pinner, Albert: Die Anwaltschaft in Gegenwart und Zukunft, DJZ 1928, Sp. 21 ff.

Planck, Gottlieb: Bürgerliches Gesetzbuch nebst Einführungsgesetz, 2. Band, Recht der Schuldverhältnisse, 1. und 2. Aufl., Berlin 1990.

Prütting, Hans / Schütze, Rolf A.: Einleitung, Zivilprozeßordnung und Nebengesetze, Kommentar von Bernhard Wieszorek, hrsg. von Rolf A. Schütze, 3. Aufl., Berlin, New York 1994.

Pünder, Hermann: Die vierte Notverordnung, JW 1931, S. 3617 ff.

Radbruch, Gustav (Reichsjustizminister): Redebeitrag im Reichstag, JW 1922, S. 458.

Raeke, Walter (Reichsfachgruppenleiter): Ansprache des Reichsfachgruppenleiters auf dem Deutschen Anwaltstag, JW 1933, S. 2423 ff.

Raeke, Walter (Reichsfachgruppenleiter): Die Reinhaltung des Anwaltsstandes aus Hauptaufgabe des Ehrengerichtshofs für deutsche Rechtsanwälte, JW 1934, S. 793 f.

Raeke, Walter / Droege, Heinrich: s. *Droege, Heinrich / Raeke, Walter*.

Raeke, Walter / Neubert, Reinhard: s. *Neubert, Reinhard / Raeke, Walter*.

*Ranz**: Besprechung des Kommentars zur RAO von Noack, JW 1937, S. 603.

*Recken**: Ein neuer Gedanke zur Beseitigung der Anwaltsnot. B., AnwBl 1928, S. 122 ff.

Reifner, Udo: Die Zerstörung der freien Advokatur im Nationalsozialismus, KJ 1984 (Bd. 17), S. 380 ff.

Rempe, Heinrich / Lehmann, Rudolf / Schlüter, Franz: s. *Lehmann, Rudolf / Schlüter, Franz / Rempe, Heinrich*.

Rethmeier, Andreas: „Nürnberger Rassegesetze" und Entrechtung der Juden im Zivilrecht, Frankfurt am Main 1995.

*Reuß**: Partei und Staat im Dritten Reich, JW 1935, S. 2314 ff.

Riess, Kurt: Der Mann in der schwarzen Robe. Das Leben des Strafverteidigers Max Ahlsberg, Hamburg 1966.

Rilk, Otto: Mängel der juristischen Ausbildung und der Referendarprüfung in der zurückliegenden Zeit, JW 1933, S. 2497 ff.

Robinsohn, Hans: Justiz als politische Verfolgung. Die Rechtsprechung in Rasseschandefällen beim Landgericht Hamburg. 1936/1943, Stuttgart 1979.

*Rohlfing**: Rechtsfragen aus der Zugehörigkeit zur jüdischen Rasse im Arbeitsrecht, JW 1933, S. 2098 ff.

Ronge, Paul: Im Namen der Gerechtigkeit. Erinnerungen eines Strafverteidigers, München 1963.

Rosenfeld, Kurt: Die Justizdebatte im Hauptauschuß (Reichstag), JW 1922, S. 266 ff.

Rottleuthner, Hubert: Wer war Dietrich Güstrow?, Kritische Justiz, Bd. 21 (1988), S. 81-91.

Ruge, Ludwig: „Als Rechtsanwalt auf der Anklagebank und verurteilt", Vierteljahreshefte für Zeitgeschichte, Bd. 10 (1962), S. 89-94.

Rüthers, Bernd: Recht als Waffe des Unrechts-Juristische Instrumente im Dienst des NS-Rassenwahns, NJW 1988, S. 2825 ff.

Rüthers, Bernd: Entartetes Recht. Rechtslehren und Kronjuristen im Dritten Reich. 2. Aufl.. München 1989.

Rüthers, Bernd: Ideologie und Recht im Systemwechsel. Ein Beitrag zur Ideologieanfälligkeit geistiger Berufe, München 1992.

Rüthers, Bernd: Die unbegrenzte Auslegung. Zum Wandel der Privatrechtsordnung im Nationalsozialismus, 5. Aufl., Heidelberg 1997.

Rüthers, Bernd: Rechtstheorie, Begriff, Geltung und Anwendung des Rechts, München 1999.

*Sauerlandt**: Wer bezahlt den Kriegsvertreter?, DR 1941, S. 1398 f.

Schäfer, Karl: Das Gesetz zur Änderung des Strafgesetzbuchs vom 28. Juni 1935, JW 1935, S. 2323 ff.

Scherner, Karl Otto: Max Hachenburg (1860-1951). Rechts des Handels als geordnetes Leben der Wirtschaft, in: Deutsche Juristen jüdischer Herkunft, hrsg. von Helmut Heinrichs/Harald Franzki/Klaus Schmalz/Michael Stolleis, München 1993, S. 415 ff.

Schlabrendorff, Fabian von: Mitteilung. Werner Pünder 85 Jahre alt, NJW 1970, S. 1784 f.

Schlegelberger, Franz: Verordnung des Reichspräsidenten über Maßnahmen auf dem Gebiete der Rechtspflege und Verwaltung, JW 1932, S. 1929.

Schlechtriem, Peter: BGB-Kommentar von Jauernig, 8. Aufl., München 1997.

Schlüter, Franz / Rempe, Heinrich / Lehmann, Rudolf: s. *Lehmann, Rudolf / Schlüter, Franz / Rempe, Heinrich.*

Schmid, Richard: Glossen. Erinnerung an den NS-Rechtswahrerbund, JZ 1954, S. 263 f.

Schmidt-Klevenow, Kurt: Die Bindung des Richters an das Recht, DR 1939, S. 337 ff.

Schmitt, Carl: Neue Leitsätzen für die Rechtspraxis, JW 1933, S. 2793 f.

Schmitt, Carl: Über die drei Arten des rechtswissenschaftlichen Denkens, Hamburg 1934.

Schneider, Herbert: Die Berufung nach der 4. Vereinfachungsverordnung, DRW 1943, S. 162 ff.

Schneider, Herbert: Die nachträgliche Begründung der Berufung, DRW1944, S. 14 f.

Schorn, Hubert: Der Richter im Dritten Reich. Geschichte und Dokumente, Würzburg 1959.

Schröder, Rainer: „... aber im Zivilrecht sind die Richter standhaft geblieben!“. Die Urteile des OLG Celle aus dem Dritten Reich, Baden-Baden 1988.

Schudnagies, Christian: Hans Frank, Aufstieg und Fall des NS-Juristen und Generalgouverneurs, Frankfurt, Bern, New York, Paris 1989.

*Schütz**: Zum Gesetz zur Verhütung erbkranken Nachwuchses, JW 1933, S. 2034 f.

Schütze, Rolf A. / Prütting, Hans: s. Prütting, Hans / Schütze, Rolf A.

Schwarz, Dieter: Freimaurerei und Nationalsozialismus, DR 1938, S. 364 ff.

*Schwister**: Gemeinschaftsdienst und große Staatsprüfung, JW 1933, S. 1747 ff.

Seydel, Helmut: Der Fall Gröpke, DR 1941, S. 918.

Seydel, Helmut: Zur Lage der Anwaltschaft, DR 1942, S. 1572 ff.

*Siegmund**: Der Umsatz der Rechtsanwälte und Notare, DJZ 1931, Sp. 337 ff.

Spieker, Josef: Verteidigung von Jesuitenpater Spieker durch Dr. Viktor Achter, in: Mein Kampf gegen Unrecht in Staat und Gesellschaft, Köln 1971.

*Staudinger**: Die Vierte Vereinfachungsverordnung, DJ 1943, S. 49.

Steffens, Heinz: Die rechtliche Vertretung der Juden im Reich, DR 1942, S. 9 ff.

Stein, Axel: Erbfolge. §§ 1922-1941, in: Soergel, Bürgerliches Gesetzbuch, Bd. 9 (Erbrecht), Stuttgart, Berlin, Köln 1992.

Suchecky, Bernard / Passelecq, Georges: s. Passelecq, Georges / Suchecky, Bernard.

*Sülwald**: Grundsätzliches Verbot der Vertretung von Juden in Rechtsangelegenheiten, JW 1939, S. 84.

Tarrab-Maslaton, Martin: Rechtliche Strukturen der Diskriminierung der Juden im Dritten Reich, Berlin 1993.

Tegtmeyer, Werner: Das Deutsche Kriegsrecht, DRW 1939, S. 2057.

Thalheim, Karl: Die Einkommenslage der deutschen Rechtsanwälte, JW 1931, S. 3497 ff.

*Türcke, von**: Das Reichskonkordat und die deutschen Minderheiten, JW 1933, S. 1930 f.

Wagner, Albrecht / Weinkauff, Hermann: Die deutsche Justiz und der Nationalsozialismus, Bd. 1, Stuttgart 1968.

Warmbrunn, Paul: Rechtsanwälte im Nationalsozialismus, Anpassung, Widerstand und Verfolgung, aufgezeigt am Beispiel des OLG-Bezirks Zweibrücken, in: Palatia Historica. Festschrift für Ludwig Anton Doll, hrsg. von Pirmin Spieß, Mainz 1994, S. 595 ff.

*Weigelt**: Ist die Deutsche Arbeitsfront Rechtsnachfolgerin der früheren Gewerkschaften, JW 1933, S. 2885 f.

Weiler, Heinrich / Herboth, Hermann, s. *Herboth, Hermann / Weiler, Heinrich.*

Weinkauff, Hermann / Wagner, Albrecht, s. *Wagner, Albrecht / Weinkauff, Hermann.*

Weißler, Adolf: Geschichte der Rechtsanwaltschaft, Leipzig 1905.

Wendt, Egon: Auch für den Zivilrichter kann es von Bedeutung sein, ob ein Rechtsuchender Marxist oder Nationalsozialist ist, NJW 1933, S. 2197.

Weniger, Helmut: Die zahlenmäßige Entwicklung der Anwaltschaft seit 1933, JW 1937, S. 1391.

Wildhagen, Georg: Abschied von Hachenburg, DJZ 1934, Sp. 54 f.

Willig, Kenneth: The Bar in the Third Reich, American Journal of Legal History 1976, S. 1 ff.

*Wöhrmann**: Die Auflösung der Ehe zwischen Juden und Ariern, JW 1933, S. 2041.

Wolf, Manfred: Begründung. Inhalt des Vertrages. §§ 305-319, in: Soergel, Bürgerliches Gesetzbuch, Bd. 2 (Schuldrecht I), Stuttgart, Berlin, Köln 1990.

Wolfanger, Dieter: Populist und Machtpolitiker. Josef Bürckel: Vom Gauleiter der Pfalz zum Chef der Zivilverwaltung in Lothringen, in: Die Pfalz unterm Hakenkreuz, S. 63 ff.

Wüllenweber, Hans: Sondergerichte im Dritten Reich. Vergessene Verbrechen der Justiz, Frankfurt 1990.

Wulff, Arne: Staatssekretär Prof. Dr. Dr. h.c. Franz Schlegelberger 1876-1970, Frankfurt am Main, Bern, New York, Paris 1991.

*Zarden**: Die Zweite Verordnung des Reichspräsidenten zur Sicherung von Wirtschaft und Finanzen vom 5. Juni 1931, DJZ 1931, Sp. 861 f

*Zarden**: Die 3. Notverordnung des Reichspräsidenten zur Sicherung von Wirtschaft und Finanzen vom 6. Oktober 1931, DJZ 1931, Sp. 1341 f.

*Zeller**: 14. Vollsitzung der Akademie für deutsches Recht, JW 1938, S. 1799 f.

Zerweck, Paul: Gebührenfrage bei Abgabe des Mandats an arische Anwälte, JW 1933, S. 2692 f.

Ziegler, Hannes: Presse unter Druck. Die pfälzische Tagespresse unter dem Nationalsozialismus, in: Die Pfalz unterm Hakenkreuz, S. 197 ff.

Ziegler, Hannes: Verfemt - Verjagt - Vernichtet. Die Verfolgung der pfälzischen Juden 1933-1945, in: Die Pfalz unterm Hakenkreuz, S. 325 ff.

Zirker, Matthias: Vertrag und Geschäftsgrundlage in der Zeit des Nationalsozialismus, Würzburg 1996.

Abkürzungsverzeichnis

a.a.O.	am angegebenen Ort
Abs.	Absatz
a. d. Weinstr.	an der Weinstraße
AG	Amtsgericht
Anm.	Anmerkung
ANRB	Arbeitsgemeinschaft Nationaler Reichsbahnbeamten und Anwärter e.V.
Bd.	Band
BetriebsRG	Betriebsrätegesetz
BGB	Bürgerliches Gesetzbuch
Bl.	Blatt
BlSchG	Gesetz zum Schutz des deutschen Blutes und der deutschen Ehre
BNSDJ	Bund nationalsozialistischer deutscher Juristen
bzw.	beziehungsweise
ca.	circa
DAF	Deutsche Arbeiterfront
DAV	Deutscher Anwaltverein
DJ	Deutsche Justiz
DJZ	Deutsche Juristen-Zeitung
DR	Deutsches Recht
DRW	Deutsche Rechtswissenschaft
DVO	Durchführungsverordnung
EGH	Ehrengerichtshof
e.V.	einstweilige Verfügung
evtl.	eventuell

f.	folgendes
FamRZ	Zeitschrift für das gesamte Familienrecht
ff.	folgende
Fn.	Fußnote
gem.	gemäß
GESTAPO	Geheime Staatspolizei
GewO	Gewerbeordnung
GmbH	Gesellschaft mit beschränkter Haftung
Hann.	Hannover
Hild.	Hildesheim
HStA Wiesbaden	Hessisches Staatsarchiv Wiesbaden
IG.	Industriegemeinschaft
i.V.m.	in Verbindung mit
JW	Juristische Wochenschrift
KG	Kommanditgesellschaft
KJ	Kritische Justiz
LA Speyer	Landesarchiv Speyer
LG	Landgericht
MdRRAK	Mitteilungen der Reichs-Rechtsanwaltskammer
m.Rspr.nachweisen	mit Rechtsprechungsnachweisen
m.weit.Nachw.	mit weiteren Nachweisen
Nds. HStA	Niedersächsisches Hauptstaatsarchiv
NSDAP	Nationalsozialistische Deutsche Arbeiterpartei
NS-Hago	Nationalsozialistische Handwerks-, Handels- und Gewerbeorganisation
NS-Rechtswahrerbund	Nationalsozialistischer Rechtswahrerbund
OHG	Offene Handelsgesellschaft
OLG	Oberlandesgericht

PrOVG	Preußisches Oberverwaltungsgericht
RAG	Reichsarbeitsgericht
Reichs- und Preuß.Verw.Bl.	Reichs- und preußisches Verwaltungsblatt
RG	Reichsgericht
RuP	Recht und Politik
S. S. / s. S.	siehe Seite
SA	Saalschutz/Sturmabteilung
sog.	sogenannte(r)
SS	Schutzstaffel
StGB	Strafgesetzbuch
StPO	Strafprozeßordnung
u.a.	und andere
v.	vom
vgl.	vergleiche
VO	Verordnung
ZNR	Zeitschrift für Neuere Rechtsgeschichte
ZPO	Zivilprozeßordnung

Vorbemerkung

Das Thema dieser Forschungsarbeit ist die Argumentation von Rechtsanwälten in Zivilprozessen im Dritten Reich. Die Arbeit greift damit einen Aspekt der Justiz des Dritten Reiches auf, der bisher in der wissenschaftlichen Aufarbeitung lediglich in anwaltlichen Biographien erfaßt wird.[1] Diese gestatten aber durch ihre Darstellung von Einzelschicksalen keine vergleichende Analyse der Argumentation verschiedener Rechtsanwälte und gehen auf die unterschiedlichen materiell- und prozeßrechtlichen Themen allenfalls am Rande ein.

Die geringe Beachtung der anwaltlichen Argumentation im Zivilrecht hat vor allem zwei Gründe: die begrenzte Zahl an vollständigen Prozeßakten, die erst einen Einblick in die Argumentation von Rechtsanwälten erlauben sowie die zweitrangige Bedeutung der zivilrechtlichen Argumentation von Rechtsanwälten für die Stabilisierung des nationalsozialistischen Systems und die nachhaltige Beeinflussung der Gesellschaft durch neue, rechtlich bedeutsame Werte. Das Interesse der Nationalsozialisten galt vor allem der Einflußnahme auf die Rechtsprechung und die Lehrtätigkeit an Hochschulen und bewirkte dort Veränderungen, die sich primär auf das Verhalten von Richtern und Professoren und mittelbar auch auf die Tätigkeit von Strafverteidigern auswirkten. Eine wissenschaftliche Aufarbeitung der Justiz im Dritten Reich widmete sich insbesondere diesen Bereichen.[2]

---

[1] Bibliographischer Nachweis von Autobiographien bei Jessen, Die Selbstzeugnisse der deutschen Juristen.

[2] S. beispielsweise König, Vom Dienst am Recht. Rechtsanwälte als Strafverteidiger im Nationalsozialismus, S. 33 ff; Ostendorf, Die Strafverteidigung im Dritten Reich, Strafverteidiger 1983, S. 120 ff; Güstrow, Tödlicher Alltag. Strafverteidiger im Dritten Reich; Rottleuthner, Wer war Dietrich Güstrow?, Kritische Justiz, Bd. 21 (1988), S. 81-91; Niermann, Die Durchsetzung politischer und politisierter Strafjustiz im OLG-Bezirk Hamm 1933-1945, in: Juristische Zeitgeschichte, Bd. 1, S. 1 ff; Ronge, Im Namen der Gerechtigkeit; Kolbe, Reichsgerichtspräsident Dr. Erwin Bumke, Studien zum Niedergang des Reichsgerichts und der deutschen Rechtspflege; Robinsohn, Justiz als politische Verfolgung. Die Rechtsprechung in Rasseschandefällen beim Landgericht Hamburg; Paech, „Ich habe nur als proletarischer Anwalt meine Pflicht den angeklagten Proletariern gegenüber erfüllt." Hans Litten, Rechtsanwalt (1903-1938), Demokratie und Recht, 1988, S. 70 ff; von Brück, Ein Mann, der Hitler in die Enge trieb; Riess, Der Mann in der schwarzen Robe. Das Leben des Strafverteidigers Max Ahlsberg; Grimm, Mit offenem Visier, S. 124 ff; Rüthers, Ideologie und Recht im Systemwechsel; Göppinger, Juristen jüdischer Abstammung im „Dritten Reich",

Die nachrangige Bedeutung der zivilrechtlichen Tätigkeit von Rechtsanwälten für die Verwirklichung der nationalsozialistischen Ziele und damit einhergehend die wenigen gesetzlichen Eingriffe, die in diesem Bereich zu beobachten sind, erlaubten es den Rechtsanwälten, sich weiterhin der Durchsetzung ihrer Mandanteninteressen zu widmen. Es blieb ihnen unbenommen, eine wertbeständige, auf bisherigen Rechtsvorstellungen beruhende Argumentation zu führen oder neuen, mit der Machtübernahme der Nationalsozialisten aufgekommenen Wertvorstellungen zu folgen. Diese ergaben sich aus den damaligen sozialen, wirtschaftlichen und politischen Veränderungen und erzeugten einen Wertewandel, der in seiner Intensität und in seiner Art für Deutschland bis dahin einmalig war, gleichzeitig aber vom Grundsatz her ein erklärbares und gerade für Zeiten des Umbruchs typisches Phänomen darstellte;[3] konservative und auf den jüngsten Veränderungen basierende Vorstellungen standen sich darin gegenüber.

Aus dieser Situation ergibt sich auch die Hauptaufgabe der vorliegenden Arbeit, die Analyse der auf Veränderungen ausgerichteten Argumentation.4 Es ist zu hinterfragen, ob und in welchem Ausmaß Rechtsanwälte rechtliche Änderungen anstrebten, inwieweit sie tatsächlich ältere Gesetze und Generalklauseln neu interpretierten bzw. den vertragsrechtlichen Grundsatz pacta sunt servanda auflösen oder lockern und das Recht entformalisieren wollten oder ob es sich im Gegenteil nur um oberflächliche, auf Zustimmung bauende Ausführungen handelte, die sich formal der nationalsozialistischen Sprachbildung bedienten.[5] Nachzuprüfen gilt auch, inwieweit Rechtsanwälte veränderte Wertvorstellungen im Einklang mit der Rechtsprechung nutzten oder gegen eine wertbeständige Rechtsprechung argumentierten. Von Bedeutung ist ebenfalls, wie eine mögliche Gegenargumentation aussehen konnte und ob diese eine Reaktion provo-

S. 183 ff; Schorn, Der Richter im Dritten Reich; bibliographischer Nachweis bei Ehrlich, Recht-Nationalsozialismus.

[3] S. Rüthers, Rechtstheorie, S. 26 ff.

[4] Unbeantwortet bleiben muß zumeist die Frage, ob Rechtsanwälte nur den Vorstellungen ihrer Mandanten folgten oder aus Gründen der persönlichen Nähe zur nationalsozialistischen Bewegung eigene Argumente entwickelten oder lediglich den Gedanken und Strömungen der Zeit folgten. Eine derartige Untersuchung würde zum einen eine größere Kenntnis über jeden der zu untersuchenden Rechtsanwälte voraussetzen, zum anderen auch Material über die Ansichten der Mandanten.

[5] Vgl. Schröder, „... aber im Zivilrecht sind die Richter standhaft geblieben!“, S. 69.

zierte, die auf bisherigen Rechtsvorstellungen beruhte oder eine solche, die sich auch veränderter Wertvorstellungen bediente.

Rechtswissenschaftliche Literatur wurde nur zur Hintergrundinformation aufgenommen; ihre vollständige Berücksichtigung hätte den Rahmen dieser Arbeit gesprengt.[6]

Die analysierten Akten befinden sich im Hessischen Hauptstaatsarchiv in Wiesbaden und im rheinland-pfälzischen Landesarchiv in Speyer. Es handelt sich um die Prozeßakten der Landgerichte Frankenthal (LA Speyer J6), Wiesbaden (HStA Wiesbaden 467), Limburg (HStA Wiesbaden 462) und Frankfurt (HStA Wiesbaden 460) sowie um die im Hessischen Hauptstaatsarchiv in Wiesbaden befindlichen Handakten einzelner *jüdischer* Rechtsanwälte (HStA Wiesbaden 474) aus den Jahren 1933 bis 1945, einschließlich der Prozeßakten in Berufung und Revision. Die Auswahl der Landgerichte ergab sich allein aus dem Umfang der noch vorhandenen Prozeßakten. Eine Bearbeitung der Zivilprozesse sämtlicher Landgerichte auf rheinland-pfälzischem Gebiet scheiterte an dieser Voraussetzung; allein die an den oben genannten Stellen gesichteten Prozeßakten weisen einen ausreichenden Umfang auf, um sie zum Gegenstand einer wissenschaftlichen Untersuchung machen zu können. Die Analyse von Prozeßakten zweier verschiedener Regionen in Deutschland ermöglicht es außerdem, einen Vergleich zwischen diesen Gebieten im Hinblick auf eine mögliche unterschiedliche Argumentation vorzunehmen.

Die ausschließliche Berücksichtigung von Landgerichtsakten steht mit dem Anwaltszwang im Zusammenhang, der eine anwaltliche Prozeßführung garantierte. Amtsgerichtsstreitigkeiten werden nur bei der Auswertung der Handakten beachtet, da dann zumindest die *jüdische* Partei anwaltlich vertreten war.

---

6 So auch bei Schröder, „... aber im Zivilrecht sind die Richter standhaft geblieben!“, S. 28.

1. Teil: Die rechtliche, wirtschaftliche und soziale Lage von Rechtsanwälten vor und während des Dritten Reiches

A. Die Weimarer Republik

I. Die wirtschaftliche Situation der Rechtsanwälte

Das Ende des Ersten Weltkrieges führte in Deutschland zu erheblichen wirtschaftlichen und sozialen Spannungen sowie zu politischen Umbrüchen, die auch die anwaltliche Berufstätigkeit nicht unberührt ließen. Denn die im Deutschen Reich bestehende Geldknappheit führte zu sinkenden Gebühreneinnahmen[7] bei gleichzeitig zunehmender Zahl von Rechtsanwälten.[8] Die Reichsregierung sah sich unter anderem veranlaßt, die Gebühren für nichtvermögensrechtliche Streitigkeiten auf die Hälfte des Vorkriegswertes zu reduzieren[9] und einige Gerichtszweige der ordentlichen Gerichtsbarkeit zu entziehen, so daß für diese kein Rechtsanwaltszwang mehr bestand bzw. sogar ein Rechtsanwaltsverbot erlassen werden konnte.[10]

Besonders betroffen von verschiedenen gesetzgeberischen Maßnahmen waren die an den Amtsgerichten zugelassenen Rechtsanwälte, denen in Preußen und Bayern, also auf zwei Dritteln des Reichsgebiets, eine simultane Zulassung zu den Landgerichten bis 1928 verwehrt blieb.[11] Ihre Gebühreneinnahmen verringerten sich, wie auch die Zahl der Amtsgerichtsprozesse abnahm, da Gebührensätze und Streitwertgrenzen nur zögerlich an die Inflation in der Zeit von

---

[7] Vgl. Warmbrunn, Rechtsanwälte im Nationalsozialismus, in: Festschrift für Ludwig Anton Doll, S. 596 f. Die Belastungen zusammenfassend, s. Pinner, Die Anwaltschaft in Gegenwart und Zukunft, DJZ 1928, Sp. 21; vgl. Ostler, Die deutschen Rechtsanwälte 1871-1971, S. 198.

[8] Die Zahl der Rechtsanwälte nahm jährlich um 3%, von 1929 an sogar um 5% zu, während die Gesamtbevölkerung nur um 0,21% jährlich wuchs, s. Dittenberger u. Magnus (Schriftleiter), Bevölkerungszahlen und Anwaltszahlen, JW 1928, S. 2765; dieselben, Bevölkerungszahlen und Anwaltszahlen, JW 1929, S. 394; vgl. Ostler, Die deutschen Rechtsanwälte 1871-1971, S. 207. Hinzu kamen Kriegsheimkehrer und Umsiedler aus den an Nachbarstaaten aufgrund des Versailler Vertrages abgetretenen Gebieten sowie Rechtsanwälte aus dem von den Alliierten besetzten Ruhrgebiet, vgl. Ostler, Die deutschen Rechtsanwälte 1871-1971, S. 153 f; Heinrich, 100 Jahre Rechtsanwaltskammer München, S. 95 f.

[9] Vgl. Ostler, Die deutschen Rechtsanwälte 1871-1971, S. 190.

[10] Vgl. Ostler, Die deutschen Rechtsanwälte 1871-1971, S. 150, 162.

[11] Vgl. Ostler, Die deutschen Rechtsanwälte 1871-1971, S. 186.

1922/23 angepaßt wurden.[12] 1924 wurde außerdem ein Zwangsgüteverfahren bei Amtsgerichtsprozessen eingeführt, das eine Gebührenreduzierung von hohem Ausmaß zuließ, denn die kritische Finanzlage des Staates und die der meisten Bürger hatte sich trotz erster Anzeichen einer wirtschaftlichen Erholung weitestgehend nicht verändert.[13]

Weitere Nachteile erlitten Rechtsanwälte in Preußen, die sich dem Verwaltungsrecht widmeten. Hier schuf die Landesregierung, wohl aufgrund des Einflusses ihrer Verwaltung auf Regierungsentscheidungen, den Verwaltungsrechtsrat. Damit wurde Personen mit der Befähigung zum höheren Verwaltungsdienst das Recht eingeräumt, als Vertreter in Verwaltungsprozessen aufzutreten und durch Führung dieses Titels Wettbewerbsvorteile zu nutzen, die Rechtsanwälten nicht zustanden; letzteren wurde aus standesrechtlichen Gründen noch bis 1930 eine Fachbezeichnung verweigert[14] und aus denselben Gründen auch Werbung in eigener Sache untersagt.[15]

Einen teilweisen finanziellen Ausgleich brachte lediglich die Gebührenänderung in Armenrechtssachen vom Dezember 1918. Den Anwälten wurde nun erstmals in diesen Streitigkeiten ein Anspruch auf Auslagenerstattung zugestanden, was sich vor allem deshalb als hilfreich erwies, weil in einigen Bezirken etwa dreiviertel der Mandate Armenrechtssachen betrafen.[16] Die gebührenrechtliche Gleichstellung mit anderen Streitigkeiten folgte zwar im Februar 1923,[17] sie hatte jedoch nur wenige Monate Bestand.[18]

Mit der Weltwirtschaftskrise von 1929 kam es zu weiteren Einkommenseinbußen, wiederum auch ein Folge gesetzgeberischer Maßnahmen: Notverordnun-

---

[12] Vgl. Ostler, Die deutschen Rechtsanwälte 1871-1971, S. 184.

[13] §§ 38a RAGebO, 31a GKG; vgl. Ostler, Die deutschen Rechtsanwälte 1871-1971, S. 184.

[14] EGH, JW 1923, S. 609; vgl. Ostler, Die deutschen Rechtsanwälte 1871-1971, S. 163, 186 ff; s. Dittenberger (Schriftleiter), Vereinsnachrichten, AnwBl 1930, S. 49 ff; derselbe, Aus der Vereinstätigkeit, AnwBl 1930, S. 52 ff; derselbe, Vereinsnachrichten, AnwBl 1930, S. 161; derselbe, Vereinsnachrichten, AnwBl 1931, S. 12; derselbe, Prozeßtätigkeit von Handwerkskammern und Innungsausschüssen, AnwBl 1932, S. 392 f.

[15] Vgl. Ostler, Die deutschen Rechtsanwälte 1871-1971, S. 194 m.weit.Nachw.

[16] Vgl. Ostler, Die deutschen Rechtsanwälte 1871-1971, S. 160.

[17] Vgl. Ostler, Die deutschen Rechtsanwälte 1871-1971, S. 160.

[18] S. Hachenburg, Juristische Rundschau, DJZ 1923, Sp. 220 ff., 225 f; vgl. Ostler, Die deutschen Rechtsanwälte 1871-1971. S. 192.

gen[19] änderten die Streitwertgrenze, welche die Zuständigkeit von Amts- oder Landgerichten bestimmte, so daß es zu einem Prozeßrückgang an den Landgerichten kam,[20] Gebühren in Armenrechtssachen wurden gekürzt und an Erfolgsaussichten höhere Anforderungen gestellt;[21] für freie Berufe wurde die Gewerbesteuer eingeführt.[22]

Diese Maßnahmen verbunden mit einem nachhaltigen Prozeßrückgang[23] führten dazu, daß die Einkommen der Anwälte erheblich zurückgingen. Handelte es sich um die Jahrhundertwende lediglich um 2,3% der Rechtsanwälte, die bei einem jährlichen Einkommen unter 2200,- RM nicht in der Lage waren, ihren Lebensunterhalt ausreichend zu bestreiten, so erhöhte sich dieser Prozentsatz bis 1934 auf 30,5% (bei einer inflationsbedingt angestiegenen Einkommensgrenze von 3000,- RM).[24]

Der wirtschaftlichen Notlage zum Trotz wurden die Abschaffung des Anwaltszwangs sowie der Verzicht auf einen Kostenvorschuß diskutiert.[25] Dabei wurde unreflektiert davon ausgegangen, daß Rechtsanwälte wirtschaftlich ähnlich gut gestellt waren wie Beamte und Richter, ohne daß die Not vieler Anwälte wahr-

---

[19] Die gesetzliche Grundlage solcher Notverordnungen wurde 1923 geschaffen und sollte dem Staat helfen, auf plötzliche wirtschaftliche Veränderungen rasch reagieren zu können, s. Hachenburg, Juristische Rundschau, DJZ 1923, Sp. 220 ff., 222, 226; vgl. Ostler, Die deutschen Rechtsanwälte 1871-1971, S. 152.

[20] Von 500,- RM über 800,- RM auf 1000,- RM im Oktober 1931, vgl. Ostler, Die deutschen Rechtsanwälte 1871-1971, S. 202, 204.

[21] Vgl. Ostler, Die deutschen Rechtsanwälte 1871-1971, S. 202, 204 f.

[22] VO des Reichspräsidenten zur Sicherung von Wirtschaft und Finanzen v. 01.12.1930, RGBl. I, S. 517 ff; vgl. Ostler, Die deutschen Rechtsanwälte 1871-1971, S. 203. Die Gewerbesteuer wurde 1937 unter den Nationalsozialisten wieder abgeschafft, vgl. Ostler, Die deutschen Rechtsanwälte 1871-1971, S. 275.

[23] In der Zeit von 1927 bis 1933 nahm die Zahl der handelsrechtlichen Prozesse um etwa 80% ab, vgl. Ostler, Die deutschen Rechtsanwälte 1871-1971, S. 207.

[24] S. Thalheim, Die Einkommenslage der deutschen Rechtsanwälte, JW 1931, S. 3497; Siegmund, Der Umsatz der Rechtsanwälte und Notare, DJZ 1931, Sp. 337; vgl. Ostler, Die deutschen Rechtsanwälte 1871-1971, S. 208, 275.

[25] S. Hachenburg, Juristische Rundschau, DJZ 1926, Sp. 1157; Guttmann, Gefährdung des Anwaltzwangs, AnwBl 1928, S. 328; vgl. Ostler, Die deutschen Rechtsanwälte 1871-1971, S. 189.

genommen wurde. Darüber hinaus gab es noch politische Bestrebungen, Rechtsanwälte aus der Rechtspflege überhaupt zu verdrängen.[26]

[26] Vgl. Ostler, Die deutschen Rechtsanwälte 1871-1971, S. 199.

II. Die soziale Lage und das Ansehen der Rechtsanwälte

Das Ansehen, das Anwälte genossen, bezogen sie im wesentlichen aus der seit 1878 bestehenden freien Advokatur.[27] Ihre Tätigkeit blieb jedoch nicht ohne Kritik. So wurde die Beseitigung des Anwaltszwangs verbunden mit dem Einsatz von „[...] *praktisch, gewerkschaftlich oder sonstwie geschulte*[n] *Männer*[n ...]“ gefordert,[28] ohne daß es während der Weimarer Republik zu ihrer Umsetzung kam.

Die Ende der zwanziger Jahre kritischer werdende wirtschaftliche Situation führte zu unterschiedlichen Diskussionen. So wurde erörtert, ob Rechtsanwälte nicht verbeamtet werden sollten, um die finanzielle Lage von Anwaltskanzleien zu stabilisieren,[29] ohne daß es aber zu diesbezüglichen Änderungen kam.[30] Gleichzeitig mehrten sich Stimmen, welche die Ansicht vertraten, daß Anwälte trotz eines objektiv vorliegenden drastischen Einkommensrückgangs doch nur „[...] *skrupellos* [...] *dem Beruf des Gelderwerbs* [...]“ nachgingen.[31] Bestätigt wurde diese negative Einschätzung des Berufsstandes noch durch Äußerungen einiger etablierter Anwälte, die zur Sicherung ihrer Einkünfte zulassungsbeschränkende Maßnahmen für Junganwälte forderten,[32] die aber trotzdem die freie Advokatur nicht als gefährdet ansahen, da der „[...] *Begriff der Freiheit* [...] *auch in einer geschlossenen Kaste möglich* [... sei].“[33] Im Dezember 1932 stimmte die Mehrheit der Abgeordnetenversammlung des Deutschen Anwaltvereins (DAV) für einen numerus clausus hinsichtlich neuer Zulassungen, und im Februar 1933 führte der Vereinsvorstand darüber Gespräche mit dem

---

[27] Rechtsanwaltsordnung v. 01.07.1878, RGBl. I, S. 177 ff.

[28] S. Baumeyer, Buchbesprechung, JW 1927, S. 2612 f; vgl. Ostler, Die deutschen Rechtsanwälte 1871-1971, S. 165.

[29] S. Biermann, Ein Vorschlag, JW 1923, S. 677; vgl. Ostler, Die deutschen Rechtsanwälte 1871-1971, S. 165.

[30] S. Feuchtwanger, Die Neuorientierung der Standespolitik, JW 1927, S. 2601 ff; vgl. Ostler, Die deutschen Rechtsanwälte 1871-1971, S. 209 f., 220 f.

[31] Vgl. Ostler, Die deutschen Rechtsanwälte 1871-1971, S.165.

[32] Zur Diskussion um die Einführung eines numerus clausus, s. Niekrens, Beratender und verhandelnder Anwalt, AnwBl. 1928, S. 237; Neukirch, Zweiteilung der deutschen Anwaltschaft, AnwBl. 1928, S. 364; Merzbacher, Zweiteilung der Anwaltschaft. Spezialistentum, AnwBl. 1929, S. 32; vgl. Ostler, Die deutschen Rechtsanwälte 1871-1971, S. 199; Krach, Jüdische Rechtsanwälte in Preußen, S. 40 ff.

[33] Vgl. Ostler, Die deutschen Rechtsanwälte 1871-1971, S. 213.

Reichsjustizminister.[34] Doch auch hier kam es während der Weimarer Republik zu keinen Änderungen.[35]

Die Richterschaft hatte sich bis in die Zeit der Weimarer Republik eher herablassend über die Anwaltschaft geäußert. Nun setzte in beider Verhältnis eine gewisse Entspannung ein,[36] die dazu führte, daß der DAV der Richterschaft in einer für diese schwierigen Zeit beistand, indem er die Richterschaft durch positive Äußerungen über deren Leistungen unterstützte.[37] Die Berufsrichter hatten sich selbst durch Fehlurteile in politischen Prozessen[38] und einer ihrer Tätigkeit entsprechenden Distanziertheit gegenüber den einfachen Bürgern in eine Vertrauenskrise manövriert, die ihnen für die gesamte Zeit der Weimarer Republik anhaftete. Bezeichnend für das Verhältnis von Richter und Volk ist ein bis in Reichstagsdebatten eingegangener Streit um ein Urteil aus dem Jahre 1922, welches mit der Formulierung *„Im Namen des Pöbels“* begann. Gestritten wurde darüber, ob der Richter das Urteilsrubrum selbst verfaßt hatte oder von dritter Seite eine nachträgliche Änderung vorgenommen worden war.[39]

Das verlorene Ansehen machte sich auch in den Gerichtssälen bemerkbar. Unter Mißachtung der sitzungspolizeilichen Befugnisse der die Verhandlungen leitenden Richter kam es dort ab 1930 vermehrt zu Ausschreitungen.[40]

---

[34] S. Dittenberger (Schriftleiter), Vereinsnachrichten, AnwBl 1933, S. 50 f., 51; vgl. Ostler, Die deutschen Rechtsanwälte 1871-1971, S. 216.

[35] Zum Zulassungswesen unter den Nationalsozialisten, s. S. 59 ff.

[36] Zusammenfassung bei Ostler, Die deutschen Rechtsanwälte 1871-1971, S. 168, 182.

[37] Vgl. Ostler, Die deutschen Rechtsanwälte 1871-1971, S. 168 (Fn 28).

[38] So beim Hitlerprozeß, in welchem diesem und den Mitangeklagten für ihr Handeln ein vaterländisches Motiv angerechnet wurde, vgl. Heinrich, 100 Jahre Rechtsanwaltskammer München, S. 96; vgl. auch Schröder, „... aber im Zivilrecht sind die Richter standhaft geblieben!“, S. 106 f., 113 f.

[39] S. Reichstagsdebattenbeitrag des Reichsjustizministers Radbruch, JW 1922, S. 458 f. und des Reichstagsabgeordneten Brodauf, JW 1922, S. 461 f; vgl. Ostler, Die deutschen Rechtsanwälte 1871-1971, S. 145.

[40] S. Gürtner (Reichsjustizminister), Richter und Rechtsanwalt im neuen Staat, DJ 1934, S. 369 ff., 370; vgl. Ostler, Die deutschen Rechtsanwälte 1871-1971, S. 182 f.

III. Die rechtliche Lage der Rechtsanwälte

Die Rechtsanwaltsordnung (RAO) von 1878 begründete die bis zum Dritten Reich bestehende freie Advokatur Deutschlands. Entscheidendes Merkmal war wie heute der Anspruch auf Zulassung, den jeder Jurist mit zwei bestandenen Staatsexamina erwarb.[41] Objektive Gründe bestimmten die Zulassungsentscheidung;[42] über die Rücknahme einer erteilten Zulassung wurde in einem ehrengerichtlichen Verfahren entschieden, dem Mitglieder des von den Anwälten gewählten Vorstands der Anwaltskammer vorsaßen.[43]

Dieser Rechtsanspruch, der jegliche Reglementierung von staatlicher Seite her ausschloß, schuf den nötigen Freiraum für die Rechtsanwälte, sich uneingeschränkt auf ihre Mandate zu konzentrieren. 1919 wurde diese Situation noch verbessert, indem den Richtern die Möglichkeit genommen wurde, gegenüber Rechtsanwälten ein Ordnungsgeld zu verhängen.[44]

Bedeutsamste Änderung in der RAO bis 1933 war die Zulassung von Frauen in den Rechtsanwaltsberuf, eine Folge der freiheitlicheren Gesellschaftsordnung der Weimarer Republik.[45] Hinweise auf zusätzliche Belastungen des juristischen Arbeitsmarktes[46] und auf die „*Rückständigkeit der* [...] *Frau*[en]“[47] wurden nicht beachtet. Juristinnen, die bereits das Erste Staatsexamen besaßen und rechtspflegerisch tätig waren, wurde das Referendariat erlassen. Gegnern der Gleichberechtigung gelang es erst unter der nationalsozialistischen Regierung, den ohnehin geringen Frauenanteil auf dem Arbeitsmarkt wieder zu reduzieren.[48]

---

41 §§ 1, 4 I RAO.

42 §§ 5, 6 RAO.

43 §§ 67, 41, 43 RAO.

44 Abschaffung von § 180 GVG, vgl. Ostler, Die deutschen Rechtsanwälte 1871-1971, S. 151 m.weit.Nachw.

45 Gesetz über die Zulassung der Frauen zu den Ämtern und Berufen der Rechtspflege v. 11.07.1922, RGBl. I, S. 573.

46 S. Hachenburg, Juristische Rundschau, DJZ 1919, Sp. 404; vgl. Ostler, Die deutschen Rechtsanwälte 1871-1971, S. 170 f.: Die absolute Zahl der Rechtsanwältinnen im Reichsgebiet lag 1925 bei 44, 1931 bei 55 und 1932 bei 79 bei einer Gesamtzahl von Rechtsanwälten von etwa 15000.

47 S. Eich, Die Frau in der Rechtspflege, DJZ 1919, Sp. 625.

48 S. dazu S. 63. Die Änderungen der RAO im übrigen waren von geringer Bedeutung, vgl. Ostler. Die deutschen Rechtsanwälte 1871-1971. S. 189.

Projekte, welche die Unabhängigkeit der Anwaltschaft sichern und ihren Forderungen bei staatlichen Stellen besseres Gehör verschaffen sollten, wurden in der Weimarer Republik lediglich diskutiert, letztlich aber nicht umgesetzt: Gründung von Reichs- und Landesanwaltskammern;[49] Freizügigkeit der Rechtsanwälte im gesamten Reichsgebiet;[50] die mehrheitliche Besetzung des Ehrengerichtshofes, der Berufungsinstanz im Ehrengerichtsverfahren, mit Rechtsanwälten, nicht mehr mit Richtern.[51]

---

[49] S. Buhmann, Zur Frage der Änderung der Rechtsanwalts-Ordnung, JW 1920, S. 678 f; Abraham, Wesen und Ziele einer Neuorganisation der deutschen Rechtsanwaltschaft, JW 1919, S. 427 ff; Dittenberger (Schriftleiter), Aus der Vereinstätigkeit, AnwBl 1928, S. 317, 349; derselbe, Aus der Vereinstätigkeit, AnwBl 1932, S. 159; derselbe, Entwurf eines Gesetzes über die Reichs-Rechtsanwaltskammer, AnwBl 1932, S. 170; vgl. Ostler, Die deutschen Rechtsanwälte 1871-1971, S. 167, 218 ff.

[50] Dittenberger u. Magnus (Schriftleiter), Verhandlungen der Vertreterversammlung des Deutschen Anwaltvereins zu Leipzig, JW 1920, S. 171, 172 ff; s. auch Hachenburg, Juristische Rundschau, DJZ 1919, Sp. 729; derselbe, Die Justizdebatte im Hauptauschuß, JW 1922, S. 266, 267; vgl. Ostler, Die deutschen Rechtsanwälte 1871-1971, S. 166, 189, 218 ff.

[51] S. Grau, Reichstag und Rechtsanwaltschaft, JW 1929, S. 2490, 2492 ff; Koenigsberger, Mitwirkung der Anwälte bei der Geschäftsverteilung der Gerichte, AnwBl 1928, S. 304; vgl. Ostler. Die deutschen Rechtsanwälte 1871-1971. S. 193.

B. Die nationalsozialistische Herrschaft

I. Arbeitsfeldbezogene Änderungen

1. Die allgemeine Situation der Justiz

Die Nationalsozialisten konzentrierten sich in den ersten Monaten ihrer Herrschaft vor allem auf die Konsolidierung ihrer Macht. Sie schlossen sich mit anderen nationalistisch eingestellten Parteien am 30.01.1933 zur *Regierung der nationalen Erhebung* zusammen,[52] welche die Grundrechte einschränkte und die politischen Gegner ausschaltete.[53] Sie erreichte dies durch rückwirkende Strafverschärfungen und durch ebenfalls rückwirkend verhängte Todesstrafen sowie durch ein Verbot anderer Parteien.[54] Gleichzeitig entzogen die Nationalsozialisten eigenes strafbares Handeln der strafrechtlichen Verfolgung.[55]

Dieses schnelle Vorgehen der nationalsozialistisch geführten Regierung gegen ihre politischen Gegner wurde ihr durch die Übertragung weitreichender Gesetzgebungskompetenzen wesentlich erleichtert.[56] Zudem waren Landesregierungen, die sich der Reichsregierung hätten entgegenstellen können, wie die von Bayern oder Preußen, bereits nicht mehr demokratisch legitimiert.[57] Und auch von Seiten der Rechtswissenschaft gab es keine öffentliche Kritik an den Änderungen im Bereich des Strafrechts.[58]

---

[52] Sogenannte Front der nationalen Erhebung, vgl. Warmbrunn, Rechtsanwälte im Nationalsozialismus, in: Festschrift für Ludwig Anton Doll, S. 600; Heinrich, 100 Jahre Rechtsanwaltskammer München, S. 103 f. Zur Machtkonsolidierung, s. auch Barkai, Vom Boykott zur „Entjudung“, S. 23 ff.

[53] Verordnung zum Schutze des Volkes v. 04.02.1933, RGBl. I, S. 35; Verordnung zum Schutze von Volk und Staat v. 28.02.1933, RGBl. I, S. 83.

[54] Verordnung v. 29.03.1933, RGBl. I, S. 151. Mit Ausbruch des Zweiten Weltkriegs beschleunigte sich noch der Abbau des Rechtsstaates, s. Gesetzgebungsvereinfachung durch Erlaß des Führers v. 30.08.1939, RGBl. I, S. 1539; Verwaltungsvereinfachung durch Erlaß des Führers v. 28.08.1939, RGBl. I, S. 1535; Kriegssonderstrafrecht durch VOen v. 17.08.1939, RGBl. I, S. 1455 ff; Bezugsscheinpflicht für Lebensmittel und Haushaltsartikel durch VO v. 27.08.1939, RGBl. I, S. 1498.

[55] Gesetz über Maßnahmen der Staatsnotwehr v. 03.07.1934, RGBl. I, S. 529; s. dazu auch Gruchmann, Justiz im Dritten Reich, S. 433 ff.

[56] Gesetz zur Behebung der Not von Volk und Reich v. 24.03.1933, RGBl. I, S. 141 ff.

[57] Vgl. Heinrich, 100 Jahre Rechtsanwaltskammer München, S. 103 ff.

[58] Teilweise wurde Zustimmung signalisiert, s. Neubert (Präsident der Reichs-Rechtsanwaltskammer), Die Schranken richterlichen Prüfungsrechts bei staatspolitischen

Die Maßnahmen der Nationalsozialisten, welche die Richter in ihrer Urteilsfindung beeinflussen sollten, änderten sich im Laufe ihrer Herrschaft. Am Anfang standen vor allem der Terror[59] und die Anmaßungen im Vordergrund, die sich einzelne Gliederungen der Nationalsozialistischen deutschen Arbeiterpartei (NSDAP), Sturmabteilung (SA) und Schutzstaffel (SS), Deutsche Arbeiterfront (DAF)[60] und Reichsnährstand herausnahmen.[61] Diese Übergriffe richteten sich vornehmlich gegen Staatsbürger jüdischer Herkunft. Viele von ihnen wurden beleidigt, verprügelt, einige auch ermordet; Amnestiegesetze schützten die Täter dieser Straftaten.[62]

Nachdem sich die neuen Machtstrukturen gefestigt hatten,[63] wurde vermehrt Einfluß auf die staatsanwaltliche Tätigkeit genommen. Weisungen, die detaillierte Vorgaben für die Auslegung von Tatbestandsmerkmalen und Strafrahmen aufführten, wurden den Staatsanwälten erteilt; diese Weisungen gingen gleichzeitig auch den Richtern zu.[64] Gleichzeitig wurde das Selbstverwaltungsrecht

---

Handlungen der Verwaltung, JW 1933, S. 2426 f; vgl. Ostler, Die deutschen Rechtsanwälte 1871-1971, S. 242.

[59] Vgl. Heinrich, 100 Jahre Rechtsanwaltskammer München, S. 123; Niermann, Die Durchsetzung politischer und politisierter Strafjustiz im Dritten Reich, in: Juristische Zeitgeschichte, Bd. 3, S. 30, 42 f; Oppenhoff, Erfahrungen eines Kölner Anwaltes, S. 187 ff.

[60] Zur juristischen Einordnung der DAF, s. Weigelt, Ist die Deutsche Arbeitsfront Rechtsnachfolgerin der früheren Gewerkschaften, JW 1933, S. 2885 f.

[61] Vgl. Warmbrunn, Rechtsanwälte im Nationalsozialismus, in: Festschrift für Ludwig Anton Doll, S.600 f; Schröder, , „... aber im Zivilrecht sind die Richter standhaft geblieben!", S. 129 ff; Becker, 100 Jahre Kölner Anwaltverein, S. 96 ff.

[62] Vgl. Ostler, Die deutschen Rechtsanwälte 1871-1971, S. 247 ff; Weinkauff/Wagner, Die deutsche Justiz und der Nationalsozialismus, Bd. I, S. 113 ff; Niermann, Die Durchsetzung politischer und politisierter Strafjustiz im Dritten Reich, in: Juristische Zeitgeschichte, Bd. 3, S. 35 f; Rethmeier, „Nürnberger Rassegesetze" und Entrechtung der Juden im Zivilrecht, Fn. 154 m.weit.Nachw.

[63] Auf staatlicher Ebene geschah dies durch die Einführung eines Zentralstaats im Januar 1934, s. Gesetz zum Neuaufbau des Reiches v. 30.01.1934, RGBl. I, S. 75, sowie durch die Übertragung der Rechtspflege auf das Reich, s. Gesetz zur Überleitung der Rechtspflege auf das Reich v. 16.02.1934, RGBl. I, S. 91. Ausführliche Darstellungen bei Gruchmann, Justiz im Dritten Reich, S. 92 ff.

[64] S. dazu ausführlich Boberach, Richterbriefe, S. XIV. 1936 wurden sämtliche Werke *jüdischer* Juristen erfaßt und Gerichte wurden angewiesen, aus diesen Werken nicht mehr zu zitieren. Formulierungen in verschiedenen, späteren Urteilen lassen jedoch darauf schließen, daß die Werke auch weiterhin verwendet wurden, s. Mitteilung der Reichsrechtsanwalts-

der Gerichte abgeschafft und neue, nationalsozialistische Chefpräsidenten (d.h. die die Oberlandesgerichtsbezirke führenden Gerichtspräsidenten) und Generalstaatsanwälte eingesetzt.[65]

Das Kontrollsystem wurde 1938 dadurch ausgebaut, daß ein Sicherheitsdienst, in welchem zumeist junge, im nationalsozialistischen Sinne ausgebildete Juristen beschäftigt waren, anonym über ihnen nicht genehme, da nicht hinreichend nationalsozialistisch geprägte Urteile berichten sollten.[66]

Mit Ausbruch des Zweiten Weltkrieges kam es sogar zu direkten Eingriffsmöglichkeiten, da dem Oberreichsanwalt nun gestattet wurde, rechtskräftige Urteile anzugreifen.[67]

Die größte Beeinflussung der Rechtsprechung versprach sich die nationalsozialistische Regierung aber durch die sogenannten Richterbriefen, die von Oktober 1942 an zunächst monatlich vom Reichsjustizministerium herausgegeben wurden und zu bestimmten Sachverhalten ausgewählte Literatur und Rechtsprechung für die Entscheidungsfindung beinhalteten.[68]

2. Die Situation von Rechtsanwälten in der Strafrechtspflege

Das Strafrecht diente den Nationalsozialisten, wie bereits ausgeführt, vornehmlich zur Absicherung ihrer Herrschaft. In nur wenigen Wochen änderten sie das StGB und die StPO ihren Vorstellungen entsprechend ab und erreichten da-

---

kammer, Jüdische Kommentare in der Ehrenrechtsprechung?, JW 1936, S. 846; vgl. Göppinger, Juristen jüdischer Abstammung im „Dritten Reich", S. 176 ff; Ostler, Die deutschen Rechtsanwälte 1871-1971, S. 250; derselbe, Rechtsanwälte in der NS-Zeit, AnwBl 1983, S. 59.

[65] Gesetz über die Geschäftsverteilung bei den Gerichten v. 24.11.1937, RGBl. I, S. 1286.

[66] Vgl. Boberach, Richterbriefe, S. XV.

[67] Gesetz v. 16.09.1939, RGBl. I, S. 1841; s. auch Tegtmeyer, Das Deutsche Kriegsrecht, DRW 1939, S. 2057; Freisler, Das Gesetz zur Änderung von Vorschriften des allgemeinen Strafverfahrens, des Wehrmachtstrafverfahrens und des Strafgesetzbuches und seine Stellung in der Strafverfahrenserneuerung, DJ 1939, S. 1565, 1597; vgl. Boberach, Richterbriefe, S. XVI f.

[68] Vgl. Ostler, Die deutschen Rechtsanwälte 1871-1971, S. 246; Schorn, Der Richter im Dritten Reich, Geschichte und Dokumente, S. 57 ff., 649 ff; Göppinger, Die Verfolgung der Juristen jüdischer Abstammung durch den Nationalsozialismus, S. 81 Anm. 12; Warmbrunn, Rechtsanwälte im Nationalsozialismus, in: Festschrift für Ludwig Anton Doll, S. 613 (Fn. 103 m.weit.Nachw.). S. ausführlich Boberach, Richterbriefe.

durch ein hohes Maß an Rechtsunsicherheit.[69] Neue Straftatbestände und die Todesstrafe wurden eingeführt, und im Widerspruch zu den in § 1 StGB manifestierten Grundsätzen nullum crimen sine lege und nulla poena sine lege wurden diese Änderungen rückwirkend angewandt.[70] Neu geschaffene Sondergerichte, vor denen der rechtsstaatliche Schutz der Angeklagten reduziert war, hatten über bestimmte politische Straftaten zu entscheiden,[71] ebenso der ein Jahr später eingerichtete Volksgerichtshof. Mit der Schaffung dieser Sondergerichte erreichte die nationalsozialistische Regierung eine Kompetenzverlagerung weg von den ordentlichen Gerichten mit ihren von der Regierung nicht ausreichend zu kontrollierenden Richtern.[72]

Die Nationalsozialisten begnügten sich aber nicht mit diesen die Rechtsunsicherheit steigernden Maßnahmen. Bereits 1935 griff die Regierung wiederum in das Regelwerk des StGB und der StPO ein:[73] Die Beweiserhebung wurde in das freie Ermessen des Richters gestellt und das sich ebenfalls aus § 1 StGB ergebende Analogieverbot zu Lasten der Angeklagten aufgehoben, so daß Straftatbestände nun unbegrenzt weit ausgelegt werden konnten. Weiterhin waren die Oberlandesgerichte an Urteile des Reichsgerichts aus der Zeit vor dem

---

[69] Vgl. Rüthers, Die unbegrenzte Auslegung, S. 104 ff; derselbe, Entartetes Recht, S. 21 f., 28 ff.

[70] Rechtfertigung dieser Maßnahmen durch zwei Aufsätze aus der damaligen Zeit: Nicolai (Reichsfachleiter), Rückwirkende Kraft von Strafgesetzen, JW 1933, S. 2315 f; Mannhardt, Rückwirkende Kraft von Strafgesetzen, JW 1933, S. 2636.

[71] VO der Reichsregierung über die Bildung von Sondergerichten v. 21.03.1933, RGBl. I, S. 136 ff. Zu den Sondergerichten im allgemeinen, s. Wüllenweber, Sondergerichte im Dritten Reich; zur Tätigkeit der Sondergerichte in der Pfalz, Ball, „Panzertruppe der Rechtspflege", in: Die Pfalz unterm Hakenkreuz, S. 141 ff.

[72] Gesetz zur Änderung von Vorschriften des Strafrechts und des Strafverfahrens v. 24.04.1934, RGBl. I, S. 341, 345 ff. Die Einführung dieser Gerichte diente auch dazu, Parteigenossen in Richterpositionen zu bringen, vgl. Ball, Sondergerichte im Oberlandesgerichtsbezirk Zweibrücken, in: 175 Jahre pfälzisches Oberlandesgericht, S. 227 ff., 234. Ball sieht vor allem den Volksgerichtshof und die Sondergerichte als die Spruchkörper an, die Strafjustiz im nationalsozialistischen Sinne ausübten, a.a.O., S. 253 f.

[73] Gesetz zur Änderung von Vorschriften des Strafverfahrens und des GVG v. 28.06.1935, RGBl. I, S. 844; Gesetz zur Änderung des StGB v. 28.06.1935, RGBl. I, S. 839.

01.09.1935 nicht mehr gebunden, ebenso nicht an das Verbot der *reformatio in peius*.[74]

Diese Maßnahmen waren von erheblicher Bedeutung für die Argumentation der Strafverteidiger, da ihnen nun eine ausreichende Beratung ihrer Mandanten kaum noch möglich war.[75] Hinzu kam noch die latente Gefahr, daß die Mandanten für den Fall einer zu geringen Strafe oder eines Freispruches durch die Geheime Staatspolizei (GESTAPO) verhaftet und in ein Konzentrationslager verschleppt werden konnten.[76] Insbesondere das Handeln der Strafverteidiger unterlag außerdem einer strikten ehrengerichtlichen Überprüfung,[77] die für einen erheblichen Konformitätszwang unter ihnen sorgte. Sie sollten eben weniger die Interessen ihrer Mandanten vertreten als vielmehr ihrer Funktion eines Rechtswahrers nachkommen und die von ihren Mandanten erhaltenen Kenntnisse an die zuständigen Richter weiterleiten.[78]

Der Ausbruch des Zweiten Weltkrieges gab der nationalsozialistischen Regierung neuen Anlaß, den Strafrahmen verschiedener Straftatbestände auf die Todesstrafe auszudehnen.[79] Neu geschaffene Straftatbestände wie das Abhören ausländischer Sender und Plünderungen wurden unter Umgehung der ordentlichen Gerichtsbarkeit unmittelbar den Sondergerichten zugewiesen,[80] Strafverfahren vor diesen Gerichten hatten eine Ladungsfrist von nur noch vierund-

---

[74] Vgl. Ostler, Die deutschen Rechtsanwälte 1871-1971, S. 245; s. dazu damalige Begründungen bei Schäfer, Das Gesetz zur Änderung des Strafgesetzbuchs vom 28. Juni 1935, JW 1935, S. 2323 ff; Lehmann/Schlüter/Rempe, Die Strafprozeßnovelle vom 28. Juni 1935, JW 1935, S. 2327 ff; vgl. Gruchmann, Die Justiz im Dritten Reich, S. 1129 f.

[75] 1936 folgte die Modifizierung des Akteneinsichtsrechts durch Gesetz, s. Gesetz zur Änderung des Strafgesetzbuchs v. 02.07.1936, RGBl. I, S. 532, und durch höchstrichterliche Rechtsprechung, s. RG, JW 1936, S. 264.

[76] Vgl. Schorn, Der Richter im Dritten Reich, Geschichte und Dokumente, S. 4, 593; Warmbrunn, Rechtsanwälte im Nationalsozialismus, in: Festschrift für Ludwig Anton Doll, S. 612 f; Ostler, Die deutschen Rechtsanwälte 1871-1971, S. 278 f; Gruchmann, Justiz im Dritten Reich, S. 535 ff.

[77] S. dazu S. 68 ff.

[78] S. Friedrich, Der Rechtsanwalt als Rechtswahrer, JW 1938, S. 1301 f.

[79] § 4 der VO gegen Volksschädlinge, RGBl. I, S. 1679.

[80] Weitere Zuständigkeitstatbestände sind aufgezählt bei Ball, Sondergerichte im Dritten Reich im Oberlandesgerichtsbezirk Zweibrücken, in: 175 Jahre pfälzisches Oberlandesgericht. S. 227 ff.. 229 ff.

zwanzig Stunden, die Notwendigkeit der Verteidigung wurde hier eingeschränkt sowie Rechtsmittel beseitigt. Bei den ordentlichen Gerichten kam es erst ein Jahr später, d.h. 1940 zur Einschränkung der notwendigen Verteidigung.[81] Gleichzeitig erhielten die Staatsanwälte einen größeren Entscheidungsspielraum darüber, bei welchem Gericht, ob Einzelrichter, Schöffengericht oder Strafkammer am Landgericht, sie die Anklage erheben wollten.[82]

1943 wurde die Todesstrafe auf weitere Straftatbestände ausgedehnt.[83] Bürger jüdischer Herkunft verloren den schon beschränkten Rechtsschutz der für sie seit zwei Jahren geltenden Strafprozeßordnung für Polen; die strafrechtliche Ahndung wurde nun auf die Polizei übertragen.[84]

Ein Jahr darauf begann der Zusammenbruch des Deutschen Reiches. Die damit einhergehende Personalknappheit an den Gerichten wurde durch die Einführung des Opportunitätsgrundsatzes für sämtliche Delikte kompensiert, der Auflösung der inneren Ordnung im Reich begegnete die Regierung mit der Schaffung von Sonderstrafgerichten für Polizei, SS und Volkssturm[85] sowie der Einsetzung von Standgerichten.[86]

---

[81] Rechtsmittelverkürzungen, deren Grundlage das Gesetz v. 16.09.1939, RGBl. I, S. 1841 und die 1. VereinfachungsVO v. 01.09.1939, RGBl. I, S. 1658, waren; s. auch Tegtmeyer, Das Deutsche Kriegsrecht, DRW 1939, S. 2057; Freisler, Das Gesetz zur Änderung von Vorschriften des allgemeinen Strafverfahrens, des Wehrmachtstrafverfahrens und des Strafgesetzbuches und seine Stellung in der Strafverfahrenserneuerung, DJ 1939, S. 1565, 1597. Auch im verwaltungsrechtlichen Bereich kam es zu Eingriffen, s. Erlaß v. 28.08.1939, DRW 1939, S. 1700; vgl. Ostler, Die deutschen Rechtsanwälte 1871-1971, S. 281.

[82] VO über die Zuständigkeit der Strafgerichte und sonstige verfahrensrechtliche Vorschriften v. 21.02.1940, RGBl. I, S. 405; vgl. Ostler, Die deutschen Rechtsanwälte 1871-1971, S. 286 m.weit.Nachw.

[83] 4. VO zur Ergänzung der KriegssonderstrafrechtsVO v. 31.03.1943, S. 261; vgl. Ostler, Die deutschen Rechtsanwälte 1871-1971, S. 289 f: 16035 Todesurteile gegenüber 141 im Ersten Weltkrieg. Im einzelnen, s. Gribbohn, Der Volksgerichtshof, JuS 1969, S. 109 ff.

[84] Sog. Standrecht, § 1 der 13. VO zum Reichsbürgergesetz v. 01.07.1943, RGBl. I, S. 372. Zwei Jahre zuvor hatten die jüdischen Bürger des Reiches bereits Rechte eingebüßt, indem ihnen im Strafverfahren nur noch die Rechte nach der Polenstrafrechtsverordnung zugestanden wurden, VO v. 04.12.1941, RGBl. I, S. 759.

[85] Vgl. Ostler, Die deutschen Rechtsanwälte 1871-1971, S. 289.

[86] VO über die Errichtung von Standgerichten v. 15.02.1945, RGBl. I, S. 30.

3. Die Situation von Rechtsanwälten in der Zivilrechtspflege

Im Zivilrecht dienten die Eingriffe der nationalsozialistischen Regierung vornehmlich der Durchsetzung ihrer Ideologie, aber auch, insbesondere mit Ausbruch des Zweiten Weltkrieges, der Durchführung eines rationelleren zivilrechtlichen Verfahrens. Bis 1939 war die ZPO nur an einzelnen Stellen geändert worden, beispielsweise um eine genauere Berufungsbegründung zu erreichen oder das Vorbringen neuer Tatsachen in der Berufungsinstanz einzuschränken.[87] Nun mußte man aber auf die kriegsbedingte Abwesenheit von Parteien mit umfangreichen Unterbrechungs- und Aussetzungsmöglichkeiten reagieren.[88] Dem Personalmangel an den Gerichten begegnete die Regierung zunächst mit dem Ersetzen der landgerichtlichen Kammern für Zivil- und Handelssachen durch Einzelrichter[89] und damit, das amts- und arbeitsgerichtliche Verfahren in das Ermessen des Richters zu stellen.[90] 1942 wurden dann in der Berufung nur noch Angriffs- und Verteidigungsmittel zugelassen, deren Geltendmachen im ersten Rechtszug unzumutbar gewesen war.[91] Gleichzeitig waren die Widerklage und

---

[87] Gesetz zur Änderung des Verfahrens in bürgerlichen Rechtsstreitigkeiten v. 27.10.1933, RGBl. I, S. 780; vgl. Ostler, Die deutschen Rechtsanwälte 1871-1971, S. 243 mit der Auflistung weiterer Änderungen. Diese Maßnahmen sind auch heute noch gültig, s. Prütting/Schütze, Einleitung, Zivilprozeßordnung und Nebengesetze, Kommentar von Bernhard Wieszorek; Ostler, Die deutschen Rechtsanwälte 1871-1971, S. 243.

[88] VO über Maßnahmen auf dem Gebiete des bürgerlichen Streitverfahrens, der Zwangsvollstreckung, des Konkurses und des bürgerlichen Rechts v. 01.09.1939, S. 1656 ff; vgl. Ostler, Die deutschen Rechtsanwälte 1871-1971, S. 281. Für einen entsprechenden Antrag beim Landgericht wurde der ansonsten bestehende Anwaltszwang aufgehoben, s. Art. 5 der VO über Maßnahmen auf dem Gebiete des bürgerlichen Streitverfahrens, der Zwangsvollstrekkung, des Konkurses und des bürgerlichen Rechts v. 01.09.1939, RGBl. I, S. 1656 ff.

[89] § 5 der VO über Maßnahmen auf dem Gebiete der Gerichtsverfassung und der Rechtspflege v. 01.09.1939, RGBl. I, S. 1658 ff.

[90] § 10 der VO der VO über Maßnahmen auf dem Gebiete der Gerichtsverfassung und der Rechtspflege v. 01.09.1939, RGBl. I, S. 1658 ff. Weitere Regelungen, s. Ostler, Die deutschen Rechtsanwälte 1871-1971, S. 281 f.

[91] VO v. 16.05.1942, RGBl. I, S. 333. Diese Regelung wurde schon damals kritisiert, da sie eine Distanz zwischen Richterspruch und Volksempfinden aufbaue und das Urteil dadurch Gerechtigkeit und Volksempfinden widerspreche, s. Schneider, Die Berufung nach der 4. Vereinfachungsverordnung, DRW 1943, S. 162; derselbe, Die nachträgliche Begründung der Berufung, DRW1944, S. 14; Jonas, Gedanken über die Neugestaltung der Gerichtsorganisation, DRW 1941, S. 1332.

die Erhebung neuer Ansprüche nicht mehr zulässig.[92] Die Berufungsbegründung mußte von 1943 an innerhalb der Berufungsfrist erfolgen,[93] Klageänderung und Anschlußberufung waren von da an nicht mehr zulässig. Daneben wurde die Rücknahme von Berufungen erleichtert und das Zurückverweisen in die erste Instanz erschwert.[94] Weniger dringliche bürgerliche Rechtsstreitigkeiten durften vom Gericht ausgesetzt werden.[95]

Mit dem Führererlaß über den *„totalen Kriegseinsatz“*[96] von 1944 wurden die Oberlandes- und Landesarbeitsgerichte sowie die Berufungsinstanz für Zivilprozesse beseitigt,[97] Streitigkeiten aus Miet- und Pachtverhältnissen[98] sowie Entmündigungsanordnungen[99] auf eine gerichtliche Instanz beschränkt und Streitigkeiten über Entscheidungen der Mieteinigungsämter und Mietkommis-

---

[92] Mit Ausnahme der Ehe- und Kindschaftssachen.

[93] 4. VereinfachungsVO v. 12.11.1943, RGBl. I, S. 7.

[94] S. Staudinger, Die Vierte Vereinfachungsverordnung, DJ 1943, S. 49; Schneider, Die Berufung nach der 4. Vereinfachungsverordnung, DRW 1943, S. 162; derselbe, Die nachträgliche Begründung der Berufung, DRW1944, S. 14; vgl. Ostler, Die deutschen Rechtsanwälte 1871-1971, S. 282. Zu den Veränderungen in der Revisionsinstanz, s. Ostler, Die deutschen Rechtsanwälte 1871-1971, S. 283.

[95] Auch das Verfahren der freiwilligen Gerichtsbarkeit blieb von Eingriffen nicht unberührt, s. dazu Ostler, Die deutschen Rechtsanwälte 1871-1971, S. 284. 1944 folgte eine Verjährungshemmung bis Ende 1945 für alle im BGB geregelten Verjährungsfristen, s. §§ 32 ff. der VO über außerordentliche Maßnahmen auf dem Gebiete des bürgerlichen Rechts, der bürgerlichen Rechtspflege und des Kostenrechts aus Anlaß des totalen Krieges v. 27.09.1944, RGBl. I, S. 229 ff.

[96] VO über außerordentliche Maßnahmen auf dem Gebiete des bürgerlichen Rechts, der bürgerlichen Rechtspflege und des Kostenrechts aus Anlaß des totalen Krieges v. 27.09.1944, RGBl. I, S. 229 ff.

[97] §§ 1, 4, 15 I der VO über außerordentliche Maßnahmen auf dem Gebiete des bürgerlichen Rechts, der bürgerlichen Rechtspflege und des Kostenrechts aus Anlaß des totalen Krieges v. 27.09.1944, RGBl. I, S. 229 ff. Zusammen mit diesen Maßnahmen wurde die Zahl der Senatsmitglieder am Reichsgericht auf drei reduziert, §§ 15 I, 16 der angegebenen VO.

[98] § 3 der VO über außerordentliche Maßnahmen auf dem Gebiete des bürgerlichen Rechts, der bürgerlichen Rechtspflege und des Kostenrechts aus Anlaß des totalen Krieges v. 27.09.1944, RGBl. I, S. 229 ff.

[99] § 20 der VO über außerordentliche Maßnahmen auf dem Gebiete des bürgerlichen Rechts, der bürgerlichen Rechtspflege und des Kostenrechts aus Anlaß des totalen Krieges v. 27.09.1944. RGBl. I. S. 229 ff.

sionen der gerichtlichen Überprüfung entzogen.[100] Gleichzeitig konnte der Anwaltszwang, soweit vom Gericht als sachdienlich erachtet, aufgehoben werden.[101] Und Rechtsanwälte verloren die Möglichkeit, gegen die von den Gerichten festgesetzten Ordnungsgelder, die ihnen seit Beginn der nationalsozialistischen Herrschaft wieder auflegt werden konnten, Beschwerde einzulegen.[102]

Rechtsanwälte, die nicht zum Kriegseinsatz herangezogen wurden, hatten teilweise zusätzliche Aufgaben zu übernehmen. Zum einen mußten sie Mandate einberufener Rechtsanwälte ohne ein Recht auf Ablehnung oder Entschädigung übernehmen.[103] Die entsprechende Auswahl der Rechtsanwälte traf der Präsident der neu geschaffenen Reichsrechtsanwaltskammer,[104] den eingezogenen Rechtsanwälten selbst stand lediglich ein Vorschlagsrecht zu. Zum anderen mußten teilweise nicht eingezogene Rechtsanwälte die Aufgaben eines sogenannten Kriegsvertreters übernehmen. Sie hatten dann Wehrmachtsangehörige zu vertreten, deren Prozeßbeteiligung wegen ihres Kriegseinsatzes nicht möglich war.[105] Auch hier hatten die Rechtsanwälte nach Ansicht des OLG Stuttgart nur dann einen Anspruch auf Kosten- und Auslagenerstattung durch den Staat, wenn sie ihren Mandanten als Armenanwälte zugeordnet worden waren.[106]

---

[100] § 57 I der VO über außerordentliche Maßnahmen auf dem Gebiete des bürgerlichen Rechts, der bürgerlichen Rechtspflege und des Kostenrechts aus Anlaß des totalen Krieges v. 27.09.1944, RGBl. I, S. 229 ff. Erb- und rassenkundliche Untersuchungen durften nur noch angeordnet werden, wenn der Grad der (*arisch-jüdischen*) *Vermischung* bestimmt werden mußte, § 19 I der angegebenen VO..

[101] § 7 der VO über außerordentliche Maßnahmen auf dem Gebiete des bürgerlichen Rechts, der bürgerlichen Rechtspflege und des Kostenrechts aus Anlaß des totalen Krieges v. 27.09.1944, RGBl. I, S. 229 ff..

[102] § 18 der VO über außerordentliche Maßnahmen auf dem Gebiete des bürgerlichen Rechts, der bürgerlichen Rechtspflege und des Kostenrechts aus Anlaß des totalen Krieges v. 27.09.1944, RGBl. I, S. 229 ff..

[103] VO v. 18.09.1939, RGBl. I, S. 1847 f. Ende 1940 war ein Drittel der Rechtsanwälte einberufen, vgl. Ostler, Die deutschen Rechtsanwälte 1871-1971, S. 294.

[104] S. S. 66 f.

[105] (Schutz)VO über Maßnahmen auf dem Gebiete des bürgerlichen Streitverfahrens, der Zwangsvollstreckung, des Konkurses und des bürgerlichen Rechts v. 01.09.1939, RGBl. I, S. 1656 ff.

[106] OLG Stuttgart, DR 1941, S. 2451; s. auch Gaedeke, Die rechtliche Stellung des Kriegsvertreter aus Art. 2 der Schutzverordnung vom 1. September 1939, DR 1940, S. 1870 f., aller-

Anfang 1939 gab der Reichsrechtsleiter Dr. Frank eine Richtlinie heraus, die Parteigenossen und Angehörigen angeschlossener Gliederungen und Verbände die Vertretung von Deutschen jüdischer Herkunft untersagte.[107] Nur zwei Ausnahmen wurden zunächst gestattet, zum einen, wenn die Vertretung dem überwiegenden Interesse des deutschen Volkes entsprach, und zum anderen, wenn ansonsten ein Rechtsverlust für den Mandanten eintreten würde.[108] Im letzteren Fall mußte die Sache aber alsbald an einen *jüdischen Konsulenten*[109] abgetreten werden. Eine dritte Ausnahme wurde wenig später zugelassen, nämlich das Aufsuchen eines *arischen* Rechtsanwalts durch einen Bürger jüdischer Herkunft, wenn dies die juristische Problematik erforderte. Dieser Ausnahme kam aber wegen der guten juristischen Schulung der *jüdischen Konsulenten* keine praktische Bedeutung zu.[110]

---

dings mit anderer Begründung. Anderer Auffassung war Sauerlandt, Wer bezahlt den Kriegsvertreter?, DR 1941, S. 1398 f.

[107] D.h. nicht, daß die Vertretung *jüdischer* Bürger durch *arische* Rechtsanwälte ungesühnt blieb, vgl. Schröder, „... aber im Zivilrecht sind die Richter standhaft geblieben!“, S. 60. Diese Entwicklung zeichnete sich schon vorher ab, zur Gebührenfrage beispielsweise erkennbar 1933, s. Zerweck, Gebührenfrage bei Abgabe des Mandats an arische Anwälte, JW 1933, S. 2692 f. Erst 1938 aber wurde Rechtsanwälten Strafe angedroht, wenn sie bei rechtsgeschäftlicher Vertretung eines Bürgers jüdischer Herkunft dem Vertragspartner die Judeneigenschaft ihres Mandanten verschwiegen, § 2 der VO gegen die Unterstützung der Tarnung jüdischer Gewerbebetriebe v. 22.04.1938, RGBl. I, S. 404.

[108] S. Frank, Anordnung A XXI 1/39, JW 1939, S. 85 f; Sülwald, Grundsätzliches Verbot der Vertretung von Juden in Rechtsangelegenheiten, JW 1939, S. 84.

[109] Bezeichnung von *jüdischen* Rechtsanwälten ab dem 01.12.1938, s. S. 62.

[110] Die Konsulenten mußten ihr Honorar für Rechnung des Reichsministers der Justiz von ihren Mandanten einfordern und an eine Ausgleichsstelle abführen. Vom Honorar wurde ein von der Ausgleichsstelle zu bestimmender Betrag als Aufwendungsersatz an den Konsulenten zurückgegeben, das waren 300 RM und 10% des darüber hinausgehenden Betrags, vgl. Ostler, Rechtsanwälte in der NS-Zeit, AnwBl 1983, S. 55. Das übrige Geld sollte dazu dienen, ausgeschiedenen jüdischen Rechtsanwälten, denen nach § 5 der 5. VO zum Reichsbürgergesetz v. 27.09.1938, RGBl I, S. 1403, Unterhaltszuschüsse gewährt werden mußten, zu versorgen, ohne daß es zu einer Belastung der *arischen* Bevölkerung kommen sollte. Die Zahl von 2000 *jüdischen* Anwälte ging auf etwa 200 Konsulenten zurück. Durch das vorgezeichnete System erreichte man auch im Anwaltsbereich die vollständige Trennung der *jüdischen* von der übrigen Bevölkerung und verhinderte so gleichzeitig aufkommendes Mitleid bei weiteren geplanten *antijüdischen* Aktionen, s. Steffens, Die rechtliche Vertretung der Juden im Reich, DR 1942, S. 9 ff; vgl. Ostler, Die deutschen Rechtsanwälte 1871-1971, S. 265.

Die Lage der Rechtsanwälte jüdischer Herkunft wurde im Laufe der nationalsozialistischen Herrschaft immer schwieriger, sie und ihre Parteien litten vor Gericht unter zunehmender Diskriminierung. Beispielsweise hatte das AG Frankfurt noch 1933 einem Antrag auf Verlegung eines Termins zur mündlichen Verhandlung wegen eines jüdischen Feiertags entsprochen,[111] nicht aber 1940 einem gleichlautenden Antrag.[112] In einem anderen Fall weigerte sich das AG Frankfurt 1939 trotz entsprechender Überleitungsnorm, die Gebührenordnung für Rechtsanwälte auf *jüdische Konsulenten* anzuwenden.[113] Daraufhin teilte der *jüdische* Prozeßvertreter seinem Auftraggeber mit,[114] daß „[...] *bei der Eigenart des Richters* [... eine] *Entscheidung nach derzeitiger Aktenlage nicht wesentlich mehr erbringen* [... werde]." Auch das LG Kassel zeigte sich 1939 wenig berührt von den Prozeßrechten einer *jüdischen* Partei und beließ es bei dem festgesetzten Termin zur mündlichen Verhandlung, auch wenn dadurch der beklagten *jüdischen* Partei nicht ausreichend Zeit zur Klageerwiderung eingeräumt wurde.[115] Schließlich kam es auch in einer weiteren Akte zu einer Ungleichbehandlung von *Juden* und *Ariern* durch einen Vollstreckungsbeamten, der dem zuvor gestellten Antrag des *jüdischen Konsulenten* auf Vollstreckung mangels Erfolgsaussichten widersprochen, zugunsten eines *arischen* Rechtsanwalts die Vollstreckung aber dann doch erfolgreich durchgeführt hatte.[116]

---

[111] HStA Wiesbaden 474/3-2110, Schreiben v. 21.09.1933.

[112] HStA Wiesbaden 474/2-152, Schreiben v. 11.09.1939, darauf das Schreiben des AG v. 12.09.1939.

[113] HStA Wiesbaden 474/2-368, Schreiben v. 16.11.1939 an den Prozeßvertreter.

[114] HStA Wiesbaden 474/2-368, Schreiben v. 04.12.1939.

[115] HStA Wiesbaden 474/4-393, Schreiben v. 22.11.1939.

[116] HStA Wiesbaden 474/3-158, Schreiben v. 12.04.1937: „*Ich bitte in Erwägung zu ziehen, ob Sie* [... den Vollstreckungsbeamten ...] *nicht regresspflichtig machen können.*"

II. Die juristische Aus- und Weiterbildung sowie das Zulassungswesen

1. Die juristische Ausbildung

Die Justizausbildungsordnung von 1934[117] wies als neues Ziel in der juristischen Ausbildung die Charakterbildung aus.[118] Es war neben den bisherigen Erfordernissen zum Ersten Staatsexamen nun auch der Nachweis zu erbringen, daß „*der Bewerber mit Volksgenossen aller Stände und Berufe in enger Gemeinschaft gelebt, die körperliche Arbeit kennen und achten gelernt, Selbstzucht und Einordnung geübt und sich körperlich gestählt hat, wie es einem jungen deutschen Manne zukommt.*"[119] Geschichtskenntnisse, vor allem die deutsche Geschichte betreffend sowie die ernsthafte Beschäftigung mit dem Nationalsozialismus wurden ebenfalls überprüft. Auch die richtige Weltanschauung war nachzuweisen, d.h. Kenntnisse über „*Rasse und Volkstum*" und über die „*Verbindung von Blut und Boden*".[120]

Mit diesen Änderungen und der Pflicht zur mehrwöchigen Teilnahme an einem Gemeinschaftslager[121] wollte man größeren Einfluß auf die nachfolgende Juristengeneration ausüben, was aber nur teilweise gelang.[122]

---

[117] Justizausbildungsordnung v. 22.07.1934, RGBl. I, S. 727.

[118] Vorwort zur Justizausbildungsordnung: „*Ziel der Ausbildung des Juristen ist die Heranziehung eines in seinem Fach gründlich vorgebildeten, charakterlich untadligen Dieners des Rechts, der im Volk und mit ihm lebt und ihm bei der rechtlichen Gestaltung seines Lebens ein unbestechlicher und zielsicherer Helfer und Führer sein will und kann. Um dies zu erreichen, muß die Ausbildung den ganzen Menschen ergreifen, Körper und Geist zu gutem Zweiklang bringen, den Charakter festigen und den Willen stärken, die Volksgemeinschaft dem jungen Menschen zu unverlierbarem Erlebnis gestalten, ihm eine umfassende Bildung vermitteln und auf diese Grundlage ein gediegenes fachliches Können aufbauen.*" Preußen hatte bereits am 24.04.1933 eine Verfügung erlassen, wonach die „*Auslese*" für das Richteramt und für die Rechtsanwaltschaft künftig auch „*auf Grund einer Persönlichkeit als bewußten Gliedes des Volksganzen*" getroffen werden solle, vgl. Becker, 100 Jahre Kölner Anwaltverein, S. 98. Zur charakterlichen Ausbildung sollte ein sog. Gemeinschaftsdienst während des 2. Staatsexamens dienen, s. Schwister, Gemeinschaftsdienst und große Staatsprüfung, JW 1933, S. 1747 ff., 1748; Heuß, Gemeinschaftslager für Referendare, JW 1933, S. 2495 ff; Rilk, Mängel der juristischen Ausbildung und der Referendarprüfung in der zurückliegenden Zeit, JW 1933, S. 2497 ff; vgl. Johe, Die gleichgeschaltete Justiz, S. 203 ff.

[119] § 2 I der Justizausbildungsordnung, RGBl. 1934 I, S. 727.

[120] § 4 II der Justizausbildungsordnung, RGBl. 1934 I, S. 727.

[121] S. Heuß, Gemeinschaftslager für Referendare, JW 1933, S. 2495 ff; Hildebrandt, Grundsätzliches zum Dienst im Gemeinschaftslager Hanns Kerrl, DJ 1936, S. 1757.

Der Einsatz im Zweiten Weltkrieg bewirkte einen Personalmangel in allen wirtschaftlichen Bereichen, so daß es auch an praktizierenden Juristen fehlte.[123] Dieser Notlage versuchte die Regierung, mit der Verkürzung der Juristenausbildung entgegenzuwirken. Sie reduzierte die Mindeststudienzeit für Rechtswissenschaften auf fünf Semester und verlangte in beiden Staatsprüfungen nur noch jeweils eine schriftliche Arbeit.[124] Sie hob den 1936 eingeführten,[125] nach dem Zweiten Staatsexamen zu absolvierenden, einjährigen anwaltlichen Probedienst wieder auf,[126] so daß sich die Zahl der Rechtsanwälte um 1100 erhöhte.[127] 1942 folgte die Verkürzung des Vorbereitungsdienstes im öffentlichen Dienst auf fünfzehn Monate,[128] ein Jahr später die Verkürzung des Referendariats auf achtzehn Monate bei besonderer Begründung.[129]

2. Die Schulung praktizierender Rechtsanwälte

Für die Beeinflussung und Disziplinierung der berufsausübenden Rechtsanwälte nutzten die Nationalsozialisten vor allem zwei Möglichkeiten. Neben Verhaltenskontrollen durch ehrengerichtliche Verfahren[130] trat der vom Reichsjustizministerium herausgegebene *Rechtsanwaltsbrief*, der eine einheitliche Führung

---

[122] Vgl. Johe, Die gleichgeschaltete Justiz, S. 203 ff; Ostler, Die deutschen Rechtsanwälte 1871-1971, S. 239 f. S. dazu auch die relativ geringe Zahl jener der SA (48%) oder SS (8%) zugehörigen Juristen bei Hildebrandt, Grundsätzliches zum Dienst im Gemeinschaftslager Hanns Kerrl, DJ 1936, S. 1757. Ähnliche Kontrollen fanden auch bezüglich neu eingestellter Richter statt, vgl. Schröder, „... aber im Zivilrecht sind die Richter standhaft geblieben!“, S. 252 f.

[123] Ende 1940 war mehr als ein Drittel der Rechtsanwaltschaft im Wehrdienst, vgl. Ostler, Die deutschen Rechtsanwälte 1871-1971, S. 294.

[124] VO über die Vereinfachung der juristischen Staatsprüfungen v. 02.09.1939, RGBl. I, S. 1606.

[125] Reichs-Rechtsanwaltsordnung 1936, RGBl. I, S. 107.

[126] Vgl. Ostler, Die deutschen Rechtsanwälte 1871-1971, S. 295.

[127] VO zur weiteren Ergänzung der Reichs-Rechtsanwaltsordnung v. 24.06.1941, RGBl. I, S. 333 ff; Arbeitstagung des NSRB vom 19.11.1941, DR 1942, S. 163 ff; vgl. Ostler, Die deutschen Rechtsanwälte 1871-1971, S. 295.

[128] 3. VereinfachungsVO v. 16.05.1942, RGBl. I, S. 333.

[129] Weitere Abkürzung des Vorbereitungsdienstes für Gerichtsreferendare, die Kriegsteilnehmer sind, Mitteilung des NS.-Rechtswahrerbundes, DR 1943, S. 510.

[130] S. dazu S. 68 ff.

und Lenkung in der Rechtspflege erreichen sollte;[131] tatsächlich erschien jedoch 1944 nur ein Brief, der sich mit dem Verhalten von Rechtsanwälten in Strafsachen befaßte.[132]

3. Das Zulassungswesen

Das Zulassungswesen für Rechtsanwälte wurde bereits im April 1933 neu geregelt, wodurch die vorangegangenen Ereignisse nachträglich legitimiert werden sollten. Dabei hatte es sich hauptsächlich um Übergriffe gegen Anwälte jüdischer Herkunft gehandelt. Diese waren illegal in Schutzhaft genommen[133] und bei Ausübung ihrer Tätigkeit vor Gericht durch Wachen der NSDAP, nicht der Polizei, behindert worden.[134] Das Gesetz über die Zulassung zur Rechtsanwaltschaft[135] bestätigte zum einen die sich an diese Übergriffe anschließenden Maßnahmen der preußischen und bayrischen Regierungen, zum anderen diente das Gesetz der Konsolidierung der nationalsozialistischen Herrschaft sowie der Umsetzung der nationalsozialistischen Ideologie. Die Machtkonsolidierung bedingte ein Vorgehen gegen Kommunisten oder ihnen nahestehende Personen, den rassistischen Vorstellungen folgten die Regelungen über deutsche Rechtsanwälte jüdischer Herkunft.[136] Ihnen wurde zunächst die Zulassung entzogen.

---

[131] Runderlaß v. 11.03.1943, vgl. Boberach, Richterbriefe, S. 397 ff.

[132] Rechtsanwaltsbrief Nr. 1 v. 01.10.1944, abgedruckt bei Boberach, Richterbriefe, S. 400 ff. Darin analysiert der Reichsminister der Justiz das Verhalten von Rechtsanwälten in Prozessen bis in das kleinste Detail und bewertet dieses im nationalsozialistischen Sinne; vgl. auch Hartstang, Der deutsche Rechtsanwalt, S. 47; Warmbrunn, Rechtsanwälte im Nationalsozialismus, in: Festschrift für Ludwig Anton Doll, S. 613 (Fn. 103 m.weit.Nachw.).

[133] Vgl. Heinrich, 100 Jahre Rechtsanwaltskammer München, S. 105 ff; für den OLG-Bezirk Zweibrücken, vgl. Warmbrunn, Rechtsanwälte im Nationalsozialismus, in: Festschrift für Ludwig Anton Doll, S. 600 f.

[134] Vgl. Adam, Judenpolitik im Dritten Reich, S. 46 ff; Heinrich, 100 Jahre Rechtsanwaltskammer München, S. 112 f; Ostler, Rechtsanwälte in der NS-Zeit, AnwBl 1983, S. 52; Göppinger, Juristen jüdischer Abstammung im „Dritten Reich", S. 49 ff; Benz, Von der Entrechtung zur Verfolgung und Vernichtung, in: Deutsche Juristen jüdischer Herkunft, S. 813 ff.

[135] Gesetz v. 07.04.1933, RGBl. I, S. 188, bezugnehmend auf das Gesetz zur Wiederherstellung des Berufsbeamtentums v. 07.04.1933, RGBl. I, S. 175.

[136] Der jüdische Bevölkerungsanteil war seit 1871 stetig von 1,2 auf 0,76 Prozent im Jahr 1930 gesunken, der Anteil der im öffentlichen Dienst Beschäftigten lag nur bei 0,16 Prozent. Von den 19500 in Deutschland zugelassenen Anwälten waren 4394 jüdischer Abstammung,

Ausnahmeregelungen für letztere sowie Streitereien über die Frage, wann ein Rechtsanwalt den Kommunisten nahestand, führten zu einem mehrere Monate dauernden Wiederzulassungsverfahren, während dessen die betroffenen Anwälte vor Gericht nicht auftreten durften und hohe finanzielle Einbußen erlitten.[137] Lediglich zwei Gründe konnten zu einer Wiederzulassung *jüdischer* Anwälte führen: die Ausübung der Anwaltstätigkeit bereits vor dem 08.08.1914 und die Teilnahme am Ersten Weltkrieg als *Frontkämpfer* oder als Vater oder Sohn eines gefallenen Kriegsteilnehmers.[138]

Die Regierungen von Bayern und Preußen hatten eine radikalere Lösung angestrebt: den Ausschluß sämtlicher *jüdischer* Anwälte sowie aller Anwälte, die auch nur einmal einen Kommunisten vertreten hatten.[139] Um ihre Vorstellungen umsetzen zu können, nutzten sie unter Beachtung der neuen Regelung die sich bietenden Auslegungsspielräume.[140] Reichsjustizminister Gürtner[141] reagierte auf dieses Verhalten der Landesregierungen mit einer Richtlinie,[142] nach der die Verteidigung oder Vertretung eines Angehörigen der kommunistischen Partei nur dann als eine kommunistische Betätigung angesehen werden durfte, wenn besondere Verhältnisse, insbesondere eine gewisse Häufigkeit derartiger Verteidigungen oder Vertretungen, eine bestimmte Art ihrer Führung oder Umstän-

---

etwa 22 Prozent. In den Großstädten war der Anteil höher (Berlin, 1930: 60%, Wien, 1938: 80%), vgl. Müller, Furchtbare Juristen, S. 67 f. Zu verschiedenen Einzelschicksalen, s. Kempner, Jüdische Juristen in Deutschland, RuP 1971, S. 112 ff., 115 f.

[137] Vgl. Heinrich, 100 Jahre Rechtsanwaltskammer München, S. 118.

[138] Ausnahmen: Zulassung bereits seit dem 01.08.1914 oder im 1. Weltkrieg an der Front für Deutschland oder seine Verbündeten gekämpft oder Vater oder Sohn des Antragstellers im 1. Weltkrieg gefallen, s. § 1 II desselben Gesetzes.

[139] Die beiden Regierungen strebten nicht nur die Rücknahme der Zulassungen aller Rechtsanwälte jüdischer Herkunft an, sondern die Entlassung aller Juristen jüdischer Herkunft aus ihren Ämtern, vgl. Gruchmann, Justiz im Dritten Reich, S. 128 ff.

[140] Vgl. Heinrich, 100 Jahre Rechtsanwaltskammer München, S. 133; Ostler, Die deutschen Rechtsanwälte 1871-1971, S. 253; s. auch Warmbrunn, Rechtsanwälte im Nationalsozialismus, in: Festschrift für Ludwig Anton Doll, S. 605 f; Gruchmann, Justiz im Dritten Reich, S. 141 ff.

[141] Zur Person, s. Gruchmann, Justiz im Dritten Reich, S. 9 ff.

[142] VO zur Durchführung der Gesetze über die Zulassung zur Rechtsanwaltschaft und zur Patentanwaltschaft v. 20.07.1933 RGBl. I. S. 528.

de, unter denen diese übernommen wurde, vorlagen.[143] Außerdem wurde jedem Rechtsanwalt, dessen Zulassung von den Landesverwaltungen abgelehnt wurde, das Recht eingeräumt, den Reichsjustizminister anzurufen.[144]

1500 Rechtsanwälte verloren daraufhin ihre Zulassung, die Zahl der *jüdischen* Anwälte verringerte sich von etwa 4400[145] auf ca. 3000.[146]

Auch die Rechtsanwälte in den in dieser Arbeit untersuchten Landgerichtsbezirken blieben von den Maßnahmen nicht verschont: Am LG Frankenthal beendete Dr. Schulz „[...] *infolge der politischen Ereignisse* [...]“ seine Anwaltstätigkeit;[147] ebenfalls dort wurde Justizrat Dr. Mann sein Mandat für den Staat Bayern entzogen;[148] am LG Wiesbaden verlor Dr. Hirsch sein Mandat für den preußischen Staat und im gleichen Prozeß auch der Klägervertreter Dr. Rosenthal, für den nur noch sein *arischer* Sozietätspartner Rechtsanwalt Kahn auftrat.[149]

Im Oktober 1933 wurden die seit April desselben Jahres durchgeführten Maßnahmen für abgeschlossen erklärt und den im Beruf verbliebenen Rechtsanwälten versichert, daß sie nicht nur im vollen Genuß ihrer Berufsrechte verblieben, sondern ihnen auch Anspruch auf Achtung als Angehörige ihrer Standesgemeinschaft zukäme. Sie hätten künftig weder Behinderungen noch Beeinträch-

---

[143] § 2 der VO zur Durchführung der Gesetze über die Zulassung zur Rechtsanwaltschaft und zur Patentanwaltschaft v. 20.07.1933 RGBl. I, S. 528.

[144] § 1 der VO zur Durchführung der Gesetze über die Zulassung zur Rechtsanwaltschaft und zur Patentanwaltschaft v. 20.07.1933 RGBl. I, S. 528. Die Rechtsanwaltsordnung wurde entsprechend diesen neuen Vorgaben mit Gesetz v. 20.07.1933, RGBl. 1933 I, S. 522 geändert.

[145] Vgl. Müller, Furchtbare Juristen, S. 68.

[146] Weitere hundert Rechtsanwälte schieden aus anderen Gründen wie Tod, freiwillige Aufgabe, Ehrengerichtsurteil etc. aus, s. Weniger, Die zahlenmäßige Entwicklung der Anwaltschaft seit 1933, JW 1937, S. 1391; vgl. Göppinger, Juristen jüdischer Abstammung im „Dritten Reich“, S. 219 ff. Im OLG-Bezirk Zweibrücken lag der Anteil jüdischer Anwälte vor diesen Maßnahmen bei 18,6% (45 von 242 Anwälten). 1935 gab es noch 22 jüdische Anwälte, 1938 noch 13, von denen 3 schließlich zu Konsulenten ernannt wurden, vgl. Warmbrunn, Rechtsanwälte im Nationalsozialismus, in: Festschrift für Ludwig Anton Doll, S. 599, 607 f.

[147] LA Speyer J6-648.

[148] LA Speyer J6-230, Bl. 65.

[149] Bei gleichzeitiger Auflösung der Gemeinschaftskanzlei, HStA Wiesbaden 467-865/873.

tigungen ihrer gesetzmäßigen Ausübung zu befürchten.[150] Diese regierungsamtliche Äußerung weckte den Anschein, daß die ausgrenzenden gesetzlichen Maßnahmen ihren Abschluß gefunden hätten.[151] Tatsächlich aber kam es zu weiteren Eingriffen sowohl gesetzlicher wie auch tatsächlicher Art.[152] Es schien unter anderem nicht mehr ratsam, sich als *Arier* von einem Anwalt jüdischer Herkunft vertreten zu lassen.[153]

Noch keine unmittelbaren Auswirkungen auf die Berufsausübung *jüdischer* Rechtsanwälte zeigten die sogenannten *Nürnberger Gesetze*, die allerdings zu einer Aberkennung ihrer deutschen Staatsangehörigkeit führten. Die Entlassung der noch 1933 im Amt verbliebenen *jüdischen* Richter und Staatsanwälte[154] zeigte jedoch, worauf sich die Rechtsanwälte jüdischer Herkunft einzustellen hatten.[155] Am 30.11.1938 folgte tatsächlich die Zulassungsrücknahme für alle Rechtsanwälte jüdischer Herkunft.[156] Die noch verbliebenen 1753 *jüdischen* Rechtsanwälte verloren ihre anwaltliche Zulassung.[157] Lediglich 172 dieser

---

[150] 2. VO zur Durchführung der Gesetze über die Zulassung zur Rechtsanwaltschaft und Patentanwaltschaft v. 01.10.1933, RGBl. 1933 I, S. 699. Den ausgeschiedenen Rechtsanwälten sollte auch nicht das Recht zustehen, sich Rechtsanwalt a.D. zu nennen, s. Kunisch, DJ 1934, S. 414 ff.

[151] S. Grimm, Das Reichsgesetz über die Zulassung zur Rechtsanwaltschaft v. 7. April 1933, DJZ 1933, Sp. 651 ff.

[152] Vgl. Heinrich, 100 Jahre Rechtsanwaltskammer München, S. 125; Schröder, „... aber im Zivilrecht sind die Richter standhaft geblieben!", S. 143 ff., 260. Zusammenfassende Darstellung der Maßnahmen gegen Rechtsanwälte jüdischer Herkunft bei Knobloch, Deutsch das Recht und deutsch auch die Juristen, AnwBl 1990, S. 483 ff; vgl. auch Ostler, Rechtsanwälte in der NS-Zeit, AnwBl 1983, S. 50 ff., 52 ff; Neumann, Vom Kaiserhoch zur Austreibung.

[153] Vgl. Heinrich, 100 Jahre Rechtsanwaltskammer München, S. 151 f.

[154] Weitere Restriktionen für die jüdischen Mitbürger wurden erlassen und umgesetzt, s. Ostler, Die deutschen Rechtsanwälte 1871-1971, S. 245.

[155] Vgl. Gruchmann, Justiz im Dritten Reich, S. 174 ff.

[156] § 1 der 5. VO zum Reichsbürgergesetz v. 27.09.1938, RGBl. I, S. 1403 ff. Die Liste der gelöschten Anwaltszulassungen befindet sich in der DJ 1938, S. 1976 ff., 2018 ff; zu *jüdischen* Rechtsanwälten im OLG-Bezirk Zweibrücken, s. Paulsen, Die Verfolgung jüdischer Richter, Beamter, Notare und Rechtsanwälte unter nationalsozialistischer Gewaltherrschaft in der Pfalz, in: 175 Jahre pfälzisches Oberlandesgericht, S. 267 ff., 273 ff; zu *jüdischen* Rechtsanwälten in Preußen, s. Krach, Jüdische Rechtsanwälte in Preußen, S. 165 ff.

[157] Das waren noch ca. 10% aller Anwälte, vgl. Müller, Furchtbare Juristen, S. 70; Ostler, Die deutschen Rechtsanwälte 1871-1971. S. 265.

Anwälte im Reichsgebiet und 83 in Österreich wurden noch als sogenannte *jüdische Konsulenten* eingesetzt,[158] um *jüdische* Mandanten zu vertreten,[159] die von *arischen* Rechtsanwälten nicht mehr vertreten werden durften.[160]

Nicht nur *jüdische* und den Kommunisten nahestehende Rechtsanwälte erlebten aber eine zunehmende Kontrolle durch nationalsozialistische Exekutivorgane. Auch andere, den Nationalsozialisten nicht genehme Rechtsanwälte hatten unter verschiedenen Maßnahmen zu leiden: Sie wurden bereits 1934 nicht mehr als Pflichtverteidiger oder in Armenrechtssachen als Prozeßvertreter herangezogen;[161] nicht genehme Berufsanfänger konnten im Rahmen der Zulassungsprüfung aufgrund ihrer „*Persönlichkeit*" abgelehnt werden;[162] ein Jahr darauf wurde die Zulassung in das Ermessen des Reichsjustizministers gestellt,[163] der ab 1940 auch Zulassungen zurücknehmen durfte,[164] soweit ein Rechtsanwalt „*staatswichtige Belange*" gefährdete.[165]

Bereits 1936 war den Antragstellern das Recht genommen worden, gegen einen ablehnenden Zulassungsbescheid das Ehrengericht anzurufen.[166] Gleichzeitig wurden Frauen nicht mehr zugelassen.[167]

---

[158] Vgl. Ostler, Die deutschen Rechtsanwälte 1871-1971, S. 265.

[159] § 8 der 5. VO zum Reichsbürgergesetz v. 27.09.1938, RGBl. I, S. 1403 ff.

[160] Vgl. Gruchmann, Justiz im Dritten Reich, S. 176. Die Auswahl der Bewerber für das Amt des *Konsulenten* wurde nach den Durchführungsbestimmungen des Reichsjustizministers für Angelegenheiten der *jüdischen Konsulenten* vom 17.10.1938 vorgenommen, JW 1938, S. 2798 f; vgl. Heinrich, 100 Jahre Rechtsanwaltskammer München, S. 153. Das Verbot der Vertretung durch *Arier* galt zunächst nur für Mitglieder der Partei, einer Gliederung oder eines angeschlossenen Verbandes, beispielsweise des NSRB, wurde aber bald auf alle Anwälte erweitert, vgl. Ostler, Die deutschen Rechtsanwälte 1871-1971, S. 267

[161] S. Krug (Schriftleiter), Personalnachrichten, DJ 1935, S. 1858; vgl. Ostler, Die deutschen Rechtsanwälte 1871-1971, S. 252. In Bayern durfte ein Jurist nur mit Genehmigung des bayrischen Justizministers als Nachlaßverwalter oder -pfleger, Vormund oder ähnlichem tätig werden, vgl. Warmbrunn, Rechtsanwälte im Nationalsozialismus, in: Festschrift für Ludwig Anton Doll, S. 604.

[162] Vgl. Ostler, Die deutschen Rechtsanwälte 1871-1971, S. 255. Becker, 100 Jahre Kölner Anwaltverein, S. 98 f.

[163] Vgl. Heinrich, 100 Jahre Rechtsanwaltskammer München, S. 134.

[164] VO zur Veränderung der VereinfachungsVO v. 18.09.1940, RGBl. I, S. 1253.

[165] § 4 der VO zur Veränderung der VereinfachungsVO v. 18.09.1940, RGBl. I, S. 1253.

[166] Vgl. Ostler, Die deutschen Rechtsanwälte 1871-1971, S. 262.

Die nationalsozialistische Regierung versuchte außerdem, bislang nicht privilegierte Gruppen zu unterstützen und so an die nationalsozialistische Bewegung zu binden. So erhielten in Unternehmen angestellte Juristen ab 1935 die Möglichkeit der Zulassung als Rechtsanwälte, soweit ihre Anstellungsverträge „*standeswürdig*" waren.[168] Im übrigen wurde 1936 das Lokalitätsprinzip, d.h. die Zulassung in nur einem Landgerichtsbezirk, gelockert, wodurch eine reichsgebietsumfassende Berufsausübung ermöglicht wurde, allerdings mit der Einschränkung, daß das zuständige Gericht die Prozeßvertretung als der ordentlichen Rechtspflege dienlich ansah; es handelte sich damit um einen „*elastischen numerus clausus*".[169]

---

[167] S. Ranz, Besprechung des Kommentars zur RAO von Noack, JW 1937, S. 603; Böhme-Köst (Bearbeiterin), Mitteilungen in DRW 1939, S. 1629; vgl. Becker, 100 Jahre Kölner Anwaltverein, S. 70, 99; Ostler, Die deutschen Rechtsanwälte 1871-1971, S. 255.

[168] Vgl. Ostler, Die deutschen Rechtsanwälte 1871-1971, S. 256.

[169] S. Noack, Kommentar zur RAO, § 15 Anm. 17 ff; Hein, Buchbesprechung, JW 1938, S. 446; vgl. Ostler, Die deutschen Rechtsanwälte 1871-1971, S. 259.

III. Standesvertretungen und Standesrecht

1. Der Deutsche Anwaltverein

Bereits kurze Zeit nach der Machtergreifung durch die Nationalsozialisten war der am 25.08.1871 als Interessenvertretung und Diskussionsforum gegründete[170] Deutsche Anwaltverein unter Druck gesetzt worden, so daß dessen ordnungsgemäß gewählter Vorstand letztmalig am 26.03.1933 tagen konnte. Im Mai 1933 folgte seine Eingliederung als eigenständige Einheit in den Bund nationalsozialistischer deutscher Juristen (BNSDJ) und am 27.12.1933 löste er sich schließlich zwangsweise selbst auf.[171] Proteste dagegen waren verhalten.[172]

Auch die nationalsozialistisch geführte eigenständige Standesvertretung der Rechtsanwälte, der BNSDJ, war nach Ansicht der Reichsregierung nicht erforderlich; 1936 wurde er aufgelöst. Rechtsanwälte konnten nun nur noch Mitglieder im NS-Rechtswahrerbund (NSRB) werden, einer Interessenvertretung auch für „*Rechtspfleger, Wirtschaftsrechtswahrer und junge Rechtswahrer*".[173]

---

[170] S. Neumann (Herausgeber), Der Deutsche Anwaltstag von 1844 und die damaligen Bestrebungen für nationale Reform der Gesetzgebung, JW 1903, S. 308 f; vgl. Weißler, Geschichte der Rechtsanwaltschaft, S. 507 ff., 516 ff; Ostler, Die deutschen Rechtsanwälte 1871-1971, S. 11.

[171] Die Einbindung von Vereinigungen in nationalsozialistische Organisationen, bei denen ein autoritärer Führungsstil vorherrschte, wurde nicht immer widerstandslos hingenommen. Jede Auflehnung, zumeist nur von Einzelpersonen vorgetragen, wurde im Keim erstickt, teilweise unter Zuhilfenahme von Gerichten, s. HStA Wiesbaden 460-91, Antrag auf einstweilige Verfügung v. 03.07.1933; vgl. Schröder, „... aber im Zivilrecht sind die Richter standhaft geblieben!", S. 82 ff; Göppinger, Juristen jüdischer Abstammung im „Dritten Reich", S. 118 ff.

[172] Vgl. Ostler, Die deutschen Rechtsanwälte 1871-1971, S. 231 ff; Warmbrunn, Rechtsanwälte im Nationalsozialismus, in: Festschrift für Ludwig Anton Doll, S. 625. Die Einbindung von Vereinigungen in nationalsozialistische Organisationen, bei denen ein autoritärer Führungsstil vorherrschte, wurde nicht immer so widerstandslos hingenommen, jedoch hatte dieser Widerstand zumeist von Einzelpersonen kaum Erfolg, s. HStA Wiesbaden 460-91, beziehungsweise wurde mit Hilfe von Gerichten erfolgreich bekämpft, vgl. Schröder, „... aber im Zivilrecht sind die Richter standhaft geblieben!", S. 82 ff.

[173] Vgl. Ostler, Die deutschen Rechtsanwälte 1871-1971, S. 240 f. Die Entwicklung der Standesvereinigung der deutschen Rechtsanwälte bis um Ende des Dritten Reiches im Überblick wiedergebend bei Willig, The Bar in the Third Reich, American Journal of Legal History 1976. S. 1 ff.

Die Juristische Wochenschrift, die vom DAV herausgegeben wurde,[174] stand bereits im Mai 1933 vollständig unter nationalsozialistischer Kontrolle. Die jüdischen Schriftleiter Magnus und Hachenburg[175] wurden im Impressum der Zeitschrift nicht mehr aufgeführt; auch ein Dank für ihre Tätigkeit erfolgte nicht. Die Zeitschrift firmierte bereits im selben Monat unter dem Namen *Deutsches Recht* und veröffentlichte nun auch politische, nicht mehr nur wissenschaftliche Beiträge. Andere juristische Zeitschriften wurden von den Nationalsozialisten erst einige Monate später gleichgeschaltet.[176]

2. Die Rechtsanwaltskammern

Wesentliche Grundlage des freien Rechtsanwaltsberufs war das Selbstbestimmungs- und Selbstorganisationsrecht der Anwaltschaft in den Rechtsanwaltskammern. Dieses Recht wurde nach der Machtergreifung binnen weniger Monate erheblich eingeschränkt und 1938 endgültig beseitigt. Auch hier wurde das *Führerprinzip* durch Machtkonzentration beim Kammerpräsidenten sowie dessen Ernennung durch eine übergeordnete Behörde nach und nach eingeführt.[177]

Zunächst war die 1933 vorgenommene Schaffung einer Reichsrechtsanwaltskammer für die einzelnen Anwaltskammern ohne Konsequenzen;[178] ihr wurden noch keine den Handlungsspielraum der einzelnen Rechtsanwaltskammern ein-

---

[174] Vgl. Ostler, Die deutschen Rechtsanwälte 1871-1971, S. 11.

[175] Zur Person Magnus, s. Jungfer, Julius Magnus (1867-1944), in: Deutsche Juristen jüdischer Herkunft, S. 517 ff; zur Person Hachenburgs, s. Scherner, Max Hachenburg (1860-1951), in: Deutsche Juristen jüdischer Herkunft, S. 415 ff.

[176] Erkennbar an dem Dankwort für Hachenburg in der DJZ, s. Wildhagen, Abschied von Hachenburg, DJZ 1934, Sp. 54 f; vgl. Ostler, Die deutschen Rechtsanwälte 1871-1971, S. 236 f. Liebmann, Herausgeber und Schriftleiter der DJZ, mußte erst zum 01.04.1934 aufgrund des neuen Schriftleitergesetzes, das *jüdische* Schriftleiter nicht zuließ, seine Tätigkeit beenden, vgl. Rethmeier, „Nürnberger Rassegesetze" und Entrechtung der Juden im Zivilrecht, S. 48. Zu den juristischen Zeitschriften im einzelnen, s. Göppinger, Juristen jüdischer Abstammung im „Dritten Reich", S. 374 ff.

[177] Vgl. Ostler, Die deutschen Rechtsanwälte 1871-1971, S. 236; Reifner, Die Zerstörung der freien Advokatur im Nationalsozialismus, KJ 1984 (Bd. 17), S. 380 ff.

[178] VO des Reichspräsidenten über Maßnahmen auf dem Gebiete der Finanzen, der Wirtschaft und der Rechtspflege v. 18.03.1933, RGBl. I, S. 109 ff., 119 (noch in der Zeit der Weimarer Republik erarbeitet).

schränkende Aufgaben zugewiesen.[179] Von erheblich größerer Auswirkung war die von der bayrischen Landesregierung zwangsweise und rechtswidrig durchgesetzte Auflösung aller Anwaltskammervorstände in Bayern sowie deren Neubesetzung durch den bayrischen Justizminister.[180]

1934 wurde der Ehrengerichtshof, die zweite Instanz der Ehrengerichtsbarkeit der Rechtsanwaltschaft, der Zuständigkeit des Reichsgerichts entzogen und auf die Reichsrechtsanwaltskammer übertragen.[181] Damit einhergehend setzten sich die Senate des Ehrengerichtshofs auch nicht mehr aus vier Richtern des Reichsgerichts und drei Rechtsanwälten, sondern im umgekehrten Verhältnis zusammen. Über den von der Reichsregierung bestimmten Vorstand der Reichsrechtsanwaltskammer konnten die Nationalsozialisten nun unmittelbareren Einfluß auf die ehrengerichtlichen Entscheidungen nehmen.

Auch in anderen Bereichen setzte sich der Rechts- und Freiheitsverlust der Rechtsanwälte fort. Ihnen wurde bis zum Erlaß der neuen Rechtsanwaltsordnung das Recht zur Wahl der Anwaltskammervorstände genommen. Durch Gesetz wurde bestimmt, daß die Vorstände unter Aussetzen von Wahlen bis zum 30.03.1935 weiterhin im Amt bleiben sollten. Ausscheidende Vorstandsmitglieder durften nicht wie bisher von den Anwaltskammern nachgewählt werden, sondern wurden von den Vorständen bestimmt.[182]

Mit der neuen Rechtsanwaltsordnung von 1936 wurden Zentralisierung und Gleichschaltung der Organisation der Anwaltschaft abgeschlossen. Der Vorstand der Reichsrechtsanwaltskammer wurde nicht mehr durch die in der Kammer zusammengeschlossenen Rechtsanwälte gewählt, sondern durch den Reichsjustizminister ernannt. Dieser bestimmte auch die übrigen Mitglieder des Präsidiums, auf Vorschlag des Präsidenten oder des Präsidiums der Reichsrechtsanwaltskammer und im Einvernehmen, d.h. mit Zustimmung des Reichs-

---

[179] RGBl. 1933 I, S. 120.

[180] Vgl. Heinrich, 100 Jahre Rechtsanwaltskammer München, S. 107 ff; Warmbrunn, Rechtsanwälte im Nationalsozialismus, in: Festschrift für Ludwig Anton Doll, S. 602 f.

[181] Gesetz zur Änderung der Vorschriften über die Ehrengerichtsbarkeit der Rechtsanwaltschaft v. 28.03.1934, RGBl. I, S. 252.

[182] Gesetz über die Vorstände der Anwaltskammern v. 06.01.1934. RGBl. I. S. 21.

führers des BNSDJ bzw. später des Reichsführers des NSRB.[183] Die einzelnen örtlichen Anwaltskammern verloren zugunsten der Reichsrechtsanwaltskammer ihre Rechtspersönlichkeit.[184]

3. Die Ehrengerichtsbarkeit

Im ehrengerichtlichen Bereich wurde 1933 durch Anheben der Geldstrafen für ehrenwidriges Verhalten bei gleichzeitig sinkendem Einkommen[185] für eine engere Anbindung der Rechtsanwälte an das neue politische System gesorgt. Insbesondere diente hierzu das dem Ehrengericht eingeräumte Recht, für die Zeit des ehrengerichtlichen Verfahrens ein Vertretungsverbot zu verhängen.[186]

Mit der von 1934 an geltenden mehrheitlichen Besetzung des Ehrengerichtshofs durch die Rechtsanwälte wurde den linientreuen Rechtsanwälten ein weiteres Mittel gegen ihre Arbeitskollegen in die Hand gegeben.[187] Gleichzeitig erließ die Reichsrechtsanwaltskammer neue Richtlinien für die Ausübung des Anwaltsberufs,[188] worin sie die Rechtsanwälte „*deutschen Blutes*" zur Mitarbeit „*an den großen Aufgaben des Volkes*" aufrief.[189]

Mit Ausbruch des Zweiten Weltkrieges trat ein Gnadenerlaß der Reichsregierung in Kraft, aufgrund dessen alle ehrengerichtlichen Verfahren, die voraus-

---

[183] §§ 50 II, 51 I 4 RAO, RGBl. 1936 I, S. 107, 112; vgl. Ostler, Die deutschen Rechtsanwälte 1871-1971, S. 261. Zur Einführung des Führerprinzips, s. Ostler, Rechtsanwälte in der NS-Zeit, AnwBl 1983, S. 56.

[184] Vgl. Ostler, Die deutschen Rechtsanwälte 1871-1971, S. 260.

[185] S. S. 71.

[186] Verordnung des Reichspräsidenten auf dem Gebiete der Finanzen, der Wirtschaft und der Rechtspflege v. 18.03.1933, RGBl. I, S. 109, 120: Von RM 3000,- 1878 über RM 1000,- in der Weimarer Republik auf RM 5000,- 1933.

[187] Gesetz zur Änderung der Vorschriften über die Ehrengerichtsbarkeit der Rechtsanwaltschaft v. 28.03.1934, RGBl. 1934 I, S. 251 ff.

[188] S. Neubert (Präsident der Reichs-Rechtsanwaltskammer), Neue Richtlinien für die Ausübung des Anwaltberufs, JW 1934, 1763 f; vgl. Ostler, Die deutschen Rechtsanwälte 1871-1971, S. 251.

[189] Dazu ausführlich bei Ostler, Die deutschen Rechtsanwälte 1871-1971, S. 251. Widerstand war möglich, wurde aber geahndet, vgl. Ruge, „Als Rechtsanwalt auf der Anklagebank und verurteilt", Vierteljahreshefte für Zeitgeschichte, Bd. 10 (1962), S. 89-94; Seydel, Der Fall Gröpke, DR 1941, S. 918.

sichtlich nicht zur Ausschließung führen würden, zu beenden waren.[190] Damit erreichte man die Wiedereingliederung von Rechtsanwälten mit leichten Verfehlungen, während es beim Konformitätsdruck auf unliebsame Rechtsanwälte blieb. Dieser Druck wurde nicht nur von nationalsozialistischen Parteiorganen ausgeübt, sondern auch von Kollegen des eigenen Standes. Gerade Strafverteidigern wurde geraten, die Verletzung materiellen Rechts nicht zu rügen, soweit die Revision offenkundig aussichtslos wäre, da dieses Verhalten als ehrenwidrig angesehen und geahndet werden müsse.[191] Dem Rechtsanwalt stehe es als Rechtswahrer nicht zu, als richtig erkannte Urteile mit offensichtlich unbegründeten Rechtsmitteln anzugreifen.[192] Der Ehrengerichtshof sah dies ähnlich und betonte, daß „[...] *der einzelne* [Rechtsanwalt] *auch bei der Wahrnehmung eigener und fremder Rechte stets Rücksicht auf die vorgehenden Belange der Volksgemeinschaft zu nehmen* [...]" habe.[193]

Die Präsidenten der Ehrengerichte erhielten 1941 das Recht, ohne Rücksprache mit ihren Ehrengerichtskollegen ehrengerichtliche Strafmaßnahmen zu verhängen. Sie hatten lediglich zuvor die Beschuldigten und „[...] *gutachtlich einen aus mindestens drei Mitgliedern der Rechtsanwaltskammer gebildeten ständigen Ausschuß* [...]" zu hören;[194] lediglich über den Ausschluß aus der Anwaltschaft durfte der Ehrengerichtspräsident nicht allein entscheiden. 1943 wurde der für die Entscheidungen des Ehrengerichtspräsidenten erforderliche Ausschuß beseitigt.

---

[190] § 3 des Gnadenerlasses des Führers für Rechtsanwälte und Notare v. 30.11.1939, RGBl. I, S. 2342 f; s. dazu auch Neubert (Präsident der Reichs-Rechtsanwaltskammer), Der Gnadenerlaß für Rechtsanwälte, DR 1940, S. 355 f.

[191] S. Hillrichs, Zur Frage der standesrechtlichen Zulässigkeit offenkundig aussichtsloser Revisionsbegründungen, DR 1939, S. 753 f.

[192] S. Hillrichs, Zur Frage der standesrechtlichen Zulässigkeit offenkundig aussichtsloser Revisionsbegründungen, DR 1939, S. 753.

[193] EGHE 30, 106, 107 (1. Senat), vgl. Morisse, Rechtsanwälte im Nationalsozialismus, S. 89 f. Für ein härteres Vorgehen plädierte Raeke (Reichsfachgruppenleiter), Die Reinhaltung des Anwaltsstandes aus Hauptaufgabe des Ehrengerichtshofs für deutsche Rechtsanwälte, JW 1934, S. 793 f.

[194] § 4 der VO zur weiteren Ergänzung der Reichs-Rechtsanwaltsordnung v. 24.06.1941, RGBl. I, S. 333. Diese Machtkonzentration stand auch dem Präsidenten des Ehrengerichtshofs zu, §§ 5 I 1, II 3 der VO zur Veränderung der VereinfachungsVO v. 18.09.1940, RGBl. I, S. 1253.

Ebenfalls 1943 wurden die ehrengerichtlichen Verfahren auf die Dienststrafgerichte übertragen,[195] was den Verlust der Eigenständigkeit der Anwaltschaft in Ehrengerichtssachen bedeutete, da die Dienststrafgerichte mehrheitlich mit Richtern besetzt waren. In der Anwaltschaft verblieb es lediglich bei der Hoffnung, daß diese Maßnahme nach Beendigung des Krieges wieder rückgängig gemacht werden würde.[196]

Die Entscheidungen der Dienststrafgerichte wurden härter, was möglicherweise auf die mehrheitliche Besetzung der Dienststrafgerichte durch die Richter zurückzuführen ist.[197] Strafverteidiger wurden gemaßregelt, wenn sie ein ihnen gegenüber von ihren Mandanten abgelegtes Geständnis nicht an das Gericht weitergeleitet hatten. Ehrenrechtlicher Maßstab waren die nationalsozialistisch geprägten Standesrichtlinien, die sich bereits nach nur wenigen Jahren als anwaltliches Brauchtum „*bewährt*“ hatten.[198]

---

[195] §§ 6, 7 der VO zur Änderung und Ergänzung der Reichs-Rechtsanwaltsordnung v. 01.03.1943, RGBl. I, S. 123 ff; vgl. Ostler, Die deutschen Rechtsanwälte 1871-1971, S. 296 f; Müller, Furchtbare Juristen, S. 75.

[196] S. Neubert (Präsident der Reichs-Rechtsanwaltskammer), Die neuen Maßnahmen auf dem Gebiete des Anwaltsrechts, DR 1943, S. 593 f., 594.

[197] Vgl. Ostler, Die deutschen Rechtsanwälte 1871-1971, S. 297. S. dazu Entscheidungen des Dienststrafsenats des Reichsgerichts: DRW 1944, S. 523 ff; DRW 1944, S. 653 f; DRW 1945, S. 24 f.

[198] Vgl. Ostler, Die deutschen Rechtsanwälte 1871-1971, S. 297.

IV. Die wirtschaftlichen und sozialen Verhältnisse der Rechtsanwälte

1. Die wirtschaftliche Lage

Die Zahl der Rechtsanwälte begann 1934 aufgrund der nationalsozialistischen Gesetzgebung hinsichtlich des Zulassungswesens, die Anwälte jüdischer Herkunft und den Kommunisten nahestehende Anwälte betraf, abzunehmen. Die darauf folgenden Jahre bis 1936 waren durch ein leichtes Anwachsen der Anwaltszahlen geprägt. Ab 1936 sank die Zahl der Anwälte als Folge einer Zulassung nur nach Bedürfnis und Ermessen stetig. Waren 1933 noch 19500 Anwälte im Deutschen Reich zugelassen, so lag die Zahl 1939 bei 17211 und 1943 bei 16495, für ein Gebiet, das Österreich und weitere okkupierte Gebiete umfaßte.[199]

Die Einkommen der Rechtsanwälte waren bedingt durch die Zunahme der Anwaltszahlen in der Zeit der Weimarer Republik und aufgrund der 1929 eintretenden Weltwirtschaftskrise rückläufig. Die Zahl der Rechtsanwälte, deren Einkommen unterhalb des Existenzminimums lagen, nahm sprunghaft zu. Verschiedene Maßnahmen, die von der nationalsozialistischen Regierung durchgeführt wurden, führten zu einer leichten Erhöhung des durchschnittlichen Einkommens. Während 1934 noch 30,5% der Rechtsanwälte ein Einkommen unter dem Existenzminimum von 3000,- RM hatten,[200] verringerte sich dieser Prozentsatz 1936 auf 23,3%.[201] Diese Entwicklung ist vor allem auf die Reduzie-

---

199 Zu den Auswirkungen in der Anwaltschaft, s. Böhme-Köst (Bearbeiterin), Übersicht über die zahlenmäßige Entwicklung der Anwaltschaft, JW 1934, S. 2956; dieselbe, Übersicht über die zahlenmäßige Entwicklung der Anwaltschaft, JW 1935, S. 758; vgl. Ostler, Die deutschen Rechtsanwälte 1871-1971, S. 252, 265, 269 f., 294; Schröder, „... aber im Zivilrecht sind die Richter standhaft geblieben!“, S. 139.

200 S. Thalheim, Die Einkommenslage der deutschen Rechtsanwälte, JW 1931, S. 3497; Siegmund, Der Umsatz der Rechtsanwälte und Notare, DJZ 1931, Sp. 337; vgl. Ostler, Die deutschen Rechtsanwälte 1871-1971, S. 208, 275. Folge dieser dramatischen Verschlechterung der wirtschaftlichen Situation der Rechtsanwälte war ein von der Rechtsanwaltschaft vorgeschlagenes Selbsthilfeprogramm, s. Raeke (Reichsfachgruppenleiter)/Droege, Das Selbsthilfeprogramm der Deutschen Anwaltschaft, JW 1934, S. 1309 ff.

201 Die Gewerbesteuer, für Rechtsanwälte in der Weimarer Republik eingeführt (s. S. 6), wurde 1937 abgeschafft, Gesetz v. 01.12.1936, RGBl. I, S. 979; die durchschnittlichen Einkommen stiegen, vgl. Ostler, Die deutschen Rechtsanwälte 1871-1971, S. 275 f., auch wenn 1936 ein auch die Honorare der Anwälte betreffender Preisstop verhängt wurde, VO über das Verbot von Preiserhöhungen v. 26.11.1936, RGBl. I, S. 955 f; s. auch Megow, Gebühren für Hilfeleistung in Steuersachen, DR 1944, S. 402 f., 403; Thalheim, Die Einkommenslage der deutschen Rechtsanwälte, JW 1931, S. 3497; Siegmund, Der Umsatz der Rechts-

rung der *jüdischen* Anwaltschaft zurückzuführen. Aber auch die 1934 erfolgte, von der Zustimmung des DAF abhängig gemachte Zulassung von Rechtsanwälten zu den Arbeitsgerichten sowie ihre ausschließliche Vertretungsbefugnis in den arbeitsgerichtlichen Rechtsmittelinstanzen, die einen Ausschluß von Verbandsvertretern bewirkte, zeigte Auswirkungen.[202] Darüber hinaus kam es zur Beseitigung von weiteren Vertretungsbeschränkungen,[203] zur 1935 vorgenommenen Herabsetzung der Zuständigkeitsgrenze zum Landgericht auf 500,- RM[204] und zur verschärften staatlichen Kontrolle der nichtanwaltlichen Rechtsberatung, die zu einer Reduzierung dieser nichtanwaltlichen Konkurrenz führte.[205]

1938 kann als Wendepunkt in der wirtschaftlichen Entwicklung des Rechtsanwaltsstandes im Dritten Reich angesehen werden.[206] Finanziell positive Entwicklungen gab es nicht mehr. Gleichzeitig wurde das Lokalitätsprinzip nicht vollständig aufgehoben, und es drängten vermehrt von der NSDAP gelenkte und besetzte berufsständische Einrichtungen und Schiedsgerichte aller wirtschaftlichen Organisationen in die anwaltliche Tätigkeit.[207] So weitete die DAF mit ihren zahlreichen Rechtsberatungsstellen ihren Aufgabenbereich auch auf Angelegenheiten außerhalb des Arbeitsrechts aus, Ortsgruppenleiter der NSDAP schlichteten auf verschiedenste Weise Rechtsstreitigkeiten, und Banken engagierten seltener Rechtsanwälte zur gerichtlichen Durchsetzung ihrer

---

anwälte und Notare, DJZ 1931, Sp. 337; Freisler, Die neuen Gesetze zur Behebung der Not des Rechtsanwaltsstandes, DJ 1935, S. 1790 ff; vgl. Ostler, Die deutschen Rechtsanwälte 1871-1971, S. 208, 275. Nach Gruchmann, Justiz im Dritten Reich, S. 125, hatten sogar noch 37% aller Rechtsanwälte ein Jahreseinkommen unter 3000,- RM.

202 Neubekanntmachung des ArbGG v. 10.04.1934, RGBl. I, S. 319. S. Ostler, Die deutschen Rechtsanwälte 1871-1971, S. 270 mit weiteren Einzelheiten. Rationelle Gründe für diese Regelung finden sich bei Herold, Fünf Jahre Arbeitsgericht. Die Prozeßbeschleunigung und die Zulassung der Rechtsanwälte, JW 1933, S. 2681 ff.

203 Vgl. Ostler, Die deutschen Rechtsanwälte 1871-1971, S. 272 f.

204 Gesetz über die Zuständigkeit der Amtsgerichte in vermögensrechtlichen Streitigkeiten v. 13.12.1935, RGBl. I, S. 1469.

205 Gesetz zur Verhütung von Mißbräuchen auf dem Gebiet der Rechtsberatung v. 13.12.1935, RGBl. I, S. 1478.

206 Vgl. Schröder, „... aber im Zivilrecht sind die Richter standhaft geblieben!“, S. 139 f.

207 Totalitätsanspruch der NSDAP, vgl. Heinrich, 100 Jahre Rechtsanwaltskammer München, S. 123.

Forderungen.[208] Vor allem in kleinstädtischen und ländlichen Gebieten wurden Rechtsanwälte, aber auch Rechtspfleger immer mehr aus dem Rechtsalltag verdrängt.[209] Die Zahl der Mandate nahm ab.

Die Kriegsgesetzgebung führte zur Erhöhung der Einkommenssteuer.[210] 1942 wurde außerdem noch die Pflicht für Rechtsanwälte zur Abgabe eines *Übergewinns* eingeführt. Sie hatten bei gewerblichen Einkünften den über den vom Staat festgelegten Gewinnanteil hinausschießenden Betrag an die Staatskasse abzuführen,[211] bei Einkünften aus selbständiger Tätigkeit allerdings nur 75% dieses Betrages.[212]

Gleichzeitig sanken die Gebühreneinnahmen, da diese aufgrund von Vereinfachungs- und Kostensenkungsgründen nicht mehr genau berechnet, sondern als fixe Beträge anhand eines festen Betragsrahmens bestimmt wurden.[213] Außerdem wurden Mehrkosten eines beim zuständigen Gericht nicht zugelassenen Anwalts bei der Gebührenfestsetzung nicht mehr berücksichtigt.[214]

Vor allem die an den Amtsgerichten zugelassenen Rechtsanwälte litten, wie bereits in der Zeit der Weimarer Republik,[215] unter diesen Veränderungen.[216] Ihnen stand als finanzieller Ausweg lediglich die Möglichkeit offen, sich als Hilfsrich-

---

[208] Vgl. Ostler, Die deutschen Rechtsanwälte 1871-1971, S. 273 ff; Schröder, „... aber im Zivilrecht sind die Richter standhaft geblieben!“, S. 127, Fn. 90.

[209] Vgl. Dreher, Die Veränderungen des Rechtsanwaltsrechts in der Zeit von 1933-1945 und seither, S. 43 f.

[210] Vgl. Ostler, Die deutschen Rechtsanwälte 1871-1971, S. 294.

[211] Anwendung der §§ 22 ff. KWVO bei den freien Berufen, Mitteilung des Reichsrechtsamtes und des NSRB, DR 1942, S. 31 f.

[212] Anordnung v. 14.11.1939, MdRRAK 1939, S. 121; 1941, S. 34, 101; 1942, S. 2; vgl. Ostler, Die deutschen Rechtsanwälte 1871-1971, S. 294.

[213] § 1 der VO über die Erstattung von Rechtsanwaltsgebühren in Armensachen v. 06.05.1941, RGBl. I, S. 240; vgl. Ostler, Die deutschen Rechtsanwälte 1871-1971, S. 298 f.

[214] § 6 I 2 der VO über außerordentliche Maßnahmen auf dem Gebiete des bürgerlichen Rechts, der bürgerlichen Rechtspflege und des Kostenrechts aus Anlaß des totalen Krieges v. 27.09.1944, RGBl. I, S. 229 ff..

[215] S. S. 37.

[216] Dazu ausführlich bei Ostler, Die deutschen Rechtsanwälte 1871-1971, S. 300 f.

ter, Hilfsstaatsanwälte oder als Rechtsanwälte in den besetzten Gebieten zu betätigen.[217]

Die *jüdischen* Rechtsanwälte, die bereits 1933 ausscheiden mußten, hatten teilweise versucht, sich in der nichtanwaltlichen Rechtsberatung zu betätigen. Sie litten, von den Nationalsozialisten wohl auch so beabsichtigt,[218] am meisten unter der verschärften Kontrolle durch staatliche Behörden.

Die ab November 1938 eingesetzten *jüdischen Konsulenten* durften nur einen Teil ihrer Einnahmen für sich behalten.[219] Den darüber hinausgehenden Betrag mußten sie an eine Ausgleichsstelle abführen, die damit Unterhaltszuschüsse an ausgeschiedene *jüdische* Rechtsanwälte gewährte.[220] Mit dieser Maßnahme verhinderte die Regierung eine Belastung der *arischen* Bevölkerung und erreichte die vollständige Trennung von *jüdischem* und *arischem* Bevölkerungsteil auch in der Anwaltschaft.[221]

2. Die soziale Lage

Die Nationalsozialisten sahen im Rechtsanwaltsstand gerade wegen des hohen Anteils von Anwälten jüdischer Herkunft einen Vertreter *„jüdisch-liberalen"* Denkens.[222] Dieser Anteil hätte ein Eindringen der *Juden* in das *„Seelenleben seines Gastvolkes"* ermöglicht, um dort *„destruktiv entartend zu wirken"*.[223] Eine

---

[217] Vgl. Ostler, Die deutschen Rechtsanwälte 1871-1971, S. 303 (m.weit.Nachw. in Fn. 49). Zur Tätigkeit von Rechtsanwälten in der Justiz, s. Douma, Rechtsanwälte als Staatsdiener. Der „Einsatz" der Rechtsanwälte in der Justiz während des Zweiten Weltkrieges.

[218] Vgl. Ostler, Die deutschen Rechtsanwälte 1871-1971, S. 257.

[219] Abführung von 90% der über 300,- RM hinausgehenden monatlichen Einnahmen, vgl. Ostler, Die deutschen Rechtsanwälte 1871-1971, S. 55.

[220] § 5 der 5. VO zum Reichsbürgergesetz v. 27.09.1938, RGBl. I, S. 1403 u. 1439. Ausgleichsstelle war gem. der Durchführungsbestimmungen zu §§ 5 und 14 der 5. VO zum Reichsbürgergesetz die Reichs-Rechtsanwaltskammer. In den Abschnitten I. und II. dieser Bestimmungen wurden genaue Angaben über die Berechnung des abzuführenden Betrags gemacht, JW 1938, S. 2797 f; vgl. Gruchmann, Justiz im Dritten Reich, S. 180.

[221] Vgl. Ostler, Die deutschen Rechtsanwälte 1871-1971, S. 264 f.

[222] Etwa ein Viertel der Anwälte waren jüdischer Herkunft, vgl. Ostler, Die deutschen Rechtsanwälte 1871-1971, S. 268.

[223] S. Noack, Die Entjudung der deutschen Anwaltschaft, JW 1938, S. 2796 f; vgl. Ostler, Die deutschen Rechtsanwälte 1871-1971. S. 268.

wichtige Maßnahme war für sie daher die Auflösung der gemischten Anwaltssozietäten.[224]

Die Haltung der nationalsozialistischen Regierung in der sogenannten Judenfrage führte unter anderem dazu, daß viele Anwälte den Ausschluß ihrer *jüdischen* Kollegen aus der Anwaltschaft als befreiend empfanden, teils weil sie sonst den gesellschaftlichen Anschluß zu verlieren glaubten, teils weil sie selbst der Vorstellung anhingen, daß dem „*rein individualistischen, fremdrassigen Rechtsdenken*" das nationalsozialistische Rechtsdenken gegenüber zu stellen sei.[225] Der Verdacht jüdischen Einflusses blieb aber auch nach Jahren nationalsozialistischer Herrschaft bestehen.[226] Zeigte sich nun noch eine Verbindung zwischen Anwälten und der *jüdischen* Bevölkerung, vertrat beispielsweise ein Rechtsanwalt ein *jüdisches* Unternehmen, setzte er sich der Gefahr aus, zum gesellschaftlichen Außenseiter zu werden.[227]

Aber nicht nur das „*fremdrassige*" Denken sollte beseitigt werden, sondern auch das Eintreten für Einzelinteressen. Der Rechtsanwalt sollte ein Rechtswahrer sein, d.h. „[...] *ein Kämpfer für deutsches Recht und Gerechtigkeit.*"[228] Weiterführende Überlegungen, den Rechtsanwalt nur noch als bloßen Berater des Richters einzusetzen und ihm ein staatliches Gehalt zu zahlen, setzten sich allerdings nicht durch.[229]

---

[224] Auflösung von Sozietäten mit Juden, Mitteilung, JW 1935, S. 3287; vgl. Ostler, Die deutschen Rechtsanwälte 1871-1971, S. 55, 268; Warmbrunn, Rechtsanwälte im Nationalsozialismus, in: Festschrift für Ludwig Anton Doll, S. 605.

[225] S. Friedrich, Der Rechtsanwalt als Rechtswahrer, JW 1938, S. 1300, 1301.

[226] Verschiedene Nachweise bei Ostler, Die deutschen Rechtsanwälte 1871-1971, S. 268; vgl. auch Heinrich, 100 Jahre Rechtsanwaltskammer München, S. 144 f, 168. Das Mißtrauen der Nationalsozialisten gegenüber den Rechtsanwälten wird dargestellt bei Warmbrunn, Rechtsanwälte im Nationalsozialismus, in: Festschrift für Ludwig Anton Doll, S. 608 ff.

[227] S. Fritsche, Was ist ein Eingriff in die Berufsaufgaben des Rechtsanwalts?, JW 1937, S. 525; vgl. Ostler, Die deutschen Rechtsanwälte 1871-1971, S. 277 f; Warmbrunn, Rechtsanwälte im Nationalsozialismus, in: Festschrift für Ludwig Anton Doll, S. 609 f.

[228] S. Noack, Die Stellung des Anwalts sowie der freien Berufe im Staat, JW 1933, S. 2185 ff; Raeke (Reichsfachgruppenleiter), Ansprache des Reichsfachgruppenleiters auf dem Deutschen Anwaltstag, JW 1933, S. 2423 ff; Friedrich, Der Rechtsanwalt als Rechtswahrer, JW 1938, S. 1300, 1301.

[229] S. Friedrich. Der Rechtsanwalt als Rechtswahrer. JW 1938. S. 1300. 1303-1305.

Die Intensität der Vorwürfe gegenüber Rechtsanwälten erreichte 1942 wieder einen Höhepunkt, als ihnen „*jüdische Angeberei und Geschäftigkeit, verbunden mit verantwortungsloser Pressereklame*“ vorgeworfen wurde.[230] Man sah in einem Rechtsanwalt, der „[...] *noch mitten im Krieg um Mitleid für arme evakuierte Juden* [...]“ bat,[231] einen „[...] *rücksichtslosen Widerpart der Gemeinschaftsgesinnung* [...]“[232] Der Präsident der Reichsrechtsanwaltskammer Justizrat Dr. Neubert versuchte dieser negativen Presse ein anderes Bild der Rechtsanwaltschaft gegenüberzustellen,[233] nämlich das des arbeitsamen Juristen, der einen hohen Kriegseinsatz erbrachte, mit vielen Auszeichnungen geehrt wurde und hohe Arbeitsbelastungen auf sich nahm. Er wies darauf hin, der nicht zum Kriegseinsatz herangezogene Anwalt müsse häufig mehr als zwei Kanzleien betreuen und darüber hinaus noch unentgeltlich in Reichsbetreuungsstellen arbeiten.[234] Tatsächlich handele es sich bei ihm bereits um den „*Wahrer und Mittler des Rechts und* [...] *Fürsprecher und Rechtsfreund des Bedrängten*“.[235]

---

[230] Vgl. Seydel, Zur Lage der Anwaltschaft, DR 1942, S. 1572 ff., 1573.

[231] Vgl. Seydel, Zur Lage der Anwaltschaft, DR 1942, S. 1572 ff., 1573.

[232] Vgl. Seydel, Zur Lage der Anwaltschaft, DR 1942, S. 1572 ff., 1573; vgl. Ostler, Rechtsanwälte in der NS-Zeit, AnwBl 1983, S. 59.

[233] Arbeitsgruppentagung des Reichsgruppenrates der Rechtsanwälte v. 12.07.1942, DR 1942, 1090: „*Der Acker der Anwaltschaft ist nicht karg. Er hat die Verteidiger der Kampfzeit hervorgebracht, die den leitenden Männern der Bewegung halfen, auf dem Wege des Rechtes die Höhe zu ersteigen.* [... Die nationalsozialistische] *Rechtsbetreuung der minderbemittelten Volksgenossen, dieses sozialste Werk, das überhaupt ein Berufsstand im Dritten Reich geschaffen hat, wird gleichwohl weiter durchgeführt.* [...] *Soweit (gelegentliche) Fehler etwa auf bösem Willen oder Mangel an Charakter zurückzuführen sind, wird durch unnachsichtige Ausmerzung der kranken Stellen eingegriffen werden.*“

[234] S. Neubert, Arbeitstagung des Reichsgruppenrates der Rechtsanwälte u. Ein ernstes Wort an meine Berufskameraden, DR 1942, S. 1090.

[235] Dies wurde bereits in einer Mitteilung des Reichsfachgruppenleiters Rechtsanwälte und des Präsidiums der Reichsrechtsanwaltskammer von 1934 zum Ausdruck gebracht, s. JW 1934, S. 3049; vgl. Ostler, Die deutschen Rechtsanwälte 1871-1971, S. 268. Auch andere begannen sich gegen Beschimpfungen zur Wehr zu setzen, s. Badura, Anwaltsfragen, DR 1942, S. 1575 f. Auch Richter wurden ständig kritisiert, selbst von Hitler, vgl. Schröder, „... aber im Zivilrecht sind die Richter standhaft geblieben!“, S. 262; Schorn, Der Richter im Dritten Reich, S. 10 ff.

2. Teil: Die Analyse des ausgewerteten Aktenmaterials

Die Durchsicht von etwa 1200 archivierten Prozeßakten und von etwa 840 archivierten Handakten *jüdischer* Anwälte mit prozeßbezogenem Inhalt weist ein Ergebnis auf, das an den Anfang der Analyse gestellt werden sollte. Die Zahl der anwaltlichen Schriftsätze, die in ihrer Argumentation einen auf die Machtergreifung der Nationalsozialisten zurückzuführenden Wertewandel erkennen lassen, ist gering. Lediglich 6,5% der Prozeßakten weisen eine entsprechende Argumentation auf; bei den Akten der *jüdischen* Anwälte[236] ist der Anteil zwar höher, ca. 10%, läßt sich aber damit begründen, daß ihre Mandanten zumeist jüdischer Herkunft waren und die ihnen gegenüber geführte Argumentation entsprechend anfälliger war.

Der niedrige Prozentsatz dieser Akten im Verhältnis zur Gesamtzahl bietet allerdings allein nur eine beschränktes Indiz für das Ausmaß der Veränderungen in der zivilrechtlichen Argumentation. Man muß bedenken, daß das Zivilrecht für die Nationalsozialisten im allgemeinen eine geringere Bedeutung als das Strafrecht[237] hatte und es im Laufe der Zeit auch mit der Einführung planwirtschaftlicher Elemente in der Wirtschaft zunehmend durch das Verwaltungsrecht überlagert wurde.[238] In Zivilrecht wurden nur wenige Gesetze von der nationalsozialistischen Regierung erlassen, die zudem nicht nur der Durchsetzung neuer Wertvorstellungen, sondern auch der Vorbeugung oder Beilegung sozialer Konflikte dienten.[239] Die geringe Zahl von Akten, die in der anwaltlichen Argumentation einen Wertewandel erkennen lassen, könnte somit auch auf das geringere Interesse der Nationalsozialisten zurückzuführen sein und besitzt eine nur begrenzte Aussagekraft über die Wertebeständigkeit in der anwaltlichen Argumentation.

Die Analyse erlaubt eine Dreiteilung in der Darstellung der anwaltlichen Argumentation. Im ersten Abschnitt wird auf Argumente eingegangen, die an das Verhalten des eigenen Mandanten, beispielsweise seine Mitgliedschaft in der NSDAP und seine Tätigkeit für die nationalsozialistische Partei, an das Verhal-

---

[236] Nur die Handakten wurden berücksichtigt, die Schriftsätze zu gerichtlichen oder außergerichtlichen Auseinandersetzungen beinhalten.

[237] S. S. 47.

[238] Vgl. Schröder, „... aber im Zivilrecht sind die Richter standhaft geblieben!“, S. 70 ff.

[239] S. S. 134.

ten des Prozeßgegners oder eines diesen unterstützenden Dritten anknüpfen. Die hier erläuterten Ausführungen bezogen sich nur in geringem Maße auf die Auslegung von Recht und Gesetz und dienten primär der Stimmungsveränderung vor Gericht.

Der zweite Abschnitt befaßt sich mit der Auslegung von Recht und Gesetz im allgemeinen. Zum einen soll die Bedeutung sogenannten nationalsozialistischen Rechts für das bestehende, geschriebene Recht sowie die rechtliche Einordnung der NSDAP in das gegebene Rechtssystem der Weimarer Verfassung herausgearbeitet werden. Zum anderen ist die Auslegung unbestimmter Rechtsbegriffe zu analysieren. Das Reichsgericht hatte bereits zu Beginn der nationalsozialistischen Herrschaft ohne erkennbaren Druck durch die Nationalsozialisten seine bisherige wertbeständige Auslegungsmethode aufgegeben und die veränderten Wertvorstellungen als alleinigen Auslegungsmaßstab berücksichtigt.[240] Rechtsanwälte, die unter einem gewissen, von den Nationalsozialisten geschaffenen sozialen Druck standen, sich im neuen System zu bewähren,[241] erhielten nun die Möglichkeit, ihrer Argumentation bisher nicht berücksichtigte Werte hinzuzufügen. Sie konnten sich dabei im Rahmen der Auslegung unbestimmter Rechtsbegriffe bewegen oder aber konträr zum geschriebenen Recht die Beachtung des sogenannten nationalsozialistischen Rechts einfordern. Letzteres wurde jedoch von der nationalsozialistischen Regierung und der Rechtsprechung immer wieder abgelehnt.[242] Zu berücksichtigen ist gerade für diesen Teil der Analyse, daß die Bezeichnung eines Arguments als nationalsozialistisch nicht bedeuten mußte, daß dieses sich inhaltlich von der herkömmlichen Argumentation unterschied.[243]

Im dritten Abschnitt wird auf die anwaltliche Argumentation zum nationalsozialistischen Kerngedanken eines „*rassisch bestimmten Volkstums*“ eingegangen.[244]

---

[240] S. S. 167 f.

[241] S. S. 74 f.

[242] S. S. 141.

[243] Vgl. Schröder, „... aber im Zivilrecht sind die Richter standhaft geblieben!“, S. 23 ff., 207 f. Verständlicher wird diese Situation durch einen Aufsatz, der die deutschrechtlichen Grundsätze in der RG-Rechtsprechung untersuchte, s. Bechert, Die deutschrechtliche Rechtsprechung, JW 1933, S. 2309 ff.

[244] Vgl. Rethmeier, „Nürnberger Rassegesetze“ und Entrechtung der Juden im Zivilrecht, S. 30; Niermann, Die Durchsetzung politischer und politisierter Strafjustiz im Dritten Reich,

Recht und Gesetz hatten nach Auffassung der Nationalsozialisten der Durchsetzung dieses zentralen Wertes zu dienen. Der Bestand der rassisch definierten Volksgemeinschaft, die an willkürlich gewählte äußere Merkmale anknüpfte,[245] sollte mit allen Mitteln bewahrt und gefördert werden.[246] Dazu dienten zum einen Gesetze zur Abgrenzung nach außen, d.h. zur Abgrenzung gegenüber Personen, die nicht der nationalsozialistisch definierten Volksgemeinschaft angehörten, um so die elementaren Grundlagen des Zusammenlebens nur den Angehörigen der „*Volksgemeinschaft*“ zukommen zu lassen.[247] Zum anderen versuchte man die „*Volksgemeinschaft*“ nach innen zu stabilisieren, insbesondere durch gesetzliche Maßnahmen gegen die „*dauernde Vermehrung der weniger wertvollen Bestandteile innerhalb des Volkes*“.[248] Das große Interesse der Nationalsozialisten, durch Gesetze und Propaganda unterstrichen, läßt es wahrscheinlich erscheinen, daß hier in besonderem Maße neue Wertvorstellungen in die Argumentation miteinbezogen wurden. Eine gegenteilige Rechtsposition war zwar möglich, versprach aber wenig Erfolg.

Die Akten bieten weiterhin die Möglichkeit, nicht nur auf die juristische Argumentation der *jüdischen* Rechtsanwälte einzugehen, sondern auch auf ihr damit im Zusammenhang stehendes, außergerichtliches Verhalten. Auf dessen Darstellung soll nicht verzichtet werden, zumal da sich Besonderheiten hinsichtlich des Umgangs mit den für sie bedrückenden Veränderungen aufzeigen lassen.

---

245 Vgl. Rethmeier, „Nürnberger Rassegesetze“ und Entrechtung der Juden im Zivilrecht, S. 26 ff., 391.

246 Vgl. Otte, Die zivilrechtliche Gesetzgebung im „Dritten Reich“, NJW 1988, S. 2836 ff., 2839.

247 Vgl. Johe, Die gleichgeschaltete Justiz, S. 15 m.weit.Nachw. zur *rassengesetzlichen Rechtslehre.*

248 Vgl. Rethmeier, „Nürnberger Rassegesetze“ und Entrechtung der Juden im Zivilrecht, S. 34.

A. Die Bezugnahme auf das Verhalten der Parteien

I. Verleumderische Behauptungen

In diesem Abschnitt werden Streitigkeiten analysiert, die sich mit dem ansehensbeeinflussenden Verhalten von Personen in Wirtschaft und Gesellschaft befassen. Gerichtliches Vorgehen ist dokumentiert bei Vorwürfen früherer, zum konkreten Zeitpunkt aber nicht mehr opportuner politischer Aktivitäten, bei Behauptungen kritischer Äußerungen über die nationalsozialistische Regierung oder die NSDAP sowie bei Vorwürfen über Kontakte sozialer und vermögensrechtlicher Art zur *jüdischen* Bevölkerung. Ebenfalls als ein Fall verleumderischer Behauptung stellt sich eine außergerichtliche Streitigkeit um den Vorwurf gegenüber einer *jüdischen* Frau dar, in intimen Kontakten zu Hitler gestanden zu haben. Die mit den Unterlassungsbegehren verfolgten Ziele waren zum einen die Wiederherstellung des sozialen Ansehens, zum anderen die Vermeidung wirtschaftlicher Nachteile.

1. Die verleumderischen Behauptungen politischer Art

a) Vorwurf kommunistischer Betätigung

Zu Beginn der nationalsozialistischen Herrschaft wurden insbesondere die politischen Gegner der Nationalsozialisten verfolgt, so die Kommunisten. Um nicht selbst Repressalien ausgesetzt zu sein oder etwa nicht in den Verdacht kommunistischer Betätigung zu geraten, mußten sich einige Menschen entsprechender Vorwürfe erwehren.[249] Eine Akte des LG Frankfurt aus dieser Zeit befaßt sich mit dieser Situation. Darin begehrte der Antragsteller Rechtsschutz unter anderem gegen die Behauptung, Kommunist gewesen zu sein.[250] Der Vorwurf beruhte allein auf der Tatsache, daß der Antragsteller für die Baufachzeitschrift *Stein-Holz-Eisen* gearbeitet hatte, „[...] *die eindeutig kommunistische Bautendenzen*

---

[249] S. auch LA Speyer J6-958, S. 93 ff; vgl. Nds. HStA: Hann. 173, Acc. 96/83 Nr. 266, bei Schröder, „... aber im Zivilrecht sind die Richter standhaft geblieben!“, S. 58.

[250] HStA Wiesbaden 460-394 (1) 22 Q 105/33, Antrag v. 03.08.1933, mit weiteren Behauptungen: ausgesucht kluger und genialer Hochstapler, von jüdischer Ehefrau als schuldiger Teil wegen Ehebruchs und Mißhandlung geschieden, sich als aktiver Offizier der Bonner Husaren gerieren.

verfolgt habe.“[251] Der Antragsteller war erfolgreich, die Äußerung war künftig zu unterlassen. Eine gerichtliche Auseinandersetzung fand nicht statt.

b) Vorwurf **separatistischen** *Verhaltens*

Der Vorwurf *separatistischen* Verhaltens unmittelbar nach dem Ersten Weltkrieg wurde nicht nur zur Zeit des Dritten Reiches erhoben, sondern auch schon während der Weimarer Republik. Jetzt aber fügten sich derartige Angriffe in das propagandistisch aufgearbeitete nationale Verständnis der Nationalsozialisten ein, so daß es vermehrt zu Prozessen kam, in denen sich Personen dieser Vorwürfe erwehren mußten.

Unmittelbar nach der Niederlage des Deutschen Reiches im Ersten Weltkrieg hatten verschiedene Personen den Versuch unternommen, zur Vermeidung von Repressionen gegenüber dem Rheinland dieses Gebiet aus dem preußischen Staat zu lösen und zu einer selbständigen *Rheinischen Republik* zu machen. In der Krise von 1923, der Besetzung des Ruhrgebiets durch alliierte Truppen, hatten sie sogar die offene Trennung von Deutschland angestrebt. Ihr Vorgehen, von den französischen Militärbehörden unterstützt, scheiterte jedoch am Widerstand der Bevölkerung. Die Befürworter dieser Politik wurden von den Nationalisten abwertend als *Separatisten* bezeichnet.[252]

Vier Akten weisen eine diesbezügliche Argumentation auf. Dabei zeigt sich in der ersten Akte, einem Rechtsstreit vor dem LG Wiesbaden aus dem Jahre 1934,[253] daß es wenig erfolgversprechend sein konnte, Amtshaftungsansprüche geltend zu machen, wenn man als vermeintlicher *Separatist* von SA- und SS-Leuten körperlich mißhandelt worden war. Der Antragsteller hielt in seinem Antrag auf Bewilligung des Armenrechts den Amtshaftungsanspruch für begründet, weil die Übergriffe auf eine vom preußischen Staat herausgegebene, fehlerhafte „*Separatistenliste*“ zurückzuführen seien. Der Antragsteller selbst

---

[251] HStA Wiesbaden 460-394 (1) 22 Q 105/33, Bl. 2. Die Konsequenzen aus einer kommunistischen Vergangenheit zeigen sich auch im juristischen Schrifttum, s. Wendt, Auch für den Zivilrichter kann es von Bedeutung sein, ob ein Rechtsuchender Marxist oder Nationalsozialist ist, JW 1933, S. 2197.

[252] Vgl. Boberach, Biographisches Lexikon zur Weimarer Republik, S. 67; Brockhaus, die Enzyklopädie, Bd. 20, S. 74.

[253] HStA Wiesbaden 467-754, Antrag v. 21.12.1934.

könne sich diesen fehlerhaften Eintrag nicht erklären, sei er doch immer ein treuer Anhänger der Nationalsozialisten gewesen. „*Mein Geschäft musste ich schon 1928 aufgeben, weil ich damals als Nazi verrufen war.*"[254]

Das Gericht wies den Antrag mit einer etwas zweifelhaften, da unzureichenden Begründung zurück, indem es erklärte, nicht aufklären zu können, wer den Antragsteller auf die „*Separatistenliste*" gesetzt habe. Zur Beschwerde kam es nicht mehr, da das Verfahren gemäß §§ 1, 3 des Gesetzes zum Ausgleich bürgerlich-rechtlicher Ansprüche ausgesetzt wurde;[255] in dem anschließenden Verwaltungsverfahren wurde dem Antragsteller ein finanzieller Ausgleich ohne weitergehende Begründung verwehrt.[256]

Die übrigen Streitigkeiten weisen fallübergreifend überwiegend wirtschaftliche Interessen am Ausgang des Rechtsstreits auf. Dabei diente der Vorwurf *separatistischen* Verhaltens vornehmlich der politischen und wirtschaftlichen Demontage des Prozeßgegners. Auf den Widerruf einer Schenkung wegen groben Undanks in einem Frankenthaler Prozeß von 1934 entgegnete der Beklagtenvertreter,[257] daß der Kläger unmittelbar nach dem Ersten Weltkrieg in einer Resolution mit anderen eine autonome *Republik Pfalz* gefordert habe. Als Beweismittel führte er eine unrühmliche Erwähnung im *Eisenhammer*[258] an.[259] Eine über dieses Beweismittel hinaus gehende Auskunft der Gauleitung der NSDAP hielt er nicht für erforderlich.

Der Klägervertreter erklärte daraufhin, daß die in der Zeitung gemachten Vorwürfe nicht den Kläger selbst, sondern seinen Vater beträfen und dies dem Gericht nicht früher mitgeteilt worden sei, um das Ansehen des Vaters des Klägers zu schützen.[260]

---

[254] HStA Wiesbaden 467-754, Bl. 2 (Rückseite) f.

[255] Gesetz zum Ausgleich bürgerlich-rechtlicher Ansprüche vom 13.12.1934, RGBl. I, S. 1235 f.

[256] HStA Wiesbaden 467-754, Bl. 12.

[257] LA Speyer J6-638, Klage v. 20.12.1934, Schriftsatz v. 26.02.1936, Bl. 74 f.

[258] Nationalsozialistische Zeitung.

[259] LA Speyer J6-638, Schriftsatz v. 10.03.1936, Bl. 79.

[260] LA Speyer J6-638, Schriftsatz v. 13.03.1936, Bl. 83.

In einer das Armenrecht des Klägers mangels groben Undanks ablehnenden Entscheidung ging das Gericht auf die anwaltlichen Ausführungen zum *Separatismus* nicht ein.[261]

Die Vorwürfe *separatistischen* Verhaltens wurden in einem Rechtsstreit vor dem LG Limburg des folgenden Jahres[262] um weitere Argumente zum sogenannten *Führerprinzip* erweitert. Der Kläger hatte dort seit 1927 die Feuerwehrkapelle einer Ortsgemeinde geleitet. Die Musikproben hatten immer in seiner Gastwirtschaft stattgefunden. Für den Fall der Wahl eines anderen Musikleiters und der Verlegung der Musikproben in andere Räumlichkeiten war eine Kompensation für etwaige Gewinnausfälle in Höhe von 1500,- RM vorgesehen. 1934 kam es durch Gesetz zur Auflösung des bisherigen Feuerwehrvereins. Dessen Neuzulassung wurde von einer streng hierarchischen Gliederung des Vereins abhängig gemacht; das *Führerprinzip* wurde eingeführt. Im Zuge dieser Neustrukturierung wurde dem Kläger die Tätigkeit als Musikleiter entzogen, was diesen dazu veranlaßte, vom neugegründeten Verein und von den Vereinsmitgliedern, die seinen Anstellungsvertrag für den Verein unterschrieben hatten, die oben genannte Entschädigung zu verlangen. Erstinstanzlich kam es zu Ausführungen zum eingeführten *Führerprinzip*, welches nach Ansicht des Beklagtenvertreters die Haftung einzelner Mitglieder ausschloß.[263] Das Gericht folgte diesen Argumenten nicht, sondern gab der Klage statt.

In der Berufung der Beklagten versuchte der Klägervertreter, die nationale Einstellung seines Mandanten hervorzuheben. Dieser habe als einziger in einer Stadt, in der unmittelbar nach dem Ersten Weltkrieg vor allem die Zentrumspartei und die KPD gewählt wurden, französische Soldaten aufnehmen müssen. „*Der befragte französische Kapitän* [habe ihm damals erklärt ...], *dass er das einer Anzeige aus dem eigenen Ort verdanke. Offenbar fürchtete man von ihm antiseparatistische Initiative.*“[264] Der Klägervertreter verknüpfte dieses Geschehen mit der Situation zum Zeitpunkt der Machtergreifung durch die Nationalsozialisten. „*Dass in diesem Kommunisten- und Zentrumsort auf einmal im Jahre*

---

[261] LA Speyer J6-638, OLG-Beschluß v. 05.03.1936 über Beschwerde gegen den ablehnenden Beschluß des LG v. 24.06.1935, Bl. 81 ff.

[262] HStA Wiesbaden 462-253, Klage v. 21.03.1935.

[263] Zur Argumentation zum *Führerprinzip* in diesem Fall, s. S. 156 f.

[264] HStA Wiesbaden 462-253, Schriftsatz v. 15.01.1936, Bl. 142 ff., 144.

1933 eine Stahlhelm-Ortsgruppe gegründet wurde, nimmt heute nicht mehr Wunder, nachdem hinlängst bekannt geworden ist, dass damals der Stahlhelm das Sammelbecken solcher Elemente wurde, die eine Tarnung für zweckmäßig hielten. [...] *Die dem Kläger feindlich gewordenen Vorstandsmitglieder der Feuerwehr argumentierten ganz pfiffig damit, dass ein Mitglied der NSDAP (der Kläger war dies längst) nicht Stahlhelm Mitglied werden dürfe, mithin der Kläger mit einem Schein von Recht ausgeboten sei, wenn man die Kapelle als Stahlhelm-Kapelle umforme.*"[265]

Der Beklagtenvertreter reagierte mit Empörung auf das Herausstellen des Klägers als einen Nationalisten und treuen Anhänger der Nationalsozialisten. „*Wenn der Kläger glaubt,* [...] *auf das politische Gebiet kommen zu müssen, um damit gegen die Beklagten die ehrkränkendsten Behauptungen aufzustellen, so hätte der Kläger davon besser abgesehen. Er hat zwar in der Separatistenzeit als einziger im Dorf auf sechs Wochen die Einquartierung von 40 französischen Soldaten bekommen. Diese Angelegenheit verhält sich aber in Wahrheit wie folgt: Von den 14 Gastwirtschaften während der Separatistenzeit in Wirges stand lediglich ein einziges Lokal, und zwar das Lokal des Klägers den Separatisten offen, alle anderen Wirgeser Wirte liessen dieses Gesindel im Verein mit der gesamten Dorfbevölkerung nicht in ihre Lokale.*"[266] Die Gastwirtschaft des Klägers habe aber nicht nur *Separatisten* zur Verfügung gestanden, sondern auch den einzuquartierenden französischen Soldaten, die auf Wunsch des Klägers eingezogen seien, sowie den bekanntlich wenig national gesonnenen Kommunisten. „*Als die Kommunisten in Wirges ziemlich tonangebend waren, waren die kommunistischen Haupträdelsführer* [...] *die allerbesten Freunde des Klägers, während wiederum alle anderen Wirgeser Wirte zu anständig waren, diese kommunistischen Elemente in ihrem Lokal zu Wort kommen zu lassen.*"[267] Die nationale Gesinnung des Klägers zeige sich trotz seines Eintritts in die NSDAP im Jahre 1932 nicht. Er habe noch zum gegenwärtigen Zeitpunkt, d.h. 1935, eine offene Steuerschuld der Gemeindekasse und damit der Allgemeinheit gegenüber.

---

[265] HStA Wiesbaden 462-253, Schriftsatz v. 15.01.1936, Bl. 142 ff., 144 f.

[266] HStA Wiesbaden 462-253, Schriftsatz v. 22.01.1936, Bl. 151 ff., 155.

[267] HStA Wiesbaden 462-253. Bl. 155 f.

Das Gericht entsprach in seiner Entscheidung dem Klägerbegehren nur zur Hälfte, da der beklagte Verein gemeinnützig geführt worden sei, der Gewinnausfall des Klägers auch geringer ausgefallen sein müsse. Zu den politischen Ausführungen der Prozeßvertreter bezog es nicht Stellung.[268]

Das LG Wiesbaden hatte sich in einem Rechtsstreit um unlauteres wettbewerbliches Verhalten von 1937[269] mit der Frage zu befassen, ob ein mögliches *separatistisches* Verhalten des Prozeßgegners unmittelbar nach dem Ersten Weltkrieg von der Prozeßpartei im Wirtschaftsleben als Argument benutzt werden durfte, um den Prozeßgegner zu schädigen. Im Verfahren auf einstweiligen Rechtschutz wollte der Antragsteller zunächst erreichen, weitere Äußerungen der Prozeßgegner zu verhindern. Die Antragsgegner hatten es danach zu unterlassen, den Antragsteller als „*Separatisten*" und als „*rechte Hand des Dr. Dorten*[270]" zu bezeichnen, sowie daß gegen den Antragsteller „[...] *wegen Zugehörigkeit zum Separatismus ein Verfahren bei der Polizei oder bei der Geheimen Staatspolizei schwebe*" Der Vertreter des Antragstellers war der Ansicht, daß bei „[...] *der niedrigen Gesinnung, die sich aus dem Verhalten der Antragsgegner* [... ergebe, ...] *die Androhung von Geldstrafe nicht zum Ziele führen* [würde]."[271]

Im Widerspruch gegen einen entsprechenden Beschluß des Gerichts[272] war der Vertreter der Antragsgegner der Ansicht, daß nur dann ein unlauteres Verhalten vorliege, wenn die Behauptung unwahr sei. Hier könne der Antragsteller aber nicht bestreiten, sich „[...] *im Sinne der Rheinischen Republik* [...]" verhalten zu haben. Vertreter dieser *separatistischen* Bewegung beriefen sich in „[...] *der Systemzeit des Zwischenreiches* [...] *darauf, dass sie nur legale Separatisten seien. In rechtlicher Beziehung ist* [... aber] *folgendes zu bemerken: Ein legaler Separatismus müsste sich auf gesetzliche Bestimmungen gründen. In der Verfassung des zweiten Reiches war eine Loslösung von Preussen, auch nur in Form eines selbständigen, dem Reich unterstehenden Bundesstaates, nicht vorgesehen.* [...] *In tatsächlicher Beziehung ist* [...] *zu bemerken, dass, wenn in einem Land, das*

---

[268] HStA Wiesbaden 462-253, Urteil des OLG v. 23.01.1936, Bl. 164 ff.

[269] HStA Wiesbaden 467-811, Antrag auf e.V. v. 07.01.1937, 467-832, Klage v. 07.01.1937.

[270] Zur Person, s. Boberach, Biographisches Lexikon zur Weimarer Republik, S. 67.

[271] HStA Wiesbaden 467-811, Bl. 1 (Rückseite).

[272] HStA Wiesbaden 467-811, Bl. 8.

sich im Kriegszustand befindet, wie das Rheinland 1918/19, Abtrennungsbestrebungen auch nur von einem Bundesstaat versucht werden, nicht nur Hoch-, sondern auch Landesverrat [... vorliege]. *Solche Leute kann ein Gericht des Dritten Reiches nicht schützen.*"[273]

Mit dem letzten Satz gab der Vertreter der Antragsgegner zu verstehen, daß ein fehlendes Nationalgefühl in der Zeit der Weimarer Republik wirtschaftliche Konsequenzen im Dritten Reich haben müsse.

Der Vertreter des Antragstellers verwies auf die auch unter dem Nationalsozialismus zu beachtende ständige Rechtsprechung des Reichsgerichts zu §§ 1, 13 UWG,[274] wonach ein unlauteres und sittenwidriges Verhalten vorliege, wenn wahre, aber außerhalb des Wettbewerbsgegenstandes liegende, nachteilige Tatsachen behauptet und verbreitet wurden.[275] „*Dies umsomehr, als sie Vorgänge betreffen, die mehrere Jahre zurückliegen, und durch keine Nachfrage oder Bitte um Auskunft veranlasst werden.* [...] *Wenn das Reichsgericht ausgesprochen hat, dass schon die Aufdeckung des internationalen Charakters eines Unternehmens unlauterer Wettbewerb ist, und auch der Hinweis auf den im Unternehmen vorherrschenden jüdischen Einfluss, so ist die grundsätzliche Einstellung des Reichsgerichts klar.*"[276]

Dem Vertreter der Antragsgegner war die maßgebliche Rechtsprechung zwar bewußt, so daß er ein mögliches Konkurrenzverhältnis zwischen den Parteien zu negieren versuchte,[277] gleichzeitig blieb er aber bei seiner Argumentation, daß es doch auf die Frage des Vorliegens *separatistischen* Verhaltens des Antragstellers ankomme. Der Antragsteller habe einen Landesverrat begangen, so daß er „[...] *nicht den erhöhten Anforderungen* [entspreche], *die heutzutage an Leute gestellt werden müssen, die in der Zeit der Aufrüstung für die Wehrmacht*

---

[273] HStA Wiesbaden 467-811, Bl. 21.

[274] HStA Wiesbaden 467-811, Bl. 27.

[275] RGZ 150, S. 298 ff., 303 f., 307 ff.

[276] Vgl. Schröder, „... aber im Zivilrecht sind die Richter standhaft geblieben!", S. 100 f, 111.

[277] HStA Wiesbaden 467-811, Bl. 30 f. In der Berufung wurde dieser Aspekt wieder aufgegriffen, und dann ausgeführt, Bl. 69: „*Es wird kein Gericht geben, das den Beklagten nicht das Recht zuspricht, wenn sie nicht mit dem Kläger im Wettbewerb stehen, die verdammte Pflicht und Schuldigkeit haben, derartige Dinge, die ihnen zur Kenntnis gemacht sind an massgebender Stelle anzubringen.*"

tätig sind."[278] Als „*alte Parteigenosse*[n]" hätten die Antragsgegner Mitteilung machen müssen.

Das Gericht folgte insofern den Überlegungen des Vertreters der Antragsgegner als es Beweis erhob über die Frage, ob der Antragsteller sich tatsächlich *separatistisch* verhalten habe.[279] Nach der Beweisaufnahme fühlte sich der Vertreter des Antragstellers verpflichtet, darauf hinzuweisen, daß zwar rückschauend „[...] *und objektiv betrachtet* [...] *jeder Versuch, das Rheinland von Preussen zu trennen, die Sicherheit des Reiches* [gefährdet habe] *und mancher mag sich schon Ende 1918 dessen bewusst gewesen sein* [...]", daß es aber „[...] *ausgeschlossen* [sei], *jeden als schlechtgläubig zu bezeichnen, der sich einmal mit diesen Gedanken auseinandergesetzt* [habe]. *Und es ist ebenso unmöglich, aus dem Begriff des „Separatismus" ein Schlagwort zu bilden, mit dem ohne Prüfung und Kritik alles in einen Topf geworfen wird, was sich mit der Frage des Rheinlandes in der kritischen Zeit irgendwann und irgendwie - gleichgültig aus welchen Motiven und welcher Absicht - je beschäftigt hat.*"[280]

Das LG Wiesbaden bestätigte die einstweilige Verfügung und begründete dies unter Hinweis auf die ständige höchstrichterliche Rechtsprechung.[281] Auch die Berufung der Antragsgegner wurde mit entsprechenden Überlegungen abgewiesen.[282]

In der Hauptsache begehrte der Kläger nun auch Schadensersatz für das nicht zustande gekommene Geschäft mit dem Reichsluftfahrtministerium. Das LG Wiesbaden sprach dem Kläger Schadensersatz in Höhe von 1000,- RM zu und gab der Klage im übrigen dem Grunde nach statt,[283] da zwischen den Parteien Wettbewerb bestünde und es auf den Wahrheitsgehalt der Behauptungen nicht ankomme.

In der Berufung blieb der Beklagtenvertreter bei seiner Annahme, daß nur unwahre Behauptungen Schadensersatz auslösen könnten, ergänzte dies aber noch

---

278 HStA Wiesbaden 467-811, Bl. 31 f.

279 HStA Wiesbaden 467-811, Beweisaufnahme v. 22.02.1937, Bl. 34 f.

280 HStA Wiesbaden 467-811, Bl. 37.

281 HStA Wiesbaden 467-811, Urteil v. 27.02.1937, Bl. 45 ff.

282 HStA Wiesbaden 467-811, Bl. 78 ff.

283 HStA Wiesbaden 467-832. Urteil v. 16.04.1937. Bl. 49 ff.

mit der Überlegung, daß das Motiv für die fraglichen Behauptungen nicht die wirtschaftliche Schädigung des Konkurrenten gewesen sei, sondern die Sorge um die Verteidigung des Vaterlandes. Es bestehe für jeden Volksgenossen eine „[...] *verdammte Pflicht u. Schuldigkeit* [...], *Sorge zu tragen, dass Leute wie der Kläger von solchen Arbeiten ferngehalten werden, die mit der Verteidigung des Vaterlandes in Zusammenhang stehen. Nach dieser Auffassung sind die Beklagten berechtigt gewesen, im Ministerium den zur Genüge bekannten Sachverhalt mitzuteilen. Sie hätten sich einer groben Pflichtverletzung schuldig gemacht, wenn sie in anderem Sinne gehandelt hätten.*“[284]

Der Klägervertreter drehte dieses Argument um und empörte sich über das egoistische Verhalten der Beklagten, die „[...] *aus einer fast 20 Jahre zurückliegenden Begebenheit* [...] *heute Kapital für ihre eigenen Zwecke heraus*[...]*schlagen*“ wollten.[285]

Das OLG Frankfurt folgte weiterhin der Rechtsprechung des Reichsgerichts. Insbesondere sah es in der Tatsache, daß die Beklagten eine siebzehn Jahre zurückliegende Verfehlung an die Öffentlichkeit gebracht hatten, ein wettbewerbswidriges Verhalten sowie einen Verstoß gegen die guten Sitten. Auf das dahinter stehende Motiv komme es nicht an. Daß der Kläger jedoch keinen Schadensersatz erhalte, liege darin begründet, daß sich das Reichsluftfahrtministerium bereits vor der Mitteilung durch die Beklagten gegen ein Geschäft mit dem Kläger ausgesprochen habe, der Schaden demnach nicht kausal verursacht worden sei.[286]

Offensichtlich waren die Vorwürfe *separatistischen* Verhaltens unmittelbar nach dem Ersten Weltkrieg nicht geeignet gewesen, Prozesse in den dreißiger Jahren zu beeinflussen. Dennoch bedienten Rechtsanwälte sich dieses Stimmungsmittels. Wie hoch sie den Wert einer solchen Argumentation einschätzten, kann der Tatsache entnommen werden, daß sich im Rechtsstreit des Feuer-

---

284 HStA Wiesbaden 467-832, Bl. 94 ff. Der Beklagtenvertreter knüpfte mit dieser Argumentation an die Ausführungen des Prozeßvertreters in erster Instanz an, der erhöhte Anforderungen von Personen verlangt hatte, welche die Wehrmacht beliefern.

285 HStA Wiesbaden 467-832, Bl. 108 f. Auf jene die Ansicht des Beklagtenvertreters stützenden Literaturmeinungen ging der Klägervertreter auch ein, Bl. 110 f.

286 HStA Wiesbaden 467-832. Bl. 129.

wehrkapellmeisters[287] die Anwälte beider Prozeßparteien bemühten, die nationale Einstellung ihrer Mandaten hervorzuheben.

Dank der ständigen Rechtsprechung, die den Vorwurf *separatistischen* Verhaltens als unlauter ansah, konnte der Kläger im letzten Fall sein vor Gericht verfolgtes Ziel zumindest teilweise erreichen. Die Fernwirkungen solcher Behauptungen konnte er dadurch aber nicht verhindern. Ein Geschäftspartner des Klägers drohte ihm mit dem Abbruch der geschäftlichen Beziehungen, falls sich die Behauptungen der Beklagten als wahr herausstellen sollten.[288] Seinem Schreiben war ein an ihn adressierter Brief eines Vertrauten der Beklagten beigefügt, in welchem dieser den Geschäftspartner über die Sachlage aufgeklärt und seine Mißbilligung ausgesprochen hatte. „*Nach rein menschlichem Gefühl widerstrebt es mir bei diesem Namen „Herr" vorzusetzen. Männer und Frauen, die* [sich bemüht haben,] *unsere deutschen Brüder und Schwestern für Judenlohn* [...] *zu verraten und zu verkaufen, muss man rein menschlich gesprochen die Anrede „Herr" versagen. Bemühen Sie sich nicht weiter um diese Sache, sondern lassen Sie bitte dem Schicksal ihren Lauf. Diese Sache ist bereits nach Berlin weiter gegeben worden.*"[289]

Wirtschaftlich betrachtet, gerade auch im Hinblick auf die Zunahme staatlicher Aufträge, scheint es trotz der maßgeblichen Rechtsprechung erforderlich gewesen zu sein, die Behauptung des *Separatismus* auszuräumen.[290]

c) Vorwurf der politischen Kritik an Regierung und Partei (NSDAP)

Kritische Äußerungen zur Politik der nationalsozialistischen Regierung oder zur Arbeit der NSDAP beziehungsweise einer ihrer Unterorganisationen konnten sich ebenso nachteilig auswirken wie solche über eine nationalfeindliche politische Vergangenheit. Auch hier war es erforderlich, entsprechenden Behauptun-

---

[287] HStA Wiesbaden 462-253, s. S. 84 ff.

[288] HStA Wiesbaden 467-832, eine Entscheidung erging nicht.

[289] HStA Wiesbaden 467-832, Bl. 8.

[290] Anders verhielt es sich ab 1938 mit dem Vorwurf jüdischen Herkunft. Begründet wurde diese Änderung mit dem Bedürfnis, daß „[...] *volksbewußte Deutsche eine Geschäftsverbindung mit einem Juden vermeiden* [...]" wollten, vgl. Rüthers, Die unbegrenzte Auslegung, S. 222. Ähnliche Fälle zum Vorwurf des *Separatismus*, s. Schröder, „... aber im Zivilrecht sind die Richter standhaft geblieben!", S. 96 ff.

gen entgegenzutreten. In zwei Verfahren aus dem Jahre 1933 erreichten die Betroffenen ihre Ziele bereits im Rahmen einstweiliger Rechtsschutzverfahren,[291] d.h. ohne inhaltliche Auseinandersetzung über die jeweiligen Vorwürfe. In einem dritten Rechtsstreit hingegen, 1944 vor dem LG Wiesbaden ausgetragen, kam es nach einer Beweisaufnahme, die bestätigte, daß der Kläger sich nicht zur NSDAP bekennen und die nationalsozialistische Politik auch nicht unterstützen konnte, zur Klageabweisung.[292]

Diese Entscheidung hatte für den Kläger möglicherweise schwerwiegende Auswirkungen. Nicht nur, weil es im allgemeinen nicht opportun war, sich abwertend über die Politik der nationalsozialistischen Regierung zu äußern, sondern auch, weil sich das Deutsche Reich im Krieg befand und eine entsprechende Äußerung auch als Landesverrat aufgefaßt werden konnte.

Die dokumentierten Prozesse wurden in den Jahren 1933 und 1944 geführt, entsprechende Fälle für den dazwischenliegenden Zeitraum fehlen. Es erscheint aber angesichts der in der gesamten Zeit der nationalsozialistischen Herrschaft bestehenden politisch angespannten Lage unwahrscheinlich, daß in diesem Zeitraum keine diesbezüglichen Behauptungen aufgestellt wurden, insbesondere wenn man sich weitere Streitigkeiten vor Augen führt, in denen die anwaltliche Argumentation eine Distanz der Prozeßgegner zum nationalsozialistischen Staat besonders betonte.[293]

d) Vorwürfe durch die Presse

Die Machtübernahme durch die Nationalsozialisten führte im Bereich der Presseberichterstattung zu bedeutsamen Veränderungen. Kritische Presseberichte über das Wirken von nationalsozialistischen Führungspersönlichkeiten nahmen rasch ab, da insbesondere linksorientierte Zeitungen bereits in den ersten Monaten der nationalsozialistischen Herrschaft verboten wurden. Ein Rechtsstreit vor dem LG Frankenthal[294] von 1933 dokumentiert diese Situation recht anschau-

---

[291] HStA Wiesbaden 460-394 (1) - 22 Q 13/33; 460-394 (1) - 22 Q 23/33.

[292] HStA Wiesbaden 467-927.

[293] Zur Distanziertheit gegenüber dem Nationalsozialismus, s. S. 120 ff.

[294] LA Speyer J6-959, Klage v. 02.03.1933.

lich. Eine sozialdemokratisch orientierte Zeitung[295] hatte einen Artikel über den Gauleiter der Pfalz Josef Bürckel verfaßt,[296] in welchem ihm unter Leitsätzen wie *„Die Pfalzbonzen der NSDAP"* und *„Auch in der Pfalz Streichermethoden - der Kampf ums Geld - ein aufschlussreicher Standartenbericht - Adolf Hitler sagt aus über Bürckel"* ein korruptes Verhalten vorgeworfen wurde.[297] Die dagegen gerichtete Klage fiel in die Zeit der Machtübernahme durch die Nationalsozialisten. Der Klägervertreter warf dabei der Zeitung insbesondere vor, durch ein Zitat des *Nazi-Spiegel*[298] den Eindruck erweckt zu haben, eine besonders gut informierte Quelle zu besitzen. Zu einer Erwiderung durch einen Prozeßvertreter der Beklagten kam es wegen des Verbots der beklagten Zeitung jedoch nicht mehr.[299]

Die Besonderheit dieses Rechtsstreits liegt darin, daß die beklagte Zeitung lediglich ein anderes Presseorgan zitierte, um daran eine eigene Wertung anzuknüpfen. Es erscheint jedoch zweifelhaft, daß der Kläger ohne das Verbot der Beklagten tatsächlich Erfolg gehabt hätte.

Ansonsten hatten solche Verleumdungsklagen auch ohne ein entsprechendes Verbot der Zeitung wie bereits vor der Machtübernahme durch die Nationalsozialisten[300] Aussicht auf Erfolg, zumindest in der Anfangsphase der nationalsozialistischen Herrschaft. Das kann einem weiteren Rechtsstreit entnommen werden, der 1933 vor dem LG Frankenthal durchgeführt wurde. Darin wehrte sich

---

295 Pfälzische Post, ein Verlagsorgan der SPD.

296 Zur Person, s. Meinzer, Stationen und Strukturen der nationalsozialistischen Machtergreifung: Ludwigshafen am Rhein und die Pfalz in den ersten Jahren des Dritten Reiches, S. 54 ff., 67 ff; Wolfanger, Populist und Machtpolitiker, in: Die Palz unterm Hakenkreuz, S. 63 ff. Zur Presse als politisches Instrumentarium der Nationalsozialisten, s. Ziegler, Presse unter Druck, in: Die Pfalz unterm Hakenkreuz, S. 197 ff; Debus, Kreuz gegen Hakenkreuz, in: Die Pfalz unterm Hakenkreuz, S. 273 ff., 285 ff.

297 LA Speyer J6-959, Schriftsatz v. 27.02.1933, Seite 2.

298 Der Nazi-Spiegel erschien in Nürnberg und wurde von bei der Affäre Stegmann ausgeschlossenen oder ausgetretenen SA-Männern herausgegebenen.

299 LA Speyer J6-959, Versäumnisurteil v. 16.03.1933.

300 Ein Abgeordneter der NSDAP wehrte sich erfolgreich gegen Rufmord durch die Zeitung, s. 460-99. Bl. 12.

ein Antragsteller mit Hilfe einer einstweiligen Verfügung gegen Vorwürfe einer nationalsozialistischen Zeitung,[301] Kommunist gewesen zu sein.

Angesichts der Verfolgung von kommunistischen und sozialdemokratischen Politikern scheint es taktisch sinnvoll gewesen zu sein, die wahre politische Haltung zu verbergen und eine nationale Einstellung hervorzuheben.

Entsprechend betonte der Prozeßvertreter,[302] daß „[...] *die gegen den Antragsteller erhobenen Vorwürfe* [...] *geeignet* [seien], *ihn in moralischer, beruflicher, persönlicher und insbesondere nationaler Hinsicht zu verdächtigen und auf das Schwerste zu schädigen. In den Vorwürfen wird der Antragsteller in unbegründeter und unerhörter Weise zu dem sowohl vom Deutschen als auch vom christlichen Standpunkt aus absolut zu verwerfenden Bolschewismus und zu dem vom nationalen Gesichtspunkt aus jeder Zeit radikal zu verurteilenden gefährlichen innerdeutschen Separatismus in Beziehung gebracht.*“[303] Dem Antrag auf Erlaß einer einstweiligen Verfügung wurde letztlich entsprochen.[304]

Eine Reaktion der Antragsgegnerin, die als nationalsozialistische Zeitung keinem Verbot unterlag, ist nicht dokumentiert. Das erlaubt die Schlußfolgerung, daß in den ersten Monaten nationalsozialistischer Herrschaft das bisherige Wertesystem diesbezüglich noch weitestgehend intakt geblieben war. Eine Änderung trat aber mit dem neuen Schriftleitergesetz[305] (SchrLG) Ende 1933 ein, das sich entscheidend auf eine Wiesbadener Streitigkeit von 1936 auswirkte.[306] Zu diesem Zeitpunkt war die gegnerische Presse bereits ausgeschaltet, Streitigkeiten um Presseberichte konnten folglich nur Zeitungsartikel nationalsozialistischer Zeitungen betreffen.

In dem Rechtsstreit vor dem LG Wiesbaden verlangte die Klägerin den Widerruf eines Zeitungsartikel, durch den sie in einen Fall der „*Rassenschande*“ hineingezogen worden war. Die Zeitung *Stürmer* hatte in einem Artikel mit der

---

[301] Nationalsozialistische Zeitung NSZ. Rheinfront, Herausgeber Josef Bürckel, Gauleiter der NSDAP für die Pfalz.

[302] LA Speyer J6-958, Antrag v. 03.02.1933.

[303] LA Speyer J6-958, Seite 5 des Schriftsatzes.

[304] LA Speyer J6-958, einstweilige Verfügung vom 03.03.1933.

[305] Schriftleitergesetz v. 04.10.1933, RGBl.1933 I, S. 713.

[306] HStA Wiesbaden 467-675, Klage v. 08.04.1936, Bl. 13 ff.

Überschrift „*Rassenschande, die Tragödie einer deutschen Familie*" von einem Vorfall berichtet, der sich in der Weise tatsächlich nicht abgespielt hatte. Nach dem Bericht sollte ein *arisches* Mädchen durch einen *Juden* in die Pension der Klägerin entführt worden sein. Der Vater des Mädchens wurde dazu mit den Worten zitiert: „[...] *In der Zwischenzeit stellte ich fest, dass der Jude meine Tochter in der Pension* [...] *untergebracht hat. Anscheinend besitzt diese Pension das Vertrauen der jüdischen Rasse. Der Jude hatte meine Tochter des öfteren dort besucht.*"[307]

Der Klägervertreter benannte einen bei der Klägerin seit 1932 wohnenden Amtsgerichtsrat als Zeugen, der für den guten Leumund der Klägerin aussagen sollte. Diese habe ihre Pension stets einwandfrei und mustergültig und keineswegs „*judenfreundlich*" geführt, sie „[...] *war und ist bekannt und auch anerkannt.*"[308] Das Mädchen sei allein in die Pension gekommen und erst am nächsten Tag von einem Herrn abgeholt worden. Der Vater des Mädchens erklärte, daß der Zeitungsartikel ohne sein Wissen erschienen sei und „[...] *dass* [... er] *die oben erwähnten Behauptungen bezüglich der Pension der Klägerin nicht aufgestellt* [... habe]."[309] Der Klägervertreter verlangte nicht nur den Widerruf des publizierten Artikels, sondern machte auch einen erheblichen Gästeausfall geltend, für den der Zeitungsverlag wie auch deren Hauptschriftleiter, dem schriftsatzführenden Redakteur, wegen mangelhafter Recherche Schadensersatz zu leisten hätten.[310]

Das LG Wiesbaden wies die Klage gegen den Zeitungsverlag ab, da nach dem SchrLG nur der Hauptschriftleiter dafür verantwortlich wäre; gegen letzteren gab es der Klage statt.[311]

In der Berufung trug der Prozeßvertreter des Hauptschriftleiters Argumente gegen die Zulässigkeit des ordentlichen Rechtsweges, wie auch gegen ein Rechtsschutzbedürfnis der Klägerin vor, ohne auf einen möglichen Wertewandel unter nationalsozialistischer Herrschaft einzugehen.

---

[307] HStA Wiesbaden 467-675, Bl. 14.

[308] HStA Wiesbaden 467-675, Bl. 16.

[309] HStA Wiesbaden 467-675, Bl. 18.

[310] HStA Wiesbaden 467-675, Bl. 18.

[311] HStA Wiesbaden 467-675, Urteil v. 04.12.1936, Bl. 83 ff.

Das OLG Frankfurt hingegen sah diesen Wertewandel in dem SchrLG begründet, verhalf der Berufung zum Erfolg und wies die Klage auf Schadensersatz und Berichtigung gemäß §§ 823, 1004 BGB ab.[312] Seiner Ansicht nach waren die „[...] *allgemeinen Voraussetzungen des geltendgemachten Schadensersatzes* [...] *ebenso wie die besonderen Voraussetzungen des Widerrufsanspruchs nicht gegeben. Hinsichtlich der allgemeinen Voraussetzungen fehlt es schon an der Widerrechtlichkeit des Handelns des Beklagten.* [... S]*olange die Presse* [...] *nur der Forderung persönlicher Erwerbsinteressen oder politischen, häufig dem Staatswohl abträglicher Bestrebungen besonderer Volkskreise diente, war ihr in der Rechtsprechung das Recht zur Wahrnehmung fremder Interessen nicht in weiterem Umfang als Privatpersonen zugebilligt worden.* [...] *Dieser Rechtsgrundsatz kann aber für die heutige Presse keine Geltung mehr haben, nachdem das Pressewesen auf eine durchaus neue Grundlage gestellt worden ist und gemäß § 1 des SchrLG der Schriftleiter Träger einer öffentlichen Aufgabe mit besonderen Rechten und Pflichten geworden ist und die Presse vornehmlich die öffentliche Erziehung und Belehrung zur Aufgabe hat. Diese Aufgabe und das ihm übertragene Amt und damit ein berechtigtes Interesse im Sinne des § 193 StGB nimmt der Schriftleiter auch dann wahr, wenn er fremde Angelegenheiten erörtert.* [...] *Er wird sich auf die Wahrnehmungen berechtigter Interessen nur dann berufen können, wenn er innerhalb des ihm übertragenen Aufgabenbereiches gehandelt hat, während die Wahrnehmung berechtigter Interessen dann nicht vorliegen wird, wenn der fragliche Gegenstand mit dem geistigen Inhalt der von ihm geleiteten Zeitung in keiner Beziehung steht und seine Erörterung zur Erfüllung seiner Berufspflichten nicht notwendig war.*“[313] In diesem Rechtsstreit könne das Gericht eine, die Amtsausübung verletzende Berichterstattung nicht feststellen. Auch von einer bewußt unwahren Behauptung der Presse hinsichtlich der vermeintlichen Äußerung des Vaters des Mädchens könne nicht gesprochen werden.

Dieser Rechtsstreit weist zwei Besonderheiten auf: Zum einen kommt das Gericht zu einer Schlußfolgerung, die unter Berücksichtigung der Schriftsätze der Prozeßvertreter von diesen nicht erwartet wurde. Denn keiner der Prozeßvertreter hatte einen derart weiten Spielraum für die Presse in Anspruch genommen.

---

[312] HStA Wiesbaden 467-675, Urteil v. 04.03.1937, Bl. 128 ff.

[313] HStA Wiesbaden 467-675, Urteil v. 04.03.1937, Bl. 128 ff., 133 ff.

Zum anderen konnte sich die nationalsozialistische Presse nun aufgrund der Auslegung zum neuen Schriftleitergesetz Freiheiten herausnehmen, die der Presse vor der nationalsozialistischen Herrschaft nicht zugestanden hatten. Ihr war es nun noch mehr als vor der Machtergreifung möglich, als *Kampfpresse* zu agieren.[314]

Urteile wie dieses haben möglicherweise mit ihrer Unterstützung der nationalsozialistischen Politik zur Ausgrenzung politisch Andersdenkender verschiedene Rechtsanwälte dazu veranlaßt, politische Verleumdungen durch Privatpersonen als gerechtfertigt zu begründen; Erfolg hatten sie damit jedoch nicht.

2. Die Behauptung des Betreibens eines jüdischen Unternehmens

Unternehmen mußten sich gegen Vorwürfe, von *jüdischen* Inhabern betrieben zu werden, zur Wehr setzen, wollten sie nicht Gefahr laufen, ebenso wie *jüdische* Geschäfte boykottiert zu werden, dies insbesondere zur Zeit der Reichspogromnacht.[315] In zwei einstweiligen Rechtsschutzverfahren aus dem Jahre 1938 zeigt sich dieser Mechanismus.[316] Ohne inhaltliche Auseinandersetzung mit diesen Vorwürfen erreichten die Antragsteller ihre Ziele.

3. Die Behauptung eines intimen Verhältnisses mit Hitler

Eine außergerichtliche Streitigkeit befaßte sich mit dem Vorwurf eines persönlichen Verhältnisses zu Hitler. 1941 behauptete ein *jüdischer* Bürger von einer Bürgerin jüdischer Herkunft,[317] daß diese bei der Polizei einen schlechten Leumund und mit Hitler ein Verhältnis gehabt habe.[318] Der *jüdische Konsulent* der Betroffenen verlangte vom Verleumder, der seine Äußerung als Scherz abtun wollte, die Namen der Personen, die für diese Äußerungen ursprünglich verantwortlich waren. Seiner Ansicht nach habe man herauszufinden, wie der Verleumder „[...] *dazu komme, derartige* [...] *Äusserungen in Bezug auf eine unbe-*

---

314 Vgl. Krohn, Die deutsche Justiz im Urteil der Nationalsozialisten 1920-1933, S. 32 ff.

315 S. auch S. 193.

316 HStA Wiesbaden 460-455 - 29 Q 65/38; 460-456 - 31 Q 5/38.

317 Die Dokumentation einer gerichtlichen Auseinandersetzung liegt nicht vor.

318 HStA Wiesbaden 474/4-177, mit verschiedenen Schreiben aus dem Jahre 1941.

scholtene Frau, zumal in der Oeffentlichkeit, vorzubringen."[319] Der Vorstand der Israelitischen Religionsgemeinschaft von Darmstadt wies ihn hingegen darauf hin, daß ein Privatklageverfahren aufgrund der in aller Form abgegebenen Entschuldigung des Verleumders nicht mehr erforderlich sei.[320] Der *jüdische Konsulent* widersprach dem jedoch und drohte nun mit einer Klage, wohlwissend um die Lage der *jüdischen* Bevölkerung im Dritten Reich von 1941 und die Unannehmlichkeiten, die mit einer öffentlichen Klage verbunden waren. Die Androhung läßt daher vermuten, daß das Beruhenlassen der Angelegenheit für die Mandantin mit größeren Unannehmlichkeiten verbunden gewesen wäre als der Gang zum Gericht.[321]

Mit der Androhung verband der *Konsulent* noch seine Mißbilligung des Verhaltens des Verleumders. „[Es] *wäre besser, wenn Sie sich andere Gesprächsthemen für Ihre scherzhaften Unterhaltungen aussuchen würden. - Wenn Sie bemerken, dass man in der heutigen Zeit andere Sorgen habe, so kann ich Ihnen nur Recht geben. - Diese Ueberlegung müsste sich aber in erster Linie gegen Sie richten, da Sie offenbar keine Sorgen haben, wenn Sie über eine unbescholtene Frau haltlose und unwahre Behauptungen aufstellen und hinterher geltend machen wollen, es sei dies im Scherz geschehen.*"[322] Die Handakte des *jüdischen Konsulenten* endet mit diesem Schreiben. Sie gibt keinen Aufschluß über ein anschließendes Gerichtsverfahren.

Die Streitigkeiten, die sich mit verleumderischen Äußerungen befaßten, welche auf veränderten Wertvorstellungen beruhten, zeigen - abgesehen von den Ausführungen zum Schriftleitergesetz[323] - ein geringes Interesse der Rechtsprechung, auf die diesbezüglichen Ausführungen der Rechtsanwälte einzugehen.

---

[319] HStA Wiesbaden 474/4-177, Schreiben v. 09.09.1941.

[320] Entsprechende Aussage ist dem anschließenden Schreiben des *Konsulenten* zu entnehmen, das Schreiben des Vorstands selbst befindet sich nicht in der Akte.

[321] Diese Gefahr wird bestätigt, wenn man bedenkt, wie radikal die Vorgehensweise in anderen Fällen war, wenn eine entsprechende Äußerung sich als wahr herausstellte. So führten die Worte „*warum heiratet der Führer nicht, warum hat er keine Kinder*" bereits zur Zwangssterilisation einer Person, s. Die Zeit v. 05.09.1997, Nr. 37, S. 14.

[322] HStA Wiesbaden 474/4-177, Schreiben v. 13.08.1941.

[323] HStA Wiesbaden 467-675. s. S. 93 ff.

II. Erniedrigende Außerungen im Prozeß

Vorwürfe, die sich gegen die Person des Prozeßgegners oder einen diesen unterstützenden Dritten richteten, zielten, sofern sie nicht selbst Gegenstand des Rechtsstreits waren, vor allem auf den Ansehensverlust des Prozeßgegners vor Gericht und waren weniger als Argumente in der materiellrechtlichen Auseinandersetzung gedacht. Mit den Angriffen verbunden war wohl auch die Erwartung eines Ansehensgewinns der eigenen Partei im laufenden Verfahren.

Die Vorwürfe folgten dabei zumeist der von den Nationalsozialisten geführten Ausgrenzungspolitik[324] und richteten sich vor allem gegen Bürger jüdischer Herkunft, denen Argumentation und Verhalten als *„typisch jüdisch"* vorgehalten wurde. Nur in zwei Fällen wurden *arische* Prozeßgegner in ihrer Person herabgewürdigt, indem ihnen ein fehlerhaftes Werteverständnis vorgeworfen wurde.

1. Die erniedrigenden Äußerungen im allgemeinen

Die eine der zwei Akten, die keine jüdischen Prozeßgegner aufweisen, behandelt einen Prozeß, in dem nicht die ehrkränkende Äußerung selbst, sondern die Erwiderung darauf auf veränderte Wertvorstellungen aufmerksam macht.[325] In dem 1933 vor dem LG Frankfurt ausgetragenen Rechtsstreit ging es primär um Differenzen zwischen zwei nationalsozialistischen Organisationen, dem Hauptamt 7 der NSDAP, zuständig für Beamtenfragen, und der Arbeitsgemeinschaft Nationaler Reichsbahnbeamter und Anwärter e.V. (ANRB). Nachdem der Antragsgegner aber den Antragsteller persönlich angegriffen und diesem ein ehebrecherisches Verhalten vorgeworfen hatte, schien der Vertreter des Antragstellers die privaten Verhältnisse seines Mandanten mit im Nationalsozialismus anerkannten Grundsätzen erläutern und rechtfertigen zu wollen. *„Die Gesinnungsehe, die der Antragsteller führt, ist zwar nicht staatlich legitimiert. Nachdem jedoch aus dieser Gesinnungsehe ein Kind entsprungen ist, fühlt sich der An-*

---

[324] *Juden*, Sinti und Roma, geistig und chronisch Erkrankte, polnische Elite, Sozialdemokraten, Freimaurer, s. Schwarz, Freimaurerei und Nationalsozialismus, DR 1938, S. 364 ff; Burrin, Hitler und die Juden; Rüthers, Die unbegrenzte Recht als Waffe des Unrechts- Juristische Instrumente im Dienst des NS-Rassenwahns, NJW 1988, S. 2825 ff; Ziegler, Verfemt - Verjagt - Vernichtet, in: Die Pfalz unterm Hakenkreuz, S. 325 ff; Krausnick, „Man kann verzeihen, aber nicht vergessen", in: Die Pfalz unterm Hakenkreuz, S. 357 ff; Majer, „Fremdvölkische" im Dritten Reich, S. 133 ff., 506 ff.

[325] HStA Wiesbaden 460-394 (1) 22 Q 13/33, Antrag v. 23.01.1933, Bl. 2; s. auch S. 69.

tragsteller moralisch verpflichtet, diese Gesinnungsehe weiter zu führen und nicht Mutter und Kind im Stich zu lassen. Im übrigen ist zu bemerken, daß diese Gesinnungsehe moralisch ausserordentlich hoch steht, insbesondere das häusliche Leben von keiner legitimen Ehe übertroffen werden kann. Es scheitert nur am Widerstand der legitimen Ehefrau, dass diese Gesinnungsehe nicht staatlich legitimiert werden kann."[326]

Durch den Hinweis auf das gemeinsame Kind mit einer in nichtehelicher Lebensgemeinschaft lebenden Frau knüpfte der Prozeßvertreter an das von den Nationalsozialisten propagierte Reproduktionsinteresse an.[327] Sein damit verfolgtes Ziel konnte im Hinblick auf den Streitgegenstand nur die Beseitigung des vom Prozeßgegner geschaffenen moralischen Makels seines Verhaltens sein.

Der Antrag auf Erlaß einer einstweiligen Verfügung hatte Erfolg, wenn auch unklar bleibt, inwieweit die Argumentation des Vertreters des Antragstellers Einfluß auf diese Entscheidung hatte. Die Akte weist aber auf zwei wichtige Aspekte hin: die Bedeutung eines guten Rufes für Bedienstete staatlicher und quasi-staatlicher Organisationen[328] und die zunehmende Auflösung traditioneller Werte, die im neuen Ehegesetz von 1938, welches Ehescheidungen erleichterte, ihren vorläufigen Abschluß fand.[329]

Der zweite Rechtsstreit wurde 1935 vor dem LG Limburg ausgetragen. Darin hatten die zur Person des Klägers gemachten Ausführungen des Beklagtenvertreters nur mittelbar mit den Verletzungen zu tun, die der Klägerin in der beklagten Schule erlitten hatte. Er hielt dem noch jugendlichen Kläger vor, „[...] *doch Auslese sein* [... zu wollen]*! An diese muss auch die Anforderung gestellt werden können, einen Schmerz zu verbeissen, sie dürfen nicht bei jeder Kleinigkeit wie ein Muttersöhnchen behandelt sein wollen.* [...] *Eine „Geschäftsanweisung" nach der „jeder Jungmann" nach einer anstrengenden grösseren Übung untersucht werden soll, gibt es nicht. Es soll einmal Prinzen gegeben haben, denen bei jedem Lebensvorgang ein Leibarzt folgte! Es ist der Beklagten nicht*

---

326 HStA Wiesbaden 460-394 (1) 22 Q 13/33, Bl. 3.

327 S. dazu S. 215 f.

328 Der NSDAP wurde eine überstaatliche Funktion zugesprochen, s. S. 162 ff; im übrigen auch HStA Wiesbaden 462-567, S. 114 f.

329 S. auch S. 216 ff.. 220 ff.

bekannt, ob dem Kläger schon an der Wiege eine derartige Adjutantur gesungen wurde."[330] Die beklagte nationalsozialistische Erziehungsschule könne nicht für mögliche Schäden aufkommen, wenn der Kläger selbst einer Ausbildung körperlich und gesundheitlich nicht gewachsen sei.

Der Klägervertreter wies darauf hin, daß der Vater des Klägers diesen der Erziehungsanstalt gesund übergeben habe und nun einen für viele Berufe untauglichen Sohn zurückerhalte.[331]

Ein ärztliches Gutachten konnte jedoch keine bleibenden gesundheitlichen Schäden feststellen, so daß es zur Klageabweisung kam.

Hier zeigen die Ausführungen des Beklagtenvertreters, die im Urteil keine Berücksichtigung fanden, daß die im Dritten Reich zunehmende Verachtung gegenüber körperlich Schwächeren auch in anwaltlichen Schreiben ihren Ausdruck finden konnte.

In keiner der beiden Streitigkeiten weisen die gerichtlichen Entscheidungen in ihren Gründen die oben geschilderten Argumente der Rechtsanwälte auf. Auch eine indirekte, die Richter beeinflussende Bedeutung ist zweifelhaft, zu unterschiedlich fielen die Entscheidungen aus. Daraus läßt sich der Schluß ziehen, daß die Ausführungen nur der Beruhigung des jeweiligen Mandanten gedient haben.

2. Die erniedrigenden Äußerungen gegenüber Juden im Prozeß

Prozeßvertreter *arischer* Parteien äußerten sich gegenüber Prozeßparteien jüdischer Herkunft in einigen Fällen in herablassender Weise über deren Person.[332] Sie nutzten dabei die jüdische Herkunft, um dem Verhalten dieser Parteien eine negative Wertung beizufügen.

---

[330] HStA Wiesbaden 462-677, Klage v. 22.10.1935, Schriftsatz des Beklagtenvertreters v. 13.10.1936, Bl. 181 ff., 183, 187.

[331] HStA Wiesbaden 462-677, Schriftsatz v. 19.10.1936, Bl. 196 ff., 199.

[332] S. HStA Wiesbaden 474/3-2352, Schreiben des Antragstellers v. 19.12.1936; HStA Wiesbaden 474/3-306, Aktennotiz v. 05.12.1935; HStA Wiesbaden 474/4-498, Schreiben v. 20.09.1940; HStA Wiesbaden; 474/3-223, Schriftsatz v. 05.09.1939; HStA Wiesbaden 467-862, Ergänzung zur Beschwerde gegen einen ablehnenden Armenrechtsbeschluß v. 14.11.1940. Bl. 46.

Ein Rechtsanwalt verband dabei seine Ausführungen mit einer fragwürdigen Argumentation über das von ihm erwartete Verhalten der *jüdischen* Partei.[333] Diese war 1939 nach Frankreich ausgewandert und dort möglicherweise in einem Konzentrationslager interniert worden; zum Zeitpunkt der mündlichen Verhandlung war sie zumindest nicht auffindbar. Das LG Frankfurt hatte sich geweigert, nur den Kläger als Partei zu vernehmen, und hatte mangels weiterer Beweismittel die Klage der *arischen* Partei abgewiesen.[334]

In der Berufung forderte der Klägervertreter abermals die alleinige Parteivernehmung seines Mandanten. Er war der Ansicht, daß sein Mandant dadurch keine „[...] *angebliche Schwäche eines aus Deutschland ausgewanderten Juden aus*[...]*nutzen* [wolle ...]“[335] Er wehre sich gegen den in erster Instanz vom Gericht ausgesprochenen Vorwurf, sein Mandant wolle sich „[...] *Riemen aus dem Fall schneiden* [...]“,[336] erläuterte jedoch nicht, warum darin kein Ausnutzen einer schwierigen Lage für die *jüdische* Partei lag.

Dieses Beteuern rechtmäßigen und rechtschaffenen Handelns der eigenen Partei, ohne aber auf die problematische Situation der gegnerischen *nichtarischen* Partei wirklich eingehen zu wollen, läßt sich auch in anderen Vorwürfen gegenüber ausgewanderten *jüdischen* Parteien feststellen. Ihnen wurde vorgehalten, Devisenvergehen begangen[337] oder „*Gemeininteressen*“ durch einen Produktionstop, allein begründet mit Absatzschwierigkeiten für „*Nichtarier*“, verletzt zu haben.[338] Sie sollten nach Deutschland zurückkehren und „*mit offenem Visier*“ kämpfen.[339] Gerade letzteres war den ausgewanderten Bürgern jüdischer Herkunft 1939 kaum noch möglich. Die alltäglichen Risiken, denen sie zu dieser Zeit ausgesetzt waren, waren bereits sehr hoch, hinzu kam die Gefahr, devisenrechtlicher Strafverfolgung ausgesetzt zu werden.

---

[333] HStA Wiesbaden 474/3-1871, Klage v. 17.11.1939.

[334] HStA Wiesbaden 474/3-1871, Urteil v. 24.05.1940.

[335] HStA Wiesbaden 474/3-1871, Schriftsatz v. 17.07.1940.

[336] HStA Wiesbaden 474/3-1871, Schriftsatz v. 17.07.1940, S. 5.

[337] HStA Wiesbaden 474/3-1499, Klage v. 14.07.1939; s. weiter S. 109; vgl. Schröder, „... aber im Zivilrecht sind die Richter standhaft geblieben!“, S. 84 f.

[338] HStA Wiesbaden 474/3-1499, Berufungsbegründung v. 12.02.1940, S. 3 (Rückseite).

[339] Vgl. Schröder, „... aber im Zivilrecht sind die Richter standhaft geblieben!“, S. 169 f.

Das Berufungsverfahren des oben geschilderten Rechtsstreits vor dem OLG Frankfurt blieb erfolglos. Das Gericht folgte zur Frage der Parteivernehmung den Ausführungen der Vorinstanz.[340] Es entsprach damit den Erwartungen *jüdischer Konsulenten*, welche die Ausführungen des Klägervertreters untereinander als „*Kinkerlitzchen*" bezeichnet hatten.[341]

In den anderen Streitigkeiten verknüpften einige Rechtsanwälte ein bestimmtes Verhalten des Prozeßgegners mit dessen jüdischer Herkunft, um dem Verhalten eine negative Bedeutung beizulegen. Bedeutsam ist hier zum einen der Unterschied in der Argumentation zwischen Mandant und Prozeßvertreter gerade in den ersten Jahren nationalsozialistischer Herrschaft, zum anderen die zunehmende Anpassung der anwaltlichen Argumentation an den der Zeit entsprechenden Redestil.

a) Äußerungen zu Beginn der nationalsozialistischen Herrschaft

Drei Streitigkeiten aus den ersten Jahren nationalsozialistischer Herrschaft zeigen deutlich den Unterschied zwischen den Vorstellungen eines Mandanten und den Ausführungen seines Prozeßvertreters. Ein solcher Vergleich ist ausnahmsweise möglich, weil es in den vorliegenden Fällen Unterlagen von Mandanten gibt.

Die Beklagte eines Rechtsstreits vor dem AG Frankfurt von 1934 sah ihre Probleme in der „*Kostenmacherei*" der *jüdischen* Klägerin begründet. Sie war der Überzeugung, daß sich die Regierung derartiger „[...] *Fälle ganz besonders* [... annehme], *damit nicht willkürlich Kleinbetriebe durch derartige Kostenmachereien zu Grund gerichtet werden, wir wollen helfen aufbauen und nicht zerstören. Unser Betrieb wurde schon zweimal beinahe durch Judenfirmen kaputt gemacht, und beide mal war es ganz gemeiner Betrug, wir sind jetzt der festen Überzeugung dass derartige unreelle Geschäftemachereien im dritten Reich entgültig aufgehört haben. Wofür unserer heutigen Regierung vom ganzen deutschen Volk gedankt wird.*"[342]

---

[340] HStA Wiesbaden 474/3-1871, Urteil v. 23.08.1940.

[341] HStA Wiesbaden 474/3-1871, Schreiben v. 27.07.1940.

[342] HStA Wiesbaden 474/3-1864. Schreiben v. 23.04.1934.

Der Beklagtenvertreter selbst wies lediglich auf die jüdische Herkunft der Firmeninhaber der Klägerin hin, nicht aber auf die Ausführungen zu einem möglichen betrügerischen Verhalten ihrerseits.[343] Er trat danach auch nicht mehr vor Gericht auf, so daß es zu zwei Versäumnisurteilen gegen die Beklagte kam.

In einem Gesuch zum Bayrischen Staatsministerium der Justiz aus dem Jahre 1934[344] hatte der Bittsteller dem LG Frankenthal prozeßverschleppendes Verhalten vorgeworfen. Das Gericht habe trotz gegenläufiger Entscheidungen der Berufungsinstanz in einem Zeitraum von zehn Jahren mehrmals die Vollstreckbarkeit eines Schiedsspruchs aufgehoben.[345] Die gesuchsstellende Partei halte dies nur für möglich, weil die „[...] *von der Gegenseite angewendeten Prozessmittel* [...]" das Gericht zu diesen Entscheidungen verleitet hätten.[346] Die „[...] *jüdische Gegenseite* [...]" habe jedoch „[...] *bewußt falsch die Bestimmungen des Versailler Vertrages als Prozessmittel* [...]" verwendet, „[...] *um Deutsche gegen Deutsche auszuspielen.*"[347] Ihm dränge sich daher der Verdacht auf, daß die gegnerischen Anwälte und das LG Frankenthal konspirativ zusammengearbeitet haben.[348] Gleiches gelte auch für den Sachverständigengutachter, der jüdischer Herkunft sei und aus dem Hochschulverband „*ausgemerzt*" wurde.[349] Eine Entscheidung über dieses Gesuch ist den Akten nicht zu entnehmen.

Das OLG Zweibrücken hatte in seiner Berufungsentscheidung zum Urteil des LG Frankenthal in dieser Sache eine ähnliche Sicht wie der Gesuchssteller. Es

---

343 HStA Wiesbaden 474/3-1864, Schriftsatz v. 07.05.1934.

344 LA Speyer J6-378, Gesuch an das Bayrische Staatsministerium der Justiz vom 3.3.1934. Weitere mit diesem Gesuch im Zusammenhang stehende Akten: J6-340, 366, 372, 379, 381, 383-385, 853-856, 1558.

345 LA Speyer J6-340, Urteil des OLG v. 28.11.1933 (nicht vorhanden, Hinweis darauf in den Bl. 286, 272 ff; J6-343, Urteil des LG v. 26.05.1933, Bl. 39 f, aufgehoben durch Urteil des OLG v. 16.08.1933, in J6-378, S. 12 des Gesuchs.

346 LA Speyer J6-378, S. 34.

347 LA Speyer J6-378, S. 41.

348 LA Speyer J6-378, S. 17, 22 ff., 27.

349 LA Speyer J6-378, S. 30, 40. Die Akten beinhalten noch eine Dienstaufsichtsbeschwerde gegen eine Behörden, weil diese trotz der Vorstellung des Gesuchsstellers nicht tätig wurde, LA Speyer J6-373. Ein weiteres Gesuch, welches an den bayrischen Landtag weitergeleitet wurde, wurde inhaltlich nicht beschieden, da ansonsten in ein laufendes gerichtliches Verfahren eingegriffen worden wäre, LA Speyer J6-383, Gesuch v. 24.12.1931 an den Rechtsausschuß des bayrischen Landtags.

sah nicht nur die Berufung des Gesuchsstellers für begründet, sondern wies auch darauf hin, daß im Falle der Rechtskraft dieser Entscheidung das weitere prozessuale Verhalten des Prozeßgegners darauf zu überprüfen sei, „[...] *ob ihm nicht von vorneherein ohne Würdigung seiner Einwendungen das Rechtsschutzinteresse abzusprechen* [... sei].“[350] Das Gericht äußerte sich aber nicht wie der Gesuchssteller zur jüdischen Herkunft der Beklagten. Das gleiche gilt für die Prozeßvertreter des Gesuchsstellers.[351]

Das Reichsgericht hob die Entscheidung des OLG wieder auf,[352] da es der Ansicht war, daß die Beklagte nur die ihr zustehenden prozessualen Rechte geltend gemacht habe. Der Streit zwischen den Parteien setzte sich darauf in gewohnter Weise fort: das LG Frankenthal entschied zugunsten der einen, das OLG Zweibrücken zugunsten der anderen Partei, ohne allerdings seine Ausführungen zum Rechtsschutzinteresse zu wiederholen.[353]

Mit dem dritten Rechtsstreit hatte sich 1935 das LG Wiesbaden zu befassen. Dabei ging es im wesentlichen um die Höhe des Honorars, welches dem Kläger aufgrund seiner Tätigkeit als Steuerberater der Beklagten zustand.[354] Der Klägervertreter machte zwar in seinen Schriftsätzen auf die eheliche Beziehung der Beklagten zu einem *Juden* aufmerksam, wertete darüber hinaus deren Verhalten aber nicht. Im Kostenfestsetzungsverfahren ließ sich der Kläger nicht vertreten und nahm selbst zu der Frage der Erstattung einer Korrespondenzgebühr für den Beklagtenvertreter der ersten Instanz für dessen Tätigkeit in Berufung und Revision Stellung. Er war der Ansicht, daß die Beklagte als *„Ostjüdin“* zu behandeln sei, da sie zwar nicht jüdischer Herkunft sei, aber aus der Mongolei stamme und mit einem *„Ostjuden“* verheiratet sei; auch eine zwischenzeitlich eingetretene Scheidung ändere „[...] *nach deutscher Auffassung* [...]“ daran nichts.[355]

---

[350] LA Speyer J6-350, Urteil v. 28.05.1936, Bl. 1112 ff.

[351] LA Speyer J6-384, sofortige Beschwerde v. 05.02.1934 (keine Blattangaben); J6-350, Schriftsatz v. 23.01.1936, Bl. 723.

[352] LA Speyer J6-357.

[353] LA Speyer J6-353, Urteil v. OLG v. 20.12.1938 (keine Blattangaben).

[354] HStA Wiesbaden 467-864/859, Klage v. 23.11.1935.

[355] HStA Wiesbaden 467-859, Bl. 602.

Diese Schlußfolgerung konnte der Kläger allerdings nicht aus geltendem Recht ableiten. Sie ist daher nicht recht nachvollziehbar, es sei denn, er bezog sich auf ein nicht näher erläutertes, der Gesetzeslage entgegenstehendes Recht.

Der Kläger wandte sich dann dem Verhalten der Beklagten zu. Sie habe gegenüber dem Gericht leichtfertig Angaben zur Person „[...] *genau im Gegensatz zu* [... seinen] *Feststellungen* [... gemacht]. Als „[...] *deutscher Arbeiter* [habe er sich] *gegen diese Skrupellosigkeit* [...]“ zu wehren, wobei die „[...] *mangelnde Wahrheitsliebe* [der Beklagten] *auf die offenbar rassisch bedingte Leichtfertigkeit* [...]“ zurückzuführen sei.[356] Es bereite seiner Ansicht nach keine Probleme zu entscheiden, welcher Partei man mehr zu glauben habe. Zwar könne der Beklagten zu Gute gehalten werden, „[...] *dass sie* [...] *als Angehörige einer ganz anderen Rasse, von Harbin in Asien zugereist, staatenlos, ausserhalb der deutschen Volksgemeinschaft stehend, für deutsche Auffassungen kein Verständnis aufzubringen vermag und sich gar nicht anders verhalten kann* [...]“, sie gewönne dadurch aber nicht an Vertrauenswürdigkeit.[357]

Der Kläger führte kein sachliches Argument an, es genügte ihm der Hinweis auf die Herkunft der Beklagten, um daraus auf seine größere Glaubwürdigkeit zu schließen.

Auch seine Äußerungen über den Beklagtenvertreter folgen diesem Schema. Zunächst verwies er auf dessen jüdische Herkunft, um danach dessen Äußerungen vor Gericht als „*unsachlich*“ und „*persönlich*“ zu bezeichnen. Der Beklagtenvertreter habe so „[...] *eine geistige Einstellung zu erkennen gegeben, die einer Kritik im Sinne der Juni-Ausgabe des „S t ü r m e r“, 1937*[,] *nicht Stand halten dürfte.*“[358]

Das Gericht entschied zu Gunsten des Klägers - d.h. es sah die eingeforderte Korrespondenzgebühr als nicht gerechtfertigt an - ohne aber auf die Ausführungen des Klägers einzugehen.[359]

---

[356] HStA Wiesbaden 467-859, Bl. 584.

[357] HStA Wiesbaden 467-859, Bl. 584.

[358] HStA Wiesbaden 467-859, Bl. 602.

[359] HStA Wiesbaden 467-859. Bl. 626.

Die Streitigkeiten zeigen, daß Rechtsanwälte sich weitestgehend zurückhielten, aus der jüdischen Herkunft des Prozeßgegners Vorteile für ihre Rechtsposition zu ziehen. Man muß aber auch berücksichtigen, daß die gerichtlichen Entscheidungen in den vorliegenden Streitigkeiten entsprechende Ausführungen nicht beachteten, daß es also wenig Sinn machte, so zu argumentieren.

b) Äußerungen nach 1935

1936 änderte sich die anwaltliche Argumentation insofern als einige Fälle unsachlicher Vermengung von jüdischer Herkunft und Glaubwürdigkeit der Person auftraten.

In einem Rechtsstreit vor dem AG Schotten in diesem Jahr hielt der Beklagtenvertreter der Forderung des Klägers jüdischer Herkunft entgegen, daß dieser keinen ordnungsgemäßen Schuldschein ausgestellt habe und das Gesetz ihm hier aufgrund seiner „[...] *Geschäftsgewandtheit und jüdischen Schläue* [...]" auch nicht helfen dürfe.[360]

Erstinstanzlich hatte er Erfolg, wenn auch nicht aufgrund seiner Ausführungen. In der Berufung hingegen wurde sein Mandant zur Ratenzahlung verurteilt.

Ein Jahr später sah der Beklagtenvertreter in einem Rechtsstreit vor dem AG Ortenberg, in dem es um ein abstraktes Schuldanerkenntnis zugunsten des *jüdischen* Klägers ging, in dessen Verhalten einen „[...] *echt jüdischen Trick* [...]",[361] ohne daß er damit Erfolg hatte.

Im Jahr darauf bezweifelte der Klägervertreter in der Berufung eines Rechtsstreits vor dem AG Frankfurt die Glaubwürdigkeit eines vom beklagten *jüdischen* Unternehmen benannten Zeugen,[362] da dieser ein „[...] *jüdischer Emigrant* [sei ..., dessen Einstellung ...] *notwendig immer gerichtet sei*[...] <u>*gegen*</u> *arische deutsche Firmen.*"[363]

---

[360] HStA Wiesbaden 474/3-1043, Zahlungsbefehl v. 18.08.1936, Schreiben des Beklagtenvertreters v. 14.09.1936.

[361] HStA Wiesbaden 474/3-1240, Zahlungsbefehl v. 29.10.1937, Schreiben des Beklagtenvertreters v. 08.09.1937.

[362] HStA Wiesbaden 474/3-104, Zahlungsbefehl v. 14.04.1937.

[363] HStA Wiesbaden 474/3-104, Schreiben des Klägervertreters v. 30.01.1939.

Auch hier beachtete das Gericht die Ausführungen nicht und wies die Klage ab.[364] Nach seiner Ansicht bedurfte es der Aussage dieses Zeugen nicht mehr. Das hatte der *jüdische Konsulent* bereits vorausgesehen und es unterlassen, dem Gericht die Mitteilung seines Mandanten zukommen zu lassen,[365] daß der Zeuge kein *jüdischer* Emigrant war.[366]

1939 wurden in einem Rechtsstreit vor dem AG Frankfurt die Abtretungsverträge zwischen der Klägerin und ihrem Ehegatten, beide jüdischer Herkunft, vom Beklagtenvertreter als „*Schiebungsverträge*" zwischen „*Juden*" bezeichnet.[367] Später erklärten beide Parteien übereinstimmend die Erledigung der Hauptsache. Sie stritten sich nur noch über die Kosten. Diese wurden schließlich der Klägerin durch das Berufungsgericht, dem LG Frankfurt, auferlegt, weil sie deren widersprüchliche Aussagen unglaubwürdig gemacht hätten.[368]

Die jüdische Herkunft hatte keinen erkennbaren Einfluß auf die Entscheidung des Gerichts.

In einem Rechtsstreit vor dem AG Frankfurt aus dem gleichen Jahr warf der Klägervertreter der Beklagten, die jüdischer Herkunft war, vor, sich „*typisch jüdisch*" zu verhalten, wenn sie behaupte, nicht zu wissen, aus welcher Urkunde der Kläger vorgehe.[369]

Ebenfalls 1939 zitierte der Klägervertreter vor dem AG München den Prozeßvertreter seiner Mandantin im Hauptprozeß,[370] wonach die beklagte *jüdische* Partei versucht habe, sich mit einem „[...] *alte*[n] *jüdische*[n] *Kniff* [...]" dem Zugriff der Klägerin zu entziehen.[371]

Diese Streitigkeiten weisen eine anwaltliche Argumentation auf, die, ohne dies näher zu begründen, aus der jüdischen Herkunft auf ein negativ zu bewertendes

---

364 HStA Wiesbaden 474/3-104, Urteil v. 03.05.1939.

365 HStA Wiesbaden 474/3-104, Schreiben des Beklagtenvertreter v. 06.02.1939.

366 S. HStA Wiesbaden 474/3-104, Schreiben des Beklagten v. 04.02.1939.

367 HStA Wiesbaden 474/4-502, Schriftsatz v. 13.04.1939.

368 HStA Wiesbaden 474/4-502, Urteil v. 26.07.1939.

369 HStA Wiesbaden 474/2-112, Schriftsatz des Klägervertreters v. 12.05.1939. Der Ausgang des Rechtsstreits ist nicht dokumentiert.

370 HStA Wiesbaden 474/5-49, Zahlungsbefehl v. 20.03.1939, Schreiben v. 19.05.1939.

371 HStA Wiesbaden 474/5-49, Die Klage blieb erfolglos.

Verhalten schloß. Die nachfolgenden Streitigkeiten beinhalten ausführlichere Ausführungen, um dieses Ergebnis zu untermauern.

1939 fand vor dem LG Frankfurt ein Schadensersatzprozeß statt, bei dem der Kläger der Ansicht war, daß die ehemaligen Pächter seines Grundstücks, beide jüdischer Herkunft, den auf dem Grundstück befindlichen Mutterboden widerrechtlich zur Herstellung von Tonziegeln verwendet hätten.[372] Die Nutzung sei zwar zunächst vertraglich zulässig gewesen, habe aber nach Erlaß einer Verordnung von 1937[373] eine Einschränkung dahingehend erfahren, daß die landwirtschaftliche Nutzbarkeit erhalten bleiben müsse. Durch weiteren Abbau des Mutterbodens sei aber genau dies nicht mehr möglich, so daß die Beklagten Schadensersatz zu leisten hätten.[374] Auch hier nutzte der Klägervertreter die Verknüpfung des Handelns der Beklagten mit ihrer jüdischen Herkunft, um dadurch deren Handeln zu diskreditieren. „*Welche Einstellung der im Ausland befindliche Beklagte* [...] *gegenüber den Interessen des Deutschen Volkes vertreten hat, beweist der Umstand, dass er sich devisenrechtlich verantwortlich gemacht hat, was die Beschlagnahme seines ganzen Vermögens zur Folge hatte. Es nimmt daher nicht Wunder, dass er sich gerade als Nichtarier auch an dem wertvollen Mutterboden vergriffen hat* [...]“[375]

Das LG Frankfurt ging auf dieses Argument nicht ein und wies die Klage ab.[376] Der Ausgang der Berufung ist nicht dokumentiert.

Auch in Frankfurt, jedoch vor dem AG, kam es 1940 zu einem weiteren Schadensersatzprozeß.[377] Die Klägerin jüdischer Herkunft hatte durch die Totgeburt eines nichtehelichen Kindes die dem Vermieter gehörende Matratze verunreinigt und war für die Reinigung derselben aufgekommen. Nun wollte sie die Kosten vom Erzeuger des totgeborenen Kindes, einem *Arier*, ersetzt verlangen. Dieser weigerte sich. Die Klägerin habe es versäumt, über die Krankenkasse ei-

---

[372] HStA Wiesbaden 474/3-1499, Klage v. 14.07.1939; s. auch S. 102, 150.

[373] Verordnung der Sicherung der Landbewirtschaftung v. 23.03.1937, RGBl. I, S. 422.

[374] HStA Wiesbaden 474/3-1499, S. 3 der Klageschrift.

[375] HStA Wiesbaden 474/3-1499, Schriftsatz v. 10.01.1940, S. 2 (Rückseite).

[376] HStA Wiesbaden 474/3-1499, Urteil v. 07.12.1939. Es liebt ein Hinweis auf eine mögliche außergerichtliche Einigung vor, s. Schreiben v. 11.10.1940.

[377] HStA Wiesbaden 474/3-415, Klage v. 23.05.1940.

ne Gummidecke zum Schutze der Matratze zu besorgen.[378] Die Eltern der Klägerin habe er nicht über deren Schwangerschaft informiert, weil der „[...]*Vater der Klägerin - ein*[...] *Jude*[...] - [...] *in der ganzen Angelegenheit* [nur] *ein Geldgeschäft* [sehe ...]“[379] Auf das Verlangen persönlichen Erscheinens des Beklagten erwiderte der Beklagtenvertreter, daß dieser noch nicht wieder gesund sei und das Krankenhaus nur verlassen habe, um Platz für verwundete Soldaten zu schaffen. „*Bei den Recherchen, die der Vater der Klägerin anstellte und dauernd erhebt, ist ihm dies auch bekannt und sein Vorbringen eine bewusste unwahre Prozessbehauptung und ein gemeiner Angriff auf die Wahrheitsliebe eines Deutschen Ariers. Ich weiss nicht, wie lange Deutsche Arier sich von Juden solche Beleidigungen gefallen lassen sollen.*“[380]

Die Verknüpfung des Handelns der Klägerin und ihrer Verwandten mit ihrer jüdischen Herkunft wurde in diesem Rechtsstreit mit jedem Schriftsatz intensiviert, gerade auch, um dem Handeln der Klägerin und dem ihres Vaters eine negative Bedeutung beizufügen. Die Ausführungen fanden jedoch beim Gericht keine Berücksichtigung; unter Beachtung eines anteiligen Mitverschuldens der Klägerin wurde ihr das Armenrecht gewährt.[381]

Vor dem LG Frankenthal kam es 1940 zu einer Klage auf Vaterschaftsfeststellung. Die Klägerin war 1921 geboren worden, und die Zahlvaterschaft hatte damals ein Medizinstudent jüdischer Herkunft übernommen.[382] Der Beklagtenvertreter führte zu letzterem aus, daß es „[...] *gerade nach der Rasseeigentümlichkeit der Juden nicht glaublich* [sei], *dass ein Jude eine Vaterschaft und die damit verbundenen Zahlungsverpflichtungen anerkennt, wenn er nicht selbst der Ueberzeugung ist er sei der Vater. Der Jude hätte im entgegengesetzten Fall sicherlich alle Mittel in Bewegung gesetzt, um von der Vaterschaft loszukommen. Die Erklärung der Jude habe aus Anstand und als seine Pflicht die Vaterschaft anerkannt, erscheint jedoch erheblich an den Haaren herbeigezogen und durchaus nicht mit den obengeschilderten Eigenschaften eines Juden*

[378] HStA Wiesbaden 474/3-415, Schriftsatz des Beklagtenvertreters v. 11.06.1940.

[379] HStA Wiesbaden 474/3-415, Schriftsatz des Beklagtenvertreters v. 25.06.1940.

[380] HStA Wiesbaden 474/3-415, Schriftsatz des Beklagtenvertreters v. 04.07.1940.

[381] HStA Wiesbaden 474/3-415, Beschluß v. 19.07.1940. Die Handakte weist keine weiteren Dokumente auf.

[382] LA Speyer J6-1689, Klage v. 27.08.1940.

vereinbar. [...] *Der Bekl. ist nicht gewillt gerade aus rassigen Gesichtspunkten heraus sich nachträglich eine Vaterschaft unterschieben zu lassen, von der er ueberzeugt ist, dass sie auf ihn nicht zutrifft.*“[383]

Auch hier nutzte der Beklagtenvertreter Vorurteile gegenüber Bürgern jüdischer Herkunft aus, um das Vorbringen der Klägerin unglaubhaft zu machen. Seine Ausführungen hatten jedoch keinen Einfluß auf die Entscheidung des Gerichts. Es wies die Klage allein wegen der zweimal negativ verlaufenen Blutuntersuchung ab.[384]

Die Akten belegen, daß einige Rechtsanwälte ihre Zurückhaltung ablegten, die jüdische Herkunft der Prozeßgegner dahingehend zu nutzen, ihr Verhalten und ihre Glaubwürdigkeit abzuwerten.[385] Bedeutsam ist, daß ein Rechtsanwalt auch Ende der dreißiger Jahre nicht gezwungen war, so zu argumentieren. Das ist den gerichtlichen Entscheidungen in den Fällen zu entnehmen, die diese Argumentation nicht beachteten, aber auch der Vielzahl von Akten, die keinen solchen Vortrag beinhalten. Selbst in Fällen, in denen Mandanten solche Argumente erwarteten, war ein Prozeßvertreter frei in seiner Argumentation.

So beispielsweise in einem 1938 vor dem AG Frankfurt und in der Berufung vor dem LG Frankfurt ausgetragenen Mietrechtsstreit,[386] in dem der *arische* Mieter in dem Mietzinsbegehren und der Räumungsklage des *jüdischen* Vermieters „*eine verdrehte jüdische Manier* [sah, ...] *die ja heute sattsam bekannt* [sei ...]“ Er sei nicht der einzige Mieter, der säumig sei, so daß auch andere verklagt werden müßten. Daß dies nicht geschehe, beweise, daß es sich um eine „[... j]*üdische Verdrehungskunst, Verschlagenheit und Irreführung des Gerichtes* [...]“ handele.[387]

Der Beklagtenvertreter wiederholte diese Ausführungen seines Mandanten nicht. Sein Versuch einer Argumentation ohne den Hinweis auf die jüdische Herkunft des Klägers wirkt allerdings konstruiert. Er stellte auf die Fehlerhaf-

---

383 LA Speyer J6-1689, Schriftsatz v. 09.10.1940, Bl. 8 (Rückseite).

384 LA Speyer J6-1689, Urteil v. 09.07.1941, Bl. 42 f.

385 Entsprechende Argumentation bei Parteien ohne Vertretung: HStA Wiesbaden 474/3-1232, Klage v. 06.10.1038; HStA Wiesbaden 474/3-525, Klage v. 26.08.1940; HStA Wiesbaden 474/2-90, Zahlungsbefehl v. August 1939.

386 HStA Wiesbaden 474/3-1718, 1888, Klage v. 23.11.1938.

387 HStA Wiesbaden 474/3-1718. Schreiben v. 21.01.1939.

tigkeit der Mietkostenaufstellung ab, durch die eine geringere Grundvermögenssteuer angefallen sei. Dadurch habe der Kläger einen Betrug am Staate begangen und damit indirekt auch am Beklagten, so daß das Gericht nun in seiner Beweiswürdigung frei sei.[388]

Das AG beachtete seine Ausführungen nicht, hielt das Mietzinsbegehren des Klägers auch für berechtigt, aufgrund eines Vergleichs aber nicht das Räumungsverlangen.[389] Diesbezüglich war jedoch die Berufung des Klägers erfolgreich.[390]

---

[388] HStA Wiesbaden 474/3-1718, Schriftsatz v. 14.03.1939.

[389] HStA Wiesbaden 474/3-1718, Urteil v. 24.03.1939.

[390] HStA Wiesbaden 474/3-1888, Schreiben v. 17.08.1939.

III. Äußerungen im Prozeß zum Verhältnis zur NSDAP

Die Machtergreifung durch die Nationalsozialisten führte faktisch zu einem Einparteiensystem. Die NSDAP war bereits nach kurzer Zeit in allen Bereichen des politischen, sozialen und wirtschaftlichen Lebens präsent. Einige Rechtsanwälte nutzten diese Omnipräsenz für ihre rechtliche Argumentation. Sie arbeiteten das Verhältnis der eigenen Mandanten zur NSDAP heraus, um - wie bei Äußerungen erniedrigenden Charakters - das Ansehen der Partei vor Gericht zu verbessern. Gleiches Ziel versuchten andere Anwälte dadurch zu erreichen, daß sie die distanzierte Haltung des Prozeßgegners zum Nationalsozialismus hervorhoben.

1. Das Hervorheben der Unterstützung der NSDAP

Die Bekundung von Sympathie und Solidarität gegenüber dem neuen System und der NSDAP wurde in unterschiedlicher Weise und Intensität dargelegt. Hatten die Mandanten keinen unmittelbaren Zugang zur NSDAP, bemühten die Rechtsanwälte sich dennoch um eine Darstellung, die das Verhältnis zum Nationalsozialismus positiv erscheinen ließ.

So in einem Rechtsstreit vor dem LG Frankenthal von 1934, in dem ein Prozeßvertreter darauf hinwies, daß sein Mandant sich der Bitte der Gauleitung entsprechend verhalten habe, um „[...] *wenigstens die inzwischen eingetroffenen* [...] *Wagen mit Rohstoffen im Interesse der Aufrechterhaltung des Betriebes und damit der Arbeiter zu rangieren* [...]“ Im übrigen habe es die Gauleitung selbst abgelehnt, „[...] *sich in diese rein privatrechtliche Streitigkeit zu mischen* [...]“[391] Der Mandant habe sich daher parteikonform verhalten.

Auch in einem anderen Rechtsstreit vor demselben Gericht aus dem darauffolgenden Jahr sollte die Argumentation des Klägervertreters bewirken, daß sein Mandant als Förderer der NSDAP galt. Der Mandant hatte seiner Schwiegermutter seit 1930 wegen des umfangreichen Personalabbaus bei der IG-Farbenindustrie und vor allem wegen eines Boykotts ihrer Gastwirtschaft „[...] *von marxistischer Seite* [...]“ finanziell ausgeholfen und als Gegenleistung eine

---

[391] LA Speyer J6-243, Schriftsatz v. 22.10.1934, Bl. 9. Der Vertreter der Antragsgegnerin war damit auch recht erfolgreich. Zwar mußte seine Mandantin weiterhin Rangierarbeiten durchführen, aber zu einer von ihr bestimmten Bezahlung, Urteil v. 11.01.1935, Bl. 47 ff.

Hypothek auf ihrem Grundstück erhalten.[392] Nun machte er gegenüber der Mutter seiner Schwiegermutter Forderungen aus einem Schuldmitübernahmevertrag geltend. Dabei erläuterte der Klägervertreter die Motivation seines Mandanten, seine Schwiegermutter finanziell unterstützt zu haben. Diese sei nur boykottiert worden, weil sie schon damals ein „[...] *eifriges Mitglied der NSDAP* [...]“ gewesen sei und dieser „[...] *ihr Lokal gelegentlich zu Parteizwecken zur Verfügung* [...]“ gestellt habe.[393] Der Kläger habe dies gutgeheißen und sie finanziell unterstützt. Nun, nach mehreren Jahren nationalsozialistischer Herrschaft und umfangreichen Arbeitsbeschaffungsmaßnahmen, die zu einer volkswirtschaftlichen Gesundung geführt hätten, verlange er sein Geld über den Schuldmitübernahmevertrag zurück.[394] Bevor es zu einer Entscheidung des Gerichts kam, verglichen sich die Parteien.

Im allgemeinen ging es aber nicht nur um Solidaritäts- und Sympathiebekundungen, wenn es zu Ausführungen zum Verhältnis zur NSDAP kam. Hinweise auf eine Mitgliedschaft in der NSDAP oder der Nähe zur Regierungspartei dienten zumeist der Steigerung der Glaubwürdigkeit des Mandanten vor Gericht, möglicherweise verbarg sich dahinter auch der Wunsch, einen gewissen Druck auf das Gericht ausüben zu können.

In einem Rechtsstreit vor dem LG Limburg von 1934 wehrte sich die Klägerin gegen die Beendigung ihres Arbeitsverhältnisses und forderte zunächst die Weiterzahlung ihres Beamtengehaltes für die nächsten sechs Monate.[395] Ihr Prozeßvertreter stellte der nationalen Einstellung seiner Mandantin - „[...] *sie hißte auch in den Nachkriegsjahren die schwarz-weiß-rote Fahne, besuchte die Versammlungen der nationalen Opposition, insbesondere der NSDAP, und machte aus ihrer politischen Auffassung keinen Hehl* [...]“[396] - das Verhalten der Anhänger der „*Systemparteien*“ gegenüber, welche die Gemeinde bis 1933 politisch geführt hatten. Die auch gegen die Klägerin gerichteten, Anfang der dreißiger Jahre aufgekommenen Korruptionsvorwürfe hätten sich als unhaltbar erwiesen. Dennoch wurde sie aufgrund der von den „[...] *Vertretern der System-*

[392] LA Speyer J6-682, Klage v. 07.11.1935.

[393] LA Speyer J6-682, Bl. 2.

[394] LA Speyer J6-682, Schriftsatz v. 08.01.1936, Bl. 12 f.

[395] HStA Wiesbaden 462-567, Klage v. 09.06.1934.

[396] HStA Wiesbaden 462-567. Bl. 2 ff.

parteien gegen [sie ...] *entfacht*[en ...] *öffentliche*[n] *Meinung* [...]" zunächst in einen anderen Verwaltungsbereich versetzt, um schließlich aufgrund von vermeintlichen Verfehlungen, die das in sie gesetzte Vertrauen der Bürger und insbesondere auch der NSDAP erschüttert hätten, entlassen zu werden.[397]

Der Beklagtenvertreter begründete die Entlassung der Klägerin damit, daß jeder „[...] *städtische Beamte* [...] *von dem Vertrauen der Einwohner getragen* [... werden müsse]. *Ist dies nicht mehr der Fall, erhebt insbesondere auch die Kreisleitung der NSDAP gegen die lebenslängliche Anstellung Einspruch und erkennt die Verwaltung die Berechtigung der Beanstandungen an, so würde eine Verwaltung pflichtwidrig handeln, wenn sie von der Kündigungsmöglichkeit keinen Gebrauch machen würde.*"[398]

Die Ausführungen blieben bei der Entscheidung des Gerichts insgesamt unbeachtet. Das Gericht konnte ein Fehlverhalten der Klägerin nicht erkennen und gab ihrer Klage statt.[399]

Auch in einem Frankenthaler Rechtsstreit aus dem Jahr 1938 um die Entmündigung des Klägers nutzte sein Prozeßvertreter das Argument der Zugehörigkeit zur NSDAP, um das bisherige Verhalten seines Mandanten zu erklären. Dessen desolate finanzielle Lage führte er nicht auf übermäßigen Alkoholgenuß, sondern auf seine Unterstützung der NSDAP zurück.[400] Als „[...] *Förderer der NSDAP* [...]" sei er von der „[...] *Öffentlichkeit* [...] *geächtet* [...]" worden, so daß es zu Umsatzeinbrüchen in seinem Geschäft gekommen sei.

Die Reaktion des Beklagtenvertreters zeigt, wie in bestimmten Fällen auf das Argument der Unterstützung der NSDAP reagiert werden konnte. Seiner Ansicht nach verbot es sich und war „[...] *eine Beleidigung für die NSDAP* [...]", wenn der Klägervertreter die Partei mit der „[...] *Lebsucht, Schuldenmacherei und Verschwendung* [...]" des Klägers in Verbindung brachte.[401] Der Klägerver-

---

[397] HStA Wiesbaden 462-567, Klageerwiderung v. 26.06.1934, Bl. 12 ff., 15.

[398] Von Bedeutung war das Vertrauen in die Bediensteten öffentlicher Einrichtungen, s. auch HStA Wiesbaden 460-394 (1) 22 Q 13/33, S. 52.

[399] HStA Wiesbaden 462-567, Urteil v. 26.10.1934, Bl. 44 ff.

[400] LA Speyer J6-874, Klage v. 23.02.1938, Bl. 4.

[401] LA Speyer J6-874, Bl. 18 (Rückseite).

treter trat nicht mehr auf, woraufhin es zu einem Versäumnisurteil gegen den Kläger kam.

Wiederum in einem Rechtsstreit des gleichen Jahres vor dem LG Limburg, in welchem der Kläger von einem Bürgermeister Schadensersatz forderte, weil dieser ihn in einer Auskunft als national unzuverlässig und spionageverdächtig bezeichnet und der Kläger als Folge dieser Auskunft auf Betreiben der GESTAPO seinen Arbeitsplatz verloren hatte,[402] eröffnete der Klägervertreter seine Argumentation mit Ausführungen zu Aktionen seines Mandanten zugunsten der NSDAP. Er trug dazu vor, daß sein Mandant bisher noch keiner Partei angehört habe, sich aber seit der Machtübernahme für die Idee des Führers eingesetzt und bei den Wahlen in seinem Heimatort Schleppdienste geleistet habe, „[...] *um die letzte Stimme für den Führer zu holen.*“[403] Der in der Auskunft geschilderte Vorwurf sei außerdem längst aus den Akten der GESTAPO entfernt worden, weil es sich um eine Verleumdung gehandelt habe.[404]

Der Beklagtenvertreter erwiderte, daß sein Mandant den Bericht nicht von der GESTAPO erhalten, dieser sich vielmehr in einem polizeilichen Führungszeugnis einer NSDAP-Dienststelle wiedergefunden habe. Auf dieses „[...] *Parteiurteil* [... dürfe man sich aber] *wohl verlassen können!*“.[405]

Der Klägervertreter ergänzte seine Ausführungen mit dem Hinweis darauf, daß bei Erteilung einer Auskunft über eine Person nicht nur das Verhalten vor der Machtübernahme berücksichtigt werden dürfe. „*Es wird auch der Beklagten bekannt sein, dass eine Einstellung gegen den heutigen Staat vor der Machtübernahme keine Seltenheit war und dass Millionen einwandfreier Volksgenossen eine innere Umstellung vollzogen haben, selbst wenn sie früher der KPD angehörten. Der Kläger war aber niemals Marxist, so dass um so weniger Grund vorlag, ihn zu verdächtigen.*[406]

---

402 HStA Wiesbaden 462-799, Klage v. 28.12.1938, Bl. 5: Grundlage der Auskunft war ein Bericht der GESTAPO in Düsseldorf, nach dem der Kläger 1932 eine Hakenkreuzfahne entwendet hatte und vor der Machtübernahme durch die Nationalsozialisten einer ihrer Gegner gewesen sei.

403 HStA Wiesbaden 462-799, Bl. 2 ff.

404 HStA Wiesbaden 462-799, Bl. 8.

405 HStA Wiesbaden 462-799, Bl. 11 ff., 13.

406 HStA Wiesbaden 462-799, Schriftsatz v. 31.01.1939, Bl. 17 ff., 17.

Vergleichsverhandlungen schlossen sich diesen Ausführungen an, die mit einer Abfindung zugunsten des Klägers endeten.[407]

Die durch einen Vergleich erzielte Abfindung für den Kläger kann verschiedene Ursachen haben. Es spricht aber nach den bisherigen, bereits teilweise dargestellten Auswertungen dafür, daß die Gerichte wenig geneigt waren, Vorwürfe aus der Zeit vor der Machtergreifung durch die Nationalsozialisten zu beachten. Der Klägervertreter argumentierte sicherlich richtig, indem er erst zum Schluß seiner Ausführungen auf diesen Aspekt zu sprechen kam. Gleichzeitig wird deutlich, daß beide Prozeßvertreter versuchten, durch den Hinweis auf ein zustimmendes Verhalten des jeweiligen Mandanten zur nationalsozialistischen Politik das Gericht für ihn einzunehmen.

Im gleichen Jahr fand eine weitere Streitigkeit vor dem LG Limburg statt, die sich mit einer Ehescheidung befaßte.[408] Der Fall leitet insofern auf den nächsten Abschnitt über, als vom Klägervertreter nicht nur hervorgehoben wurde, daß sein Mandant ein eifriger Förderer und langjähriges Mitglied der NSDAP war, sondern daß sich gleichzeitig dessen Ehefrau, die Beklagte, dem Nationalsozialismus gegenüber feindlich verhalten habe. Dieses Vorgehen läßt sich damit begründen, daß das Hervorheben der Gesinnung des Klägers diesem möglicherweise Sympathien entgegenbrachte, es bei einer Ehescheidung aber auf die Zerrüttung der Ehe ankam und diese nur durch das Darstellen von Fehlern des Ehegatten belegt werden konnte. Die Argumente dienten also nur teilweise der Ansehenssteigerung, primär aber der materiellrechtlichen Auseinandersetzung.[409].

Zur Person des Klägers führte sein Prozeßvertreter aus, daß dieser Ratsherr der Stadt Wetzlar, Vorstandsmitglied der städtischen Sparkasse, SA-Sturmführer, Lehrer an der Kreisschule, Parteirichter, Geschworener am LG Limburg und Vertrauensmann der Spar- u. Darlehenskasse der Reichsbahndirektion Frankfurt am Main, also eine respektable Person sei. Darüber hinaus war der Kläger auch bereits seit zwei Jahren „*gottgläubig*",[410] d. h. er war weder Katholik, noch Pro-

---

[407] HStA Wiesbaden 462-799, Vergleich v. 22.08.1941, Bl. 176.

[408] HStA Wiesbaden 462-418, Klage v. 26.01.1938.

[409] Die Argumente zur Haltung der Beklagten werden aus Verständnisgründen an dieser Steller dargelegt, nicht erst im nächsten Abschnitt.

[410] HStA Wiesbaden 462-418, Bl. 8 ff., 10.

testant, sondern ein von den Nationalsozialisten geförderter Atheist.[411] Die Beklagte hingegen bekenne sich zur evangelischen Kirche, sei trotz ihrer Mitgliedschaft in der NSDAP „[...] *evangelische*[...] *Rompilger*[in ...]“[412] und betätige sich in der evangelischen Frauenhilfe. Diese Organisation jedoch gehöre *„nach den Ausführungen von Dr. Ley im Schulungsbrief der D.A.F. zu den versteckten Gegnern der nationalsozialistischen Weltanschauung*“. Allein dieser Unterschied in der Weltanschauung rechtfertige die Klage. Die Beklagte habe aber darüber hinaus aufgrund ihres hysterischen Charakters, der auf eine Erkrankung zurückzuführen sei,[413] auch die Karriere ihres Mannes zerstört.[414]

Letzterer Vorwurf konnte bereits durch ein ärztliches Gutachten entkräftet werden.[415]

Der Beklagtenvertreter wies darauf hin,[416] daß die evangelische Frauenhilfe „[...] *nicht schlechthin zu den Gegnern der nationalsozialistischen Weltanschauung zähl*[e ...]“, der unterschiedlichen Weltanschauung also keine derartige Bedeutung zukomme. Auch die Ausführungen des Klägervertreters zur Karriere des Klägers seien nicht nachzuvollziehen. Der Kläger selbst habe durch öffentlich bekannt gewordenen Ehebruch für ein Ende seiner Karriere gesorgt.[417] Der Kläger könne außerdem nicht geltend machen, daß die Ehe nur für die Zeit der Kindererziehung Bestand haben sollte, da sie nach der Erziehung fortge-

---

411 *Gottgläubig* waren nach einem Erlaß v. 26.11.1936 die aus der Kirche Ausgetretenen. *Juden*, die aus der jüdischen Religionsgemeinschaft ausgetreten waren, durften sich nicht als *gottgläubig* bezeichnen. Der Ausdruck *gottgläubig* entsprach nach nationalsozialistischem Verständnis der *„arteigenen Frömmigkeit des deutschen Wesens und der Menschen artverwandten Blutes*“, s. Berning, Vom „Abstammungsnachweis“ zum „Zuchtwart“, S. 96, Begriff: *gottgläubig*.

412 HStA Wiesbaden 462-418, Bl. 8.

413 HStA Wiesbaden 462-418, Bl. 55 f.

414 HStA Wiesbaden 462-418, Bl. 10 (Rückseite).

415 HStA Wiesbaden 462-418, Bl. 59 ff.

416 HStA Wiesbaden 462-418, Schriftsatz v. 24.03.1938, Bl. 18 ff., Bl. 20.

417 Zeuginnen zu diesem Thema machten von ihrem Zeugnisverweigerungsrecht Gebrauch, s. HStA Wiesbaden 462-418, Bl. 156. Der Beklagtenvertreter sah darauf hin den Ehebruch als bewiesen an. Schriftsatz v. 19.07.1940. Bl. 166 ff.. Bl. 167.

führt wurde.[418] Er verwies dabei auf zwei seine Argumentation stützende Reichsgerichtsentscheidungen.[419]

Der Klägervertreter nahm nur noch zu einer der beiden vom Beklagtenvertreter angeführten gerichtlichen Entscheidungen Stellung.[420] Er könne das in diesem Urteil zum Ausdruck gekommene volkspolitische Interesse, „[...] *dass eine Mutter, die um ihres Kinderreichtums willen ihre Gesundheit geopfert und in aussergewöhnlichem Masse bei den Geburten ihr Leben aufs Spiel gesetzt hat, geschützt und zugleich in ihrer Bereitschaft zur weiteren Erziehung der teils noch jungen Kinder gestärkt* [...]“ werden müsse, in diesem Rechtsstreit nicht erkennen. Denn hier sei die Erziehungstätigkeit bereits abgeschlossen. Sein Mandant habe ein berechtigtes Interesse, wieder Ruhe zu finden, um „[...] *seinen Pflichten als Staatsbürger, Beamter, Politischer Leiter und SA-Führer* [...] *nachkommen* [zu können].“[421]

Das Gericht folgte den Ausführungen des Beklagtenvertreters und wies die Klage ab;[422] auch die Berufung des Klägers blieb erfolglos.[423]

Nur die letzte Streitigkeit zeigt in der Urteilsbegründung eine durch das Gericht vorgenommene Auseinandersetzung mit den Ausführungen zur Einstellung gegenüber dem Nationalsozialismus. Das Gericht befaßte sich aber nicht mit den Argumenten, welche die positive Haltung des Klägers zur NSDAP herausstellten, sondern nur mit den Ausführungen zu Lasten der Beklagten.

2. Die Äußerungen zur distanzierten Einstellung gegenüber dem Nationalsozialismus

Das Betonen einer distanzierten Einstellung des Prozeßgegners gegenüber der NSDAP wurde von Rechtsanwälten ebenso genutzt wie das Hervorheben der

---

[418] HStA Wiesbaden 462-418, Bl. 25.

[419] HStA Wiesbaden 462-418, Schriftsatz v. 01.07.1940, Bl. 159 ff., Bl. 160 f. mit Hinweis auf zwei entsprechende Reichsgerichtsentscheidungen, RG, JW 1940, S. 1013; RG, DJ 1940, S. 516.

[420] RG, DJ 1940, S. 516. Die Ausführungen zu der anderen Entscheidung sind hier nicht von Bedeutung.

[421] HStA Wiesbaden 462-418, Schriftsatz v. 16.07.1940, Bl. 163 ff., Bl. 165.

[422] HStA Wiesbaden 462-418, Urteil v. 01.08.1940, Bl. 171 ff.

[423] HStA Wiesbaden 462-418, Urteil v. 08.01.1941, Bl. 210 ff.

positiven Beziehungen des eigenen Mandanten zum Nationalsozialismus. Die Argumentation gestaltete sich jedoch schwieriger.[424] Während allein mit Hilfe des Parteibuchs ein positiver Eindruck zugunsten des eigenen Mandanten erzeugt werden konnte, genügte für eine entgegengesetzte Argumentation kaum der Hinweis auf das Fehlen der entsprechenden Mitgliedschaft. Gerade auch bei einem Prozeß gegen Parteimitglieder mußte ein Verhalten des Prozeßgegners vorliegen, an welches der Vorwurf mangelnder Übereinstimmung mit nationalsozialistischen Werten anknüpfen konnte.

a) Vorwurf der Distanziertheit gegenüber dem Nationalsozialismus

Rechtsanwälte, die sich des Arguments der Ferne zum Nationalsozialismus bedienten, scheinen verschiedene Ziele verfolgt zu haben: Sie wollten eine im Dritten Reich zu erwartende Empörung über das Verhalten des Prozeßgegners hervorrufen, die Glaubwürdigkeit des Prozeßgegners erschüttern oder dessen feindliche Einstellung gegenüber dem Nationalsozialismus darstellen. Die Argumente waren damit auch Bestandteile der materiellrechtlichen Auseinandersetzung.

Empörung hervorrufen wollte der Klägervertreter in einem Ehescheidungsstreit vor dem LG Frankfurt von 1940 dadurch, daß er die Zerstörung eines Bildnisses des Führers durch den *jüdischen* Ehemann als maßgeblichen Scheidungsgrund herausstellte.[425] In einem Wiesbadener Rechtsstreit von 1944 diente dazu der Vorwurf gegen einen Künstler, sich nicht für die Ziele der NSDAP aussprechen zu können.[426] In beiden Fällen erreichten die Prozeßvertreter ihre Ziele, jedoch ohne daß sich die Gerichte mit der den Äußerungen zugrundeliegenden Wertung befaßten.

---

[424] Allerdings nicht immer. In einem Prozeß wurde dem Beklagten vorgeworfen, seine Behauptungen gegen den Kläger in sozialdemokratischen und kommunistischen Zeitungen aufgestellt zu haben, J6-237, Klage v. 26.04.1933, Bl. 1 ff., 3. Der Beklagtenvertreter hielt dies nicht für verwerflich, da bürgerliche Zeitungen einem Druck nicht zugestimmt hätten, J6-237, Bl. 17. Im weiteren Verfahren wurde dieser Vorwurf auch nicht mehr erhoben, die Klage war letztlich erfolgreich, J6-237, Urteil v. 31.01.1934, Bl. 80 ff.

[425] HStA Wiesbaden 474/3-301, Klage auf Ehescheidung einer sog. Mischehe v. 30.11.1939, s. Schreiben v. 01.08.1940. Das Gericht führte neben diesem Punkt auch den unregelmäßigen Unterhalt durch den Beklagten an.

[426] HStA Wiesbaden 467-927, Klage v. 05.06.1944; s. auch S. 91.

In einem weiteren Wiesbadener Rechtsstreit von 1936 nutzte ein Rechtsanwalt ebenfalls diese Möglichkeit, um den Prozeßgegner in Verlegenheit zu bringen.[427] Auf den Hinweis eines möglicherweise fehlerhaft durchgeführten Enteignungsverfahrens,[428] entgegnete er, daß „[...] *die Art und Weise, wie* [... der Klägervertreter] *an Beamten des Reiches, die lediglich ihre Pflicht getan haben, Kritik* [... übe,]" den Rahmen des Erlaubten sprenge. „*Gegen diese Art und Weise eines Deutschen Rechtswahrers in einem Prozess gegen das Reich aufzutreten,* [müsse er ...] *aufs Schärfste Verwahrung* [... einlegen]."[429]

Erst die Reaktion des Klägervertreters zeigt, daß es sich bei diesen Ausführungen des Beklagtenvertreters um ein neues, erst unter den Nationalsozialisten aufgekommenes Argument handelte. Denn dieser betonte, daß es auch im nationalsozialistischen Staate wie bereits früher möglich sein müsse, „[...] *an Beamten des Reichs Kritik zu üben* [...]"[430]

Der Beklagtenvertreter wiederholte daraufhin seine Ausführungen nicht mehr. In anschließenden Vergleichsverhandlungen wurde die Übernahme der Gerichtskosten der Klägerin durch das Reich vereinbart.[431]

Ein Wiesbadener Rechtsstreit von 1937 beinhaltet Ausführungen des Beklagtenvertreters, die eine Stimmung zulasten der Klägerinnen erzeugen sollten. Die Streitigkeit fand im Anschluß an nationalsozialistische Ausschreitungen statt.[432]

---

[427] HStA Wiesbaden 467-661, Klage v. 05.05.1936.

[428] HStA Wiesbaden 467-661, Bl. 4: „*Über das ungünstige Ergebnis des Enteignungsbeschlusses braucht man sich keineswegs zu wundern. Denn bei der Lässigkeit, mit der das ganze Verfahren von Anfang bis zu Ende betrieben worden ist, sowie angesichts der groben Verstöße gegen die strengen Verfahrensbestimmungen des Enteignungsgesetzes und der völligen Nichtachtung der durch die Gerichte* [...] *aufgestellten Entscheidungsgrundsätze musste man schon im Laufe des Verfahrens die Überzeugung gewinnen, dass dieses keineswegs mit einem objektiven und gerechten Ergebnis abschliessen konnte. Ja, die Klägerin kann sich sogar nachträglich nicht des Eindrucks erwehren, dass systematisch darauf hingearbeitet worden sei.*"

[429] HStA Wiesbaden 467-661, Bl. 37.

[430] HStA Wiesbaden 467-661, Bl. 45.

[431] HStA Wiesbaden 467-661, Vergleich v. 03.03.1937, Bl. 182.

[432] Ausführungen zu Mitverursachung, Kausalität und Rechtmäßigkeit unerlaubten Handelns, s. S. 170 f; Ausführungen zur „*Minderwertigkeit*" von Erbgut, s. S. 235. Ein weiterer Rechtsstreit, der sich mit den zivilrechtlichen Auswirkungen nationalsozialistischer Aus-

Ein Beamter war aufgrund des Vorwurfs der Unterschlagung von Geldern durch SS-Angehörige mißhandelt und tödlich verletzt worden. Er hatte mehrere Stunden mit einem schweren Anprangerungsschild auf dem Rücken herumlaufen müssen und war dabei getreten und geschlagen worden. Witwe und Tochter verlangten von den Tätern Schadensersatz in Form von Ersatz der Beerdigungskosten sowie Unterhaltsrenten.

Ein Beklagtenvertreter führte dazu aus, daß der Verstorbene als „*Volksschädling*" wie andere auch behandelt worden sei;[433] er habe sein Unglück selbst verschuldet. Seine Unredlichkeit habe die Bevölkerung empört und schließe das Verschulden anderer Personen aus. Der Verstorbene habe „[...] *in einer das nationalsozialistische Empfinden der Beklagten ausserordentlich verletzenden Weise gehandelt. Ich kann mich insoweit auf die Feststellungen des Schwurgerichts beziehen*: [der Verstorbene] *hatte Unterschlagungen für die Kohlenkasse begangen; er hatte Gelder, die er für arbeitslose SS-Leute erhalten hatte, nicht weitergegeben, so dass sich mit Recht die allgemeine Stimmung gegen* [ihn] *richtete.*"[434] Er habe mit seinem Verhalten „[...] *Anlass zu der ungeheuren Erregung der Bevölkerung* [...]" gegeben[435] und selbst zuvor mal geäußert, daß „[...] *Leute, die Gelder unterschlügen,* [...] *an den Pranger* [...]" gehörten.[436]

Der Klägervertreter nahm zu diesen Vorwürfen nicht Stellung. Er setzte sich mit den Fragen der Mitverursachung des Verstorbenen sowie der Rechtswidrigkeit des Handelns der Beklagten auseinander und hatte damit Erfolg.[437]

Die Methoden, einen Prozeßgegner unglaubwürdig zu machen, sind ferner einem Rechtsstreit vor dem LG Limburg von 1931 zu entnehmen. Der Prozeß hatte sich wegen eines Parallelprozesses über mehrere Jahre hingezogen. 1933, kurz nach der Machtergreifung durch die Nationalsozialisten, teilte der Beklag-

schreitungen befaßt, LA Speyer J6-829, wird in Verbindung mit dem Argument einer feindlichen Einstellung gegenüber dem Nationalsozialismus erörtert, s. S. 123 ff.

[433] HStA Wiesbaden 467-799, Bl. 96 f.

[434] Ein Rechtsanwalt sah darin ein überwiegendes Verschulden seitens des Verstorbenen, HStA Wiesbaden 467-799, Bl. 12, ein anderer sprach von konkurrierendem Verschulden des Verstorbenen gem. §§ 246, 254 BGB, HStA Wiesbaden 467-799, Bl.36 f.

[435] HStA Wiesbaden 467-799, Bl. 80, 94.

[436] HStA Wiesbaden 467-799, Bl. 92.

[437] S. dazu S. 170 f.

tenvertreter dem Gericht mit, daß Kläger und Zeuge im Parallelprozeß die umgekehrten Rollen inne hätten. Beide Personen bildeten so „[...] *ein Kleeblatt innigster Schicksalsverbundenheit gegen die Gemeinde. Hiermit ist eigentlich das Urteil über diese Herren schon gefällt, insofern als* [es für] *Nationalsozialisten unmöglich und undenkbar* [... sei], *die irgendeinem Gefühl oder irgendeiner Regung zuliebe so pflichtvergessen sind und in ihrer Eigenschaft als Gemeindevertreter sich gegen die wohlverstandenen Interessen der Gemeinde stellen. Hierzu geben sie zu erkennen, dass sie mit Nationalsozialismus nicht das geringste zu tun haben.*“[438]

Das Gericht ging auf diese Ausführungen jedoch nicht ein, wies aber die Klage aufgrund der Unbestimmtheit der dieser Forderung zugrundeliegenden Bürgschaftserklärung ab.[439]

In diesen Fällen war es nicht die zum Ausdruck gebrachte Empörung, die von den Gerichten berücksichtigt wurde, sondern, wenn überhaupt, das ihr zugrundeliegende Verhalten des Prozeßgegners.[440] Die Gerichte scheinen aus der Tatsache, daß es sich um ein Verhalten handelte, das sich gegen die NSDAP oder ihre Unterorganisationen richtete, keine besonderen Schlußfolgerungen gezogen zu haben.

Neben diesen Streitigkeiten gibt es zwei weitere, bei denen ganz bewußt das Ziel verfolgt wurde, eine feindliche Einstellung des Prozeßgegners zum Nationalsozialismus festzustellen, auch um daran materiellrechtliche Überlegungen zu knüpfen. So zum einen in einem bereits im vorherigen Abschnitt dargestellten Eherechtsstreit vor dem LG Limburg von 1938,[441] in welchem der Klägervertreter der Beklagten vorgeworfen hatte, dem Nationalsozialismus feindlich gegenüberzustehen, weil sie in der evangelischen Frauenhilfe tätig gewesen sei.

Ähnliches läßt sich in einem Rechtsstreit vor dem LG Frankenthal feststellen, ebenfalls ein zivilrechtliches Nachspiel nationalsozialistischer Ausschreitungen.[442] Diese richteten sich in regional unterschiedlicher Weise gegen die katho-

---

[438] HStA Wiesbaden 462-1156, Klage v. 14.09.1931, Schriftsatz v. 22.12.1933, Bl. 26 ff., 27.

[439] HStA Wiesbaden 462-1156, Urteil v. 22.12.1933, Bl. 34 ff.

[440] So in den ersten beiden Streitigkeiten.

[441] HStA Wiesbaden 462-418; s. dazu ausführlich S. 117 ff.

[442] LA Speyer J6-829; Ausführungen zu Mitverursachung, Kausalität und Rechtmäßigkeit unerlaubten Handelns. s. S. 169.

lische Kirche, die sich nicht in gleichem Maße wie die evangelische Kirche von den Nationalsozialisten instrumentalisieren ließ,[443] deren Gemeindemitglieder dem Nationalsozialismus auch häufig ablehnend gegenüber standen.[444] Der Staat verweigerte der Kirche zumeist seinen Schutz vor Übergriffen durch Nationalsozialisten, kam diesen sogar durch Amnestiegesetze entgegen. Schließlich wurde den Repräsentanten der katholischen Kirche mit ähnlichen Maßnahmen gedroht wie sie gegen die *jüdische* Bevölkerung bereits umgesetzt wurden.[445]

In der Pfalz hatten verschiedene Pfarrer auf die *„chauvinistische, rassistische und kriegsverherrlichende Art“* der Nationalsozialisten aufmerksam gemacht.[446]

---

[443] Vgl. Debus, Christen und Juden im Dritten Reich im Oberlandesgerichtsbezirk Zweibrükken, in: 175 Jahre pfälzisches Oberlandesgericht, S. 185 f; derselbe, Die großen Kirchen unter dem Hakenkreuz, in: Die Pfalz unterm Hakenkreuz, S. 246: Amtsenthebungen und Ausweisungen: 1 (evangelischer Pfarrer) / 27 (katholische Pfarrer); Entfernung aus dem Schuldienst: 6 / 80; Belästigungen und Bedrohungen: 38 / 56; Strafverfahren: 23 / 166; Verhaftungen: 4 (kein KZ, keine Ermordung) / 59 (davon 6 im KZ u. 5 Ermordungen); Kaiser, Protestantismus, Diakonie und „Judenfrage“, S. 673 ff., 709 ff. Zur nationalsozialistischen Beeinflussung der evangelischen Kirche über die „Glaubensbewegung Deutscher Christen“, s. Broszat, Der Staat Hitlers, Grundlegung und Entwicklung seiner inneren Verfassung, S. 284 ff; Debus, Die großen Kirchen unter dem Hakenkreuz, in: Die Pfalz unterm Hakenkreuz, S. 230 ff.

[444] Vgl. Ostler, Rechtsanwälte in der NS-Zeit, AnwBl 1983, S. 51. Die widersprüchliche Haltung des Vatikans zum Antisemitismus dokumentieren Passelecq u. Suchecky, Die unterschlagene Enzyklika.

[445] Vg. Debus, Christen und Juden im Dritten Reich im Oberlandesgerichtsbezirk Zweibrükken, in: 175 Jahre pfälzisches Oberlandesgericht, S. 185. Eine der vielen Maßnahmen war das unter Genehmigungsvorbehalt gestellte Einsammeln von Kollekten vom 05.11.1934, welches sich zu einem weitestgehenden Verbots solcher entwickelte, vgl. Debus a.a.O., S. 192 f. m.weit.Nachw; derselbe, Die großen Kirchen unter dem Hakenkreuz, in: Die Pfalz unterm Hakenkreuz, S. 245 ff. Wohl auch deshalb setzte sich die katholische Kirche für einen Mittelweg ein, s. Dackweiler, Reichskonkordat und katholische Schule, JW 1933, S. 2487 ff; von Türcke, Das Reichskonkordat und die deutschen Minderheiten, JW 1933, S. 1930 f.

[446] Überblick bei Warmbrunn, Rechtsanwälte im Nationalsozialismus, in: Festschrift für Ludwig Anton Doll, S. 614 ff. mit einer Darstellung der Argumentationsweise der Verteidiger angeklagter Pfarrer; Spieker, Verteidigung von Jesuitenpater Spieker durch Dr. Viktor Achter, in: Mein Kampf gegen Unrecht in Staat und Gesellschaft, S. 108 ff; Klein, Hundert Jahre Akten - hundert Jahre Fakten, S. 150; Becker, 100 Jahre Kölner Anwaltverein: Zur Geschichte der Kölner Anwaltschaft 1887 - 1987, S. 97. Verteidigung von Hunderten katholischer Geistlicher durch Justizrat Dr. Warmuth, 1937 von ihm gestellter Strafantrag gegen

Darunter auch Pfarrer Caroli aus Ludwigshafen.[447] Seine anhaltende Ablehnung des Nationalsozialismus löste 1935 eine von einem Scharführer der SS und dem Stellvertreter des örtlichen Ortsgruppenleiters organisierte Demonstration mit etwa 1000 Teilnehmern aus. Nach einem Aufruf zur Ermordung des Pfarrers wurden das Kirchengebäude gestürmt und verwüstet, ein Mann verletzt[448] und sieben Gemeindemitglieder, die während der Ausschreitungen die Glocken geläutet hatten, verhaftet.[449] Der sich anschließende Strafprozeß gegen einige der Teilnehmer der Demonstration wurde aufgrund eines Amnestiegesetzes[450] eingestellt.[451]

Die Kirchengemeinde strengte gegen acht Teilnehmer der gewalttätigen Demonstration einen Zivilprozeß an,[452] in dem sie auf Schadensersatz klagte. Dabei machte sie nicht nur die Beschädigung zerstörten Kirchenguts geltend, son-

---

den Reichsführer der SS Heinrich Himmler wegen übler Nachrede und Verleumdung des Münchener Kardinals Faulhaber, infolge dessen Kanzlei und Wohnung von der GESTAPO durchsucht wurden, vgl. Heinrich, 100 Jahre Anwaltskammer München, S. 147 f. In Berlin erhob Dr. Pünder Klage für die Witwe des von der GESTAPO ermordeten Präsidenten der katholischen Aktion, vgl. Schlabrendorff, Mitteilung. Werner Pünder 85 Jahre alt, NJW 1970, S. 1784 f.

[447] Der Pfarrer Caroli wurde 1937 vor dem Sondergericht Frankenthal zu 8 Monaten Gefängnisstrafe wegen Verstoßes gegen das Reichsflaggengesetz, gegen das Heimtückegesetz, wegen falscher Anschuldigung in Tateinheit mit übler Nachrede und Beleidigung verurteilt, vgl. Warmbrunn, Rechtsanwälte im Nationalsozialismus, in: Festschrift für Ludwig Anton Doll, S. 618. Caroli wurde zu einem *„großen Gegner des Neuen Deutschland“*, er wurde mißhandelt, seines Amtes enthoben und schließlich am 18.02.1942 ins KZ Dachau eingeliefert, wo er am 22./23.08.1942 verstarb. Genauere Darstellung seines Lebenslaufs bei Debus, Christen und Juden im Dritten Reich im Oberlandesgerichtsbezirk Zweibrücken, in: 175 Jahre pfälzisches Oberlandesgericht, S. 188 f.

[448] Vgl. Warmbrunn, Rechtsanwälte im Nationalsozialismus, in: Festschrift für Ludwig Anton Doll, S. 619: Die Mißhandlung mehrerer sich vor Ort befindlicher Katholiken war der Auslöser für das Glockenläuten.

[449] Die sieben verhaften Gemeindemitglieder verloren anschließend auch ihre Arbeitsplätze, vgl. Debus, Christen und Juden im Dritten Reich im Oberlandesgerichtsbezirk Zweibrücken, in: 175 Jahre pfälzisches Oberlandesgericht, S. 188.

[450] Gesetz über die Gewährung von Straffreiheit v. 23.04.1936, RGBl. I, S. 378.

[451] Begründung: *„Die Täter haben sich durch Übereifer im Kampf für den nationalsozialistischen Staat zur Straftat hinreißen lassen“*, vgl. Warmbrunn, Rechtsanwälte im Nationalsozialismus, in: Festschrift für Ludwig Anton Doll, S. 619; s. auch LA Speyer J6-829, Bl. 45.

[452] LA Speyer J6-829, Klage v. 19.04.1937.

dern auch den Dienstausfall ihres Gemeindepfarrers Caroli. Dieser hatte sich zum Zeitpunkt der Ausschreitungen nicht in seiner Gemeinde aufgehalten. „*Zu seiner eigenen Sicherheit* [...]“ wurde ihm von April 1936 an die Rückkehr in seine Gemeinde verwehrt.[453]

Der Beklagtenvertreter betonte in seinen Schriftsätzen immer wieder die antinationalsozialistische Haltung von Pfarrer Caroli, einem „*politische*[n] *Katholizist*[en]“. Unter Berufung auf den *Völkischen Beobachter* trug er dazu vor, daß der „[...] *Pfarrer Caroli* [...] *nicht nur vor der Machtergreifung die NSDAP bekämpft* [habe], *soweit es in seinen Kräften stand, sondern er hat auch nach der Machtergreifung seine Angriffe gegen die Bewegung ständig fortgesetzt, sodass er immer schon den Unwillen der national eingestellten Bevölkerung erregt hat.*“[454] Der Pfarrer habe darüber hinaus ein Gemeindemitglied zu überreden versucht, aus der SA auszutreten, da „[...] *die Nationalsozialisten gegen die katholische Kirche seien* [...]“ und das Gemeindemitglied von der SA „[...] *nur zu einem bestimmten Zweck* [gebraucht werde], *dann würde gesiebt und er würde herausfliegen.*“[455] Anschließend führte der Beklagtenvertreter weitere Fälle des *politischen Katholizismus* auf, um die antinationalsozialistische Haltung der dahinter stehenden Kirchenmitglieder zu dokumentieren.

Der Klägervertreter ging auf diese Vorwürfe nicht ein, ohne daß ersichtlich ist, ob er diese für zu allgemein hielt oder annahm, sie könnten die Kirchengemeinde selbst nicht treffen. Auch das Gericht beachtete sie in seinem ohne Beweiserhebung ergangenen, klageabweisenden Urteil nicht.[456]

Die Prozeßvertreter der denunzierten Parteien befaßten sich zumeist nicht mit den hier aufgezeigten Vorwürfen. Nur dann, wenn es möglich schien, den vom Prozeßvertreter der gegnerischen Partei aufgebauten Schein eines distanzierten Verhältnisses zur NSDAP und ihren Zielen zu erschüttern, reagierten die Prozeßvertreter. Dem Vorwurf des Kontakts zu SPD-Stadtratsmitgliedern in einem

---

[453] LA Speyer J6-829, Bl. 46 f.

[454] LA Speyer J6-829, Schriftsatz v. 24.11.1937, Bl. 28 f.

[455] LA Speyer J6-829, Bl. 29.

[456] LA Speyer J6-829, Urteil v. 23.12.1937; zur Urteilsbegründung, s. S. 170; vgl. Warmbrunn, Rechtsanwälte im Nationalsozialismus, in: Festschrift für Ludwig Anton Doll, S. 618 ff., der insbesondere das Auftreten von Rechtsanwalt Schreiner betont, der wegen seiner Vertretung von politischen Katholiken auch zeitweilig inhaftiert war; vgl. auch Weiler/Herboth, Die Geschichte des Landgerichts Frankenthal, Bd. 2, S. 276).

Frankenthaler Rechtsstreit von 1934[457] begegnete ein Prozeßvertreter mit dem Hinweis auf die Kontakte auch zu anderen Stadträten.[458]

Ähnlich war die Reaktion in einer Auseinandersetzung vor dem LG Wiesbaden von 1934 um die Gültigkeit eines Verbandsbeschlusses einer Kirchengemeinde.[459] Der als einziger in der Akte vorhandene Schriftsatz des Klägervertreters spricht die zwischen den Prozeßparteien bestehenden Differenzen an. Dabei ging es um die Frage, ob die Kirchengemeinde dem Patriarchen von Konstantinopel (Verband der Griechisch-Katholischen Kirche) unterstellt werden oder im Verband der Alt-Russischen Kirche verbleiben sollte.

Der Klägervertreter sah in der Vorgehensweise der beklagten Kirchengemeinde eine „*politische Affäre*", weil deren Vorsitzender Verbandsmitgliedern gegenüber wahrheitswidrig behauptet habe, daß der Kläger und andere aus den Reihen der Nationalsozialisten ausgeschlossen worden seien, noch mehr, daß es sich bei ihnen um Kommunisten handele und sie sich bei ihrer Kontroverse um die Verbandszugehörigkeit der Hilfe eines *jüdischen* Rechtsanwalts bedient hätten. Dem sei aber entgegenzuhalten, daß der Vorsitzende der Kirchengemeinde, federführend auf der Beklagtenseite, selbst des öfteren diesen *jüdischen* Anwalt um Rat gefragt hatte.[460] Nach diesen Ausführungen wandte sich der Klägervertreter den Gründen zu, die seiner Ansicht nach zur Anfechtung des Beschlusses führen müßten.

Das Gericht wies jedoch den mit der Klage eingereichten Antrag auf Armenrecht mangels Erfolgsaussichten zurück. Der Kläger habe zwar möglicherweise nicht ordnungsgemäß von seinem Stimmrecht Gebrauch machen können, allein dieser Mangel führe aber nicht zur Nichtigkeit des Beschlusses.[461]

---

[457] LA Speyer J6-229, Klage v. 13.03.1934, Schriftsatz v. 16.04.1934, Bl. 24. In einem weiteren Prozeß zwischen den Parteien wurde dieser Vorwurf abermals und auch diesmal ohne Auswirkungen erhoben, LA Speyer J6-862, Klage v. 15.09.1937, Schriftsatz v. 07.06.1938, Bl. 82 ff., 85.

[458] LA Speyer J6-229, Schriftsatz v.27.04.1934, Bl. 43, 45. Auch hier hatten die Vorwürfe keine Auswirkungen auf das Urteil, s. LA Speyer J6-229, Urteil v. 18.04.1935, Bl. 130 ff.

[459] HStA Wiesbaden 467-750, Klage v. 04.12.1934.

[460] HStA Wiesbaden 467-750, S. 2 (Rückseite) f. der Klageschrift.

[461] HStA Wiesbaden 467-750, S. 12. Der Prozeß wurde nicht fortgeführt.

b) Vorwurf **judenfreundlichen Verhaltens**

Eine sich von den allgemeinen Ausführungen zum Verhältnis der Prozeßparteien zum Nationalsozialismus abhebende Argumentation befaßte sich mit dem Vorwurf „*judenfreundlichen Verhaltens*". Diese Behauptung schien aufgrund der zentralen Bedeutung, die der *Judenfrage* bei den Nationalsozialisten zukam, Erfolg zu versprechen. In zwei Streitigkeiten kam es zu entsprechenden Vorhaltungen.[462]

In einem Wiesbadener Rechtsstreit von 1936 ging es um Forderungen aus der Tätigkeit als Kommissionär.[463] Der Kläger hatte neben seiner Lehrertätigkeit für den sich nun in Konkurs befindlichen beklagten Volksbildungsverein auch für die Anschaffung von Büchern für den Verein zu sorgen. Aus dieser Tätigkeit machte er nun noch offenstehende Forderungen geltend.

Dazu führte der Beklagtenvertreter aus, daß die „[...] *Art des Klägers, die Kommission zur Herausgabe der Wiesbadener Volksbücher zu führen,* [...] *der Volksbücherei gewaltigen Schaden zugefügt* [habe]. *Diese Schäden liegen insbesondere in der ausserordentlich grossen Judenfreundlichkeit, mit der der Kläger bei der Auswahl der Autoren vorgegangen ist und zwar noch bis in das Jahr 1932/33 hinein.*"[464]

Das Gericht sah trotz dieser Ausführungen keinen Anlaß, über eine Verringerung der Forderungen des Klägers im Rahmen von Vergleichsvorschlägen nachzudenken. Es gab der Klage statt, ohne auf die Argumente des Beklagtenvertreters einzugehen.[465] Ein mögliches „*judenfreundliches Verhalten*" zeigte hier keine nachteiligen Auswirkungen.

Der andere Fall[466] fand 1937/1938 in zwei Prozessen am LG Frankenthal statt. Auch hier ging es unter anderem um die zivilrechtliche Seite nationalsozialisti-

---

[462] HStA Wiesbaden 467-1264 beinhaltet den Vorwurf, daß der Prozeßgegner ein Rechtsgeschäft mit *Juden* vorziehe, s. 467-1264, Klage v. 14.12.1937, Bl. 1 ff., 3. Der Beklagtenvertreter ging nicht darauf ein und der Vorwurf wurde auch in den weiteren Schriftsätzen nicht wiederholt.

[463] HStA Wiesbaden 467-669 - Klage v. 17.09.1936.

[464] HStA Wiesbaden 467-669, Bl. 10.

[465] HStA Wiesbaden 467-669, Bl. 36 ff.

[466] LA Speyer J6-845/846, Klage v. 10.5.1937; s. auch LA Speyer J6- 894-900 (einstweiliger Rechtsschutz).

scher Ausschreitungen, aber auch um die Auswirkungen eines Schiedsspruchs. Das Schiedsgerichtsverfahren war von den Parteien eines Pachtvertrages über eine Gastwirtschaft betrieben worden. Der spätere Beklagtenvertreter hatte bei diesem Verfahren den Vorsitz innegehabt und schließlich auch den Schiedsspruch gefertigt. Er profilierte sich dabei als Anhänger der NSDAP, indem er die wirtschaftlichen Kontakte des früheren Pächters zu *jüdischen* Metzgern brandmarkte. Seiner Ansicht nach könne sich dieser nicht darauf berufen, daß der Reichswirtschaftsminister eine Differenzierung zwischen *arischen* und *jüdischen* Geschäften untersagt habe. Gewollt habe dieser lediglich den störungsfreien Ablauf der deutschen Wirtschaft: Nur dann dürften daher keine Differenzierungen vorgenommen werden, wenn wirtschaftliche „[...] *Belange von Deutschen und Juden so eng verfilzt* [... seien], *dass eine Trennung der beiden Belange zu einer Schädigung und Störung des D e u t s c h e n Wirtschaftsmarktes führen würde.* [...] *Nationalsozialistische Grundsätze haben auf jeden Fall dort zu gelten, wo deren Aufrechterhaltung die Deutsche Wirtschaft nicht stör*[e].“[467] Der frühere Pächter habe so „[...] *gegen Geist und Sitte des neuen Deutschlands verstossen* [...]“ Auch könne nicht zu seinen Gunsten sprechen, daß andere Metzger ebenfalls von *jüdischen* Verkäufern Fleisch bezogen hätten. Denn sein sittenwidriges Verhalten werde nicht durch das sittenwidrige Verhalten Dritter gerechtfertigt.[468] Anders als beim früheren Pächter sei die Situation beim neuen Pächter der Gastwirtschaft. Dieser sei kein Mitglied der NSDAP und habe daher auch nicht entsprechenden Richtlinien zu folgen, wie man dies *„mit Fug und Recht“* vom früheren Pächter als einem Parteigenossen erwarten konnte. Besondere Beachtung müsse man der Tatsache widmen, daß die Gaststätte in engster Zusammenarbeit mit Partei- und Behördenvertretern errichtet worden war, als Dokument nationalsozialistischen Aufbauwillens. Man hielt den früheren Pächter zunächst für den geeignetsten Mann, „[...] *um zu zeigen, wie im Dritten Reiche eine Gaststätte betrieben* [... werde].“[469] Das Schiedsgericht war weiterhin der Ansicht, daß der Pachtvertrag auch dann aufgehoben werden könne, wenn ein Schaden des Verpächters ziffernmäßig nicht zu bestimmen sei. Es genüge, wenn der Bürgermeister aussage, daß er und viele andere Parteigenossen die Gastwirtschaft mieden. *„Die Besucherzahl ist also nicht so groß wie sie wäre,*

---

467 LA Speyer J6-846, Schiedsspruch, Bl. 2.

468 LA Speyer J6-846, Schiedsspruch, Bl. 3.

469 LA Speyer J6-846, Schiedsspruch, Bl. 4.

wenn [der Pächter] *sich einwandfrei verhalten hätte.*"[470] Das verwundere auch deshalb nicht, weil jeder wisse, „[...] *dass von Juden geliefertes Fleisch niemals einwandfrei sein* [... könne]."[471]

Der Schiedsspruch führte zur Aufhebung des Pachtvertrags. Im Anschluß daran kam es im Rahmen von Ausschreitungen entgegen dem Schiedsspruch zur gewaltsamen Räumung von Gaststätte und Wohnung des früheren Pächters. Die Einrichtungsgegenstände, die sich überwiegend im Eigentum der Ehefrau dieses Pächters befanden, wurden teilweise bei der Räumung, teilweise aufgrund unsachgemäßer Lagerung beschädigt.

Die Ehefrau des ehemaligen Pächters machte im Anschluß an die Zwangsräumung Schadensersatz geltend.[472] Neben seinen bisherigen Ausführungen als Schiedsgerichtsvorsitzender führte der nunmehrige Beklagtenvertreter an, daß der Pächter die gewaltsame Räumung provoziert habe, indem er weiterhin bei *jüdischen* Verkäufern einkaufte. Da man dies wisse, sei die Feststellung des Verwaltungsgerichtshofs, der frühere Pächter habe nach dem 02.12.1934 bei „*Juden*" nicht mehr eingekauft, unbeachtlich.[473]

Das LG folgte den Ausführungen der Klägerin. Der neue Pächter habe dem wirksamen Schiedsspruch zuwider gehandelt, und der beklagte Bürgermeister der Gemeinde sei der fehlerhaften Einlagerung der Möbel nicht entgegengetreten; ein Aufruf zur gewaltsamen Räumung von Gaststätte und Wohnung könne ihm hingegen nicht vorgeworfen werden.[474]

Im zweiten Prozeß machte der Pächter seinen eigenen Schaden sowohl hinsichtlich des Gastwirtschaftsbetriebs wie auch bezüglich der durch Boykottmaßnahmen erzwungenen Schließung seines (zusätzlich betriebenen) Metzgereibetriebes[475] geltend. Dazu führte der Klägervertreter aus, daß sein Mandant vom Bürgermeister und anderen Parteioberen aufgefordert worden war, im Interesse eines alten Parteigenossen, einem Konkurrenten des Klägers, die Metzgerei auf-

---

[470] LA Speyer J6-846, Schiedsspruch, Bl. 5.

[471] LA Speyer J6-846, Schiedsspruch, Bl. 6.

[472] LA Speyer J6-845, Klage v. 10.05.1937.

[473] LA Speyer J6-845, Schriftsatz des Beklagtenvertreters v. 11.10.1937, Bl. 83 ff., 84.

[474] LA Speyer J6-845, Urteil v. 07.12.1937, Bl. 111 ff., 118 ff.

[475] LA Speyer J6-892, Klage v. 19.08.1938, Bl. 1 ff., 10 f.

zugeben. Zwei Parteifunktionäre, der Ortsgruppenleiter der NSDAP und der Leiter der nationalsozialistischen Handwerks-, Handels- und Gewerbeorganisation (NS-Hago), hätten ihm sogar schwere Nachteile angedroht, „[...] *insbesondere in versteckter Weise eine Demonstration* [...], *wenn er nicht nachgebe.*“[476] Schließlich sei es zu Demonstrationen und Boykottmaßnahmen gekommen, so daß die Beklagten als Anstifter dieser Maßnahmen zu haften hätten.

Nicht nur der am Schiedsgerichtverfahren beteiligte Rechtsanwalt plädierte für die Umsetzung der nationalsozialistischen Ideologie in Bezug auf *Juden*. Auch ein anderer Beklagtenvertreter tat es ihm gleich und betonte die nationalsozialistische Bedeutung der vom Pächter einst betriebenen Gastwirtschaft.[477] Aus der ablehnenden Haltung des Bürgermeisters aber auf eine Initiierung der Ausschreitungen zu schließen, sei verfehlt. „*Es würde traurig um die Schwungkraft der Bewegung bestellt* [sein], *wenn der* [beklagte Bürgermeister] *anders gehandelt hätte. Die Lösung der Judenfrage ist einer der Kernpunkte der Bewegung und ein Mann, der führenden Leuten der Bewegung Judenwürste vorsetzt, hat eben sofort und unverzüglich aus einer Gaststätte zu weichen, die in so hohem Masse mit der Bewegung verbunden ist, wie dies beim Fass der Fall ist. Es zeugt wirklich von unverständlicher Denkungsweise, wenn man Konstruktionen dahin versucht, die Sache sei weniger schlimm, weil der Kläger aus Furcht vor Entdeckung oder aus anderen Gründen seine Judenbeziehungen freiwillig abbricht. Dass ein kleiner Dieb noch bestraft wird, wenn seine Tat kurz vor Ablauf der fünfjährigen Verjährungsfrist entdeckt wird, hält man für selbstverständlich. Dass aber die Beurteilung des Verhaltens des Klägers deswegen keine andere wird, weil er sein verwerfliches Tun kurz vorher freiwillig eingestellt hat, will man nicht einsehen. Das begreife wer kann.*“[478] Die Boykotterklärungen bezüglich Metzgerei und Gastwirtschaft seien parteipolitische Maßnahmen, die der Beurteilung durch das Gericht entzogen seien. Weiterhin habe der frühere Pächter das in ihn gesetzte Vertrauen „[...] *aufs schwerste missbraucht. Er hatte als Fasswirt und Parteigenosse erhöhte Pflichten.* [...] *Hier sei nur das eine gesagt, dass es durchaus im Interesse der Schulung und Aufklärung der Bevölke-*

---

[476] LA Speyer J6-892, Bl. 1 ff., 2, 26.

[477] LA Speyer J6-892, Bl. 49 f.

[478] LA Speyer J6-892, Bl. 50 f, 52.

rung liegt, wenn Leute, die sich wie der Kläger verhalten haben, öffentlich gebrandmarkt werden.“[479]

Der Klägervertreter schien nun den Versuch zu unternehmen, die Intention des Gesetzgebers zu Gunsten seines Mandanten zu interpretieren. Der Gesetzgeber habe bei seiner Aufforderung an eine wirtschaftliche Trennung von *jüdischen* und *arischen* Betrieben an eine allmähliche Entflechtung gedacht. Auch das Rundschreiben der NS-Hago, welches die Gewerbetreibenden erstmals zu einer wirtschaftlichen Entflechtung verpflichtet habe, deute in diese Richtung.[480] Darüber hinaus lehne der Gesetzgeber Demonstrationen „[...] *von Unberufenen und teilweise auch unkontrollierbaren Elementen* [...]“ ab und gehe mit zunehmender „[...] *Schärfe und Entschiedenheit* [...]“ gegen die Demonstranten vor[481] Es habe sich daher um einen schweren Rechtsbruch durch die Demonstranten gehandelt, für den die Beklagten verantwortlich seien.

Der im Prozeß gestellte Armenrechtsantrag wurde vom Gericht jedoch als unbegründet abgewiesen. Dabei folgte das Gericht den Ausführungen der Beklagtenvertreter. Die Maßnahmen gegen die Metzgerei können sowohl hinsichtlich der gewählten Mittel, wie auch bezüglich des damit verfolgten Zwecks nicht als sittenwidrig angesehen werden. Der Pächter habe „[...] *durch überstürzte Eröffnung des neuen Ladens in der Stadt* [...] *den Unwillen* [...] *auch eines Teils der Bevölkerung hervorgerufen.*“ Der Boykottaufruf gegen die Gastwirtschaft sei eine der gerichtlichen Nachprüfung entzogene parteipolitische Maßnahme. Die Demonstration sei weder rechtswidrig gewesen, noch unfriedlich verlaufen. Schließlich könne man auch keinen Schadensersatzanspruch aufgrund des Urteils des Verwaltungsgerichtshofs erkennen, da man dessen Feststellungen nicht folgen werde. Es gebe genügend andere Meinungen dazu, wann der Pächter letztmalig bei *Juden* eingekauft habe. So vom Bezirksamt, von der Bezirksregierung sowie vom Oberstaatsanwalt beim Verwaltungsgerichtshof. Folglich könne man im Verhalten des Bürgermeisters kein Fehlverhalten erkennen und müsse einen Schadensersatzanspruch ablehnen.[482]

---

[479] LA Speyer J6-892, Bl. 58, 60.

[480] LA Speyer J6-892, Bl. 71 f, 75.

[481] LA Speyer J6-892, Bl. 76 f.

[482] LA Speyer J6-892, Bl. 68 ff.

Das OLG schloß sich dieser Argumentation im Rahmen einer Beschwerde des Pächters an,[483] worauf der Rechtsstreit sein Ende fand.[484]

Die Entscheidungen der beiden Prozesse widersprechen sich nicht. Der erste Prozeß mußte sich weder mit der Demonstration befassen noch hatte der Kläger im zweiten Prozeß Ansprüche aus der widerrechtlichen Räumung seiner Wohnung geltend gemacht. Die Entscheidungsgründe im zweiten Urteil, insbesondere das Hervorheben des scheinbar berechtigten Unwillens eines Teils der Bevölkerung und die damit verbundenen Ausschreitungen, lassen allerdings eine Beeinflussung bzw. Beeinträchtigung des Gerichts vermuten, das möglicherweise entsprechende Ausführungen ansonsten unterlassen hätte.

Etwas unklar bleibt, ob die parteipolitischen Maßnahmen tatsächlich nur der Durchsetzung der Ideologie dienten oder auch handfeste wirtschaftliche Interessen dahinter standen. Zum einen kann man einen diesbezüglichen Ansatz darin sehen, daß der Klägervertreter unwidersprochen von der Aufforderung durch Bürgermeister und Parteiführer berichten konnte, daß die Metzgerei nicht weiter betrieben werden solle, um ein altes Parteimitglied nicht zu schädigen. Zum anderen kam es für den Betreiber dieses Renommierbetriebs scheinbar nicht so sehr darauf an, sich den veränderten Wertvorstellungen entsprechend zu verhalten. Ansonsten hätte der neue Pächter keine Person sein dürfen, die ebenfalls noch längere Zeit mit *jüdischen* Verkäufern Handel getrieben hatte, und dies mit Duldung der örtlichen NSDAP-Parteiführung. Diese beiden Punkte sprechen eher für wirtschaftliche Interessen im Hintergrund.

c) Vorwurf kapitalistischen Verhaltens

Weltwirtschaftskrise und Jahre *„jüdisch liberalistischer"* Wirtschaftsweise[485] begründeten in der Bevölkerung eine gewisse Ablehnung gegenüber dem bisher im Deutschen Reich praktizierten Kapitalismus. Auch die Nationalsozialisten standen dem bis zu ihrer Machtergreifung bestehenden liberalen Wirtschaftssystem distanziert gegenüber. Sie versuchten, im Laufe ihrer Herrschaft durch gesetzliche Änderungen im materiellen Zivilrecht sich aus dem Wirtschaftssystem

---

[483] LA Speyer J6-892, Bl. 110 ff.

[484] Weitere Aspekte dieses Falles, s. S. 149

[485] LA Speyer J6-865, Klage v. 11.02.1937.

ergebende soziale Konflikte zu entschärfen sowie die Bürger besser vor Mißbrauch zu schützen.[486] Die zunehmende Zersplitterung von Bauernhöfen sollte durch eine neue Erbrechtsregelung beendet werden;[487] der sozialen Besserstellung vor allem von Arbeitnehmern dienten Maßnahmen im Miet-[488] und Arbeitsrecht[489]; im Immobiliarsachenrecht wurde der Schutz gegenüber Hypothekengläubigern ausgebaut,[490] und im Bereich der Verbraucherpreise führte eine staatlich kontrollierte Preispolitik[491] zu einem sozialen Ausgleich für die niedrigen Löhne.

Die abwertenden Äußerungen von Nationalsozialisten über das kapitalistische Wirtschaftssystem sowie die im Dritten Reich vorgenommenen gesetzlichen Maßnahmen könnten Auslöser für eine Argumentation gewesen sein, die das Wirtschaftssystem kritisierte, ein sozialeres Wirtschaftsverhalten einforderte und aus einem dem zuwiderlaufenden Verhalten Schadensersatzansprüche oder einen Anspruch auf Beseitigung vertraglicher Verpflichtungen konstruierte.[492]

Ein Rechtsstreit, der 1933 vor dem LG Frankfurt stattfand, beinhaltet den Vorwurf des klägerischen Unternehmens, die beklagte Bank habe sich beim Zustandekommen eines Vergleichs arglistig verhalten, indem sie „[...] *verwerfli-*

---

[486] Vgl. Otte, Die zivilrechtliche Gesetzgebung im „Dritten Reich", NJW 1988, S. 2836 ff., 2838 ff.

[487] Reichserbhofgesetz v. 29.09.1933, RGBl. I, S. 685 ff; Gesetz über die Errichtung von Testamenten und Erbverträgen v. 31.07.1938, RGBl. I, S. 973 ff.

[488] Mietrechtliche Änderungen, s. Palandt, 3. Aufl., Einl. Vor § 535 Anm. 4, 5, 7.

[489] Gesetz zur Ordnung der nationalen Arbeit v. 20.01.1934, RGBl. I, S. 45 ff; vgl. Schröder, „... aber im Zivilrecht sind die Richter standhaft geblieben!", S. 66 m.weit.Nachw. in den Fn. 63.

[490] Gesetz über Hypothekenzinsen v. 02.07.1936, RGBl. I, S. 533;

[491] Bis zur VO über das Verbot von Preiserhöhungen v. 26.11.1936, RGBl. I, S. 955 f., gab es nur auf vereinzelten Rechtsgebieten wie dem Mietrecht gesetzliche Preisbindungen, s. 1. AusführungsVO zur VO über das Verbot von Preiserhöhungen v. 30.11.1936, RGBl. I, S. 956. Erst mit der VO v. 26.11.1936 trat ein umfassender Preisstop ein. Ausnahmen durfte nur der für die Preisbildung zuständige Reichskommissar genehmigen, § 3 der VO; vgl. Schröder, „... aber im Zivilrecht sind die Richter standhaft geblieben!", S. 66 m.weit.Nachw. in den Fn. 61-63.

[492] Das nationalsozialistische Parteiprogramm verlangte auch die „*Brechung der Zinsknechtschaft*", einer Ablehnung von Warenhäusern, „*Pfenniggeschäften*", Großkonzernen und „*jüdischen Wucherern*", vgl. Schröder, „... aber im Zivilrecht sind die Richter standhaft geblieben!". S. 86.

che[...] *Kampfmethoden* [...]" anwandte; sie habe daher Schadensersatz aus culpa in contrahendo zu leisten.[493] Das Gericht folgte diesen Ausführungen nicht, sah auch kein arglistiges Verhalten der Beklagten und wies die Klage ab.[494]

Im Armenrechtsantrag für die Berufung gab der Klägervertreter seiner Hoffnung Ausdruck, daß es in diesem Rechtsstreit zu einer Entscheidung in der Sache kommen werde. Nur dann sei es möglich, das Verhalten der hinter der Beklagten „[...] *stehenden Großbanken,* [den] *sogenannten Aufsichtsratsbanken* [...]" zu analysieren.[495] Diese versuchten „[...] *auch heute noch im neuen Staat* [...] *mit Hilfe ihrer Geldmacht* [...], *einen unbequemen Prozeßgegner niederzukämpfen. Die Großbanken* [...] *haben dabei nicht nur verwerfliche Kampfmethoden angewandt, sondern* [...] *sind auch* [...] *vor den fragwürdigsten Mitteln nicht zurückgeschreckt.*"[496] Der Klägervertreter kam dann auf die Beklagte zu sprechen, der er einige, seiner Ansicht nach erpresserische Methoden vorwarf, ohne aber für seine Behauptungen Beweismittel anzubieten. Danach setzte er seine allgemein gehaltenen Vorwürfe gegen die Banken fort. „*All das Leid, dass die Banken der Klägerin und ihren Beteiligten durch ihre verwerflichen Kampfmethoden zugefügt* [haben, ...] *müsste* [bei Annahme der Verjährung des Anspruchs ...] *ungesühnt bleiben.* [...] *Wenn heute verdiente Kämpfer des dritten Reichs in die Akademie für das deutsche Recht berufen werden, so wird oft in diesen Berufungsurkunden darauf hingewiesen, dass gerade deshalb der Betreffende in dieses Institut berufen wird, weil seine Verdienste für das volksverbundene Recht gross sind. Hier in diesem Falle geht es aber in hervorragendem Masse um eine solche Rechtsauslösung, obwohl das jetzt noch bestehende Recht ebenfalls die Möglichkeit bietet, den Belangen der Klägerin Rechnung zu tragen*"[497]

Das OLG Frankfurt wies den Antrag auf Armenrecht zurück. Die Klägerin sei zwar bedürftig, es fehle jedoch ein vom Klägervertreter angeregtes allgemeines Interesse an Fortführung der Streitigkeit. Dieses liege nur vor, wenn der Armenrechtsantrag von einer Gemeinde, einer gemeinnützigen Stiftung oder einem

---

[493] HStA Wiesbaden 460-509, Zahlungsbefehl v. 15.12.1933; s. auch S. 188 ff.

[494] HStA Wiesbaden 460-509, Urteil v. 08.08.1935, Bl. 210 ff., 218 f.

[495] HStA Wiesbaden 460-509, Schriftsatz v. 12.09.1935, Bl. 260 ff., 261.

[496] HStA Wiesbaden 460-509, Bl. 263.

[497] HStA Wiesbaden 460-509. Bl. 265 f: Bl. 293 ff. 299.

Unternehmen, dessen Existenz und die vieler Beschäftigter vom Ausgang des Prozesses abhingen, gestellt werde.[498]

Die Berufung wurde dennoch nicht zurückgenommen. Das Gericht wies sie schließlich ab. Das klägerische Unternehmen habe weder die Arglist im Rahmen des § 826 BGB noch den Vorsatz des Betruges (i.V.m. § 823 II BGB) beweisen können. Für einen Anspruch aus culpa in contrahendo fehle es an einer Offenbarungspflicht seitens der Beklagten.[499]

Das LG Wiesbaden hatte sich 1935, wie bereits im Zusammenhang mit herablassenden Äußerungen über *jüdische* Prozeßparteien gezeigt wurde,[500] mit der Höhe des Steuerberaterhonorars des Klägers zu befassen. Das Gericht sah in einem Vergleich zwischen den Prozeßparteien sämtliche Ansprüche des Klägers als befriedigt an und wies die Klage ab. In der Berufung griff der Klägervertreter das Verhalten der Beklagten während und unmittelbar nach dem Ersten Weltkrieg an. Diese habe in jener Zeit einerseits aufgrund von Heereslieferungen und ähnlicher Geschäfte mehrere Millionen Goldmark verdient[501] und andererseits ein Schloß, dessen Erbauung 6 Millionen Goldmark gekostet hatte, für lediglich 60.000,- Goldmark erworben; Steuerbehörden sähen darin eine Bereicherung von Ausländern *„an deutschem Volksvermögen*".[502]

Die Ausführungen weisen zumindest indirekt auf ein vom Klägervertreter negativ bewertetes kapitalistisches Verhalten der Beklagten hin und sollten sicherlich ihre Glaubwürdigkeit vor Gericht erschüttern.

Der Beklagtenvertreter erkannte diesen Vorwurf und wußte entsprechend zu reagieren. *„Auf der einen Seite wird unter ausdrücklicher Bezugnahme auf die Niederlegung der Villa* [...], *darauf hingewiesen, dass derartige Objekte nicht nur praktisch wertlos sind, noch darüber hinaus eine erhebliche Belastung für*

---

498 HStA Wiesbaden 460-509, Beschluß v. 12.10.1935, Bl. 273 f.

499 HStA Wiesbaden 460-509, Urteil v. 11.09.1936, Bl. 519 ff., 530 ff. Ein weiterer Fall, bei dem der Prozeßgegner dem *Großkapital* zugeordnet wurde, findet sich bei Schröder, „... aber im Zivilrecht sind die Richter standhaft geblieben!", S.78: Nds. HStA: Hann. 171, Hild. Acc. 42/54 Nr. 100.

500 HStA Wiesbaden 467-864. Der Rechtsstreit wurde bereits im Abschnitt: Erniedrigende Äußerungen gegenüber *Juden* im Prozeß besprochen, s. S. 105 f; s. auch 237.

501 HStA Wiesbaden 467-864, Bl. 166.

502 HStA Wiesbaden 467-864. Bl. 159.

den Eigentümer darstellen. Wenn aber eine Ausländerin nicht [...] *ihr Anwesen niederreisst, sondern 15 Jahre lang die hohen Steuern bezahlt, dann soll darin angeblich eine Bereicherung auf Kosten des Deutschen Volksvermögens liegen.*“[503]

Das OLG Frankfurt ging auf beide Äußerungen nicht ein, war wie das LG Wiesbaden der Ansicht, daß sämtliche Ansprüche des Klägers durch den angesprochenen Vergleich befriedigt waren, und wies die Berufung ab.[504] Das Reichsgericht war bezüglich der Befriedigung der Ansprüche des Klägers anderer Meinung, hob das Berufungsurteil auf und verwies den Rechtsstreit zurück an das OLG.[505] Dort kam es in den Schriftsätzen der Prozeßvertreter sowie in der Entscheidung des Gerichts nur noch zu Ausführungen über die Höhe des noch ausstehenden Honorars.[506]

Ein Rechtsstreit vor dem LG Frankfurt von 1939, bei dem es ebenfalls um die Höhe eines Honorars ging, weist das Schreiben einer Partei auf, nach dem alle anderen *Volksgenossen*, „[...] *die sich in redlicher Arbeit mühen und plagen*, [...]“ verhöhnt werden würden, „[...] *wenn es im nationalsozialistischen Staate noch möglich wäre, mit einer einzigen, in diesem Falle nicht einmal erfolgreichen Bemühung (Zeitaufwand ¼ Stunde), mehrere Tausende von Mark zu verdienen.*“[507]

Der Hinweis half jedoch kaum, denn die Parteien einigten sich auf einen Vergleich, der den Vorstellungen des Klägers entsprach.[508]

Ein Limburger Rechtsstreit aus demselben Jahre[509] zeigt reflexhaft vorgetragene Vorwürfe kapitalistischer Betrachtungsweise, ohne daß ausführliche Begründungen folgten. Ein Gutachten, das bestehende Nutzungsrechte berücksichtige, beachte lediglich einen „[...] *rein kapitalistischen Machtstandpunkt* [...]“, bei

---

503 HStA Wiesbaden 467-864, Bl. 182 f. Hohenbuchau stand von 1915 bis 1921 zum Verkauf. Auch die Stadt Wiesbaden lehnte einen Kauf wegen der damit verbundenen hohen steuerlichen Belastung ab.

504 HStA Wiesbaden 467-864, Urteil v. 01.10.1936, Bl. 214 ff.

505 HStA Wiesbaden 467-859, Urteil v. 08.06.1937, Bl. 260 ff.

506 HStA Wiesbaden 467-859, Urteil v. 24.11.1938, Bl. 563 ff.

507 HStA Wiesbaden 474/4-332, Klage v. 10.08.1939, Schreiben v. 31.03.1939.

508 HStA Wiesbaden 474/4-332, Schreiben v. 26.10.1939.

509 HStA Wiesbaden 462-970, Klage v. 14.12.1939.

dem der Kapitalkräftigere der anderen Partei seine wirtschaftlichen Vorstellungen aufzwingen könne. Dieser Standpunkt sei aber „[...] *heute nicht mehr vertretbar*".[510]

Zu einer Streitentscheidung kam es aufgrund von anschließenden Vergleichsverhandlungen und der Schließung des Steinbruchs während des Krieges nicht mehr.[511]

Die Streitigkeiten einschließlich der gerichtlichen Entscheidungen zeigen, daß die Vorwürfe kapitalistischen Verhaltens eher allgemein gehalten wurden und daher zur Klärung des konkreten Rechtsstreits kaum geeignet waren. Das zeigt sich auch an den gerichtlichen Entscheidungen, welche die entsprechenden Ausführungen nicht beachteten.

---

[510] HStA Wiesbaden 462-970, Gutachten v. 24.09.1940, Bl. 65 ff., 70.

[511] Der Rechtsstreit beinhaltet weitere Ausführungen, die im Abschnitt: Gleichsetzung der eigenen Interessen mit denen der Allgemeinheit behandelt werden, s. S. 153 f.

IV. Zwischenergebnis

Die Vorwürfe, die an das Verhalten des eigenen Mandanten oder der gegnerischen Prozeßpartei anknüpften, wurden mit der Intention vorgebracht, die materiellrechtliche Auseinandersetzung zu beeinflussen, bewirkten aber tatsächlich eine Veränderung der Stimmung vor Gericht. Die analysierten Akten zeigen, daß diese Argumentation kaum geeignet war, die Gerichte in ihren Entscheidungen zu beeinflussen; sie wurde zumeist nicht einmal beachtet. Das gilt ganz besonders für die sich verändernde Ausdrucksweise gegenüber *jüdischen* Prozeßgegnern.

Verschiedene Entscheidungen wie die des OLG Frankfurt zum 1933 erlassenen Schriftleitergesetz scheinen Rechtsanwälte jedoch veranlaßt zu haben, Argumente nutzbar zu machen, die das Ansehen einer Person betrafen, anstatt sich einer Auseinandersetzung in der Sache zu stellen. Teilweise mag sich dahinter die Unfähigkeit oder Unmöglichkeit einer inhaltlichen Auseinandersetzung verbergen, teilweise dienten die Ausführungen der Beruhigung des eigenen Mandanten.

B. Die Auslegung von Recht und Gesetz

Die Diskussion um die Frage der Bindung des Richters an das Gesetz und damit um die Frage nach der Beachtlichkeit gesetzlicher Regelungen wurde während der nationalsozialistischen Herrschaft mit unterschiedlichem Engagement geführt. Die nationalsozialistische Regierung entschied sich zugunsten des Vorrangs der Gesetzesbindung, wobei sicherlich die Wahrung des ihnen zustehenden Rechtsetzungsmonopols den Ausschlag gab.[512] Das Reichsgericht folgte diesen Vorgaben, indem es die Ersetzung bestehender Gesetze durch nationalsozialistische Grundsätze ablehnte, allerdings nicht deren Auslegung anhand dieser Grundsätze.[513] Es verließ dabei die vorsichtige, sich aus erheblichen wirtschaftlichen und sozialen Veränderungen ergebende Aufwertungsrechtsprechung aus der Inflationszeit der Weimarer Republik[514] und folgte einer umfangreichen Neuinterpretation der Generalklauseln anhand neuer Auslegungsmittel: der vorrangigen Beachtung des Führerwillens, des rassisch bestimmten Volkstums, des Parteiprogramms, der nationalsozialistischen Weltanschauung und des gesunden Volksempfindens.[515]

Aber auch die Bindung des Richters an das Gesetz wurde aufgrund des sich aus den neuen Auslegungsmitteln ergebenden Wertungsspielraums für die Gerichte relativiert.[516] Das zeigt sich insbesondere bei der Auslegung nationalsozialistischer Schutzgesetze, die Bürger jüdischer Herkunft mit der Begründung vom Schutz ausschloß,[517] daß diesen Gesetzen aufgrund der Interessen der Volksge-

---

[512] Vgl. Meinck, Justiz und Justizfunktion im Dritten Reich, ZNR 1981, S. 28 ff., 37.

[513] Vgl. Rüthers, Die unbegrenzte Auslegung, S. 154 f., 177 f.; Meinck, Justiz und Justizfunktion im Dritten Reich, ZNR 1981, S. 28 ff., 34.

[514] Vgl. Meinck, Justiz und Justizfunktion im Dritten Reich, ZNR 1981, S. 28 ff., 31.

[515] Vgl. Rüthers, Entartetes Recht, S. 27 ff m.weit.Nachw.

[516] Vgl. Rüthers, Die unbegrenzte Auslegung, S. 175 f., 269 f.; Entartetes Recht, S. 25, 32; Niermann, Die Durchsetzung politischer und politisierter Strafjustiz im Dritten Reich, in: Juristische Zeitgeschichte, Bd. 3, S. 12.

[517] Vgl. Rüthers, Die unbegrenzte Auslegung, S.166 ff.

meinschaft eine nationale, *jüdische* Bürger ausschließende Bedeutung zukomme.[518]

Die Äußerungen hochrangiger Nationalsozialisten zur Bindung an das Gesetz waren nicht einheitlich. Es gab immer wieder Stimmen, die ihre Aufhebung verlangten. So erklärte der Reichsrechtsführer Dr. Frank 1939, daß „[...] *die Gesetzesbindung in Zeiten natürlicher Entwicklung* [...]" verständlich sei, nicht aber nach einer „[...] *nationalsozialistischen Revolution*". In solchen Zeiten gebe es keine generelle Wahrheit und Gerechtigkeit, so daß der *Rechtswahrer* seiner Aufgabe nur in der Weise nachkommen könne, daß er das Recht des Volkes verwirkliche, sich „[...] *unter das Lebensgesetz des Volkes* [...]" stelle.[519] „*Gesetzesbestimmungen, die vor der nationalsozialistischen Revolution erlassen sind, dürfen nicht angewandt werden, wenn ihre Anwendung dem heutigen gesunden Volksempfinden ins Gesicht schlagen würde. Für die Fälle, in denen der Richter mit dieser Begründung eine gesetzliche Bestimmung anwendet, ist die Möglichkeit zu schaffen, eine höchstrichterliche Entscheidung herbeizuführen.*"[520]

Auch 1943 kam es wiederum zu Vorwürfen gegenüber der Rechtsprechung, der nun eine Gleichbehandlung „*deutscher Volksgenossen*" mit „*jüdischen Schiebern*" nachgesagt wurde.[521] Mit der endgültigen Abschaffung des als liberal empfundenen Gesetzespositivismus sollte der „*tragende Grundgedanke des politischen Werdens*" in den Mittelpunkt richterlicher Entscheidungen treten.[522]

Die Beibehaltung der Gesetzesbindung erweckt zwar den Eindruck, daß die Rechtsprechung die von nationalsozialistischer Seite dagegen vorgetragenen Angriffe erfolgreich abgewehrt hätte. Sollten jedoch die Äußerungen auch mit dem Ziel vorgebracht worden sein, die Rechtsprechung zu verunsichern und mit

---

[518] KG Berlin, DJ 1939, S. 1640 f; AG Homburg, Beschluß v. 30.11.1939, in HStA Wiesbaden 474/2-334.

[519] S. Schmidt-Klevenow, Die Bindung des Richters an das Recht, DR 1939, S. 337 f.

[520] Vorrang „*materialer nationalsozialistischer*" Gerechtigkeit, s. Schmidt-Klevenow, Die Bindung des Richters an das Recht, DR 1939, S. 337 f; vgl. Schröder, „... aber im Zivilrecht sind die Richter standhaft geblieben!", S. 86 ff.

[521] S. Dittenberger (Schriftleiter), Die Justiz am 20. August 1943, DR 1943, S. 878 ff. Darüber hinaus wurde der Rechtsprechung wie schon in der Weimarer Republik, volksfernes Verhalten vorgeworfen.

[522] Dittenberger (Schriftleiter), Die Justiz am 20. August 1943, DR 1943, S. 878, 880: Ziel war die „*politische Führung des weisungsfreien Richters*".

dieser Androhung weiterer Rechtsunsicherheit auf Konformitätskurs zu halten, so kann man von einem erfolgreichen Vorgehen der Nationalsozialisten sprechen.

Die Argumentation in den hier analysierten Akten knüpft an die Diskussion um die Bindung an das Gesetz an und unterscheidet sich von ihr insofern als entweder die Gesetzesbindung abgelehnt[523] oder akzeptiert wurde, jedoch allein zu dem Zweck, die veränderten Wertvorstellungen nur für eine bestimmte, der eigenen Partei zugute kommende Interpretation zu nutzen.[524]

---

[523] S. Abschnitt: Das nationalsozialistische Recht entgegen dem formalen Recht, S. 148 ff.

[524] S. Abschnitt: Das nationalsozialistische Recht bei der Auslegung von Normen und Verträgen, S. 167 ff.

I. Nationalsozialistisches Recht entgegen formalem Recht

Die höchstrichterliche Rechtsprechung zur Frage der Gesetzesbindung war wie bereits erläutert eindeutig,[525] die Aussichten einer dazu konträr vorgetragenen Ansicht waren deswegen zumeist ungünstig. Vereinzelte anderslautende Urteile und verschiedene Äußerungen nationalsozialistischer Parteifunktionäre scheinen aber hinreichenden Anlaß geboten zu haben, im konkreten Fall gegen eine Gesetzesbindung zu argumentieren.

1. Nationalsozialistisches Recht und vertragliche sowie gesetzliche Ansprüche

Mehrere Streitigkeiten befassen sich mit der Frage, ob und inwieweit sich sogenannte nationalsozialistische Grundsätze auf vertragliche oder gesetzliche Ansprüche auswirken könnten. Die Argumentation des Prozeßgegners wurde als formal und mit den veränderten Wertvorstellungen nicht vereinbar bezeichnet.

In drei Streitigkeiten diente kein spezieller Grundsatz dieser Argumentation, sondern der bloße Hinweis auf eine nationalsozialistische Auffassung. Im Streit lagen dabei der Begriff des wirtschaftlichen Eigentums und seine Bedeutung für die formale Rechtsposition. Die drei Prozesse fanden zwischen denselben Parteien vor dem LG Frankenthal in den Jahren 1934, 1937 und 1938 statt.

Um den Vorwurf der Eigentumsstörung durch den Beklagten ging es im ersten Rechtsstreit.[526] In der Berufung machte der Prozeßvertreter des bis dahin erfolglosen Beklagten geltend, daß der Kläger sich als wirtschaftlicher Eigentümer wie die Vertragspartnerin des Beklagten, eine Aktiengesellschaft, hätte verhalten müssen, deren alleiniger Vorstand und Aktionär der Kläger gewesen war. Der Kläger hatte den Kaufvertrag über ein Industriegrundstück mit dem Beklagten ausgehandelt und dabei zugunsten des Beklagten eine Grunddienstbarkeit zu Lasten des dem veräußernden Unternehmen verbleibenden Grundstücks einge-

---

[525] S. S. 141.

[526] LA Speyer J6-229, Klage v. 13.03.1934. Weitere Prozesse in diesem Zusammenhang: LA Speyer J6-240 f., Klage v. 29.03.1934; J6-861, Klage v. 22.03.1937; J6-859 f., Klage v. 24.03.1937; J6-862 ff., Klage v. 15.09.1937; J6-824, Antrag v. 30.10.1937; J6-871, Klage v. 16.11.1937; J6-1443, Klage v. 28.01.1938; J6-1538, Klage v. 25.05.1938; J6-1451, Klage v. 01.11.1938; J6-1462, Klage v. 09.01.1939; J6-872, Klage v. 19.11.1937; J6-1532, Klage v. 23.03.1940; J6-1529, Antrag v. 21.05.1940; J6-1534, Klage v. 22.07.1940; J6-1530, Antrag v. 11.11.1940; J6-1540, Klage v. 18.12.1940.

räumt. Der Kläger hatte außerdem wenig später das Grundstück im Rahmen einer Zwangsversteigerung, durch die es zur Löschung der Grunddienstbarkeit kam, erworben. Er weigerte sich nun, dem Beklagten eine entsprechende Grunddienstbarkeit wieder einzuräumen. Diese Weigerung sah der Prozeßvertreter als unzulässig an, da „[...] *wirtschaftlich gesehen* [...] *eine Identität nach Treu und Glauben unbedingt angenommen werden* [müsse]. *Nach der heute maßgeblichen nationalsozialistischen Auffassung* [... komme] *es* [...] *nicht auf den Buchstaben des Gesetzes an* [...], *sondern lediglich auf die gesunde und vernünftige Auffassung, welche nationalsozialistischem Geiste entspringt. Es ist nicht abzusehen, zu welchen Folgerungen es führen sollte, wenn die von einer Vertragspartei in einer notariellen Urkunde gegebenen Zusicherungen* [...] *einfach dadurch aufgehoben werden könnten, daß, wirtschaftlich gesehen, derselbe Vertragskontrahent nach Vornahme formalrechtlicher Transaktionen diese Zusicherungen als für ihn unwirksam und unbeachtlich hinstellt.*“[527]

Der Beklagtenvertreter ergänzte seine Ausführungen mit einem Argument zu dem Prinzip *Gemeinnutz vor Eigennutz*,[528] einem der im Parteiprogramm der NSDAP aufgestellten Grundsätze.[529]

Diesem Ansatz und dem der wirtschaftlichen Identität von Kläger und Vertragspartner des Beklagten begegnete der Klägervertreter mit einem Hinweis darauf, daß die Rechte seines Mandanten zu beachten seien. Auch wenn es sich um eine formale Rechtsposition handele, sei diese durch die Gesetzgebung des Dritten Reiches nicht außer Kraft gesetzt worden.[530]

Das OLG Zweibrücken folgte dieser Argumentation und blieb wie das Reichsgericht bei der Bindung des Richters an das Gesetz.[531] Es betonte jedoch, daß dem Beklagten bei Richtigkeit seiner Behauptungen ein Schadensersatzanspruch gemäß § 826 BGB zustehen könnte.[532]

---

[527] LA Speyer J6-229, Urteil v. 18.04.1935, Bl. 130 ff; Berufungsbegründung v. 02.08.1935, Bl. 152 ff., 157 f.

[528] S. dazu S. 148 ff.

[529] Vgl. Rüthers, Die unbegrenzte Auslegung, S. 347, 365 f.

[530] LA Speyer J6-229, Schriftsatz v. 05.09.1935, Bl. 168 (Rückseite).

[531] Vgl. Rüthers, Die unbegrenzte Auslegung, S. 347.

[532] LA Speyer J6-229, Urteil v. 08.10.1935, Bl. 175 ff; 185 ff.

Der zweite Prozeß fand drei Jahre später statt. Hier begehrte nun der ehemals Beklagte die Eintragung der zuvor umstrittenen Grunddienstbarkeit.[533] Sein Prozeßvertreter machte dabei geltend, daß der nunmehrige Beklagte trotz des lastenfreien Erwerbs des Grundstücks mittels Zwangsversteigerung verpflichtet sei, eine Grunddienstbarkeit einzutragen. Auch hier führte er an, daß der Beklagte und die frühere Eigentümerin des dienenden Grundstücks wirtschaftlich betrachtet identisch seien. Gestützt wurde die Argumentation aber nicht mehr auf veränderte Wertvorstellungen außerhalb des geschriebenen Rechts, sondern nur noch auf § 242 BGB.

Das LG sah auch in der Tat aus Treu und Glauben einen Anspruch auf Eintragung einer Grunddienstbarkeit für gegeben, jedoch niedrigeren Ranges. Begründet wurde dies damit, daß ein vertraglicher Anspruch wegen „*wirtschaftlicher Identität*" nicht bestehe, aus Treu und Glauben aber nur eine Grunddienstbarkeit verlangt werden könne, die sich aus der aktuellen Rechtssituation ergebe.[534]

In der Berufung warf der Beklagtenvertreter dem Kläger wie bereits im vorherigen Prozeß Kontakte zu SPD-Stadträten vor.[535] Der Klägervertreter hingegen ergänzte seine Ausführungen mit dem für Nationalsozialisten bedeutsamen Argument der bestmöglichen Ausnutzung von Grund und Boden.[536] Daraus ergäben sich zwingend ein Zufahrtsrecht sowie eine höherrangige Grunddienstbarkeit zugunsten seines Mandanten.

Das OLG folgte jedoch dem LG in seiner Ansicht, daß zwischen der Aktiengesellschaft und dem Aktionär rechtlich zu trennen sei, hob darüber hinaus mangels eines Anspruchs aus Treu und Glauben das erstinstanzliche Urteil auf und wies die Klage ab.[537]

---

[533] LA Speyer J6-862-864, Klage v. 15.09.1937.

[534] LA Speyer J6-862-864, Bl. 74 ff.

[535] LA Speyer J6-862-864, Bl. 85; s. auch S. 127.

[536] LA Speyer J6-862-864, Bl. 300.

[537] LA Speyer J6-862-864, Urteil v. 25.10.1938.

In dem dritten Rechtsstreit änderte das LG Frankenthal seine bisherige Rechtsauffassung und nahm wirtschaftliche Identität an; das OLG Zweibrücken blieb hingegen bei seiner bisherigen Auffassung.[538]

Die drei Streitigkeiten zeigen ein differenziertes Bild. Während der Beklagtenvertreter des ersten Rechtsstreits sich noch in einer wertverändernden Weise über den Aspekt der wirtschaftlichen Identität von Unternehmen und Unternehmer und über die Auswirkungen des Grundsatzes *Gemeinnutz vor Eigennutz* äußerte, taten dies seine Kollegen in den zwei späteren Streitigkeiten nicht mehr. Sie blieben im Rahmen des gegebenen Rechts, argumentierten aber neu hinsichtlich eines von den Nationalsozialisten auch propagierten Wertes, nämlich dem der *Sicherung von Grund und Boden.* Die letzte in diesen Fällen ergangene Entscheidung des LG Frankenthal zeigt gleichzeitig, daß der Gedanke der wirtschaftlichen Identität nicht derart abwegig war, um ihn nicht vor Gericht als Argument zu verwenden. Es handelt sich dabei in etwa um das heutige Problem des Haftungsdurchgriffs in Fällen, in denen ein wirtschaftliches Eigeninteresse des Geschäftsführers einer GmbH am Zustandekommen eines Vertrages besteht und der Geschäftsführer dabei besonderes Vertrauen in Anspruch nimmt. Auch dann ist er nur zum Schadensersatz im Rahmen einer culpa in contrahendo verpflichtet.[539]

a) Das Gleichsetzen der eigenen Interessen mit denen der Allgemeinheit

Unter der nationalsozialistischen Herrschaft wurde aufgrund der Erfahrungen mit einem unkontrollierten Kapitalismus und Liberalismus vielfach die Ansicht vertreten, daß das Gemeininteresse über den Einzelinteressen von Individuen stehen müsse.[540] Diese Argumentation ließ auch auf Erfolg hoffen, nachdem das Reichsgericht bereits 1933 entschieden hatte, daß ein unlauterer Wettbewerb dann nicht vorliege, wenn ein Unternehmen die Verbraucher dazu auffordere, deutsche Waren zu kaufen. Denn ein „[...] *Appell an die vaterländische Gesin-*

---

[538] LA Speyer J6-1443, Klage v. 28.01.1938.

[539] BGH, ZIP 1992, S. 694 f.

[540] S. Lange, Vom Gesetzesstaat zum Rechtsstaat, S. 26 ff.; weitere Literatur der damaligen Zeit bei Schröder, „... aber im Zivilrecht sind die Richter standhaft geblieben!“, S. 90.

nung [...] *zur Linderung der deutschen Not* [...]" sei nicht *eigen-*, sondern *gemeinnützig*.[541]

Das Hervorheben des Bestehens eines allgemeinen Interesses an der Rechtsposition der jeweiligen Prozeßpartei diente in Rechtsstreitigkeiten scheinbar der Absicherung einer bereits vorhandenen Argumentation.

In einem Frankenthaler Rechtsstreit von 1938, der im wesentlichen die Folgen nationalsozialistischer Ausschreitungen behandelt und in welchem dem Kläger „*judenfreundliches Verhalten*" vorgeworfen worden war,[542] wurde auf eine verwaltungsrechtliche Streitigkeit Bezug genommen, in der es um die Frage ging, wann der Kläger letztmalig bei *jüdischen* Fleischlieferanten eingekauft habe. Der Verwaltungsgerichtshof folgte mangels anderer Beweismittel den Ausführungen des Klägers, der einen frühen Zeitpunkt genannt hatte, und hielt die Aufhebung des Pachtvertrages an einer Gastwirtschaft durch den Bürgermeister für rechtswidrig. Der in dem Verfahren auftretende Oberstaatsanwalt hatte hingegen - ohne sich mit seiner Meinung letztlich durchzusetzen - darauf abgestellt, daß der Kläger kein Vertrauen mehr genieße, weil er durch Gebührenhinterziehung die Gemeinde geschädigt und dadurch „*Gewinnsucht und Eigennutz*" gezeigt habe. Von „[...] *einem Gewerbetreibenden im neuen Staat* [sei aber] *auch eine billige Rücksichtnahme auf das Gemeinwohl* [...]" zu fordern. Erschwerend komme beim Kläger hinzu, daß es sich um ein Mitglied der NSDAP handele, von dem ein pflichtgemäßeres Handeln als von normalen Bürgern verlangt werden könne. Aus beiden Gesichtspunkten schloß der Oberstaatsanwalt auf ein pflichtwidriges Verhalten des Klägers, welches die Maßnahme des Bürgermeisters rechtmäßig mache.[543]

Die Ausführungen hatten, wie bereits erklärt, keinen Einfluß auf den Ausgang dieses Prozesses. Sie zeigen aber, auf welche Weise der Gedanke von *Eigen- und Gemeinnutz* eingebracht wurde.

---

[541] RG, JW 1933, S. 1578; dem Urteil zustimmend Bilfinger, Der Gemeinschaftsgedanke im geltenden Recht, JW 1933, S. 2550 f.

[542] J6-892 f., Klage v. 19.08.1938; s. ausführlich S. 129 ff.

[543] Das OLG folgte der ersten Instanz, LA Speyer J6-892, Bl. 110 ff. In dem Schadensersatzprozeß schloß sich das LG Frankenthal der Argumentation des Oberstaatsanwalts an und wies die Forderung des Klägers ab, LA Speyer J6-892, Bl. 68 ff.

Die Problematik dieses Arguments bestand darin, daß die Parteien nicht nur Gemeininteressen verfolgten, sondern auch immer Individualinteressen, so daß es schwierig war, dieses Argument zu verwenden, ohne dem Vorwurf des Mißbrauchs dieses Gedankens ausgesetzt zu sein. Unproblematischer war dies für Gemeinden oder andere öffentlich-rechtliche Körperschaften. Ihr Handeln schien mehr durch das Gemeininteresse bestimmt zu sein, die dagegen vorgebrachten Argumente mußten deshalb konkreter ausfallen.[544] In den anderen Fällen genügte es nicht, nur auf das Gemeininteresse zu verweisen, vielmehr mußte ein solches anhand von Tatsachen nachgewiesen werden. In vier verschiedenen Streitigkeiten wurde in unterschiedlicher Weise ein entsprechender Versuch unternommen. Die Prozeßvertreter bedienten sich dabei der Argumente der landwirtschaftlichen Nutzbarkeit von Grund und Boden,[545] der Mobilität des deutschen Volkes,[546] der Arbeitsplatzsicherung[547] und des Heeresbedarfsinteresses.[548]

Zur Nutzbarkeit von Grund und Boden führte der Konkursverwalter des klägerischen Unternehmens in einem Rechtsstreit vor dem LG Frankfurt von 1939 aus, der Abbau von Mutterboden (zur Herstellung von Ziegeln) durch den Pächter betreffe nicht nur die Eigeninteressen des Verpächters, sondern auch die der Allgemeinheit. Denn die Verordnung der Sicherung der Landbewirtschaftung[549] zeige das Interesse des Staates an einer Bodenbewirtschaftung, die zu einer „[...] *Steigerung der Erträgnisse der heimischen Scholle zum Zwecke der Nahrungsfreiheit des deutschen Volkes* [... führe].“ Dieses Ziel werde durch das Verhalten der Beklagten nicht mehr zu erreichen sein, so daß sie schadensersatzpflichtig seien.[550]

Nachdem das LG die Klage abgewiesen hatte, ergänzte der Klägervertreter in der Berufungsbegründung diese Ausführungen mit dem Hinweis, daß gerade

---

[544] Zu diesen Streitigkeiten, s. S. 153 ff.

[545] HStA Wiesbaden 474/3-1499; s. auch S. 102 f., 109.

[546] LA Speyer J6-835, Antrag v. 18.09.1937.

[547] LA Speyer J6-229.

[548] LA Speyer J6-841, Klage v. 06.11.1937, Bl. 14 f.: Die „[...] *allgemeinen volkwirtschaftlichen und Heeresbedarfsinteressen müssen Vorrang haben vor Kirchturminteressen.*“

[549] Verordnung v. 23.03.1937, RGBl. I, S. 422.

[550] HStA Wiesbaden 474/3-1499, Klageschrift, S. 3.

Verträge, die vor der nationalsozialistischen Machtübernahme abgeschlossen worden waren, nun nochmals anhand des Grundsatzes *Gemeinnutz vor Eigennutz* zu überprüfen seien.[551] Dabei sei auch zu beachten, daß die „[...] *Beklagten einzig und allein ihr Eigenwohl bei der Handhabung des Pachtvertrages im Auge hatten* [...]“ Das beweise bereits der Umstand, daß sie die Produktion noch vor Vertragsende einstellten, nur „[...] *weil sie als Nichtarier Schwierigkeiten auf dem Absatzgebiete erlebten.*“[552]

Anhand dieses Vortrags läßt sich anschaulich erkennen, wie eine entsprechende Argumentation auszusehen hatte. Das Handeln des eigenen Mandanten wurde als *gemeinnützig*, das der anderen Prozeßpartei als *eigennützig* hervorgehoben.[553]

Auf das Argument der Mobilität des deutschen Volkes gründete der Antragsteller einer einstweiligen Verfügung in einem Frankenthaler Rechtsstreit von 1937 einen Anspruch auf Zustimmung des Antragsgegners[554] zum Bau einer Garage.[555] Sein Vertreter betonte dabei das Bestreben der Reichsregierung, „[...] *die Anschaffung eines Kraftfahrzeuges weitesten Volksschichten zu ermöglichen. Sie kann dabei mit Recht keine Rücksichten auf die kleinlichen und egoistischen Interessen Einzelner nehmen, man denke beispielsweise nur an die Grundstücksenteignungen zum Zwecke der Autobahnen. Der oberste Rechtsgrundsatz, dass das Einzelinteresse sich dem Gesamtinteresse des Volkes unterzuordnen habe, findet hier seine praktische Anwendung.*“[556] Voraussetzung für eine Motorisierung des Verkehrs sei aber das Vorhandensein einer ausreichenden Zahl von Garagen,[557] so daß das Verhalten des Antragstellers unzeitgemäß sei und das zu seinen Gunsten im Grundbuch eingetragene Bauverbot Garagen nicht

---

[551] Dies entsprach durchaus den Vorstellungen vieler Nationalsozialisten, s. S. 143 f.

[552] HStA Wiesbaden 474/3-1499, Berufungsbegründung v. 12.02.1940, S. 3 (Rückseite).

[553] Die Handakte endet mit der Berufungsbegründung, der Ausgang des Rechtsstreits ist unklar. Berücksichtigt man jedoch die Klageabweisung in erster Instanz und den Ausgang der anderen Streitigkeiten mit vergleichbarer Argumentation, dann ist auch hier mit einer diese Argumente nicht beachtenden Entscheidung zu rechnen.

[554] Dieser hatte sich ein Zustimmungsrecht im Grundbuch gesichert.

[555] LA Speyer J6-835, Schriftsatz v. 23.09.1937, Bl. 11.

[556] Weiterer nationalsozialistischer Rechtsgrundsatz „*Recht ist, was dem Volke dient*“, LA Speyer J6-835, Bl. 12 (Rückseite).

[557] LA Speyer J6-835, Bl. 12 (Rückseite) f.

mehr betreffen könne. Darüber hinaus hätten „[...] *moderne*[...] *Personenkraftfahrzeuge einen derartigen Grad von Vollkommenheit erreicht, dass weder das Motorengeräusch, noch die Geruchsentwicklung kaum noch von einem vernünftigen Menschen als störend empfunden werden kann.*“[558] Der Antragsteller handele daher aus „[...] *kleinlichen und egoistischen Gründen* [...]“, verstoße gegen das Gemeinwohl und werde „[...] *kein deutsches Gericht* [...] *finden, das ein solches Verhalten auch noch gesetzlich sanktioniert.*“[559]

Soweit eine Gegenargumentation erfolgte, bezog sie sich auf den konkreten Fall mit dem Ziel, das Eigeninteresse derjenigen Partei, die sich auf das Gemeininteresse berief, heraus- und dem Gemeininteresse entgegenzustellen.

Dem Argument der Mobilität der deutschen Bevölkerung hielt der Vertreter des Antragstellers entgegen, daß gesetzliche Bestimmungen einzuhalten seien und daß die Argumentation des gegnerischen Prozeßvertreters zu Rechtsunsicherheit führe sowie den Rechtsgrundsatz von Treu und Glauben verletze. Wenn der Gesetzgeber den Garagenbau fördern wolle, brauche er nur durch Gesetz die Löschung entsprechender Einträge im Grundbuch zu bestimmen.[560] Bezüglich des Arguments des Gemeininteresses führte er aus, daß das Verhalten des Antragsgegners[561] den „[...] *Grundsätzen der Volksgemeinschaft und dem Rechtssatz* [zuwider laufe], *daß Eigennutz für die Gestaltung der Rechtsbeziehungen unter den Volksgenossen nicht entscheidend sei.*“[562]

Das Gericht ging auf die Ausführungen nicht ein. Es hielt die einstweilige Verfügung aufrecht, da ansonsten die Herstellung der Garage die Hauptsache vorwegnähme.[563] In diesem vorläufigen Rechtschutzverfahren hatte die Frage des *Gemeinnutzes* keine Bedeutung.

Zum Argument der Arbeitsplatzsicherung in einem Rechtsstreit vor dem LG Frankenthal von 1934 führte der Klägervertreter aus, daß die gegnerische Partei

---

558 LA Speyer J6-835, Bl. 11 (Rückseite).

559 LA Speyer J6-835, Bl. 13.

560 LA Speyer J6-835, Bl. 15.

561 LA Speyer J6-835, Bl. 21: „[...] *mit dem Kopfe durch die Wand* [...] *und* [...] *über Gesetze und Recht anderer einfach hinwegsetz*[en].“

562 LA Speyer J6-835, Bl. 21.

563 LA Speyer J6-835,Bl. 32 ff.

zunächst mit „[...] *masslosen und mit unerlaubten Mitteln* [...]“ eine wirtschaftliche Position erreicht habe, die sie nun mit Hilfe des „*Gemeinnutzes*“ bewahren wolle.[564] Der Beklagtenvertreter erwiderte darauf, daß *Eigennützigkeit und Gemeinnützigkeit* sich nicht gegenseitig ausschlössen.[565] Auf die zugunsten des Klägers ergangene Entscheidung des Gerichts hatte dieser Streit keine Auswirkungen.[566]

Auch das Argument des Heeresbedarfsinteresses an einer Fortführung des beklagten Unternehmens und des Belassens der Gleisanlagen auf dem Grundstück der klägerischen Gemeinde erachtete das LG Frankenthal 1937 mit der Begründung nicht für entscheidend, daß die Interessen des Beklagten nicht mit denen der Volkswirtschaft übereinstimmten, und gab der Klage der Gemeinde statt.[567]

In den übrigen Streitigkeiten war die das Gemeininteresse hervorhebende Prozeßpartei eine Gemeinde bzw. eine andere Gebietskörperschaft. Deren Prozeßvertreter hatten es anscheinend leichter, die Haltung der Gebietskörperschaft als *gemeinnützig* darzustellen.

Das LG Wiesbaden hatte sich 1936[568] mit einem Rechtsstreit zu befassen, in dem das Handeln der Gemeinde als *gemeinnützig* bezeichnet wurde, weil damit ein im allgemeinen Interesse stehendes Aufbauprogramm zur wirtschaftlichen Gesundung der Stadt verbunden war.[569]

In einem Rechtsstreit vor dem LG Limburg von 1939 wurde ausgeführt, daß die gegnerische Partei einen reinen Machtstandpunkt einnehme, wenn sie aufgrund ihrer finanziellen Möglichkeiten die Grundstücke um das Gebiet des im Gemeindeeigentum stehenden Steinbruchs aufkaufe, der Gemeinde keinen Notweg einräume und sie auffordere, den Steinbruch an sie günstig zu verpachten.[570]

---

564 LA Speyer J6-229, Bl. 26.

565 LA Speyer J6-229, Schriftsatz v.27.04.1934, Bl. 43, 45.

566 LA Speyer J6-229, Urteil v. 08.10.1935, Bl. 175 ff; 185 ff.

567 LA Speyer J6-841, Bl. 26 f.

568 HStA Wiesbaden 467-672, Klage v. 28.02.1936.

569 HStA Wiesbaden 467-672, Bl. 34 f.

570 HStA Wiesbaden 462-970, Klage v. 14.12.1939. Klägervertreter berief sich auf ein Gutachten v. 24.09.1940. Bl. 65 ff.. 70.

Zwei Frankfurter Streitigkeiten von 1939[571] und 1940[572], die sich mit der Höhe der Entschädigungssumme für Enteignungen befassen, zeigen Ausführungen von Prozeßvertretern der Gemeinden, die nach dem Grundsatz *Gemeinnutz geht vor Eigennutz* zwar einen billigen bzw. angemessenen, aber nicht vollständigen Ausgleich der zu Enteignenden für gerechtfertigt erachteten.[573] Die Ansichten der gegnerischen Parteien wurden dabei als Gedanken aus „*vergangener*“ oder „*längst überwundener*“ Zeit abgetan.[574]

Interessant ist, daß in beiden letztgenannten Fällen derselbe Gutachter tätig war, dieser die neuen Grundsätze in seinen Gutachten als Bewertungsgrundlagen hervorhob, jeweils aber zu Ergebnissen kam, welche die Prozeßvertreter der Gemeinden dazu bewegten, sich gegen das jeweilige Gutachten auszusprechen.[575]

In dem Wiesbadener Rechtsstreit, in welchem die an einer Thermalwasserquelle gelegenen Hotels zur Vermeidung von Konkurrenz die Errichtung einer Thermalwasserleitung zum Kurhaus verhindern wollten, wurde dem Argument des *Gemeinnutzes* entgegnet, daß nicht jede Maßnahme des wirtschaftlichen Aufbauprogramms *gemeinnützigen* Charakter haben müsse,[576] was im einzelnen dargelegt wurde.

Das Gericht wies in seinem klageabweisenden Urteil in sachlicher Weise darauf hin, daß den Klägern kein Recht auf Alleinvertrieb des Thermalwassers zustehe.[577]

---

[571] HStA Wiesbaden 460-515, Klage v. 03.06.1939.

[572] HStA Wiesbaden 460-516, Klage v. 09.06.1940.

[573] HStA Wiesbaden 460-515, Bl. 2; 460-516, Schriftsatz des Beklagtenvertreters v. 02.07.1940, Bl. 16: Nicht „[...] *mehr Angebot und Nachfrage* [regeln] *die Preise* [...], *sondern nationalsozialistische Grundsätze über die Bodenbewirtschaftung, die ohne Rücksicht auf den Eigennutzen einzelner auf das Wohl des Volksganzen gerichtet sind.*“

[574] HStA Wiesbaden 460-515, Bl. 28, 30; 460-516, Bl. 26.

[575] HStA Wiesbaden 460-515, Bl. 30; 460-516, Bl. 84: „*Der Preis hätte im Zeitalter der Bodenspekulation nicht höher sein können, wenn man berücksichtigt, dass das Grundstück ererbt ist.*“

[576] HStA Wiesbaden 467-672, Bl. 56 (Rückseite).

[577] HStA Wiesbaden 467-672, Bl. 90 ff.

In dem Rechtsstreit vor dem LG Limburg mußte der Beklagtenvertreter sich vor allem mit dem die Position der Gemeinde stärkenden Gutachten auseinandersetzen. Er sah die nach „*nationalsozialistischen Grundsätzen*“ durchgeführte gutachterliche Tätigkeit zur Lösung von Gemein- und Eigeninteressen als fehlerhaft an, da der Gutachter in der Gemeinde nur eine öffentlich-rechtliche Körperschaft gesehen habe, „[...] *hinter deren Interessen die Interessen einer privaten Wirtschaftsgesellschaft zurücktreten müssten.*“[578] Hier habe jedoch die Gemeinde privatrechtlich gehandelt, so daß ihr keine anderen Rechte zustünden als anderen Privatunternehmern. Nicht *gemeinnützig* sei ihr Verhalten, sondern *eigennützig* wie das der Beklagten.

Zur Entscheidung kam der Rechtsstreit nicht. Vergleichsverhandlungen folgte die Schließung des Steinbruchs wegen Arbeitskräftemangels. Nach dem Zweiten Weltkrieg wurde der Rechtsstreit nicht fortgesetzt.

Auch der Frankfurter Rechtsstreit von 1939,[579] für den aufgrund einer kriegsbedingten Verordnung[580] das Ruhen des Verfahrens angeordnet worden war, wurde nach dem Zweiten Weltkrieg nicht fortgeführt.

Im zweiten Rechtsstreit vor dem LG Frankfurt[581] waren weder die Klage des Enteigneten, noch die Widerklage der Gemeinde erfolgreich, da sich das Gericht an die Vorgaben des Preisbildungskommissars gebunden fühlte.

Die bereits erläuterte Problematik des Zusammentreffens von Eigen- und Gemeininteressen scheint sicherlich eine Ursache dafür gewesen zu sein, daß dieses doch recht häufig vorgetragene Argument von den Gerichten im Ergebnis nicht berücksichtigt oder als nicht erheblich erachtet wurde.

b) Das **Führerprinzip** *und das geschriebene Recht*

Als spezielles Argument gegen eine formaljuristische Auslegung diente das sogenannte *Führerprinzip*.[582] Dieses wurde durch Änderungen im Vereins- und

[578] HStA Wiesbaden 462-970, Schriftsatz v. 14.11.1940, Bl. 77 ff., 79.

[579] HStA Wiesbaden 460-515.

[580] VO über Maßnahmen auf dem Gebiete des bürgerlichen Streitverfahrens, der Zwangsvollstreckung, des Konkurses und des bürgerlichen Rechts v. 01.09.1939, RGBl. I, S. 1656 ff.

[581] HStA Wiesbaden 460-516.

Verbandsrecht teilweise in Personenvereinigungen eingeführt, um auch dort demokratische Prinzipien zu beseitigen und eine Machthierarchie zu festigen. Nicht mehr die Mitgliederversammlung, sondern nur noch die Führung der Organisation sollte die maßgeblichen Entscheidungen treffen.

Diese Veränderungen führten zu neuartigen Argumenten in zwei der analysierten Streitigkeiten. Zum einen war es ein Prozeßvertreter, der mit dem *Führerprinzip* Rechte des Prozeßgegners auszuschließen gedachte. In diesem bereits teilweise besprochenen Fall vor dem LG Limburg von 1935, bei dem es um einen Schadensersatzanspruch eines Feuerwehrkapellenleiters ging,[583] beruhte der Anspruch auf einem Vertrag mit dem Feuerwehrverein und verschiedenen Mitgliedern. Der Verein wurde zum 01.01.1934 durch Gesetz zwangsweise aufgelöst und alternativ dazu ein Freiwilliger Feuerwehrverein gegründet, dessen Führungsstruktur autoritär an dem neuen *Führerprinzip* ausgerichtet war. Der Beklagtenvertreter führte dazu aus, daß die den Schadensersatzanspruch begründenden Vertragsklauseln „[...] *mit dem Führerprinzip des neuen Gesetzes unvereinbar* [...]" seien.[584] Die Statuten des neu gegründeten Vereins seien dergestalt, daß der Führer des Vereins keinen Spielraum hinsichtlich der Weiterbeschäftigung des Klägers als Kapellenleiter und daher rechtmäßig gehandelt habe. Die beklagten Mitglieder des Vereins treffe kein Verschulden, da sie nach den neuen gesetzlichen Bestimmungen keinen Einfluß auf die Führung des Vereins hätten.

Der Klägervertreter sah in diesen Ausführungen ein juristisches Gebilde, allein dazu erdacht, den Anspruch des Klägers zu verneinen.[585] Die Satzungsunterschiede zwischen dem alten und dem neuen Verein seien minimal, auf neue Prinzipien könne man nicht abstellen, zumal das „[...] *gesunde Rechtsempfinden und das gesunde Volksempfinden* [...] *ohne weiteres* [sagen], *dass die Freiwillige Feuerwehr sich nicht hinter juristische Konstruktionen verschanzen kann, um auf diese Weise ihren Verpflichtungen aus dem* [...] *Vertrag zu entgehen.*"

---

[582] Zum *Führerprinzip*, wie es sich in der Reichsverwaltung durchsetzte, vgl. Majer, „Fremdvölkische" im Dritten Reich, S. 38 ff.

[583] S. dazu S. 84 ff.

[584] HStA Wiesbaden 462-253, Schriftsatz v. 11.04.1935, Bl. 10 ff., 11.

[585] HStA Wiesbaden 462-253, Schriftsatz v. 25.04.1935, Bl. 16 ff., 17.

Ohne auf die Argumente des Beklagtenvertreters einzugehen, kam es zu einem die Klage stattgebenden Urteil.[586] In der Berufung, in der nicht mehr mit dem *Führerprinzip* argumentiert wurde, war der Kläger aus anderen, bereits erörterten Gründen nicht mehr im ganzen erfolgreich.[587]

Der andere Rechtsstreit fand ebenfalls vor dem LG Limburg statt. Dort ging es 1936 um die Feststellung der Nichtigkeit eines Verbandsausschlusses.[588] Anders als im ersten Fall führte keiner der Prozeßvertreter Argumente zum *Führerprinzip* an. Sie stritten sich lediglich darum, ob der Kläger oder ein anderer dem Ortsverband empfohlen hatte, aus dem Regionalverband auszutreten. Erst das Gericht kam in seinem klagestattgebenden Urteil auf das *Führerprinzip* zu sprechen und führte dazu aus, daß dieses Prinzip keine Auswirkungen auf die Kompetenz des Ortsverbandes zum Ausschluß von Mitgliedern habe, der Regionalverband daher keinen Ausschluß aussprechen könne.

Für beide Streitigkeiten läßt sich festhalten, daß die Gerichte die hier dargelegte Argumentation in ihren Ausführungen nicht berücksichtigten, um vertragliche oder gesetzliche Ansprüche zu negieren.

c) Die Klärung der individuellen Abstammung und das geschriebene Recht

Die nationalsozialistische Betonung der Rassezugehörigkeit führte im Prinzip zum Erfordernis der Klärung der individuellen Abstammung.[589] Daher betrifft ein Rechtsstreit vor dem LG Limburg von 1937 gerade diesen Kernbereich der von den Nationalsozialisten gewünschten Veränderungen.[590] Der Kläger hatte die Ehelichkeit seines Sohnes anfechten wollen und die dafür erforderliche Anfechtungsfrist gemäß § 1594 BGB (heute: § 1600 b BGB) versäumt. Der Beklagtenvertreter hatte ein die Klägerposition stützendes Urteil des OLG Frankfurt[591] als Fehlentscheidung bezeichnet, weil dieses seiner Auffassung nach die

[586] HStA Wiesbaden 462-253, Urteil v. 23.08.1935, Bl. 106 ff.

[587] S. dazu S. 86.

[588] HStA Wiesbaden 462-679, Klage v. 15.5.1936.

[589] Die blutsmäßig verbundene Gemeinschaft war das Ziel, dem auch die *Sippenforschung* diente; zur *Reichsstelle für Sippenforschung*, s. Rethmeier, „Nürnberger Rassegesetze" und Entrechtung der Juden im Zivilrecht, S. 169 f.

[590] HStA Wiesbaden 462-410, , Klage v. 03.08.1937, Klageerwiderung v. 08.11.1937, Bl. 23.

[591] HStA Wiesbaden 462-410, Urteil v. 10.09.1936, Bl. 23.

Bindung des Richters an das Gesetz und an die Rechtsprechung des Reichsgerichts mißachtete.[592]

Der Klägervertreter kritisierte daraufhin das Reichsgericht, welches sich von seiner „[...] *starren Bindung an das gesetzte Recht nicht freimachen* [...]" könne.[593] Das Reichsgericht laufe „[...] *Gefahr, Recht mit Gesetz gleichzustellen und damit in den früheren Rechtspositivismus zurückzufallen.*" So werde die Einheitlichkeit von familienrechtlichen Entscheidungen und „*blutsmäßiger Sippenzugehörigkeit*" verhindert.

Das LG wies den Armenrechtsantrag unter Beachtung einer vermittelnden Literaturmeinung ab, die eine Anfechtung nur bei unverschuldeter Fristversäumung zuließ,[594] während hier die Frist schuldhaft versäumt worden war.[595]

Im Beschwerdeverfahren wiederholte der Klägervertreter seine Argumente mit der Ergänzung, daß Fristbestimmungen, die zu einer Zeit normiert wurden, zu der die anstehenden Fragen noch nicht zur Diskussion standen, nun neu bewertet werden müßten.[596] Damit schloß er sich der Kritik nationalsozialistischer Literatur an, welche die Gesetzesbindung fallen sehen wollte.[597]

Der Beklagtenvertreter zeigte zwar Verständnis für die Lage des Klägers, jedoch verkenne dieser „[...] *die rechtspolitische Bedeutung der Ausschlußfrist, denn es kann nicht dem Ermessen des ehelichen Vaters überlassen bleiben, die Ehelichkeit seines bis dahin anerkannten Kindes noch nach beliebiger Zeit anzufechten.*" Ein solches Recht sollte zukünftig der Staatsanwaltschaft oder einem anderen staatlichen Organ zustehen, „[...] *der Willkür des Vaters* [müsse jedoch] *eine Grenze gezogen werden.*"[598]

Das OLG blieb bei seiner bereits zitierten Rechtsprechung[599] und folgte unter Mißachtung der gesetzlichen Regelung den Ausführungen des Klägervertreters.

---

[592] Urteil v. 23.11.1936, DJ 1937, Nr. 180.

[593] HStA Wiesbaden 462-410, Schriftsatz v. 10.11.1937, Bl. 24.

[594] S. Kallfelz, DJ 1937, Nr. 2923.

[595] HStA Wiesbaden 462-410, Beschluß v. 14.12.1937, Bl. 33 ff., 34.

[596] HStA Wiesbaden 462-410, Beschwerde v. 13.12.1937, Bl. 36.

[597] S. S. 142.

[598] HStA Wiesbaden 462-410, Schriftsatz v. 16.12.1937, Bl. 37.

[599] HStA Wiesbaden 462-410. Urteil v. 10.09.1936. Bl. 23.

Die Anfechtungsfrist sei nicht zu beachten, statt dessen seien der Beschluß aufzuheben und das Armenrecht für den Kläger zu bewilligen.[600] In der Hauptsache stärkte zwar ein erbbiologisches Gutachten die Klägerposition, die widersprüchlichen Aussagen des Klägers führten aber dennoch zur Klageabweisung.[601]

Das OLG Frankfurt zeigte Bereitschaft, in bestimmten Fällen - hier der Feststellung der individuellen Abstammung - vom Grundsatz der Gesetzesbindung abzuweichen. Seine Entscheidung ist wegen der von den Nationalsozialisten fast beschworenen *blutsmäßig verbundenen Gemeinschaft* nachvollziehbar, im Hinblick auf die erstinstanzliche Entscheidung des LG Limburg und die Rechtsprechung des Reichsgerichts aber nicht zwingend.[602]

2. Treu und Glauben außerhalb eines Vertragsverhältnisses

Ein Rechtsstreit von 1937 weist dahingehend eine Besonderheit auf, als darin ein Prozeßvertreter den Grundsatz von Treu und Glauben auch außerhalb von Schuldverhältnissen angewendet wissen wollte. In der ersten Instanz vor dem LG Frankenthal[603] wurde noch in herkömmlicher Weise argumentiert, woraufhin ein klageabweisendes Urteil erfolgte.[604]

In der Berufung befaßte sich der Beklagtenvertreter mit dem Grundsatz von Treu und Glauben. Er war der Ansicht, „[...] *dass Treu und Glauben, insbesondere nach der Rechtsauffassung des neuen Deutschlands, nicht nur innerhalb eines bestehenden Schuldverhältnisses gelten, sondern* [...] *ganz allgemein -was eigentlich selbstverständlich ist - das im menschlichen Verkehr gebotene Verhalten* [bestimmen]. *Auch solange kein Schuldverhältnis besteht, muss jeder im Verkehr mit seinen Nebenmenschen die Grundsätze von Treu und Glauben beachten.*“[605] Der Beklagtenvertreter meinte, daß dieser das gesamte gesellschaftliche Leben erfassende Grundsatz von Treu und Glauben nationalsozialistischen

---

600 HStA Wiesbaden 462-410, Beschluß v. 14.12.1937, Bl. 33 ff.

601 HStA Wiesbaden 462-410, Urteil v. 16.10.1939, Bl. 158 ff.

602 S. dazu S. 141.

603 LA Speyer J6-859 f., Klage v. 24.03.1937. Der Rechtsstreit steht im Zusammenhang mit LA Speyer J6-229, J6-862 ff., J6-1443, s. S. 127, 145 ff.

604 LA Speyer J6-859, Bl. 84 ff.

605 LA Speyer J6-859, Bl. 165.

Vorstellungen entspreche. Er verwies außerdem auf Literatur über die besonderen Gepflogenheiten von Kaufleuten im Handelsrecht, die seine Meinung unterstützte.[606]

Seine Argumentation wurde vom Gericht nicht berücksichtigt. Aus anderen Gründen obsiegte sein Mandant sowohl in der Berufung wie auch in der Revision.[607]

3. Die Beachtung der Weimarer Verfassung

a) Das nationalsozialistische Recht und die Weimarer Verfassung

Zwei Streitigkeiten befaßten sich mit der Frage, ob die Weimarer Verfassung noch ihre Gültigkeit bewahrte. In einer bereits im wesentlichen geschilderten Streitigkeit vor dem LG Limburg aus dem Jahre 1934 um das Bestehen eines Beamtenverhältnisses[608] bezweifelte der Beklagtenvertreter unter anderem den Fortbestand der Weimarer Verfassung, die der Klägerin erst ein Klagerecht einräumte.[609] Die Weimarer Verfassung sei „[...] *durch die nationale Revolution überholt. Das heutige Reich ist ein ganz anderes Gebilde als das der Weimarer Verfassung. Sowohl der Geist, als auch die Struktur ist eine ganz andere geworden. Es ist deshalb verfehlt, wenn sich die Klägerin noch auf Art. 129 RV stützt.*"

Gerade das Betonen des grundsätzlichen Fortbestehens der Weimarer Verfassung durch die nationalsozialistische Regierung und durch die Rechtsprechung läßt Zweifel hinsichtlich der Qualität dieses Arguments aufkommen.[610] Andererseits war erst ein Jahr seit der nationalsozialistischen Machtergreifung vergangen, d.h. es war durchaus noch eine diesbezügliche Änderung der Rechtspre-

---

[606] LA Speyer J6-859, Bl. 165: Vgl. Staudinger Kommentar zum BGB, Bemerkung IV zu § 242.

[607] LA Speyer J6-860, Bl. 272 ff., 286 ff: Das OLG berief sich bei seiner Entscheidung auf § 226 BGB, das RG auf § 826 BGB.

[608] HStA Wiesbaden 462-567, Klage v. 09.06.1934; s. auch S. 114 f.

[609] HStA Wiesbaden 462-567, Klageerwiderung v. 26.06.1934, Bl. 12 ff., 12 (Rückseite).

[610] Wohl deshalb wurde (wahrscheinlich vom berichterstattenden Richter) ein Fragezeichen an den Rand dieser Ausführungen gesetzt.

chung möglich. Das Urteil des LG Limburg läßt allerdings keine Berücksichtigung dieser Ausführungen erkennen.

Die zweite Streitigkeit, ebenfalls 1937 vor dem LG Limburg ausgetragen, befaßte sich mit der Überprüfung der Zweckmäßigkeit einer Verwaltungsentscheidung.[611] Der Beklagtenvertreter äußerte Zweifel über die Zulässigkeit einer solchen Klage, da es sich um einen Eingriff in die verfassungsmäßigen Rechte der städtischen Körperschaften handele.[612] „*Wenn nun darauf hingewiesen wird, dass nach der Machtübernahme einzelne Gerichte,* [...] *nach dieser Weise verfahren hätten, so mag das sein und mag mit den Zeitumständen zur Not entschuldigt werden können, wie sie eben eine Staatsumwälzung notwendigerweise mit sich brachte. Heute ist die Sachlage eine wesentlich andere. Es ist ausdrücklich von den maßgebenden Stellen anerkannt, dass der Richter grundsätzlich an das Gesetz gebunden ist und dass in einem nationalsozialistischen Führerstaat nicht der Richter, sondern der Führer das Tempo der Rechtserneuerung bestimmt.*“ Der Beklagtenvertreter schloß seine rechtspositiven Ausführungen mit seiner Überzeugung, daß Sachverhalte aus einer früheren Zeit nur dem Streitstand entsprechend dieser Zeit zu interpretieren seien,[613] was allerdings nicht dem Stand der Rechtsprechung entsprach.[614]

Das LG Limburg folgte in seinem Urteil nicht der Auffassung des Beklagtenvertreters, sondern schloß generell die gerichtliche Überprüfbarkeit der Zweckmäßigkeit einer Verwaltungsentscheidung aus. Dazu führte es aus, daß im nationalsozialistischen Staat anders als im liberalen Verfassungsstaat, in welchem der einzelne Staatsbürger vor der Willkür der Verwaltungsbehörden geschützt werden müsse, ein gerichtlicher Schutz nicht mehr erforderlich sei. „*Seit der Errichtung des autoritären Führerstaats hat sich immer mehr in der Rechtsprechung der Rechtsgrundsatz herausgebildet, daß die Gerichte nicht in die Zuständigkeit der Verwaltungsbehörden eingreifen dürfen.*“[615]

In beiden Streitigkeiten war die Partei erfolgreich, die das Fortbestehen der Weimarer Verfassung einforderte. Die Urteilsbegründung in der zweiten Ent-

---

[611] HStA Wiesbaden 462-678, Prozeßakte vorhanden ab Bl. 195, d.h. seit Februar 1937.

[612] HStA Wiesbaden 462-678, Schriftsatz v. 18.02.1937, Bl. 195 ff., 195.

[613] HStA Wiesbaden 462-678, Bl. 196.

[614] S. S. 167 f.

[615] HStA Wiesbaden 462-678. Urteil v. 22.07.1938. Bl. 302 ff.. 306.

scheidung zeigt aber außerdem, daß das Gericht nur deshalb mit dem Beklagten übereinstimmte, weil dieser zufällig auf der Linie der Neuinterpretation der Verfassung durch das LG Limburg lag, nicht aber, weil das Gericht den Bestand der Verfassung in umfassender Weise schützen wollte.

b) Die NSDAP und die Weimarer Verfassung

Ein Rechtsstreit vor dem LG Limburg von 1938 weist die Argumentation eines Beklagtenvertreters auf, welcher der NSDAP einen Status außerhalb der Verfassung einräumen wollte.[616] Der Kläger war in einem Verkehrsunfall verletzt worden, den ein Fahrer verschuldet hatte, der im Auftrag der *Hitlerjugend* unterwegs war.

Die Klägervertreter versuchten, die NSDAP als übergeordnete Organisation in Anspruch zu nehmen. Da deren Rechtspersönlichkeit schwierig einzuordnen war, stützten sie den Anspruch sowohl auf §§ 823 I, 831 BGB, wie auch auf § 839 BGB i.V.m. Art. 131 RV. Zur Amtspflicht führten sie aus, daß durch „[...] *das Gesetz zur Sicherung der Einheit von Partei und Staat vom 1.12.1933* [...] *eine enge Verbindung von Partei und Staat hergestellt worden* [sei]. *Die Hitlerjugend ist die Gliederung der Partei, der die Erziehung der Deutschen Jugend anvertraut ist. Sie erfüllt unmittelbar staatliche Aufgaben. Ihre Führer sind daher also insoweit mit öffentlicher Gewalt betraut anzusehen.*"[617]

Der Beklagtenvertreter nutzte die Stellungnahme des Reichsschatzmeisters der NSDAP.[618] Danach war der überwiegenden Rechtsprechung nicht mehr zu folgen, da diese eine unmittelbare[619] bzw. entsprechende[620] Anwendbarkeit der Amtshaftungsregeln auf Bedienstete der NSDAP oder ihrer Unterorganisationen annahmen. Der Reichsschatzmeister der NSDAP hatte ausgeführt, daß allen „[...] *bisherigen Entscheidungen* [...] *gemeinsam* [sei], *daß sie auf den Kernpunkt der ganzen Probleme überhaupt nicht eingegangen sind.* [...] *Die NSDAP* [...] *war bis zum Inkrafttreten des Gesetzes zur Sicherung der Einheit von Partei*

---

[616] HStA Wiesbaden 462-828, Klage v. 23.08.1938.

[617] HStA Wiesbaden 462-828, Bl. 1 ff., 2.

[618] HStA Wiesbaden 462-828, Bl. 8 ff.

[619] OLG Stettin, JW 1937, S. 241.

[620] OLG Potsdam. Urteil v. 30.11.1937. in HStA Wiesbaden 462-828. Bl. 9.

und Staat eine juristische Person des privaten Rechts. Diese juristische Konstruktion stand auch für das einfachste Rechtsempfinden in krassem Widerspruch zu der Stellung, die die NSDAP durch die nationale Erhebung eroberte. [... Die Partei] *war im Kampf gegen den Staat entstanden und hatte sich im Kampf gegen ihn durchgesetzt.* [...] *Es ist* [...] *nicht so, dass die NSDAP sich* [...] *dem Staat als Gliederung oder als Teil eingefügt hätte* [...] *Hierüber darf man sich auch durch den Namen des Gesetzes zur Sicherung der Einheit von Partei und Staat nicht hinwegtäuschen lassen. Ich verweise dazu auf die Ausführungen von Dr. Krause in der DJZ 1936/621. Dort wird in durchaus zutreffender Weise dargelegt, dass der Grundsatz der Einheit von Partei und Staat nicht als Identität, sondern nur als zusammengesetzte Beziehungs- und Ordnungseinheit aufgefasst werden darf* [...] *Anders als in einer solchen Trennung wäre der Herrschaftsanspruch der NSDAP gegenüber dem Staat auch gar nicht aufrecht zu erhalten. Steht die NSDAP aber über dem Staat (oder auch nur, wie das mitunter behauptet worden ist, gleichgeordnet neben dem Staat) so kann sie logischerweise ihre Stellung und ihre Rechtspersönlichkeit nicht aus staatlichem Recht herleiten, und zwar weder aus privatem noch aus öffentlichem Recht des Staates. Vielmehr kann sie ihre Stellung, ihre Befugnisse und ihre Rechtspersönlichkeit nur auf eigenes Recht gründen, ebenso wie auch der Staat seine Rechtspersönlichkeit nur aus eigenem Recht und nicht aus irgend einer ihm übergeordneten Rechtsquelle herleiten kann. Der Staat hat also die NSDAP weder geschaffen noch ihr Rechtspersönlichkeit verliehen, sondern er hat das Recht der NSDAP lediglich für seinen Herrschaftsbereich anerkennen können.*"[621]

Diesen Ausführungen folgte der Hinweis, daß die NSDAP hoheitliche Befugnisse ausüben dürfe. Nehme sie aber diese Rechte wahr, bestimme sie in gerichtlich nicht überprüfbarer Weise darüber, ob es sich bei der Tätigkeit um die Ausübung einer Amtspflicht handelte. Im vorliegenden Fall habe sie darüber negativ befunden.

Das Gericht wies die Klage ab und folgte damit der Ansicht des Reichsschatzmeisters der NSDAP. Dabei versuchte es noch weitere Unklarheiten auszuräumen. Die Bezeichnung der NSDAP als Körperschaft des öffentlichen Rechts in

---

[621] HStA Wiesbaden 462-828, Bl. 8 ff; ebenso Neubert (Präsident der Reichs-Rechtsanwaltskammer), Die Schranken richterlichen Prüfungsrechts bei staatspolitischen Handlungen der Verwaltung, JW 1933, S. 2426 f.

§ 1 II des Gesetzes zur Sicherung der Einheit von Partei und Staat dürfe nicht dazu führen, sie als solche zu verstehen. „*Für eine einmalige ohne Vorbild dastehende Erscheinung wie die NSDAP konnte man nicht in so kurzer Zeit eine neue Rechtsform finden, die ihrem Wesen völlig gerecht wird. Aus diesen Gesichtspunkten kann die Partei nicht mit anderen Körperschaften des öffentlichen Rechts, etwa mit Gemeinden oder Versicherungsträgern, auf eine Stufe gestellt werden.*“ Die NSDAP sei vielmehr die „*treibende Kraft des ganzen völkischen Lebens und die Trägerin des Staatsgedankens* [...]“.[622]

Diese Entscheidung ist deshalb von Bedeutung, weil sie eine von wenigen darstellt, in denen ein Gericht offen Stellung beziehen mußte. Und dabei zeigt sich sehr deutlich, daß es abweichend von der bisherigen Rechtsprechung[623] bereit war, der nationalsozialistischen Linie in Bezug auf die Rechtsstellung der NSDAP zu folgen. Interessant ist darüber hinaus, daß - wie im vorherigen Abschnitt gezeigt[624] - dasselbe Gericht in verschiedenen Punkten, hier hinsichtlich der Stellung der NSDAP zur Weimarer Verfassung, dort bezüglich der Bedeutung der Weimarer Verfassung für die Überprüfbarkeit von Verwaltungsentscheidungen, Wertvorstellungen folgte, die infolge der nationalsozialistischen Herrschaft verändert worden waren.

4. Das nationalsozialistische Recht und das Prozeßrecht

Eine Neubewertung prozeßrechtlicher Normen wurde in fünf Streitigkeiten gefordert, von denen eine sich mit der Prozeßfähigkeit verheirateter Frauen befaßte,[625] die übrigen mit den Auswirkungen prozeßverschleppenden Verhaltens des Prozeßgegners.[626]

Zur Prozeßfähigkeit von Ehefrauen wurde 1941 vor dem LG Frankfurt gestritten.[627] Die Klage hatte eine im Güterrecht nach dem BGB lebende Ehefrau er-

---

[622] HStA Wiesbaden 462-828, Urteil v. 31.03.1939, Bl. 31 ff; ebenso Reuß, Partei und Staat im Dritten Reich, JW 1935, S. 2314 ff.

[623] OLG Stettin, JW 1937, S. 241; OLG Potsdam, Urteil v. 30.11.1937, in HStA Wiesbaden 462-828, Bl. 9.

[624] HStA Wiesbaden 462-678, s. S. 161 f.

[625] HStA Wiesbaden 460-487(4).

[626] HStA Wiesbaden 462-1052; 474/2-112; LA Speyer J6-366; J6-347, 378.

[627] HStA Wiesbaden 460-487(4), Klage v. 15.03.1941.

hoben. Der Beklagtenvertreter zweifelte ihre Prozeßfähigkeit an. Das Gericht hatte seiner Auffassung nach zu prüfen, ob einer im Güterrecht des BGB lebenden Ehefrau das Recht zustehe, ein am eingebrachten Gut gehörendes Recht im eigenen Namen geltend zu machen.[628]

Der Klägervertreter hielt dies für unproblematisch und verwies auf die bisherige Rechtsprechung.[629] Ohne darauf einzugehen machte das Gericht einen Vergleichsvorschlag, den beide Parteien annahmen.[630]

In zwei Streitigkeiten, in denen der Vorwurf prozeßverschleppenden Verhaltens erhoben wurde, geschah dies in allgemeiner Weise. So durch den Hinweis, daß jedes prozeßrechtlich zulässige Mittel geltend gemacht werden dürfe[631] bzw. durch die Anmerkung, daß bezüglich der Rüge der Unzuständigkeit des Gerichts, diese nicht „[...] *dem Geiste des neuen deutschen Rechtes entspricht* [...] *Ich glaube nicht, daß die Bestimmungen dafür geschaffen wurden, einen solchen Mißbrauch zu treiben.*“[632]

Im zweiten Fall ging dieser Vorwurf nicht nur an die Adresse des Vertreters des Prozeßgegners, sondern auch an die des LG Frankenthal und betraf einen Zeitraum von zehn Jahren, währenddem die Vollstreckbarkeit eines Schiedsspruches immer wieder aufgeschoben wurde.[633]

Das OLG Zweibrücken folgte in seiner das Urteil des LG Frankenthal aufhebenden Entscheidung dieser Argumentation. „*Alle gesetzlich zulässigen Mittel*, [... den Schiedsspruch] *zu beseitigen oder abzuändern, haben versagt.* [...] *Das*

---

[628] HStA Wiesbaden 460-487(4), Schriftsatz v. 30.04.1941, Bl. 25.

[629] HStA Wiesbaden 460-487(4), Schriftsatz v. 27.05.1941, Bl. 39.

[630] Es wird hier noch auf einen weiteren Prozeß von 1935 verwiesen, in welchem der Prozeßvertreter der *jüdischen* Partei dem Prozeßgegner vorhielt, keine eigenen Einkommensverluste geltend machen zu können, da die Doppelverdienerehe im nationalsozialistischen Staate nicht mehr zulässig sei, LA Speyer J6-851, Bl. 575, 754 f. Zur Beurteilung *jüdischer* Gutachter, s. S. 245; Herschel, Ist die Kündigung von Doppelverdienern und Schwarzarbeitern „unbillige Härte“?, JW 1933, S. 1866 f; vgl. Rüthers, Die unbegrenzte Auslegung, S. 154.

[631] LA Speyer J6-366, Berufungsstreitigkeit von 1934, Schriftsatz v. 23.09.1936, Bl. 681 ff., 683. Der Rechtsstreit steht im Zusammenhang mit LA Speyer J6-378, J6-350, J6-357.

[632] HStA Wiesbaden 462-1052, Klage v. 28.11.1939, Schriftsatz des Klägervertreters v. 12.12.1939, Bl.6. Der Vorwurf hatte bei dem anschließenden Vergleich keine Bedeutung.

[633] LA Speyer J6-378, Vorwurf von der Prozeßpartei selbst im Rahmen eines Gesuchs an das Bayrische Staatsministerium der Justiz v. 03.03.1934.

Verhalten des [... Prozeßgegners] *ist durch das Bestreben gekennzeichnet, sich der Vollstreckung des rechtskräftigen Schiedsspruchs unter allen Umständen und um jeden Preis zu entziehen.* [...] *Die Rechtsbehelfe, die die Prozeßordnung den Parteien rechtskräftigen Entscheidungen gegenüber in die Hand gibt, sind aber nicht dazu bestimmt, das Recht zu vereiteln, sondern dem Recht zu dienen. Sofern es der Kläger im Falle der Rechtskraft der gegenwärtigen Entscheidung unternehmen sollte, sich der Vollstreckung des Schiedsspruchs durch neue prozessuale Mittel zu entziehen, wird daher zu prüfen sein, ob ihm nicht von vorneherein ohne Würdigung seiner Einwendungen das Rechtsschutzinteresse abzusprechen ist.*"[634]

Zur Rechtskraft dieses Urteils kam es jedoch nicht, da das Reichsgericht die Entscheidung wieder aufhob.[635] Die Begründung, das Berufungsgericht habe die prozessualen Rechte des Prozeßgegners nicht beachtet, verdeutlicht die ablehnende Haltung des Reichsgerichts gegenüber der Ansicht des OLG.[636]

Dennoch versuchte in einem weiteren Rechtsstreit zwischen den Parteien ein Prozeßvertreter, die Argumentation des OLG zu nutzen.[637] Das Gericht wiederholte jedoch seine früheren Ausführungen nicht, sondern folgte den Vorgaben des Reichsgerichts.[638]

---

[634] LA Speyer J6-350, Urteil v. 28.05.1936, Bl. 1112 ff; ebenfalls in LA Speyer J6-357.

[635] LA Speyer J6-352, Revision v. 14.09.1936, Bl. 1486 ff.

[636] LA Speyer J6- 357, Urteil des RG v. 23.04.1937, S. 10 ff.

[637] LA Speyer J6-366, Schriftsatz v. 23.09.1936, Bl. 683.

[638] LA Speyer J6-353, Urteil des OLG v. 20.12.1938.

II. Das nationalsozialistische Recht bei der Auslegung von Normen- und Verträgen

Zur Durchsetzung der Ziele der Nationalsozialisten bedurfte es im Zivilrecht im Grunde keiner umfangreichen Gesetze, da das ideologieneutrale, elastische Recht des BGB und des HGB in der Lage war, über den Weg der Auslegung neue Werte zu berücksichtigen.[639] Das zeigt sich vor allem bei der Auslegung von Generalklauseln wie Treu und Glauben (§§ 157, 242 BGB), gute Sitten (§§ 138, 826 BGB) und Schikaneverbot (§ 226 BGB).[640] Das preußische Oberverwaltungsgericht schrieb bereits 1934 in seiner Urteilsbegründung, daß Vorschriften, die wertausfüllungsbedürftige Begriffe beinhalteten, ausschließlich dem allgemeinen Rechtsempfinden nach ausgelegt werden müßten, wobei der Richter in seinem „[...] *Urteil dem Kern dessen möglichst nahe* [... zu kommen habe], *was das Volksbewußtsein mit jeweils wechselnder Klarheit als „Recht" empfinde.*"[641] Das Gericht verwies dazu auf einen Aufsatz von Carl Schmitt[642], in dem die unmittelbare und ausschließliche Anwendung nationalsozialistischer Grundsätze gefordert wurde.[643] Damit sollten Begriffe wie *„Recht ist, was dem Volke nutzt"*[644] oder *„Recht* [ist] *etwas im Blute Lebendes"* in die Auslegung mit einfließen.[645] Für rechtswissenschaftliche Arbeiten, Grundlage jeder richterli-

---

[639] Vgl. Rüthers, Die unbegrenzte Auslegung, S. 3. Zur Vorgehensweise politisch-ideologisch motivierter umfassender Rechtserneuerungen, s. Rüthers, Ideologie und Recht im Systemwechsel, S. 103 ff.

[640] S. Gürtner (Reichsjustizminister), Richter und Rechtsanwalt im neuen Staat, DJ 1934, S. 369 ff., 370f; vgl. Gruchmann, Justiz im Dritten Reich, S. 926 ff. Verschiedene Theorien und Aufsätze zu dem Thema aus damaliger Zeit bei Rüthers, Die unbegrenzte Auslegung, S. 138 ff., 151 f; s. dazu auch Bilfinger, Der Gemeinschaftsgedanke im geltenden Recht, JW 1933, S. 2550 f; Benkendorff, Treu und Glauben im Zivilprozeßrecht, JW 1933, S. 2870 ff.

[641] PrOVG, Urteil v. 15.02.1934, Reichs- und Preuß.Verw.Bl., Bd. 55, S. 286. Auch das Reichsgericht zeigte sich neuen Werten gegenüber aufgeschlossen, s. Urteil des RG v. 25.11.1933, Arbeitsrechtssammlung 19, S. 214 ff.

[642] Zur Person Carl Schmitts, s. Noack, Carl Schmitt; Rüthers, Entartetes Recht, S. 101 ff.

[643] S. Schmitt, Neue Leitsätzen für die Rechtspraxis, JW 1933, S. 2793 f; derselbe, Über die drei Arten des rechtswissenschaftlichen Denkens, S. 59; vgl. Schröder, „... aber im Zivilrecht sind die Richter standhaft geblieben!", S. 168.

[644] S. Kersten, Die Rückkehr zum deutschen Volksrecht, JW 1933, S. 1233 f; Schmitt, Neue Leitsätzen für die Rechtspraxis, JW 1933, S. 2793.

[645] Zitat bei Rüthers, Entartetes Recht, S. 30.

chen Tätigkeit, sollten nach den Worten des Reichsrechtsführers Dr. Frank[646] die Begriffe Rasse, Boden und Arbeit, sowie das nationalsozialistische Reich und dessen Ehre von grundlegender Bedeutung sein.[647]

Allein diese Begriffe zeigen, daß die neuen Auslegungsmerkmale kaum der Auslegung dienen konnten, da sie selbst auslegungsbedürftig waren, daß sie aber einer neuartigen juristischen Auseinandersetzung dienen konnten.

Die analysierten Akten lassen von dieser Auseinandersetzung um die zulässigen Auslegungsmerkmale nur wenig erkennen. Eine geringe Zahl von Fällen beinhaltet eine Argumentation, die im Rahmen der Auslegung von traditionell orientierten Ausführungen abweicht. Diese Fälle befassen sich mit Fragen zur Kausalität und zur Rechtswidrigkeit des Handelns nationalsozialistischer Demonstranten, zum sittenwidrigen Verhalten oder zu sittenwidrigen Rechtsgeschäften und zum treuwidrigen Verhalten.

1. Zur Kausalität, Rechtswidrigkeit und konkurrierenden Mitverursachung

Mit Ausschreitungen von Anhängern der Nationalsozialisten befassen sich zwei bereits teilweise dargestellte Streitigkeiten.[648] Dabei zeigt sich deutlich die Palette anknüpfungsfähiger Tatbestandsmerkmale hinsichtlich des von den Geschädigten erhobenen Vorwurfs der unerlaubten Handlung. So wurde versucht, die Kausalität umzukehren, die Rechtswidrigkeit angezweifelt und in einem Rechtsstreit dem Geschädigten ein Mitverschulden vorgeworfen.[649]

---

[646] Der Reichsrechtsführer Dr. Frank war Leiter der Rechtsabteilung der Reichsleitung der NSDAP, Führer des BNSDJ, bayrischer Justizminister und seit April 1933 Reichsjustizkommissar für die Gleichschaltung der Justiz in den Ländern, für die Erneuerung der Rechtsordnung (als Verbindung zwischen dem Reichsjustizministerium und der Rechtsabteilung der NSDAP) und Leiter des Generalgouvernements, vgl. Gruchmann, Justiz im Dritten Reich, S. 86 f., 380. Zu seiner Person, s. Schmid, Glossen. Erinnerung an den NS-Rechtswahrerbund, JZ 1954, S. 263 f; Schudnagies, Hans Frank.

[647] Vortrag vor der *Akademie für deutsches Recht* zur Jahrestagung 1938, berichtet von Zeller, JW 1938, S. 1799. Die Rechtswissenschaft im Dritten Reich versuchte die nationalsozialistische Ideologie in ein logisches Rechtssystem umzusetzen, s. Jöckel, Politische Rechtswissenschaft, JW 1933, S. 1051 f.

[648] LA Speyer J6-829; HStA Wiesbaden 467-799.

[649] Zu HStA Wiesbaden 467-799. s. S. 170 ff.

Der bereits im Zusammenhang mit einer Argumentation zu einem antinationalsozialistischen Verhalten dargestellte Frankenthaler Rechtsstreit von 1937 befaßte sich mit der Schadensersatzklage einer Kirchengemeinde.[650] Zur Kausalität führte der Beklagtenvertreter aus, daß nicht nur das Verhalten derjenigen zu berücksichtigen sei, welche die Rechtsgutverletzungen begangen hatten, sondern daß auch das vorherige Verhalten der Geschädigten oder ihm Nahestehender zu beachten sei. Der Pfarrer Caroli sei als „[...] *Vertreter des politischen Katholizismus bekannt, welche* [...] *keine Gelegenheit vorübergehen lassen, um ihren Widerstand gegen den Staat oder die Partei zu beweisen.*“[651] Dies habe den Unwillen der nationalgesinnten Bevölkerung in der Gemeinde hervorgerufen, so daß der Pfarrer selbst die Ursache für die Rechtsgutverletzungen gesetzt habe. Außerdem sei die Demonstration zunächst friedlich verlaufen, und lediglich das Verhalten einiger Kirchenmitglieder, deren Läuten der Kirchenglocken, habe die „[...] *Menge, die damit keineswegs gerechnet hatte, rebellisch* [...]“ gemacht.[652] Auch hier sei daher die Kausalität eine andere als die vom Klägervertreter aufgezeigte.

Der Klägervertreter hielt dies für eine verdrehte Argumentation zur Kausalität. Zum einen hätten die angesprochenen Verfehlungen des Pfarrers teilweise zeitlich später gelegen, und zum anderen handele jeder Mensch, auch Demonstrationsteilnehmer, eigenverantwortlich.[653] Möglicherweise habe es einen Anlaß zu demonstrieren gegeben, nicht jedoch für Gewalttätigkeiten. „*Es ist wohl noch das Recht eines jeden in seiner Freiheit, Gesundheit und in seinem Leben bedrohten und aller übrigen Volksgenossen, zu ihrem und ihrer anderer Schutze die Mittel anzuwenden, die ihnen der Augenblick bietet. Wenn Hunderte von Menschen aufziehen, um einen anderen zu verhaften oder* [...] *totzuschlagen* [...], *wenn Leute, die nichts tun, als zur Besinnung* [zu] *mahnen, von dieser Menge in brutaler Weise niedergeschlagen und mißhandelt werden, wenn Sachen zerstört werden, die einer Gemeinschaft gehören, dann ist wohl das*

---

[650] LA Speyer J6-829, s. S. 123 ff.

[651] LA Speyer J6-829, Schriftsatz v. 27.09.1937, Bl. 15 f.

[652] LA Speyer J6-829, Schriftsatz v. 27.09.1937, Bl. 16.

[653] LA Speyer J6-829, Schriftsatz v. 27.10.1937, Bl. 22 ff., 25.

Sturmläuten der Glocken noch das geeignetste und harmloseste und unschädlichste Mittel, um die Geister, die andere riefen, zur Besinnung zu bringen."[654]

Ein Vergleichsvorschlag des Klägervertreters, der nur noch den Ersatz des Sachschadens beinhaltete,[655] scheiterte an einer Einigung über die Aufteilung der Prozeßkosten.[656]

Das Urteil fiel zugunsten der Beklagten aus. Die Vertretungskosten für den Pfarrer Caroli seien größtenteils für einen Zeitraum verlangt worden, in welchem der Pfarrer eine Strafe verbüßt habe und daher nicht einklagbar, im übrigen auch nur ein Vermögensschaden. Darüber hinaus könne die klägerische Kirchengemeinde keine Beweise für die Beteiligung der Beklagten an den gewalttätigen Ausschreitungen erbringen. Die Beklagten hätten zwar an der Demonstration teilgenommen, nicht aber an der Erstürmung und Beschädigung der Kirche. Die diesbezüglichen Aussagen von Polizeibeamten als Zeugen vom Hörensagen genügten nicht.[657]

Das Gericht beachtete im Tatbestand zwar die Ausführungen des Beklagtenvertreters, daß das Läuten der Kirchenglocken den Ausbruch von Gewalt gefördert habe,[658] setzte sich damit aber nicht in den Entscheidungsgründen auseinander.

In dem anderen Rechtsstreit, der die Folgen einer nationalsozialistischen Demonstration in Wiesbaden zu klären hatte, wurde von den Beklagtenvertretern die Rechtswidrigkeit des Handelns ihrer Mandanten in unterschiedlicher Weise bezweifelt.[659] Während ein Beklagtenvertreter auf die legalisierende Wirkung des Berichts im Nassauer Volksblatt, einem parteiamtlichen Organ, hinwies, wonach die unerlaubte Handlung mit „*Nationalsozialistische Justiz greift durch*" bezeichnet wurde,[660] rechtfertigten die anderen Beklagtenvertreter das Verhalten ihrer Mandanten mit den Genehmigungen von Bürgermeister und

---

[654] LA Speyer J6-829, Bl. 10 f; vgl. Warmbrunn, Rechtsanwälte im Nationalsozialismus, in: Festschrift für Ludwig Anton Doll, S. 619.

[655] LA Speyer J6-829, Schriftsatz v. 13.12.1937, Bl. 34.

[656] LA Speyer J6-829, Bl. 37, 39.

[657] LA Speyer J6-829, Urteil v. 23.12.1938, Bl. 50 f.

[658] LA Speyer J6-829, Bl. 48. Die Berufung wurde zwar eingelegt, aber wieder zurückgenommen, Bl. 60.

[659] HStA Wiesbaden 467-799, s. S. 122.

[660] HStA Wiesbaden 467-799. Bl. 91 f.

Parteileitern.[661] Ihre Mandanten hätten nicht davon ausgehen können, daß die Genehmigungen ihr Handeln nicht rechtfertigen könnten, wie es das Schwurgericht zuvor im Strafverfahren festgestellt habe. Auch hätten die Mandanten bereits zuvor ähnliche Aktionen auf Anordnung durchgeführt, ohne dafür zur Rechenschaft gezogen worden zu sein.

Neben der Rechtmäßigkeit eigenen Handelns wurde auch ein Mitverschulden des Geschädigten angeführt, welches die Haftung der Beklagten ausschließe.[662] Der Geschädigte habe „[...] *in einer das nationalsozialistische Empfinden der Beklagten ausserordentlich verletzenden Weise gehandelt* [...], *so dass sich mit Recht die allgemeine Stimmung gegen* [... ihn] *richtete.*“[663] Der Geschädigte selbst habe früher erklärt, daß Personen, „[...] *die Gelder unterschlügen,* [...] *an den Pranger* [gehörten].“ Der Geschädigte habe sich demnach die Folgen seiner Taten selbst zuzuschreiben.[664]

Der Klägervertreter hielt diese Überlegungen für abwegig, da man keinen Kausalzusammenhang zwischen den Verfehlungen des Geschädigten und dem Verhalten der Beklagten einerseits und einem Mitverschulden des Geschädigten andererseits herstellen könne. Darüber hinaus hielt er diese Form der Selbstjustiz für eine „[...] *unsagbare*[...] *Störung der Rechtsordnung* [...]; *hätte dann doch jeder einen Freibrief dafür, einen Dritten, der sich strafbar gemacht hat, kurzer Hand unschädlich zu machen.*“[665]

In dem anschließenden, stattgebenden Urteil[666] wurde zur Rechtswidrigkeit auf die reichsgerichtliche Entscheidung in der Strafsache verwiesen und zum Mitverschulden des Geschädigten ausgeführt, daß es irrig sei anzunehmen, daß dieser durch sein Verhalten Anlaß zur Anprangerung gegeben habe und daher für seinen Tod selbst verantwortlich sei, „[...] *da von einem durch Unterschlagung adäquaten ursächlichen Zusammenhang, wie ihn die Rechtsprechung zwischen dem eigenen Verhalten des Verletzten und dem schädigenden Erfolg verlangt,*

---

[661] HStA Wiesbaden 467-799, Bl. 37, 96 ff.

[662] HStA Wiesbaden 467-799. Bl. 12, 37, 94.

[663] HStA Wiesbaden 467-799. Bl. 37.

[664] HStA Wiesbaden 467-799, Bl. 92, 94.

[665] HStA Wiesbaden 467-799, Bl. 45.

[666] HStA Wiesbaden 467-799. Bl. 114.

in dem Sinne, daß dieser schädigende Erfolg aus dem gewöhnlichen und regelmäßigen Verlauf der Dinge herrührt, nicht die Rede sein kann."[667]

Auch der Bürgermeister der Gemeinde wurde bezüglich dieses Vorfalls verklagt[668] und zum Schadensersatz an die Klägerinnen verurteilt. Er habe es versäumt, gegen die ihm bekannte Anprangerung des Geschädigten einzuschreiten, obwohl solche Handlungen bereits seit mehreren Jahren durch den Reichsminister des Innern verboten gewesen seien.[669] Die Zwangsvollstreckung aus beiden Urteilen wurde aufgrund eines Antrags des Regierungspräsidenten ausgesetzt und den Klägerinnen dann vom Reichsminister des Innern eine Entschädigung in Höhe von 7.600,- RM gezahlt.[670]

Die Streitigkeiten zeigen, daß auch hier die Argumentation der Rechtsanwälte nur wenig Einfluß auf die Entscheidungen der Gerichte hatten. Im Frankenthaler Rechtsstreit kam es zur Klageabweisung, weil es nicht genügte, die Beteiligung an der Demonstration zu beweisen. Der Wiesbadener Prozeß hingegen war für die Klägerinnen erfolgreich, weil von vornherein die Beteiligung an gewalttätigen Handlungen feststand; die Argumente der Beklagtenvertreter bewegten hier nichts.

2. Zur Sittenwidrigkeit

a) Das sittenwidrige Verhalten

Die Sittenwidrigkeit bot in Fällen, in denen es nicht um die Wirksamkeit von Verträgen ging, nur selten Anlaß zu Ausführungen, die sich auf veränderte Wertvorstellungen gründeten. Die dabei benutzten Hinweise auf die neue Rechtslage[671] erwecken kaum den Eindruck, daß hierdurch neuartige Gedanken zum Ausdruck gebracht werden sollten.

---

667 HStA Wiesbaden 467-799, Bl. 122.

668 HStA Wiesbaden 467-834.

669 HStA Wiesbaden 467-834, Bl. 100 ff., 100-102.

670 HStA Wiesbaden 467-834, Entscheidung v. 22.05.1940 (keine Blattangaben).

671 LA Speyer J6-849, Bl. 3, 11; LA Speyer J6-689, Bl. 24.

In einem Rechtsstreit vor dem LG Frankenthal von 1937, in dem der Anspruch aus einem rechtskräftigen Urteil gemäß § 826 BGB angegriffen wurde,[672] begründete der Klägervertreter die Klage damit, daß sein Mandant davon ausgegangen war, daß das Stadtjugendamt den Anspruch auf Unterhaltszahlungen nicht mit Hilfe eines Versäumnisurteils durchsetzen werde. „*Diese Art der Prozessführung entspricht zum mindesten nicht mehr dem heutigen Rechtsdenken und bedarf einer Korrektur.*“[673]

Der Beklagtenvertreter zog aus dem „*heutigen Rechtsdenken*“ andere Schlüsse. Er war der Ansicht, daß jemand, der „[...] *monatelang in geschlechtlichen Beziehungen mit einer Frau steh*[e], *auch für die Folgen dieser Beziehungen aufzukommen ha*[be], *selbst wenn während der Empfängniszeit ein Geschlechtsverkehr mit einem anderen Mann stattgefunden haben sollte.*“[674]

Das Gericht sah in der Vorgehensweise des Stadtjugendamts ebenfalls kein vorsätzlich schädigendes Verhalten und wies die Klage ab.[675]

Das LG Frankenthal hatte bereits 1935 über den Anspruch einer Klägerin zu entscheiden, eine auf ihrem Grundstück zugunsten des Beklagten eingeräumte Grundschuld wegen sittenwidrigen Erlangens zu beseitigen.[676] Der Beklagte, ihr früherer Schwiegersohn, habe sie durch den Neubau auf dem bäuerlichen Grundstück „*überrascht*“ und später auch durch seine gereizte Art unter Druck gesetzt. Der Klägervertreter sah in diesem Verhalten einen Verstoß gegen die guten Sitten, die anhand „[...] *der Denkweise der gesamten Nation, nach dem Sittlichkeitsgefühl der billig und gerecht denkenden Volksgenossen* [... zu bestimmen seien]. *Auch für das Maß der zu stellenden sittlichen Anforderungen ist die im Volke herrschende Ansicht, also der Durchschnittsmasstab rechtschaffener Männer als Richtschnur zu betrachten.*“[677] Nicht entscheidend seien

672 LA Speyer J6-849, Klage v. 08.07.1937.

673 LA Speyer J6-849, Bl. 3, 11.

674 LA Speyer J6-849, Bl. 9.

675 LA Speyer J6-849, Bl. 17.

676 LA Speyer J6-689, Klage v. 04.01.1935.

677 LA Speyer J6-689, Bl. 24.

hingegen die moralischen Anschauungen eines einzelnen, auch „*nicht* [... die] *Lehren einer bestimmten Klasse oder Partei.*“[678]

Diese Argumentation weist bis auf ein Argument des Beklagtenvertreters keine neuen Wertvorstellungen auf. Dieser erklärte in einem seiner Schriftsätze die Gereiztheit seines Mandanten mit der *Erbkrankheit* seiner nun geschiedenen Ehefrau, die sich „[...] *nach ihrer Sterilisation* [...] *im Kaffee von Pferdehändlern und Viehjuden den Hof machen lasse.*“[679]

Als taktisch sinnvoll kann diese Äußerung angesehen werden. Denn der Hinweis auf die *Erbkrankheit* machte die Gereiztheit seines Mandanten verständlich, und die Ausführungen zu den Kontakten der früheren Ehefrau mit *Juden* das Fehlen jeglichen *Rassenstolzes*.[680] Die Ausführungen drücken gleichzeitig eine tiefsitzende Menschenverachtung gegenüber einer Minderheit in der Bevölkerung aus.

Das Gericht ging auf die Frage der Sittenwidrigkeit umfassend im Sinne herkömmlicher Wertvorstellungen ein, sah aber kein auffälliges Mißverhältnis zwischen den Leistungen des Beklagten (Errichtung des Neubaus) und der Höhe der zu seinen Gunsten eingeräumten Grundschuld und wies daher die Klage ab.[681]

b) Die Sittenwidrigkeit von Verträgen

Der Vorwurf der Sittenwidrigkeit von Verträgen wurde ebenso selten wie der des sittenwidrigen Verhaltens erhoben. In zwei von vier Fällen, die sich mit der Frage der Sittenwidrigkeit von Verträgen befaßten, wird herkömmlich argumentiert,[682] obwohl verschiedene Nationalsozialisten eine umfassende Neuinterpretation von Generalklauseln gefordert hatten.[683]

---

678 LA Speyer J6-689, Bl. 16 (Rückseite).

679 LA Speyer J6-689, Schriftsatz v. 06.06.1936, Bl. 26 (Rückseite).

680 Was in Gerichtsentscheidungen durchaus von Bedeutung sein konnte, vgl. Schröder, „... aber im Zivilrecht sind die Richter standhaft geblieben!“, S. 54.

681 LA Speyer J6-689, Urteil v. 12.11.1936, Bl. 39 ff., 53 ff.

682 HStA Wiesbaden 460-394 (1), Antrag v. 07.09.1933; LA Speyer J6-685, Klage v. 29.01.1936.

683 S. S. 167 f.

Bei den beiden Streitigkeiten, die eine Argumentation aufweisen, die veränderte Wertvorstellungen berücksichtigt, war jeweils eine der Prozeßparteien jüdischer Herkunft.[684] Zum einen ging es um einen Rechtsstreit vor dem LG Hanau von 1940, in dem die Höhe des Mietzinses umstritten war.[685] Die dabei für den Vorwurf der Sittenwidrigkeit maßgebliche Argumentation des Beklagtenvertreters bezog sich auf ein „[...] *auffallende*[s] *Missverhältnis zwischen Nutzungswert des Hauses und Miete* [...]", auf welches sein Mandant „[...] *von einer staatlichen Seite* [...]" aufmerksam gemacht wurde.[686] Der Beklagte verstoße „[...] *womöglich gegen die bestehenden Preisbestimmungen, insbesondere Juden gegenüber* [...]" und mache sich so der „[...] *unerlaubte*[n] *Unterstützung von Juden* [...]" schuldig.

Der Klägervertreter forderte den vereinbarten Mietzins. Seiner Ansicht nach gebe es keine Bestimmungen im Mietrecht, die eine Benachteiligung *jüdischer* Vertragspartner verlange. Darüber hinaus solle der Beklagtenvertreter die staatliche Stelle benennen, von welcher der Beklagte informiert worden sei.[687] Nach weiteren sachlichen Argumenten verglichen sich die Parteien.[688]

Der andere Rechtsstreit fand im selben Jahr statt und war beim LG Frankenthal anhängig.[689] Die Klägerin verlangte darin die Feststellung des Bestehens eines Wohnrechts zu ihren Gunsten.

Der Klägervertreter trug vor, daß seine Mandantin auszugsbereit sei, die Beklagte aber ohne die Feststellung des Bestehens eines Wohnrechts für die Klägerin eine vertraglich vereinbarte Entschädigung nicht zahlen wolle. Der Klägervertreter bezweifelte, daß seine Mandantin aufgrund des Gesetzes über die Regelung der Mietverhältnisse mit Juden[690] ausziehen müsse.[691] Seine Mandan-

---

[684] HStA Wiesbaden 474/4-400; LA Speyer J6-1541.

[685] HStA Wiesbaden 474/4-400; s. auch S. 206. Entschiedener Rechtsstreit über die Sittenwidrigkeit älterer Verträge, s. Schröder, „... aber im Zivilrecht sind die Richter standhaft geblieben!", S. 90 ff.

[686] HStA Wiesbaden 474/4-400, Schriftsatz v. 06.01.1941.

[687] HStA Wiesbaden 474/4-400, Schriftsatz v. 10.01.1941.

[688] HStA Wiesbaden 474/4-400, Schreiben v. 20.03.1941.

[689] LA Speyer J6-1541, Klage v. 02.02.1940. Zur Person des Klägervertreters, der jüdischer Herkunft war, s. Sven Paulsen, in: 175 Jahr pfälzisches Oberlandesgericht, S. 279.

[690] Gesetz v 30.04.1939. RGBl. I. S. 864 f.

tin sei zwar jüdischer Herkunft wie auch der verstorbene Ehemann der Beklagten, ihr stehe jedoch ein vertraglich gewährtes Wohnrecht zu, testamentarisch eingeräumt und von der Beklagten und deren Ehemann durch entsprechende Erklärungen bestätigt.[692] Selbst bei Unwirksamkeit letzterer habe die Beklagte keinen Anspruch auf Auszug der Klägerin, denn sie könne nur die Rechte geltend machen, die ihrem verstorbenen Ehemann zugestanden hatten.[693]

Der Beklagtenvertreter griff das Wohnrecht der Klägerin mit Argumenten zu Treu und Glauben und zur Sittenwidrigkeit an. So sah er in dem diesem Wohnrecht zugrundeliegenden Vertrag von 1922 eine Sittenwidrigkeit begründet,[694] die das Wohnrecht ebenfalls erfasse. Dieser Vertrag war zwischen zwei Hauptaktionären einer Aktiengesellschaft und dieser abgeschlossen worden. Darin hatte sich die Aktiengesellschaft zu Leistungen, u.a. zur Einräumung eines Wohnrechts an dieser der Gesellschaft gehörenden Wohnung, verpflichtet. Die Gesellschafter hingegen mußten ihre Arbeitskraft „[...] *in dem ihnen möglichen Umfang* [...]“ zur Verfügung stellen. Es bedürfe „[...] *keiner besonderen Ausführungen darüber, dass hier das Vermögen einer AktienGesellschaft zu generösen Leistungen an Dritte herangezogen werden sollte, ohne dass diese Dritten eine positive Arbeit zu leisten gehabt hätten oder auch leisteten. Wer der leidtragende Dritte sein sollte, darüber war man sich wohl auch s.Zt. einig und der Oeffentlichkeit wurde dies auch offenbar, als die Aktien Gesellschaft* [...] *in ihre bekannten wirtschaftlichen Schwierigkeiten geriet.*“[695]

Nach Ansicht des Beklagtenvertreters dürfe die Frage der Sittenwidrigkeit des Vertrages nicht anhand der Maßstäbe von 1922 bestimmt werden, da sich zwischenzeitlich die Begriffe wie Treu und Glauben und gute Sitten grundlegend gewandelt hätten, so „[...] *dass das Entgelt dem nunmehr herrschenden gesunden Volksempfinden gröblichst widerspricht, (Palandt § 138 Anm.1)* [...]“, was insbesondere für Dauerverpflichtungen gelte.[696]

---

[691] LA Speyer J6-1541, Bl. 2.

[692] LA Speyer J6-1541, Vereinbarung v. 15.11.1936 (keine Blattangaben).

[693] LA Speyer J6-1541, Bl. 1 ff., 2.

[694] LA Speyer J6-1541, Bl. 11 ff.

[695] LA Speyer J6-1541, Bl. 11.

[696] LA Speyer J6-1541, Bl. 11 (Rückseite).

Diese Forderung nach einer Berücksichtigung nationalsozialistischer Werte bei der Bewertung eines 1922 abgeschlossenen Vertrags entsprach der Rechtsprechung des Reichsgerichts seit 1936.[697]

Der Beklagtenvertreter unterließ es, den Sachverhalt unter seine Ausführungen zur Sittenwidrigkeit zu subsumieren, und kam statt dessen auf Treu und Glauben zu sprechen. Diese Argumentation soll aus Gründen der Verständlichkeit bereits hier dargestellt werden.

Der Beklagtenvertreter führte aus, daß die „[...] *grundsätzliche Veränderung des politischen Gesamtbildes* [...]"[698] eine Vertragsanpassung auch und gerade von Verträgen, die vor der Machtübernahme der Nationalsozialisten abgeschlossen wurden, verlange. Im „[...] *Hinblick auf die Entwicklung der Beziehungen zwischen dem Deutschtum und dem Judentum* [rechtfertige sich] *eine Ueberprüfung der Verpflichtung der Beklagten* [... welche] *zur Verneinung des Anspruches der Klägerin* [führe].[699] Dieses Ergebnis werde auch durch Überlegungen des Reichsrechtsamts gestützt, welches „[...] *angesichts der Entwicklung der Beziehungen zwischen dem Deutschtum und dem Judentum* [...] *die rechtspolitische Forderung erhoben* [habe, ...] *alle*[...] *generösen Ruhegehaltsbezahlungen an Juden zu* [... streichen]."[700] In diesem Sinne seien auch das Gesetz über Mietverhältnisse mit Juden entsprechend anzuwenden und der Auszug folglich zu erzwingen.[701]

---

[697] RGZ 150, 1 ff., 4; vgl. Rüthers, Die unbegrenzte Auslegung, S. 218.

[698] LA Speyer J6-1541, Bl. 11 (Rückseite).

[699] Der Beklagtenvertreter wiederholte dieses Argument wenig später lediglich mit anderen Worten, LA Speyer J6-1541, Bl. 25 (Rückseite) f.: „*Ihrem Gericht ist das Ziel der Judengesetzgebung gewiss nicht unbekannt; u.a. soll eine möglichst schnelle und vollständige Lösung sämtlicher Beziehungen der deutschen Arier zu Juden herbeigeführt werden.* [...] *Die* [...] *Ueberlassung der Wohnräume an die Klägerin* [widerspreche] *dem herrschenden gesunden Volksempfinden gröblich* [...] *Seitens Ihres Gerichts muss* [... ein Wohnrecht] *verneint werden; eine andere Beantwortung dieser Frage widerspricht dem obersten Grundsatz, der auch an den Wänden Ihres Gerichts dem rechtsuchenden Publikum verkündet wird: Deutsches Recht dem deutschen Volk.*"

[700] LA Speyer J6-1541, Bl. 11 (Rückseite).

[701] Die Gemeindebehörde bescheinigte, daß für eine anderweitige Unterbringung der Klägerin Sorge getragen werde, ohne daß eine entsprechende Prüfung vorgenommen wurde, LA Speyer J6-1541, Bl. 12, 16 ff.

Der Klägervertreter hielt den Vertrag von 1922 nicht für sittenwidrig,[702] da beide Aktionäre ihr ganzes Leben hindurch für die Aktiengesellschaft gearbeitet und diese „[...] *zur grossen Blüte gebracht* [hätten]. *Im Jahre 1922 blickten die genannten Herren bereits auf eine mehr als 50jährige Tätigkeit für die Firma zurück.*“ In der Vereinbarung von 1922 könne man eine Ruhegehaltsvereinbarung sehen, die auch nach der „[...] *seit dem Umbruch herrschende*[n] *Anschauung* [nicht gegen die ...] *gute*[n] *Sitte*[n] *oder Treue und Glauben* [...]“ verstoße.[703] Die monatlichen Verpflichtungen der Aktiengesellschaft in Höhe von 91,70 Goldmark könnten nicht als unverhältnismäßig belastend bezeichnet werden. Das gelte ebenso für das zusätzlich eingeräumte Wohnrecht für einen der beiden Gesellschafter im Hinblick auf dessen Alter von über siebzig Jahren wie für die Versorgung der Klägerin als Nichte eines der beiden Aktionäre. Die Verordnung zur Ausschaltung der Juden aus dem Wirtschaftsleben[704] habe hier keine Bedeutung, da es sich um einen Vertrag zwischen Bürgern jüdischer Herkunft handelt, und „[...] *zwar zwischen den nächsten leiblichen Verwandten*“.[705] Auch das Gesetz über Mietverhältnisse mit Juden[706] komme nicht zur Anwendung, da es nur Mietrechtsverhältnisse betreffe, nicht aber wie vorliegend ein unentgeltliches Wohnrecht.[707]

Der Beklagtenvertreter erwiderte darauf, daß das genannte Gesetz eine räumliche Trennung von *jüdischer* und *arischer* Bevölkerung erreichen wollte und sich daher auf sämtliche Wohn- und Mietverhältnisse zwischen *jüdischen* und *arischen* Bürgern beziehe.[708] Bezüglich Ruhegehaltszahlungen sei der fortwährende Geschäftsrückgang der Aktiengesellschaft in den letzten Jahren zu bedenken.[709]

---

702 LA Speyer J6-1541, Bl. 16.

703 LA Speyer J6-1541, Bl. 16 ff., 17.

704 Gesetz v. 12.11.1938, RGBl. I, S. 1580.

705 LA Speyer J6-1541, Bl. 18.

706 Gesetz v. 30.04.1939, RGBl. I, S. 864 f.

707 LA Speyer J6-1541, Bl. 20.

708 LA Speyer J6-1541, Bl. 21.

709 LA Speyer J6-1541, Bl. 25. Der Beklagtenvertreter machte dabei auf die Diskussion um die Kürzung und Streichung von Ruhegehältern *jüdischer* Bürger aufmerksam, s. S. 202 f.

Unerwähnt blieb, daß dieser Rückgang seine Ursachen zwar auch in der Weltwirtschaftskrise hatte, vor allem aber in den Boykottmaßnahmen der Nationalsozialisten gegen *jüdische* Geschäfte begründet war.

Der Klägervertreter sah sich nun gezwungen, auf Sinn und Zweck des Gesetzes über Mietverhältnisse mit Juden einzugehen, d.h. auf die beabsichtigte Trennung von *jüdischer* und *arischer* Bevölkerung. Dabei verwies er auf den Umstand, daß die Beklagte *halbjüdische* Kinder habe, eine vollständige Trennung von Bürgern jüdischer Herkunft ihr also nicht möglich sei und ihr deshalb auch das Gesetz nicht zur Seite stehen dürfe.[710] Außerdem gehe es im vorliegenden Fall nicht um die vom Gesetz geforderte gesellschaftspolitische Trennung, sondern um eine rein vermögensrechtliche Frage. Denn die Beklagte bezwecke mit ihrem Verhalten nicht die „*Arisierung*“ des Wohnhauses, sondern das Erlangen eines Vermögensvorteils. Die unentgeltliche Überlassung der Wohnung brächte ihr einen solchen in Höhe von 13.000,- RM ein, entsprechend der vermögenssteuerrechtlichen Erfassung.[711]

Der Beklagtenvertreter versuchte daraufhin, die Einräumung des Wohnrechts als unwirksame Schenkung darzustellen.[712] Die Klägerin könne nicht einwenden, „[...] *dass jene Einräumung des Rechtes auf freie Wohnung, Hausbrand, Licht und Bedienung eine Gegenleistung für die von ihr angeblich während 30 Jahren in hingebungsvoller Tätigkeit ihrem Onkel* [...] *geleisteten treuen Dienste“ sei.*“ Dieser „[...] *Wortlaut* [... kehre] *in allen jüdischen Testamenten für angeblich geleistete Dienste wieder*, *um* [...] *eine Zuwendung besonders zu rechtfertigen.*“[713] Aber nur, wenn ein Familienmitglied einen erheblichen Teil seiner Lebenszeit und Arbeitskraft dem Betriebe zugeführt habe, entspreche es dem deutschen Rechtsempfinden, dieses Mitglied auf Kosten des Betriebs in seinem Lebensabend zu versorgen, nicht aber, wenn diese Voraussetzungen nicht vorlagen. Dann ist dieses Verhalten nur noch „[...] *typisch jüdisch.*“[714]

---

[710] LA Speyer J6-1541, Bl. 27 ff., 28.

[711] LA Speyer J6-1541, Bl. 29.

[712] LA Speyer J6-1541, Bl. 45 f.

[713] LA Speyer J6-1541, Bl. 45 (Rückseite).

[714] LA Speyer J6-1541, Bl. 45 (Rückseite).

Diese Formulierung scheint eine häufig verwendete Redewendung zu sein,[715] die wohl vor allem die Voreingenommenheit gegenüber der *jüdischen* Prozeßpartei verstärken und das eigene *arische* Verhalten in einem besseren Lichte erscheinen lassen sollte.

Der Beklagtenvertreter war der Ansicht, daß selbst das Vorliegen von Arbeitsleistungen der Klägerin keine andere Schlußfolgerung zulasse, da diese Leistungen nicht an die Gesellschaft, sondern an ihren Onkel ergingen. Es handele sich daher um eine Schenkung, deren Formmangel nur für den Zeitraum bis zum Lebensende des die Klägerin begünstigenden Aktionärs geheilt sei. Dessen letztwillige Verfügung könne die Erben aber nicht verpflichten.[716]

Der Klägervertreter wiederum hielt die Ausführungen zur Schenkung für unerheblich und kam nochmals auf das Ruhegehaltsversprechen zurück, welches formlos auch erst nach Beendigung des Dienstverhältnisses abgegeben werden könne.[717]

Der Beklagtenvertreter folgte dieser hypothetischen Annahme und begegnete ihr mit Ausführungen zu Treu und Glauben und den guten Sitten.[718] Selbst bei einem vertraglichen Anspruch auf entsprechende Leistungen verlange nun das Volksempfinden, „[...] *dass alle generösen Ruhegehaltszahlungen an Juden* [...]“ gestrichen würden.[719] Dann müsse dies um so mehr gelten, wenn der Leistungsempfänger wie im vorliegenden Fall überhaupt keine Leistungen zugunsten des Leistungsverpflichteten erbringe.[720]

An dieser Stelle endet die Gerichtsakte, ohne den Hinweis auf ein hierzu ergangenes Urteil.

Der Rechtsstreit zeigt deutlich den Einfluß von Literatur und Rechtsprechung auf die Argumentation des Beklagtenvertreters. So bezog sich dieser auf die

---

715 S. S. 101 ff.

716 LA Speyer J6-1541, Bl. 46.

717 Dazu zitierte der Klägervertreter einige Urteile, LA Speyer J6-1541, Bl. 50: RG, JW 1936, S. 3453 ff.; RG, JW 1913, S. 89; RGZ 94, 158, Reichsarbeitsgericht 11.331.

718 Dazu zitierte der Beklagtenvertreter ein Urteil, LA Speyer J6-1541, Bl. 54: LG Berlin, DR 1940, S. 368, und das Reichsrechtsamt der NSDAP, DR 1940, S. 369.

719 LA Speyer J6-1541, Bl. 54. Der Beklagtenvertreter bezog sich hier auf Meinungen in der Literatur, s. S. 202.

720 LA Speyer J6-1541, Bl. 54.

Rechtsprechung des Reichsgerichts, als er die Anwendbarkeit von veränderten Wertvorstellungen bei der Prüfung der Sittenwidrigkeit von älteren Verträgen verlangte. Ebenso weisen seine Ausführungen zu Ruhegehaltszahlungen auf Meinungen in der Literatur hin.[721] Hier erweckte der Beklagtenvertreter jedoch durch seine Formulierungen den Eindruck, daß es sich um allgemein anerkannte Grundsätze handelte.

c) Die Sittenwidrigkeit von Testamenten und Vermächtnissen

Die Klage auf Feststellung der Nichtigkeit eines Testaments oder Vermächtnisses wurde in drei Streitigkeiten mit den veränderten politischen und damit einhergehenden rechtlichen Verhältnissen begründet. Ein Rechtsstreit befaßt sich mit der Wirksamkeit eines sogenannten Geliebten- oder Mätressentestaments,[722] die beiden anderen Fälle beinhalten Vorwürfe zur testamentarischen Bevorzugung von Verwandten jüdischer Herkunft.[723]

In dem ersten Rechtsstreit, 1940 beim LG Frankenthal anhängig, machte der Klägervertreter geltend,[724] daß seiner Mandantin der Anspruch aus dem Vermächtnis nach gesundem Volksempfinden zustehe, da sie für den Verstorbenen als Haushälterin tätig war.

Der Beklagtenvertreter nutzte für seine Argumentation das Gesetz über die Errichtung von Testamenten und Erbverträgen von 1938[725], um zu einer gegenteiligen Ansicht zu gelangen. Die Nichtigkeit der vom Verstorbenen getroffenen Vermächtnisanordnung ergebe sich daraus, daß sie „[...] *in einer gesundem Volksempfunden gröblich widersprechenden Weise gegen die Rücksichten verstossen, die ein verantwortungsbewusster Erblasser gegen Familie und Volksgemeinschaft zu nehmen hat.*“[726] Die Klägerin habe lediglich in „*vertrautesten Beziehungen*“ mit dem Verstorbenen gestanden, nicht aber für ihn gearbeitet.

---

[721] S. v.Scheurl, JW 1939, S. 273 f; Riedel, DR 1939, S. 1230; Klemm, DR 1940, S. 369 f.

[722] LA Speyer J6-1531.

[723] HStA Wiesbaden 474/2-112; 474/4-67.

[724] LA Speyer J6-1531, Klage v. 07.02.1940.

[725] Gesetz v. 31.07.1938, RGBl. I, S. 973 ff.

[726] LA Speyer J6-1531, Bl. 4 (Rückseite). Ergänzender Hinweis auf einen BGB-Kommentar, LA Speyer J6-1531, Bl. 5 (Rückseite).

Aus der Benachteiligung der eigenen Familie ergebe sich der Verstoß gegen das gesunde Volksempfinden. In einem weiteren Schriftsatz wies der Beklagtenvertreter außerdem darauf hin, daß das Vermächtnis zugunsten der Klägerin über fünfzig Prozent des Nachlasses ausmache, so daß über die Hälfte an eine „*Familienfremde*" gehe.[727]

Das stattgebende Urteil sah die Anwendbarkeit des Gesetzes über die Errichtung von Testamenten und Erbverträgen als gegeben an, nicht aber die Voraussetzungen eines sittenwidrigen Vermächtnisses. Mögliche intime Beziehungen zwischen dem Verstorbenen und der Klägerin könnten die dem Erblasser erbrachten haushälterischen Dienste nicht verdrängen.[728]

Die Diskussion um das sogenannte Geliebten- oder Mätressentestament gibt es auch heute noch, die Argumente befassen sich allerdings nicht mehr mit einer möglichen Benachteiligung der Familie des Erblassers, sondern damit, ob in dem Testament eine Belohnung für geschlechtliche Hingabe oder die Förderung der Fortsetzung der sexuellen Beziehung zu sehen ist.[729] Die Hinweise auf die Pflicht zur Rücksichtnahme gegenüber der „*Volksgemeinschaft*" und auf die vorrangige Beachtung von Familienmitgliedern ergäben heute keinen Sinn mehr, blieben aber, wie der Urteilsbegründung zu entnehmen ist, auch zur damaligen Zeit unbeachtet.[730]

In den beiden anderen Streitigkeiten, welche die Bevorzugung von Familienmitgliedern jüdischer Herkunft betrafen, klagten jeweils die *arischen* Kinder aus erster Ehe gegen die *jüdische* Witwe, die Ehefrau aus zweiter Ehe.

In dem einen Prozeß vor dem AG Frankfurt von 1939 wurde nur das Prozeßverhalten der *jüdischen* Partei kritisiert, indem es zunächst als „*typisch jüdisch*" bezeichnet,[731] später als Verschleppungsmanöver angesehen wurde.[732]

---

[727] LA Speyer J6-1531, Bl. 49 ff.

[728] LA Speyer J6-1531, Bl. 49 ff.

[729] OLG Düsseldorf, FamRZ 1998, S. 583; s. Burkart, §§ 2229-2264, in Münchener Kommentar, Bürgerliches Gesetzbuch, Bd. 9 (Erbrecht), § 2247 Rn 64 ff; Stein, Erbfolge. §§ 1922-1941, in: Soergel, Bürgerliches Gesetzbuch, Bd. 9 (Erbrecht), § 1937 Rn 31 f.

[730] So wohl auch in einem vergleichbaren Fall, erläutert von Schröder, „... aber im Zivilrecht sind die Richter standhaft geblieben!", S. 22 ff.

[731] HStA Wiesbaden 474/2-112, Schriftsatz v. 12.05.1939.

[732] HStA Wiesbaden 474/2-112. Schriftsatz v. 27.05.1939.

In der anderen Streitigkeit von 1941 hatte das LG Frankfurt dem Kläger einen Erbschein ausgestellt, nachdem dieser das erste vom Erblasser verfaßte und ihn begünstigende Testament vorgelegt hatte.[733] Die Beklagte, zu deren Gunsten ein später verfaßtes, zweites Testament vorlag, weigerte sich, dem Herausgabebegehren des Klägers zu folgen. Dieser klagte nun auf Herausgabe des Erbes aufgrund des erteilten Erbscheins. Zur Absicherung seines Anspruchs verwies er auf § 48 des neuen Testamentsgesetzes,[734] wonach Nichtigkeit des zweiten, die Beklagte begünstigenden Testaments vorliegen müsse. Denn ein „[...] *arischer Erblasser* [... dürfe] *niemals unter Uebergehung seiner arischen Abkömmlinge eine Jüdin zur alleinigen Erbin einsetzen.*“[735] Außerdem versuchte der Klägervertreter über mehrere Seiten zu belegen, daß der Verstorbene die Ehescheidung von der Beklagten angestrebt habe, da das Verhältnis zu ihr gelitten habe, u.a. auch deshalb, weil die Beklagte systematisch daraufhin gearbeitet habe, an das Vermögen des Erblassers zu gelangen. Als Beleg für dieses Vorgehen der Beklagten wurde eine vom Erblasser ausgestellte, notariell beurkundete Schenkung vorgelegt, die ihren Anspruch über das Testament hinaus absichern sollte. Diese Schenkung sei ebenfalls wegen Sittenwidrigkeit nichtig. Denn es „[...] *wäre auch mehr als merkwürdig, wenn das kleine Kind* [der Kläger, Enkel des Erblassers ...] *überhaupt nichts bekäme und die Beklagte als Volljüdin alles bis auf einen ganz geringfügigen Teil.*“[736] Der Rechtsgedanke des Benachteiligungsverbots von *arischen* Erben, der § 48 Testamentsgesetz zugrunde liege, müsse auch im Rahmen des § 138 BGB zur Anwendung kommen. „*Wollte man anderer Auffassung sein, so könnte gerade dieser wichtige § 48 jederzeit leicht umgangen werden und dies ist zweifellos nicht* [... im] *Sinn*[e] *der nationalsozialistischen Gesetzgebung.*“[737]

Der Beklagtenvertreter sah in § 48 Testamentsgesetz eine spezielle, nicht auf § 138 BGB übertragbare Regelung, die zwar erbrechtliche Beziehungen betreffe, nicht aber Verfügungen unter Lebenden. Außerdem verwahre er sich dagegen,

---

[733] HStA Wiesbaden 474/4-67, Klage v. 18.04.1941.

[734] Gesetz über die Errichtung von Testamenten und Erbverträgen v. 31.07.1938, RGBl. I, S. 973 ff.

[735] HStA Wiesbaden 474/4-67, Klageschrift, S. 4. Diese Ausführungen des Klägervertreters wiederholten sich, HStA Wiesbaden 474/4-67, Schriftsatz v. 05.05.1941 und v. 18.05.1941.

[736] HStA Wiesbaden 474/4-67, Schriftsatz v. 28.05.1941.

[737] HStA Wiesbaden 474/4-67. Schriftsatz v. 28.05.1941.

daß die Maßnahmen, die der Erblasser zugunsten seiner Ehefrau getroffen hatte, als „*Schiebungen*“ zu bezeichnen seien, da diese lediglich den Zweck hatten, den späteren Lebensunterhalt der Beklagten abzusichern.[738]

Anschließend kam es zu einem Vergleichsvorschlag des Gerichts, der eine Einigung etwa in der Mitte vorsah. Die Parteien nahmen den Vorschlag an.[739]

3. Die Auslegung von Treu und Glauben

Die Auslegung von Treu und Glauben führte in Prozessen ohne *jüdische* Prozeßparteien nur in einem Fall zu einer Argumentation, die scheinbar auf veränderte Wertvorstellungen zurückgriff. In diesem Rechtsstreit vor dem LG Frankfurt wurde dem Kläger, einem Makler, der weitere, über den bereits gezahlten Betrag hinausgehende Provisionsansprüche geltend machte, vorgeworfen, entgegen Treu und Glauben nicht frühzeitig auf dieses Verlangen aufmerksam gemacht zu haben.[740] Die tatsächlichen Leistungen des Maklers stünden darüber hinaus in keinem Verhältnis zur Höhe der Forderung, und dieses Mißverhältnis könne „[...] *im nationalsozialistischen Staate* [nicht mehr] *möglich* [... sein, da es ansonsten alle] *anderen Volksgenossen, die sich in redlicher Arbeit mühen und plagen*, [... verhöhnen würde].“[741]

Der Einwand der richterlichen Überprüfbarkeit von einseitig festgelegten Leistungen wird auch heute im Rahmen von Treu und Glauben berücksichtigt.[742] Die hinter dem Begriff des Mißverhältnisses von Leistung und Gegenleistung stehenden Überlegungen wurden aber auch bereits vor der nationalsozialistischen Machtergreifung im Rahmen des § 315 BGB anhand von Sittenwidrigkeit, Geschäftsgebräuchen, Geschäftslage, Bedürfnis etc. überprüft.[743] Es han-

---

[738] HStA Wiesbaden 474/4-67, Schriftsatz v. 16.05.1941.

[739] HStA Wiesbaden 474/4-67, Vergleich v. 12.08.1941.

[740] HStA Wiesbaden 474/4-332, Schreiben v. 31.03.1939, s. auch S. 137.

[741] HStA Wiesbaden 474/4-332, Schreiben v. 14.04.1939.

[742] S. Wolf, Begründung. Inhalt des Vertrages. §§ 305-319, in: Soergel, Bürgerliches Gesetzbuch, Bd. 2 (Schuldrecht I), § 315 Rn 41, 47 ff., 51 ff.

[743] S. Planck, Bürgerliches Gesetzbuch, 2. Band, S. 86 f; Oertmann, Kommentar zum Bürgerlichen Gesetzbuch. 2. Band. S. 253 f.

delt sich also weniger um die Beachtung gewandelter Werte als um eine herkömmliche, sozial ausgerichtete Argumentation.[744]

Die Parteien einigten sich auf einen Vergleich, der etwa einem Drittel des geforderten Honorars entsprach.[745]

Andere Prozesse ohne *jüdische* Beteiligung weisen keine spezifisch nationalsozialistische Argumentation auf,[746] selbst dann nicht, wenn der Vorwurf kredittäuschenden und knebelnden Verhaltens erhoben wurde.[747]

Prozeßvertreter *jüdischer* Parteien mußten jedoch des öfteren ihre Mandanten vor neuartigen Auslegungen von Treu und Glauben schützen, zumindest dann, wenn es nicht bei pauschalen Vorwürfen blieb. Prozeßvertreter *arischer* Parteien integrierten dann in ihre Auslegung von Treu und Glauben unter den Nationalsozialisten bedeutsam gewordene Werte, und Prozeßvertreter *jüdischer* Parteien versuchten, in bekannter Weise zu entgegnen.[748] So z.B. 1938 der Prozeßvertreter des *jüdischen* Beklagten in der Berufung vor dem LG Frankfurt, indem er darauf hinwies, daß dem Kläger eine Maklerprovision nicht zustehe, da dieser gegen Treu und Glauben verstoßen habe, indem er den potentiellen Käufer auf die jüdische Herkunft des Verkäufers hingewiesen habe. „*Wenn der Kläger dem entgegenhält, diese Ausführungen des Beklagten seien nicht ernst zu nehmen, da der Kläger sich im Sinne der Zeit umgestellt habe, so mag diese Umstellung erklärlich sein. Aber keinesfalls kann der Kläger Geld für angebliche Vermittlungen von Geschäften verlangen, die er selbst zu verhindern versucht hat.*“[749]

---

[744] Vgl. Rüthers, Die unbegrenzte Auslegung, S. 231 f., der die Berufung auf Treu und Glauben als eine stets wiederkehrende Formel bezeichnet, ohne daß eindeutig gemacht wird, ob es sich um ein Begehren auf sozialen Wandel oder aufgrund veränderter Wertvorstellungen handelt.

[745] HStA Wiesbaden 474/4-332, Schreiben v. 09.10.1939.

[746] HStA Wiesbaden 462-956, Klage v. 01.02.1939; 462-1050, Klage v. 09.10.1939.

[747] LA Speyer J6-687, Klage v. 02.03.1936. Der Prozeß endete mit einem außergerichtlichen Vergleich, Bl. 33.

[748] Einer dieser Fälle, in dem es um Schadensersatz für das von einem Onkel eingeräumte Wohnrecht einer *jüdischen* Klägerin ging, wurde bereits im Abschnitt: Sittenwidrige Verträge umfassend behandelt, LA Speyer J6-1541, s. S. 175 ff.

[749] HStA Wiesbaden 474/6-3, Berufung v. 07.07.1938.

Der Klägervertreter versuchte dennoch, genau an diesem Punkt anzusetzen und hielt ein Treueverhältnis zwischen *arischem* Makler und *jüdischen* Klienten für unmöglich, da es „[...] *den heutigen Rechtsanschauungen* [widerspreche]." Der Beklagte könne sich „*rassegemäss*" auch nicht auf die neuen Rechtsanschauungen berufen.[750]

Der Ausgang des Rechtsstreits bleibt leider unklar, da die Handakte mit der Auswanderung des Rechtsanwalts schließt.

Auch in einem anderen Rechtsstreit, 1937 vor dem LG Frankfurt ausgetragen, betonte der Klägervertreter die von den Beklagten verletzte, in einer KG bestehende Treuepflicht auch *jüdischen* Gesellschaftern gegenüber.[751] Dazu führte er aus, daß einer der Beklagten[752] während der Verhandlungen um den Erwerb eines Abbaugebiets den Entschluß gefaßt habe, den Vertrag unter Umgehung der KG im eigenen Namen abzuschließen. Dies, nachdem die bis dahin laufenden Verhandlungen zu einem Preisnachlaß von 45.000,- RM geführt hatten. Verliefen die Verhandlungen mit dem Rechtsbeistand der Gemeinde zunächst „*im besten Einverständnis*", so verlangte der Rechtsbeistand der Gemeinde am 12. Juli 1937 eine Bescheinigung, „[...] *aus der hervorgehe, dass die Herren* [...] *rein arisch seien, und dass in der KG kein jüdisches Kapital enthalten sei.*"[753] Trotz der Vorlage einer Bescheinigung des Reichswirtschaftsministers, nach der die KG nicht als *jüdisch* gelte, lehnte der Rechtsbeistand der Gemeinde die KG als *jüdischen* Vertragspartner ab.[754] Der Beklagte habe diesen Zustand bewußt herbeigeführt und dann für seine Zwecke ausgenutzt.[755]

Der Beklagtenvertreter versuchte darzulegen, warum sein Mandant sich gezwungen gesehen habe, den Kaufvertrag im eigenen Namen abzuschließen.[756] So habe sich die Gemeinde zum einen durch das Glaubensbekenntnis des Klä-

---

[750] HStA Wiesbaden 474/6-3, Schriftsatz v. 26.10.1938.

[751] HStA Wiesbaden 460-512, Klage v. 04.10.1937.

[752] Die Beklagten waren Eheleute, maßgebliches Verhalten war das des Ehemannes, da dieser die Geschäfte der KG führte. Daher wird dieser auch im folgenden als der Beklagte bezeichnet.

[753] HStA Wiesbaden 460-512, Bl. 9.

[754] HStA Wiesbaden 460-512, Bl. 12.

[755] HStA Wiesbaden 460-512, Bl. 10 f.

[756] HStA Wiesbaden 460-512. Schriftsatz v. 15.10.1937. Bl. 53 ff.

gers zum Protestantismus sowie das Auftreten dessen Sohns mit Reithose und braunen SA-Stiefeln getäuscht gefühlt, zum anderen habe sie die Beteiligung des Beklagten als eine „[...] *arische Tarnung der jüdischen* [...]“ Firma angesehen. Deshalb habe der Beklagte den Erwerb im eigenen Namen vornehmen müssen.[757]

Das LG folgte der klägerischen Argumentation und betonte dabei,[758] daß der Beklagte entgegen dem „[...] *ausdrücklichen Führerwillen* [...][759] 1936 mit den Klägern einen Gesellschaftsvertrag unterschrieben habe, in Kenntnis der *Mischlingseigenschaften* der Kläger. Er könne sich nun nicht im Rahmen von Treu und Glauben auf diese *Mischlingseigenschaften* berufen.

In der Berufung warf der Beklagtenvertreter den Klägern selbst treuwidriges Verhalten vor, weil diese vor allem nur mit „[...] *jüdischen Firmen und Geschäftsleuten* [...]“ Verträge abgeschlossen hatten.[760] Bevor es jedoch zu einer gerichtlichen Auseinandersetzung in der zweiten Instanz kam, verglichen sich die Parteien außergerichtlich.[761]

Im übrigen waren die Vorwürfe pauschaler Art, teilweise wurde dabei auf eine gewisse „*Sippenverantwortlichkeit*“ abgestellt. Die Vorwürfe führten nicht zum Erfolg der Klagen, wurden möglicherweise auch deshalb selten von den Prozeßvertretern jüdischer Parteien beantwortet. So trugen Prozeßvertreter in zwei Streitigkeiten vor, daß andere *jüdische* Firmen die Mandanten bereits erheblich geschädigt hätten und daß sich daraus über Treu und Glauben Rechte ihrer Mandanten ergäben. Zum einen wurde dabei in einem bereits geschilderten Rechtsstreit auf ein Recht zur Vertragsaufhebung geschlossen,[762] zum anderen in einem Rechtsstreit vor dem AG Frankfurt von 1938 auf ein Recht zur Stun-

---

[757] HStA Wiesbaden 460-512, Bl. 74 f.

[758] HStA Wiesbaden 460-512, Urteil v. 30.11.1937, Bl. 116 ff., 125. Die Klage gegen die Ehefrau des Beklagten, die Beklagte zu 2., war erfolgreich, weil sie das Handeln ihres Ehemannes duldete.

[759] §§ 2, 6 der Ersten DurchführungsVO v. 14.11.1935, RGBl I, S.1333.

[760] HStA Wiesbaden 460-512, Berufungsschrift v. 27.01.1938, Bl. 150 ff., 155.

[761] HStA Wiesbaden 460-512, Bl. 202.

[762] HStA Wiesbaden 474/3-1864. Schreiben v. 23.04.1934; s. auch S. 102.

dung der Forderung.[763] Die Prozeßvertreter der *jüdischen* Parteien gingen nicht darauf ein und hatten mit ihren Klagen Erfolg.

In zwei weiteren Streitigkeiten vor dem AG Frankfurt ging es um die Wirksamkeit von Mietverträgen.[764] Dabei wurde in einem der beiden Fälle, einem Rechtsstreit von 1937, der *jüdischen* Partei vorgeworfen, bei Vertragsschluß über die jüdische Herkunft nicht informiert zu haben, so daß nun bestimmte Klauseln im Vertrag keine Gültigkeit mehr hätten;[765] dieser Einwand blieb jedoch vom Gericht unbeachtet.[766] In dem anderen Fall, einem Rechtsstreit von 1941, war der Mietgegenstand streitig, ebenso die vertraglich dem *jüdischen* Mieter gestattete Untervermietung.[767] Der Prozeßgegner verwies in seiner Argumentation auf die *Nürnberger Gesetze*. Danach sei es ihm nicht möglich, einer weiteren Untervermietung zuzustimmen, ohne gegen Strafnormen zu verstoßen.[768] Sein Prozeßvertreter nahm diese Argumentation in seine Ausführungen nicht mit auf.[769]

Die Parteien schlossen einen Vergleich, der zwei Mutmaßungen zuläßt. Entweder könnte die Argumentation zu den *Nürnberger Gesetzen* Einfluß auf den Rechtsstreit gehabt haben, oder die *jüdische* Partei versuchte - man bedenke den Zeitpunkt des Streits - durch einen Vergleich den Rechtsstreit zu beenden.[770]

4. Die Auslegung im Prozeßrecht

In einem bereits in Verbindung mit dem Vorwurf großkapitalistischen Verhaltens dargestellten Rechtsstreit vor dem LG Frankfurt von 1933 ging es unter anderem um die Voraussetzungen der Gewährung von Armenrecht für die Berufungsinstanz.[771] Neben der Bedürftigkeit des Antragsstellers war erforderlich,

---

[763] HStA Wiesbaden 474/3-2189, s. auch S. 205.

[764] HStA Wiesbaden 474/3-1712, s. auch S. 205; 474/2-10, s. auch S. 205.

[765] HStA Wiesbaden 474/3-1712, Schreiben v. 01.12.1937.

[766] HStA Wiesbaden 474/3-1712, Urteil v. 03.01.1938.

[767] HStA Wiesbaden 474/2-10.

[768] HStA Wiesbaden 474/2-10, Schreiben v. 22.08.1940.

[769] HStA Wiesbaden 474/2-10, Schriftsatz v. 10.06.1941.

[770] HStA Wiesbaden 474/2-10, Vergleich v. 16.09.1941, s. Schreiben v. 23.09.1941.

[771] HStA Wiesbaden 460-509, Zahlungsbefehl v. 15.12.1933; s. auch S. 134 ff.

daß das Unterlassen der Rechtsverfolgung den allgemeinen Interessen zuwiderlief.[772] Dieses Interesse der Allgemeinheit versuchte der Klägervertreter damit zu begründen, daß es sich um einen Kampf gegen kapitalistische Großmächte handele. Nach „[...] *der heutigen Auffassung des Rechts, das schliesslich nicht allein nur nach Paragraphen entscheiden soll, sondern dem Volksempfinden gerecht werden muss,* [dürfe es] *den Grossbanken* [... nicht] *noch gelingen* [...], *die Klägerin um ihr gutes Recht zu bringen* [...] *All das Leid, dass die Banken der Klägerin und ihren Beteiligten durch ihre verwerflichen Kampfmethoden zugefügt hat,* [...] *müsste dann ungesühnt bleiben.* [...] *Wenn heute verdiente Kämpfer des dritten Reichs in die Akademie für das deutsche Recht berufen werden, so wird oft in diesen Berufungsurkunden darauf hingewiesen, dass gerade deshalb der Betreffende in dieses Institut berufen wird, weil seine Verdienste für das volksverbundene Recht gross sind. Hier in diesem Falle geht es aber in hervorragendem Masse um eine solche Rechtsauslösung.*“[773]

Das OLG folgte diesen Ausführungen nicht, da ein öffentliches Interesse lediglich in Fällen anzunehmen sei, in denen eine Gemeinde, eine gemeinnützige Stiftung oder ein Unternehmen, dessen Existenz und das vieler Beschäftigter vom Ausgang des Prozesses abhingen, um Armenrecht ersuche. Der Armenrechtsantrag wurde abgewiesen.[774]

Anschließend wurde der Prozeß in der Hauptsache fortgeführt und schließlich die Klage abgewiesen.[775] Im Armenrechtsgesuch zur Revision ergänzte der Klägervertreter seine Ausführungen zum Armenrecht in der Berufungsinstanz, indem er darauf hinwies,[776] daß das erforderliche Interesse der Allgemeinheit kein materielles sein müsse, dieses sich dem Gesetzgeber bei Schaffung des Gesetzes lediglich aufgedrängt habe.[777] Dieses Interesse bestehe auch im vorliegenden

---

[772] HStA Wiesbaden 460-509, Beschluß v. 12.10.1935, Bl. 273 f.

[773] HStA Wiesbaden 460-509, Schriftsatz v. 12.09.1935, Bl. 260 ff., 265 f. Die Klägervertreter in 1. und 2. Instanz handelten unentgeltlich.

[774] HStA Wiesbaden 460-509, Beschluß v. 12.10.1935, Bl. 273 f.

[775] HStA Wiesbaden 460-509, Bl. 519 ff. § 826 BGB lag mangels Arglist nicht vor, § 823 II BGB mangels Betrugsvorsatzes und cic nicht, da die Beklagten keine Offenbarungspflicht gegenüber der Klägerin hatten.

[776] HStA Wiesbaden 460-509, Bl. 297.

[777] HStA Wiesbaden 460-509, Bl. 298; ebenso Volkmer, JW 1933, S. 2436; Staub, DJ 1933, S. 605.

Fall, da die Klägerin bei positivem Ausgang des Rechtsstreits neue Arbeitsplätze schaffen wolle.[778]

Der Armenrechtsantrag wurde abgelehnt, woraufhin kein Kostenvorschuß geleistet wurde, so daß die Revision unzulässig wurde.[779]

Die Klägervertreter nutzten in ihren Armenrechtsanträgen zu Berufung und Revision den nationalsozialistischen Grundsatz des Vorrangs der Allgemeininteressen vor dem Eigeninteresse des einzelnen, indem sie auf die Bedeutung des klägerischen Unternehmens für den Arbeitsmarkt verwiesen. Auch hier führte das Argument - wie bereits in Fällen mit ähnlicher Argumentation[780] - nicht zum erwünschten Erfolg.

---

[778] HStA Wiesbaden 460-509, Bl. 301.

[779] HStA Wiesbaden 460-509, Bl. 563.

[780] S. S. 148 ff.

III. Zwischenergebnis

Rechtsanwälte nutzten verschiedene, sich unter dem Nationalsozialismus entwickelnde Begriffe zur Auslegung von Normen, um ihre Argumentation abzusichern. Der damit angestrebte Erfolg war größer als der bei verhaltensbezogenen Argumenten. Er blieb jedoch hinter den Erwartungen, die sich an die Ausführungen des Reichsrechtsführers Frank anknüpfen lassen, zurück. Begriffe wie *Gemeinnutz vor Eigennutz* und *Führerprinzip* hatten eine geringe Bedeutung in der juristischen Auseinandersetzung. Sie waren zu unpräzise und zu unbestimmt, um zu überzeugen. Andere Begriffe und Argumente waren klarer, verhalfen teilweise auch zum Erfolg, zumindest in der einen oder anderen Instanz. Beispielsweise zeigte sich das LG Frankenthal in einem Rechtsstreit um die wirtschaftliche Identität von Unternehmen und Unternehmer letztlich bereit, die verschiedenen Rechtssubjekte als eine Person wahrzunehmen, nachdem es mehrere Jahre lang diesen Weg nicht eingeschlagen hatte. Das OLG Frankfurt wiederum zeigte seine Bereitschaft, im Falle der Feststellung der individuellen Abstammung vom Grundsatz der Gesetzesbindung abzuweichen. Auch das LG Limburg folgte den geänderten Wertvorstellungen, wenn es um die Bedeutung der Weimarer Verfassung im Zusammenhang mit der NSDAP und der Überprüfbarkeit von Verwaltungsentscheidungen ging.

C. Eigenschaften einer Person, Rasse und Status als Ausländer

I. Die Entflechtung von *jüdischer* und *arischer* Bevölkerung im Wirtschaftsleben

Arbeitsmarktpolitisch erreichten die Nationalsozialisten eine weitreichende Isolierung der *jüdischen* Bevölkerung sowohl durch gesetzliche Maßnahmen, als auch durch eine sich an die politischen Veränderungen angepaßte Rechtsprechung.[781]

1933 wurden im öffentlichen Dienst Beschäftigte, Richter, Lehrer und Hochschullehrer verbeamtet,[782] wodurch viele *jüdische* Bedienstete aufgrund von *Arierparagraphen* zum Ausscheiden gezwungen waren. Ähnliche gesetzliche Maßnahmen führten zu vergleichbaren Ergebnissen für Rechtsanwälte, Patentanwälte und Steuerberater, für Ärzte, Zahnärzte und Zahntechniker sowie im Pressewesen für die Schriftleiter (d.h. Redakteure).[783]

Neben diese Maßnahmen trat noch ein staatlich gelenkter Boykott und Terror gegenüber *jüdischen* Einzelhändlern,[784] der unter anderem zur Aufgabe oder Trennung von gemeinsam mit *Ariern* geführten Unternehmen führte. 1938 folgte ein Erlaß für die noch im Dienstleistungsbereich verbliebenen, gemeinsam betriebenen Unternehmen;[785] rein *jüdische* Einzelhandelsunternehmen mußten geschlossen werden.[786]

---

781 S. auch S. 195 ff; vgl. Schröder, „... aber im Zivilrecht sind die Richter standhaft geblieben!“, S. 124 f; 159 ff.

782 Anmerkung 2 zu § 1 der 3. DVO v. 06.05.1933, RGBl. I, S. 245 ff.

783 Vgl. Rethmeier, „Nürnberger Rassegesetze“ und Entrechtung der Juden im Zivilrecht, S. 38 ff.

784 Vgl. Schröder, „... aber im Zivilrecht sind die Richter standhaft geblieben!“, S. 124 f; 159 ff.

785 S. bspw. VO zur Ausschaltung der Juden aus dem deutschen Wirtschaftsleben v. 12.11.1938, RGBl., S. 1580.

786 Gesetz zur Änderung der Gewerbeordnung für das Deutsche Reich v. 06.07.1938, RGBl. I, S. 316, zum 30.09.1938 mußten *jüdische* Ärzte, Zahnärzte und Apotheker ausscheiden, Vierte Verordnung zum Reichsbürgergesetz v. 22.07.1938, RGBl. I, S. 969 f, zum 30.11.1938 verloren *jüdische* Rechtsanwälte ihre Zulassung, Fünfte Verordnung zum Reichsbürgergesetz v. 14.10.1938, RGBl. I, S. 1403 f: AusschaltungsVO v. 12.11.1938, RGBl. I, S. 1580; EinsatzVO v. 03.12.1938, RGBl. I, S. 1709 ff.

Die noch im Deutschen Reich verbliebenen *Juden* durften von 1943 an ihr Vermögen nicht mehr vererben. Im Todesfalle fiel dieses nun dem Reichsfiskus zu; nur den *arischen* Erb- und Unterhaltsberechtigten blieb noch ein Anspruch auf einen allerdings im Ermessen der Reichsregierung gestellten vermögensrechtlichen Ausgleich.[787]

In einer ersten Phase strebte die nationalsozialistische Regierung die Trennung *jüdischen* und *arischen* Wirtschaftslebens an, und in einer zweiten Phase war die völlige Ausschaltung der *Juden* aus dem Wirtschaftsleben beabsichtigt.[788] Die für jedermann ersichtliche Ausgrenzung *jüdischer* Gewerbetreibender führte zu einer Zunahme von Streitigkeiten, die sich mit der Frage befaßten, ob ein Unternehmen als ein *jüdisches* bezeichnet werden durfte.[789]

Verschiedene Streitigkeiten im Arbeits-, Miet- und Kaufrecht[790] zeigen diese zunehmende Ausgrenzung der *jüdischen* Bevölkerung und werden nachfolgend dargestellt.

---

[787] § 2 der 13. VO zum Reichsbürgergesetz v. 01.07.1943, RGBl. I, S. 372.

[788] S. entsprechende Zahlen bei Schröder, „... aber im Zivilrecht sind die Richter standhaft geblieben!", S. 124 m.weit.Nachw; Rüthers, Recht als Waffe des Unrechts-Juristische Instrumente im Dienst des NS-Rassenwahns, NJW 1988, S. 2825 ff; Adam, Judenpolitik im Dritten Reich, S. 145 ff; Barkai, „Schicksalsjahr 1938", in: Der Judenpogrom 1938, S. 94 ff; derselbe, Vom Boykott zur „Entjudung", S. 122 ff; derselbe: Der wirtschaftliche Existenzkampf der Juden im Dritten Reich (1933-1938), in: Aus Politik und Zeitgeschichte 1986, B 31/86, S. 39 ff. Umfassende Darstellung unter verschiedenen Blickwinkeln, s. Tarrab-Maslaton, Rechtliche Strukturen der Diskriminierung der Juden im Dritten Reich. 1933 begann sich ein *jüdischer* Wirtschaftsbereich zu bilden, s. Barkai, Vom Boykott zur „Entjudung", S. 57 ff; Hofmann, Die Verdrängung der Juden aus öffentlichem Dienst und selbständigen Berufen in Regensburg 1933-1939; Majer, „Fremdvölkische" im Dritten Reich, S. 147 ff.

[789] HStA Wiesbaden 460-455 (29 Q 65/38), Antrag v. 16.12.1938, Bl. 2; erfolgreiche Klage, s. Versäumnisurteile v. 09.01.1939 u. v. 09.03.1939; 460-456 (31 Q 5/38), Antrag v. 21.03.1938, Bl. 2 f.: *„Der Kläger ist „rein arisch" und gehört auch der N.S.D.A.P. seit dem Jahre 1933 an"*; erfolgreiche Klage. Zur antisemitischen Gesetzgebung insgesamt, s. Moser, Die Entrechtung der Juden im Dritten Reich, in: Der Judenpogrom 1938, S. 118 ff; Ecke, Die braunen Gesetze, S. 92 ff.

[790] Nicht nur in den hier vorgestellten Vertragstypen sollte eine Vertragsauflösung stattfinden, s. Fromherz, Rücktritt von Verlagsverträgen mit nichtarischen Verfassern, JW 1933, S. 2366 f.

1. Die Kündigung von Dienstverhältnissen und Versorgungsleistungen

Die Argumentation von Rechtsanwälten in arbeitsrechtlichen Streitigkeiten fiel unterschiedlich aus, je nachdem, ob eine ordentliche oder eine außerordentliche Kündigung vorausging. Ordentliche Kündigungen bedeuteten für *jüdische* Arbeitnehmer zwangsläufig die Entlassung aus ihrem Arbeitsverhältnis. Denn der Schutz aus §§ 78 ff. Betriebsrätegesetz,[791] die eine Kündigung für unzulässig erklärten, wenn sie wegen des Bekenntnisses des Arbeitnehmers zu einer bestimmten Religion ausgesprochen worden war, wurde den *jüdischen* Arbeitnehmern nicht gewährt. Die *Zugehörigkeit zur jüdischen Rasse* wurde nach 1933 nicht mehr als eine Bekenntnisfrage behandelt, so daß das Betriebsrätegesetz nicht zur Anwendung kam.[792] Außerdem hatte die Anfang 1934 eingeräumte Möglichkeit, auf Widerruf der Kündigung zu klagen, falls diese unbillig hart und nicht betriebsbedingt war, für *jüdische* Arbeitnehmer selten Aussicht auf Erfolg.[793] Denn ihren Interessen an einem Arbeitsplatz standen die der arbeitslosen *deutschen Volksgenossen* gegenüber, die von der anvisierten Trennung *jüdischen* und *arischen* Wirtschaftslebens profitierten.[794]

Die Prozeßvertreter der *jüdischen* Angestellten, die sich in den vorliegenden Streitigkeiten gegen eine Kündigung wehrten,[795] erreichten in keinem Fall eine Fortsetzung der Beschäftigung ihrer Mandanten. Das Arbeitsgericht Frankfurt ließ 1935 weder den Hinweis gelten, daß im Betrieb noch unverheiratete *Arier* beschäftigt wären,[796] noch denjenigen, daß das beklagte Unternehmen aufgrund der finanziellen Unterstützung durch den Vater des Klägers ein *jüdisches* Unternehmen geworden sei, für welches die oben genannten Kriterien keine Be-

---

[791] Gesetz v. 04.02.1920, RGBl. I, S. 147 ff.

[792] S. Rohlfing, JW 1933, S. 2099; vgl. Rethmeier, „Nürnberger Rassegesetze" und Entrechtung der Juden im Zivilrecht, S. 269.

[793] § 56 I ArbOG; vgl. Rethmeier, „Nürnberger Rassegesetze" und Entrechtung der Juden im Zivilrecht, S. 269 m. Rspr.nachweisen.

[794] Vgl. Rethmeier, „Nürnberger Rassegesetze" und Entrechtung der Juden im Zivilrecht, S. 269 f. Das gleiche Schicksal konnte aber auch Frauen treffen, die eigentlich gem. § 84 I BetriebsRG geschützt waren, vgl. Rüthers, Die unbegrenzte Auslegung, S. 148 f.

[795] HStA Wiesbaden 474/3-764, 474/3-765, 474/3-1403.

[796] HStA Wiesbaden 474/3-1403, Arbeitsgericht Frankfurt, Schreiben v. 25.10.1935.

deutung hätten.[797] Auf letzteren Vorwurf hatte der Beklagtenvertreter erwidert, daß sich der Vater des Klägers am beklagten Unternehmen nicht beteiligt, sondern ihm lediglich eine Bürgschaft für einen Kredit gegeben habe. Daraus könne aber nicht geschlossen werden, daß das Unternehmen *nichtarisch* sei. „*Mit Rücksicht auf die Kundschaft der Beklagten ist es also notwendig, den Kläger zu entlassen und ihn durch einen arischen Vertreter zu ersetzen.*"[798]

Der Klägervertreter wechselte möglicherweise auf diese Ausführungen hin seine Strategie, bestand nicht mehr auf einer Beteilung des Vaters des Klägers an der Gesellschaft, sondern behauptete nunmehr,[799] daß sich der Inhaber der Beklagten verpflichtet habe, die Gesellschaft in eine OHG umzuwandeln und den Kläger oder dessen Vater zum Gesellschafter zu machen. Auf die Frage, ob es sich um ein *jüdisches* Unternehmen handele, komme es daher nicht an.

Der Beklagtenvertreter blieb bei seinem Hinweis auf das Vorliegen der Kriterien zur Entlassung eines *jüdischen* Beschäftigten. „*Die allgemeinen Ausführungen des Klägers, dass er als Nichtarier heute keine Stellung mehr finden könne, sind nicht geeignet, die Kündigung als unbillig hart erscheinen zu lassen. Es wäre sonst heute unmöglich, einem Nichtarier zu kündigen.* [...] *Die Beklagte wird heute von allen amtlichen Stellen darauf aufmerksam gemacht, dass* [eine arische] *Firma keinen Nichtarier als Reisenden beschäftigen könne.*"[800]

Die Handakte schließt mit einem Vergleichsvorschlag des Gerichts, der dem Kläger für sein Ausscheiden aus dem Betrieb der Beklagten eine Abfindungssumme zugestand.[801] Es ist anzunehmen, daß die Parteien dem Vorschlag zustimmten.

In einem weiteren Rechtsstreit vor dem Arbeitsgericht Frankfurt aus demselben Jahr hielt der *jüdische* Kläger seiner Kündigung entgegen, daß er nicht nur Be-

---

[797] HStA Wiesbaden 474/3-764, Arbeitsgericht Frankfurt, Klage v. 29.05.1935. Entsprechende Diskussion bezüglich *jüdischer* Betriebe gab es aber auch schon 1933, s. Rohlfing, Rechtsfragen aus der Zugehörigkeit zur jüdischen Rasse im Arbeitsrecht, JW 1933, S. 2098 ff.

[798] HStA Wiesbaden 474/3-764, Schriftsatz v. 07.06.1935, S. 3.

[799] HStA Wiesbaden 474/3-764, Schriftsatz v. 16.06.1935.

[800] HStA Wiesbaden 474/3-764, Schriftsatz v. 22.06.1935, S. 4.

[801] HStA Wiesbaden 474/3-764, Vergleichsvorschlag des Gerichts v. 24.06.1935.

schäftigter, sondern auch stiller Gesellschafter des Beklagten sei.[802] Die Beteiligung an dem Unternehmen als stiller Gesellschafter führe zu einer Verpflichtung des Unternehmers, das Beschäftigungsverhältnis aufrecht zu erhalten.

Für diese Konstruktion des Klägervertreters sprach die Rechtsprechung des Reichsgerichts, die bis 1942 die Ausschließung eines Gesellschafters allein aufgrund seiner Rassezugehörigkeit ablehnte.[803] Denn mit Hilfe dieser Rechtsprechung konnte auf eine Treuepflicht des Unternehmers gegenüber seinem stillen Gesellschafter geschlossen werden. Zumindest aber wurde dadurch der Ausgang des Rechtsstreits ungewiß.

Aber auch hier entzog sich das Gericht einer Entscheidung und offerierte den Parteien einen Vergleichsvorschlag, den diese annahmen.[804]

Anders als im ersten Fall führten beide Streitigkeiten, bei denen die Klägervertreter über das Beschäftigungsverhältnis hinausgehende vertragliche Verpflichtungen gesellschaftsrechtlicher Art anmerkten, zu einem Vergleich. Ihr Ausgang schien unsicher, die Weiterbeschäftigung eines Bürgers jüdischer Herkunft aber aufgrund der politischen Lage wenig sinnvoll. Genau dies dokumentiert auch ein weiterer Rechtsstreit vor dem AG Frankfurt aus dem Jahre 1938, bei dem die Parteien ursprünglich um die Rückgabe von Musterwaren stritten. Der Klägervertreter hielt seinen Mandanten zur Rückforderung für berechtigt, da der beklagte *jüdische* Handelsvertreter „[...] *vorwiegend jüdische Kundschaft* [...]" akquiriere und man von der Klägerin kaum verlangen könne, „[...] *dass sie in der heutigen Zeit ihre* [... W]*are hauptsächlich an jüdische Geschäfte liefert.*"[805]

In einem von den Parteien angenommenen Vergleichsvorschlag des Gerichts wurde aber nicht nur die Rückgabe der Musterwaren geregelt, sondern gleich-

---

[802] HStA Wiesbaden 474/3-765, Klage vor dem Arbeitsgericht Frankfurt von 1935 (ohne Datums- und Blattangaben).

[803] Vgl. Rethmeier, „Nürnberger Rassegesetze" und Entrechtung der Juden im Zivilrecht, S. 375 f., 379 f; Zirker, Vertrag und Geschäftsgrundlage in der Zeit des Nationalsozialismus, S. 250 ff; Rüthers, Die unbegrenzte Auslegung, S. 255 f; Schröder, „... aber im Zivilrecht sind die Richter standhaft geblieben!", S. 188 f.

[804] HStA Wiesbaden 474/3-765, Vergleich v. 21.05.1935.

[805] HStA Wiesbaden 474/3-1005, Klage v. 15.03.1938.

zeitig auch das Ausscheiden des Beklagten als Handelsvertreter gegen eine Ausgleichsentschädigung.[806]

Die fristlose Kündigung von *jüdischen* Mitarbeitern bedurfte eines wichtigen Grundes gemäß § 626 BGB.[807] Die Konsequenzen einer fristlosen Kündigung waren nicht nur der Verlust des Arbeitsplatzes, sondern auch der Verlust des Anwartschaftsrechts auf ein Ruhegehalt.[808] Das Reichsarbeitsgericht vertrat in den ersten Jahren der nationalsozialistischen Herrschaft die Ansicht, daß die *nichtarische* Abstammung eines Angestellten für sich allein keinen wichtigen Grund zur fristlosen Kündigung darstelle. Ein solcher liege nur dann vor, wenn anzunehmen sei, daß die weitere Beschäftigung des Angestellten bis zur vertragsgemäßen Beendigung des Beschäftigungsverhältnisses für den Arbeitgeber eine nichtzumutbare Schädigung oder Gefährdung bedeute. Der Maßstab, ob eine solche Gefährdung bestehe, sei nach objektiven Kriterien zu bestimmen.[809] 1937 folgte eine Verschärfung der arbeitsgerichtlichen Rechtsprechung. Von da an durfte *jüdischen* Gemeindeangestellten fristlos gekündigt werden, da die Gemeinden zu enger Zusammenarbeit mit Staat und Partei verpflichtet seien und sie bei Weiterbeschäftigung von *jüdischen* Angestellten dieser Pflicht zuwiderhandeln würden.[810] 1939 verschärfte sich abermals die Rechtsprechung des Reichsarbeitsgerichts, nun bedeutsam für alle Wirtschaftsbereiche. Für die Frage, ob für den Arbeitgeber eine unzumutbare Schädigung oder Gefährdung zu erwarten sei, waren nicht mehr allein mögliche wirtschaftliche Folgen maßgeblich, sondern nunmehr auch die rassepolitischen Anschauungen der Nationalsozialisten.[811]

---

[806] HStA Wiesbaden 474/3-1005, Vergleich v. 21.06.1938.

[807] § 626 BGB wurde am Ende der nationalsozialistischen Herrschaft von der Literatur zunehmend als objektive Generalklausel verstanden, die mit nationalsozialistischen Wertungskriterien auszufüllen sei, vgl. Zirker, Vertrag und Geschäftsgrundlage in der Zeit des Nationalsozialismus, S. 208. Zur fristlosen Kündigung von früheren Parteifunktionären der Kommunistischen Partei, s. Rüthers, Die unbegrenzte Auslegung, S. 238 f. Die fristlose Kündigung war auch möglich nach § 82 des Preußischen Allgemeinen Berggesetzes, nach § 123 GewO alter Fassung; s. auch Rüthers, Die unbegrenzte Auslegung, S. 149 ff.

[808] Vgl. Rüthers, Die unbegrenzte Auslegung, S. 236.

[809] Vgl. Rüthers, Die unbegrenzte Auslegung, S. 244 m.Rspr.nachweisen; Rethmeier, „Nürnberger Rassegesetze" und Entrechtung der Juden im Zivilrecht, S. 267 f.

[810] Vgl. Rüthers, Die unbegrenzte Auslegung, S. 245 m.Rspr.nachweisen.

[811] Vgl. Rüthers, Die unbegrenzte Auslegung, S. 245 f. m.Rspr.nachweisen.

Zwei Fälle der analysierten Akten befassen sich mit der fristlosen Kündigung eines Bürgers jüdischer Herkunft. Beide Streitigkeiten wurden 1938 ausgetragen und sind in den Handakten dokumentiert.[812] In beiden Fällen durfte das Gericht nach der dargestellten Rechtsprechung des Reichsgerichts zur Klageabweisung nicht allein auf die *nichtarische* Abstammung des Klägers abstellen, auch nicht auf die rassepolitischen Anschauungen der Nationalsozialisten, sondern mußte zumindest eine objektive Gefährdung des Wirtschaftsbetriebs der Beklagten durch die Weiterbeschäftigung des Klägers annehmen.

Im Rechtsstreit vor dem LG Frankfurt befaßte sich der Beklagtenvertreter zwar mit dem Erfordernis einer objektiven Gefährdung des Unternehmens,[813] stellte aber gleichzeitig auch, quasi als zweites Standbein, auf die in den letzten Jahren geänderte Rechtsauffassung ab. Danach widerspreche es dem gesunden Volksempfinden, „[...] *wenn man von einem deutschen Unternehmen verlangen wollte, einen Juden weiter zu beschäftigen und insbesondere durch ihn die Verhandlung mit der Kundschaft führen zu lassen. Vor allem die Ereignisse der letzten Jahre haben mit aller Deutlichkeit, die nichts zu wünschen übrig lässt, gezeigt, welche Auffassung das deutsche Volk über die Juden vertritt.*“[814]

Damit versuchte der Beklagtenvertreter Bedenken entgegenzusteuern, die das OLG Frankfurt bereits im Armenrechtsverfahren erhoben hatte, als es zugunsten des klägerischen *jüdischen* Mitarbeiters entschieden hatte. Das OLG hatte seine Entscheidung mit der selbstverschuldeten Gefährdung des Unternehmens durch die Beklagte begründet.[815] Diese habe noch im April 1938 in Kenntnis der Tatsache, daß der Kläger *Jude* ist, mit diesem eine dreimonatige Kündigungsfrist vereinbart. Die Beklagte habe damit rechnen müssen, daß ihr aus der Weiterbeschäftigung geschäftliche Nachteile entstehen könnten. Sie könne sich auf eine mögliche wirtschaftliche Gefährdung des Betriebs nicht berufen und habe die dreimonatige Kündigungsfrist einzuhalten.

---

[812] HStA Wiesbaden 474/3-1682, Rechtsstreit von 1938 (keine Klageschrift); HStA Wiesbaden 474/2-264, Klage v. 29.09.1938.

[813] Unter Verweis auf RG, JW 1935, S. 3459.

[814] HStA Wiesbaden 474/3-1682, Schriftsatz v. 05.01.1939.

[815] HStA Wiesbaden 474/3-1682. Beschluß v. 16.09.1938.

Der Beklagtenvertreter muß sich seiner relativ schwachen Position bewußt gewesen sein, willigte er doch in einen Vergleich ein.[816] Erkennbar ist aber auch die Richtung seiner Argumentation, die sich 1939 in der geänderten Rechtsprechung des Reichsarbeitsgerichts wiederfand.[817]

Der zweite Fall, vor dem Arbeitsgericht Frankfurt verhandelt, weist eine Besonderheit auf. Das beklagte Unternehmen war kurz zuvor von *Ariern* übernommen, *arisiert* worden, der *jüdische* Geschäftsführer aber noch in seinem Amt verblieben. Unter Ausnutzung der vom Gesetzgeber erwünschten und durch Gesetze forcierten Entflechtung *jüdischen* und *arischen* Vermögens kündigte er fristlos seinem seit mehreren Jahren bei dem Unternehmen als Prokurist tätigen Bruder. „*Wir haben Ihnen in mehreren mündlichen Verhandlungen, die durch unseren Rechtsbeistand geführt wurden, eingehend dargelegt, dass sich die politischen und wirtschaftlichen Verhältnisse seit Abschluss des mit Ihnen bestehenden Anstellungsvertrages vom 10. September 1932 so grundlegend geändert haben, dass eine weitere Aufrechterhaltung des Vertrages nicht möglich, vielmehr für unser Unternehmen unzumutbar ist.*“[818]

Der Klägervertreter korrigierte die Dauer des Anstellungsverhältnisses auf die bisher für das Unternehmen erbrachten dreiunddreißig Jahre und trug zur Kündigung aus wichtigem Grunde vor, daß „[...] *anderen nichtarischen Angestellten* [...] *unter Beachtung der gesetzlichen Kündigungs-Schutzfristen gekündigt worden* [... sei, sie sogar noch weiter beschäftigt würden], *während die Beklagte es für richtig gehalten hat, de*[m] *fast 60jährigen Kläger* [...] *fristlos zu kündigen, mit der doch wohl beleidigenden Aufforderung, sofort seine Tätigkeit einzustellen.*“[819]

Der Beklagtenvertreter sah darin kein Problem, da es nach seiner Ansicht nicht auf die Weiterbeschäftigung ankomme, „[...] *sondern lediglich darauf, ob* [... der Gekündigte] *aus einem Angestelltenverhältnis Bezüge erhält. Die Verordnung*[820] *wollte eine möglichst rasche Befreiung von allen geldlichen Verpflich-*

---

[816] HStA Wiesbaden 474/3-1682, Vergleichsvorschlag des Gerichts v. 28.03.1939, Annahme mit Schreiben v. 11. und 12.04.1939.

[817] S. S. 198.

[818] HStA Wiesbaden 474/2-264, Schreiben v. 06.09.1938.

[819] HStA Wiesbaden 474/2-264, Schriftsatz v. 05.10.1938, Seite 2.

[820] AusschaltungsVO v. 12.11.1938, RGBl. I, S. 1580.

tungen, die aus Vereinbarungen mit leitenden nichtarischen Angestellten herrühren, schaffen."[821]

Die Parteien einigten sich auf geringere Zahlungsverpflichtungen gegenüber dem Kläger.[822]

Das Reichsarbeitsgericht hatte in den Jahren 1939/40 mehrmals über die Frage der Ruhegehaltskürzung oder -streichung bei *jüdischen* Ruhegehaltsberechtigten zu entscheiden.[823]

Ein Rechtsstreit vor dem Arbeitsgericht Hamburg aus dem Jahre 1938,[824] der sich in den Handakten eines *jüdischen Konsulenten* befindet, befaßt sich mit diesem Thema. Einem pensionierten, ehemals leitenden Angestellten jüdischer Herkunft wurde die vertraglich zugesicherte Pension gekündigt. Begründet wurde dies vom Beklagtenvertreter mit der Verordnung zur Ausschaltung der Juden aus dem Deutschen Wirtschaftsleben.[825] „*Die Kündigungsbestimmungen dieser Verordnung beziehen sich auf leitende Angestellte eines Unternehmens.* [...] *Richtig ist allerdings, dass die Verordnung ihrem Wortlaut nach nur von Angestellten spricht, die noch „tätig sind". Mit dieser Begründung kann aber ihre Anwendung auf den vorliegenden Fall keinesfalls verneint werden. Auch hier gilt der Grundsatz, dass die Gesetze nach nationalsozialistischer Weltanschauung auszulegen sind. Mit anderen Worten: es sind die Volksanschauung, der Zweck und die wirtschaftliche Bedeutung zu berücksichtigen.*"[826] Dabei bezwecke die Verordnung die Befreiung eines Wirtschaftsunternehmens von allen geldlichen Verpflichtungen, die aus dem Angestelltenverhältnis eines *Juden* herrührten. „*Wenn schon die völlige Ausschaltung aller Juden aus dem Deutschen Wirtschaftsleben vollzogen werden soll, ohne dass dadurch geldliche Belastungen für das Unternehmen entstehen, so kann erst recht nicht beabsichtigt sein, dass ein Unternehmen Leistungen für einen überhaupt nicht mehr tätigen*

---

[821] HStA Wiesbaden 474/2-264, Schriftsatz v. 10.12.1938.

[822] HStA Wiesbaden 474/2-264, Schreiben v. 26.10.1938 und Schreiben v. 28.10.1938.

[823] Vgl. Rüthers, Die unbegrenzte Auslegung, S. 226 ff; Zirker, Vertrag und Geschäftsgrundlage in der Zeit des Nationalsozialismus, S. 216 ff.

[824] HStA Wiesbaden 474/3-1523, Klage v. 08.12.1938.

[825] VO zur Ausschaltung der Juden aus dem Deutschen Wirtschaftsleben v. 12.11.1938, RGBl. I, S. 1580.

[826] HStA Wiesbaden 474/3-1523, Klageerwiderung v. 31.12.1938, S. 3.

Juden aufzubringen hat. Nicht zuletzt ist dabei zu berücksichtigen, welche Wirkungen es auf die Betriebsgemeinschaft eines Unternehmens haben würde, wenn man die Ansprüche des Klägers als begründet anerkennen wollte. Der im Wirtschaftsleben tätige deutsche Arbeiter will seine Arbeit letzten Endes zum Wohle des deutschen Volksvermögens leisten und nicht, um überhaupt nicht mehr tätigen Juden eine Versorgung zu gewährleisten."[827]

Der Beklagtenvertreter argumentierte damit ähnlich wie sein Kollege in einer der beiden bereits dargestellten Kündigungsstreitigkeiten von 1938.[828] Er belegte seine Rechtsposition mit einem Hinweis auf eine Literaturmeinung, welche die Kürzung von Versorgungsleistungen unter anderem aufgrund von Treu und Glauben für gerechtfertigt hielt.[829] Der Beklagtenvertreter schloß aus der Ansicht, daß, wenn in normalen Fällen eine Herabsetzung von Ansprüchen früherer *jüdischer* Angestellter gerechtfertigt sei, in Fällen wie dem vorliegenden, in welchem dem Kläger aufgrund von verwandtschaftlichen Beziehungen eine „[...] *völlig überhöht*[e ...]" Pension gewährt werde, diese gänzlich gestrichen werden müsse.[830]

Der Beklagtenvertreter entwarf so auf der von v. Scheurl entwickelten Argumentation aufbauend eine Strategie zur Beseitigung des Anspruchs auf Versorgungsleistungen, die zumindest durch den Bezug auf die bisherigen, zu hohen Leistungen einen sachlichen Anhaltspunkt beinhaltet.

Die im selben Jahr aufkommende Literatur und Rechtsprechung hätte die Argumentation des Beklagtenvertreters sicherlich erleichtert.[831] Nach Riedel[832] und

---

[827] HStA Wiesbaden 474/3-1523, Klageerwiderung v. 31.12.1938, S. 3.

[828] HStA Wiesbaden 474/3-1682, S. 111 f.

[829] S. v. Scheurl, JW 1939, S. 273 f.: „*Durch die November-Ereignisse hat die Ausschaltung der Juden aus der deutschen Wirtschaft derartige Fortschritte gemacht, daß es unerträglich wäre, wenn deutsche Unternehmungen und deren deutsche Gefolgschaft im gleichen Umfang wie bisher einen Teil ihres Arbeitserfolges in Form von Pensionsleistungen an ausgeschiedene jüdische Angestellte abführen müßten.*"; vgl. auch Zirker, Vertrag und Geschäftsgrundlage in der Zeit des Nationalsozialismus, S. 217.

[830] HStA Wiesbaden 474/3-1523, Schriftsatz v. 11.02.1939, S. 2 f.

[831] Vgl. Zirker, Vertrag und Geschäftsgrundlage in der Zeit des Nationalsozialismus, S.217 ff.

[832] S. Riedel, DR 1939, S. 1230: „*Nachdem sich durch den feigen Mord an dem Gesandtschaftsrat vom Rath erneut gezeigt hat, mit welchen Mitteln das Weltjudentum seinen Kampf gegen das deutsche Volk führt, muß jeder Angehöriger dieser Rasse sich das selbst zurech-*

Klemm[833] kam den Leistungen an pensionierte *jüdische* Angestellte Schenkungscharakter zu, so daß sie zumindest für die Zukunft gemäß § 138 BGB widerrufen werden konnten. Erst diese Ansicht verließ eine fragliche, wenn auch nachvollziehbare Argumentation, die sich an möglicherweise unverhältnismäßig hohen bisherigen Leistungen orientierte. Statt dessen wurden nun Wertvorstellungen einbezogen, welche die Ausgrenzung des *jüdischen* Bevölkerungsteils beabsichtigten und dies um den Preis des Leugnens jeglicher von der *jüdischen* Partei erbrachten Gegenleistung. Diesen Vorwurf kann man dem Beklagtenvertreter nicht machen.

Das Gericht scheint der Ansicht v. Scheurls gefolgt zu sein, denn es unterbreitete den Parteien einen Vergleichsvorschlag, der eine Kürzung, aber nicht die Streichung der Pension vorsah, und die Parteien nahmen den Vorschlag an.[834]

In der Handakte befinden sich noch weitere, mit diesem Prozeß im Zusammenhang stehende Dokumente aus dem Jahre 1942.[835] Darin teilte der Reichstreuhänder der Arbeit dem Kläger mit,[836] daß aufgrund von zwei Verordnungen[837] die Ruhegehaltszahlungen eingestellt würden. Eine Beschwerde an den Reichsarbeitsminister wurde noch eingelegt, ebenso die Spruchstelle des Arbeitsgerichts angerufen. Der endgültige Ausgang des Falls ist aber nicht dokumentiert.

2. Die Vertragsanpassung bei Mietverhältnissen

Mietrechtsstreitigkeiten, die eine Argumentation aufweisen, die veränderte Wertvorstellungen berücksichtigt, finden sich nur in den Handakten *jüdischer Konsulenten*. Daher verwundert es wenig, wenn zumindest eine der beiden Parteien jüdischer Herkunft war. Interessant an diesen Streitigkeiten ist, daß sie

---

nen lassen, was andere Juden an verwerflichen Handlungen gegen unser Volk begehen, so daß [...] *der Widerruf des Pensionsversprechens eines deutschen Unternehmens an einen Juden ohne weiteres zulässig ist.*“

833 S. Klemm, DR 1940, S. 369 f.

834 HStA Wiesbaden 474/3-1523, Vergleich v. 02.05.1939.

835 HStA Wiesbaden 474/3-1561.

836 HStA Wiesbaden 474/3-1561, Schreiben v. 13.01.1942.

837 VO der Lohngestaltung v. 26.06.1938, RGBl. I, S. 691 und VO zur Durchführung der VO über die Beschäftigung von Juden v. 31.10.1941, RGBl. I, S. 681.

Argumente, welche die jüdische Herkunft betrafen, erst nach 1936 aufweisen.[838] Dann setzten sich auch im Mietrecht die Werte der Nationalsozialisten durch. Die Hausgemeinschaft sollte tragendes Gerüst der Beziehungen zwischen Vermieter und den im Hause wohnenden *Volksgenossen* werden. Über eine Relativierung der zwischen dem Vermieter und den einzelnen Mietern bestehenden Mietverträge sollte eine Verbesserung der Wohnsituation erreicht werden.[839] Die Berücksichtigung nur von *Volksgenossen* erlaubte die Ausgrenzung von Bürgern jüdischer Herkunft, zu denen *deutsche Hausgenossen* keine näheren Beziehungen haben sollten.[840] Damit wurde es *arischen* Vermietern ermöglicht, sich von *jüdischen* Mietern mittels Kündigung zu trennen. Das nationalsozialistische Ziel, ein rein *arisches* Haus, sollte so erreicht werden.

In den analysierten Streitigkeiten waren diese Überlegungen insofern unerheblich, als nur in einem Rechtsstreit *jüdische* Bürger die Mieterposition innehatten und in dem es nicht um die Kündigung eines Mietverhältnisses und Fragen der Hausgemeinschaft ging.[841]

---

[838] Keine Beeinflussung der Argumentation in einem Rechtsstreit, der 1936 beendet wurde: LA Speyer J6-658, Klage v. 08.04.1935, Bl. 28.

[839] Vgl. Zirker, Vertrag und Geschäftsgrundlage in der Zeit des Nationalsozialismus, S. 240 ff m.weit.Nachw; Rüthers, Die unbegrenzte Auslegung, S. 256 f. Weitere Maßnahme war die Mietzinskontrolle durch Preisbehörden, s. Schröder, „... aber im Zivilrecht sind die Richter standhaft geblieben!“, S. 71 ff.

[840] Vgl. Zirker, Vertrag und Geschäftsgrundlage in der Zeit des Nationalsozialismus, S. 244 ff. m.weit.Nachw.

[841] Zwei Streitigkeiten sollen hier aber erwähnt werden. HStA Wiesbaden 474/3-128 beinhaltet einen Rechtsstreit, bei dem ein *jüdischer* Mieter auftrat. Es handelt sich dabei aber um die Kündigung von Gewerberäumen, bei der die oben aufgezeigte Argumentation nicht griff, ein Kündigungsschutz auch nicht existierte. Das beklagte *jüdische* Unternehmen begehrte eine Fristverlängerung, da es die bei Veräußerung des Grundstücks geplante Liquidation des Unternehmens zugunsten ihrer Mitarbeiter aufgegeben und Verhandlungen mit Interessenten über den Erwerb des Gewerbebetriebs geführt hatte, s. Schreiben ans Amtsgericht (ohne Datums- oder Blattangaben). In einem Vergleich wurde der Beklagten eine Fristverlängerung um 1 ½ Monate eingeräumt, Vergleich v. 29.12.1939.

HStA Wiesbaden 474/2-55 beinhaltet ein Mietzinsbegehren des Vermieters, dem gegenüber der Mieter die Nichtigkeit des Mietvertrags wegen arglistiger Täuschung geltend machte. Der Kläger habe ihn bei Abschluß des Mietvertrages nicht auf die bevorstehende *Arisierung* des Hauses und der damit verbundenen Kündigung *nichtarischer* Mietparteien aufmerksam gemacht.

In diesem 1941 vor dem AG Frankfurt verhandelten Rechtsstreit ging es um das Mietzinsbegehren eines Vermieters.[842] Dieser hatte das Wohnhaus zuvor dem *jüdischen* Beklagten abgekauft und dann an diesen teilweise vermietet. Nun verlangte er für die mitvermietete Mansarde zusätzlich Miete.

Der Beklagte war der Ansicht, daß die Miete für die Mansarde im Mietzins für die Wohnung enthalten sei. Im Rahmen dieser Streitigkeit verbot der Kläger die vertraglich gestattete Untervermietung. Er könne den Einzug noch einer dritten Familie in die Wohnung nicht erlauben, da es sich dann um eine „*polnische Wirtschaft*" handelte, die wegen der Begünstigung von „*nicht arischen*" Bürgern gegen die „*Nürnberger-Gesetze*" verstoße.[843]

Die Argumentation des Klägers hinsichtlich einer möglichen Überbelegung des Wohnraums zeigt, daß dieser von den Zwängen des Krieges und der Notlage des *jüdischen* Bevölkerungsteils unbeeindruckt blieb. Wie in einigen anderen Streitigkeiten übernahm auch hier der Klägervertreter nicht die Argumentation seines Mandanten,[844] sondern schloß mit dem Beklagtenvertreter einen Vergleich.[845]

In den anderen Mietrechtsstreitigkeiten, die auf einer Prozeßseite eine Partei jüdischer Herkunft aufweisen, trat diese als Vermieter auf. In den Streitigkeiten, in denen sich die Mieter nicht von Rechtsanwälten vertreten ließen, ging es um Mietzinsermäßigung[846] oder Mietzinsstundung.[847] Die Mietzinsermäßigung wurde mit den Schwierigkeiten einer Untervermietung in einem *jüdischen* Haus begründet,[848] die Mietzinsstundung mit Zahlungsschwierigkeiten, verursacht durch andere *jüdische* Geschäftspartner.[849] In beiden Fällen waren die *jüdischen* Vermieter erfolgreich.

---

[842] HStA Wiesbaden 474/2-10, Klage v. 10.06.1941.

[843] HStA Wiesbaden 474/2-10, Schreiben v. 22.08.1940.

[844] HStA Wiesbaden 474/2-10, Schriftsatz v. 10.06.1941.

[845] HStA Wiesbaden 474/2-10, Vergleich v. 16.09.1941, s. Schreiben v. 23.09.1941.

[846] HStA Wiesbaden 474/3-1712, Klage vor dem Amtsgericht Frankfurt v. 15.12.1937.

[847] HStA Wiesbaden 474/3-2189, Zahlungsbefehl v. 09.09.1938.

[848] HStA Wiesbaden 474/3-1712, Schreiben v. 01.12.1937.

[849] HStA Wiesbaden 474/3-2189. Schreiben v. 14.09.1938.

Die zwei Streitigkeiten, in denen die *arischen* Mieter durch Rechtsanwälte vertreten wurden, sind unterschiedlich, was die Argumentation der Rechtsanwälte betrifft.

In dem einen Rechtsstreit, in dem Mietzins begehrt und Räumungsklage erhoben wurde, stellte der Beklagtenvertreter auf die Fehlerhaftigkeit der Mietkostenaufstellung ab, die einen Betrug am Staate und indirekt auch am Beklagten darstelle, so daß das Gericht in seiner Beweiswürdigung frei sei. Er folgte damit nicht der Argumentation seines Mandanten, der nur auf den Aspekt „*jüdischer Verdrehungskunst*" abgestellt hatte.[850]

Der andere, 1940 beim LG Hanau anhängige Rechtsstreit, von welchem nur die Ausführungen des Prozeßvertreters vorliegen, zeigt eine von diesem vorgenommene Argumentation anhand von veränderten Wertvorstellungen.[851] Er begründete die eigenmächtige Mietminderung seines Mandanten mit einem scheinbaren Mißverhältnis von Nutzungswert des Hauses und Mietzins. Bei Weiterzahlung des bisherigen Mietzinses hätte sich der Beklagte „[...] *der Gefahr ausgesetzt,* [...] *wegen Zahlung zu hoher Mietpreise und unerlaubter Unterstützung von Juden zur Rechenschaft gezogen zu werden.*"[852]

Der Klägervertreter forderte die Einhaltung des Vertrages und die Benennung der Normen, aufgrund derer sich der Beklagte der Gefahr aussetzen würde, zur Rechenschaft gezogen zu werden.[853] Im Anschluß daran verglichen sich die Parteien.[854]

Auf eine Besonderheit im Mietrecht soll hier hingewiesen werden. Drei weitere Mietrechtsstreitigkeiten, die 1940 stattfanden, wurden zwischen *jüdischen* Parteien ausgetragen. Auch diese wichen nicht aus Rücksicht auf die schwierige Situation der *jüdischen* Bevölkerung im Deutschen Reich von ihren Rechtsstandpunkten ab. In einem Rechtsstreit wurde die Kündigungsklage erst zurückge-

---

[850] HStA Wiesbaden 474/3-1718, 1888, zum Ausgang dieses Rechtsstreits s. S. 66 f.

[851] HStA Wiesbaden 474/4-400, Klage v. 13.12.1940.

[852] HStA Wiesbaden 474/4-400, Schriftsatz v. 06.01.1941.

[853] HStA Wiesbaden 474/4-400, Schriftsatz v. 10.01.1941.

[854] HStA Wiesbaden 474/4-400, Schreiben v. 20.03.1941. Zur eigenmächtigen Miet- und Pachtzinsminderung durch den *arischen* Mieter, s. Schröder, „... aber im Zivilrecht sind die Richter standhaft geblieben!", S. 74 f., 88 f.

nommen, nachdem die Beklagte freiwillig ausgezogen war.[855] In den beiden anderen Streitigkeiten wurden die Auseinandersetzungen außerdem von persönlichen Beschimpfungen begleitet.[856]

Diese Fälle erwecken den Eindruck, daß sich die *arischen* Parteien der zuvor dargestellten Mietrechtsstreitigkeiten normal verhielten. Sie können aber nicht darüber hinwegtäuschen, daß die *arischen* Parteien die Lage der *jüdischen* Parteien ausnutzten, während diese allen Grund hatten, in einer für sie kritischen Zeit selbstsüchtig zu handeln.

3. Die Anfechtung von Kaufverträgen - die jüdische Herkunft als verkehrswesentliche Eigenschaft

Die Anfechtung von Kaufverträgen aufgrund eines Irrtums bezüglich der jüdischen Herkunft des Vertragspartners wurde mehrmals geltend gemacht. Da es sich zumeist um Streitigkeiten mit einem geringen Streitwert handelte, fanden diese vor den Amtsgerichten statt. Entsprechende Unterlagen finden sich somit nur in den Handakten.

Die bei der Durchsicht gewonnenen Ergebnisse korrespondieren mit dem bisherigen Kenntnisstand.[857] Danach kam es nach Inkrafttreten der *Nürnberger Rassegesetze* von 1936 gezielt zur Veröffentlichung von Amtsgerichtsentscheidungen, die eine Lösung von Verträgen mit *Juden* bejahten.[858] Diese Urteile waren möglicherweise für die Argumentation der analysierten Streitigkeiten bedeutsam, da sie zeitlich vor diesen verkündet und veröffentlicht wurden.

In den untersuchten Streitigkeiten fällt jedoch auf, daß die Gerichte Ausführungen, die auf einen Irrtum über die Herkunft des Vertragspartners abstellten, eher kritisch beurteilten.

---

[855] HStA Wiesbaden 474/2-54.

[856] HStA Wiesbaden 474/2-318, Schriftsatz v. 6.11.1940: persönliche Beschimpfungen und Verunglimpfung durch den Beklagten; HStA Wiesbaden 474/4-239, Klageerwiderung v. 20.11.1940: Die Beklagte bezeichnete die Klägerin als „*Hurenmutter*“ und „*Närrin*“, die Klägerin die Beklagte die Klägerin als „*Judenmenscher*“ und „*Saumenscher*“.

[857] Vgl. Rethmeier, „Nürnberger Rassegesetze“ und Entrechtung der Juden im Zivilrecht, S. 345 ff; Schröder, „... aber im Zivilrecht sind die Richter standhaft geblieben!“, S. 186 f.

[858] Vgl. Rethmeier, „Nürnberger Rassegesetze“ und Entrechtung der Juden im Zivilrecht, S. 345 f.

Das AG Frankfurt lehnte im konkreten Fall die Verkehrswesentlichkeit der Herkunft ab.[859] Der Kläger, ein Bürger jüdischer Herkunft, hatte mittels eines *arischen* Vertreters mit dem Beklagten einen Vertrag über den Kauf von Milchkannen abgeschlossen. Als der Kläger Zahlung des Kaufpreises verlangte, erfuhr der Beklagte von dessen jüdischer Herkunft und focht den Kaufvertrag an. Das AG war jedoch der Ansicht, daß dem Dritten, hier dem Beklagten, durch das Offenkundigmachen der Stellvertretung die Möglichkeit eingeräumt worden sei, Erkundigungen über die Herkunft des Vertretenen einzuziehen. Daß er dies unterlassen hatte, beweise, daß ihm die Herkunft des Vertragspartners für den Abschluß des Kaufvertrages nicht von wesentlicher Bedeutung war. Das Gericht zeigte zudem ausdrücklich Verständnis für diese Vorgehensweise eines *jüdischen* Bürgers beim Abschluß von Verträgen.[860] Das LG Frankfurt pflichtete der ersten Instanz bei.[861]

Die Urteile, die dagegen eine verkehrswesentliche Eigenschaft annahmen, weichen insofern von denen der übrigen Streitigkeiten ab als dort die jüdische Herkunft als verkehrswesentliche Eigenschaft akzeptiert wurde, es also nur noch um die Frage des Vorliegens eines Irrtums ging. Diese Ausnahme läßt sich wohl kaum mit einer anderen Einstellung des Gerichts zu dieser Frage erklären, sondern eher damit, daß es sich um ein alltägliches Rechtsgeschäft handelte, bei dem die Kenntnis über den Vertragspartner ohne Bedeutung war. Die Argumentation erstaunt dennoch angesichts der politischen Situation und der bereits erwähnten Veröffentlichungspraxis.[862]

In den anderen Streitigkeiten, in denen zumeist die *jüdischen* Parteien erfolgreich waren, prüften die Gerichte, ob auch tatsächlich ein Irrtum vorlag.[863]

---

[859] HStA Wiesbaden 474/3-1484, Zahlungsbefehl v. 09.07.1937.

[860] HStA Wiesbaden 474/3-1484, Urteil v. 03.12.1937.

[861] HStA Wiesbaden 474/3-1484, Urteil v. 17.02.1938.

[862] OLG Celle 3 U 179/38, in: Nds. HStA: Hann. 173, Acc. 96/83 Nr. 254, bei Schröder, „... aber im Zivilrecht sind die Richter standhaft geblieben!“, S. 176.

[863] Hierzu sei verwiesen auf HStA Wiesbaden 474/4-59, Klage v. 19.12.1940 vor dem AG Frankfurt, Schriftsatz des Klägervertreters v. 19.12.1940, S. 3: „*Unter den im Verkehr als wesentlich anzusehenden Eigenschaften einer Person ist unter bestimmten Umständen möglicher Weise die Rassenzugehörigkeit, die Unbescholtenheit und insbesondere die Vertrauens- und Kreditwürdigkeit anzusehen.*“

Vor dem AG Frankfurt[864] genügte 1938 der Hinweis des Klägervertreters, daß sowohl Name wie auch Aussehen seines Mandanten ihn als *Juden* kennzeichneten,[865] um den Rechtsstreit mit einem für seinen Mandanten positiven Vergleich beenden zu können.[866] Ebenfalls vor dem AG Frankfurt endete in demselben Jahr ein Rechtsstreit mit einem für den *jüdischen* Kläger positiven, 95% der ursprünglichen Forderung abdeckenden Vergleich.[867]

Dasselbe Gericht hatte1939 ebenfalls über die Anfechtung eines Kaufvertrages zu entscheiden.[868] Darin war der Beklagtenvertreter der Ansicht, daß der Kläger verschwiegen habe, ein *Jude* zu sein. „*Erst als* [die Beklagte], *von einer Nachbarin aufmerksam gemacht, ihm auch eine diesbezügliche Frage vorlegte, gab er zu, dass er Jude sei und erklärte dabei aber, dass er Ausländer sei. Im übrigen spreche er genau so wie Nicht - Juden.* [Der Kläger] *hat sich also sein nichtjüdisches Aussehen zu Nutze gemacht, um hier die Waren abzusetzen.*“[869] Die Beklagte habe sich daher über die jüdische Herkunft des Klägers getäuscht.

Der Klägervertreter zeigte sich über diese Äußerung enttäuscht, da die Beklagte ihm noch einige Tage zuvor erklärt habe, die Forderung in Raten zu begleichen. „*Im übrigen ist das Vorbringen Ihrer Mandantin völlig unwahr. Die Familie* [der Beklagten] *hat seit dem Jahr 1937 fortgesetzt bei meinem Mandanten gekauft und von Anfang gewusst, dass er Jude ist.*“[870]

Der Beklagtenvertreter blieb bei seiner Argumentation und versuchte diese durch einen Hinweis auf die nationalsozialistische Gesinnung der Familie der Beklagten zu verstärken. „*Das Verhalten des Klägers zeugt von einer unglaublichen Dreistigkeit, dieses umsomehr, als er an der Korridortür der Beklagten ein Schild mit den Worten: „Der deutsche Gruss ist Heil Hitler.“ vorfand und daraus schliessen musste, dass es sich hier um eine Familie mit nationalsozialistischer Gesinnung handelte. Der Ehemann der Beklagten ist seit 1932 Partei-*

[864] HStA Wiesbaden 474/3-1053, Schreiben v. 16.05.1938 bis 05.09.1938 (Klageschrift fehlt).

[865] HStA Wiesbaden 474/3-1053, Schriftsatz v. 27.05.1938, S. 2.

[866] HStA Wiesbaden 474/3-1053, s. Schreiben v. 22.06.1938.

[867] HStA Wiesbaden 474/4-179.

[868] HStA Wiesbaden 474/4-53, Zahlungsbefehl v. 05.05.1939, Klageschrift fehlt.

[869] HStA Wiesbaden 474/4-53, Schreiben v. 26.04.1939.

[870] HStA Wiesbaden 474/4-53. Schreiben v. 27.04.1939.

genosse[871] *und war, als er von dieser Angelegenheit hörte, ausserordentlich aufgebracht und hat auch seinerseits jegliche Zahlung abgelehnt. Er hat der Beklagten die grössten Scenen gemacht, sodass ernste Familiendifferenzen drohten.* [...] *Die Ware steht dem Kläger allerdings im abgenutzten Zustande jederzeit zur Verfügung. Wenn dem Kläger etwa dadurch ein Schaden entstanden ist, so hat er sich diesen einzig und allein selbst zuzuschreiben. Es wäre seine Pflicht gewesen, sich als Jude einzuführen.*"[872]

Sicherlich verband der Beklagtenvertreter mit dem Hinweis auf die Parteizugehörigkeit die Erwartung, daß das Gericht einem Parteimitglied einen Vertrag mit einem *Juden* nicht aufzwingen werde. Entsprechendes erwartete man auch in der Rechtsliteratur von den Gerichten.[873]

An dieser Stelle wäre eine umfangreiche Beweisaufnahme zu erwarten gewesen, vor allem wenn man den Zeitpunkt der Streitigkeit bedenkt, die unmittelbar nach der Reichspogromnacht vom 10. November 1938 stattfand. Zu dieser kam es aber nicht. Im Anschluß an die anwaltliche Auseinandersetzung nahmen die Parteien einen Vergleichsvorschlag des Gerichts an, bei dem die Beklagte den Kaufpreis in voller Höhe begleichen mußte und zudem die Kosten des Rechtsstreit zu tragen hatte. Die äußerst niedrigen Ratenbeträge entlasteten sie aber erheblich.[874]

Das Amtsgericht Frankfurt hatte 1937 auch darüber zu entscheiden, ob das Vorliegen einer Vertretungsmacht zum Abschluß von Rechtsgeschäften auch den Abschluß mit *Juden* erfasse.[875] Der Fall ist insofern mit den vorherigen vergleichbar als auch hier die Frage der jüdischen Herkunft von Bedeutung war.

Der Beklagtenvertreter hielt dem Kaufpreisbegehren eines *jüdischen* Viehhändlers erfolgreich entgegen, daß der Bruder der Beklagten kein Recht gehabt habe, in ihrem Namen Verträge mit *jüdischen* Bürgern abzuschließen. „*Der* [... auch auf dem Bauernhof der Beklagten lebende Bruder] *missbrauchte das Vertrauen*

[871] Die Parteizugehörigkeit mußte in einem späteren Schriftsatz des Beklagtenvertreters auf März 1933 zurückdatiert werden, HStA Wiesbaden 474/4-53, Schriftsatz v. 20.06.1939.

[872] HStA Wiesbaden 474/4-53, Klageerwiderung v. 20.05.1939.

[873] Vgl. Schröder, „... aber im Zivilrecht sind die Richter standhaft geblieben!", S. 186 f.

[874] HStA Wiesbaden 474/4-53, Beschluß v. 05.07.1939.

[875] HStA Wiesbaden 474/3-900, Schreiben v. 14.07.1937 bis 26.11.1937 (Klageschrift fehlt).

der Beklagten, indem er mit Viehjuden Viehgeschäfte machte. Wie die Beklagte jetzt erfahren hat, hat ihr Bruder wiederholt das Vieh ausgetauscht. Gute Kühe wurden aus dem Stall herausgenommen und schlechte wurden eingestellt. [...] Offenbar ist der Bruder aus diesen Viehgeschäften etwas schuldig geblieben. Die beklagte Ehefrau kann für die Machenschaften ihres Bruders nicht herangezogen werden, weil sie hiervon nichts wusste. Die Beklagten sind Arier und hätten niemals Geschäfte mit Juden getätigt."[876]

Der Klägervertreter benannte zwar einen Zeugen, der auch zur Kenntnis der Beklagten aussagte. Seine Aussage war aber nicht eindeutig, so daß es zur Klageabweisung kam.[877]

Da das Urteil nicht vorliegt, ist unklar, aus welchen Gründen das Gericht zur Klageabweisung kam. Anzunehmen ist, daß es das Vorliegen einer Anscheinsvollmacht ablehnte.

4. Nationalsozialistische Schutzgesetze und ihre Bedeutung für Juden

Es wurde bereits ausgeführt, daß nationalsozialistische Gesetze, die in dem noch marktwirtschaftlich geführten Wirtschaftsablauf Schutzmechanismen einbauten, auf Bürger jüdischer Herkunft keine Anwendung fanden. Das ergab sich nicht unmittelbar aus der jeweiligen Vorschrift selbst, sondern aus einer entsprechenden Auslegung durch die Gerichte.[878]

Das AG Bad Homburg befaßte sich 1939 mit einem Rechtsstreit,[879] in dem es um die Anwendbarkeit von nationalsozialistischen hypothekenrechtlichen Sondervorschriften ging,[880] welche die Kündigungsmöglichkeit von Hypothekengläubigern erheblich einschränkten. Das Berliner Kammergericht, in dem Rechtsstreit zitiert, hatte zuvor entschieden, daß diesen Normen, die unter anderem einen Schutz von Hypothekenschuldnern bewirken und damit soziale Konflikte entschärfen sollten, aufgrund der damit verbundenen Interessen der

---

[876] HStA Wiesbaden 474/3-900, Schriftsatz v. 02.08.1937.

[877] HStA Wiesbaden 474/3-900, Schreiben an Mandanten v. 26.11.1937.

[878] S. S. 141.

[879] HStA Wiesbaden 474/2-334.

[880] VO zur Regelung der Fälligkeit alter Hypotheken v. 22.12.1938, RGBl. I, S. 1905 ff.

Volksgemeinschaft eine nationale, *jüdische* Bürger ausschließende Bedeutung zukomme.[881]

Daran knüpfte der Klägervertreter in seiner Argumentation an: Wenn sich die *jüdischen* Beklagten auf diese Schutzvorschriften berufen sollten, müsse ihnen entgegengehalten werden, daß sie noch schutzunwürdiger seien als der im Kammergerichtsprozeß beklagte *Jude*, da ihnen das Grundstück nicht mehr gehöre und sie als persönliche Schuldner, nicht als Hypothekenschuldner in Anspruch genommen würden.[882]

Der Beklagtenvertreter war der Ansicht, daß der Kläger wegen der Schutzvorschriften auch gegen seine Mandanten als persönliche Schuldner nicht vorgehen dürfe. Er bezog sich dabei ebenfalls auf die Kammergerichtsentscheidung, nach der dann ein *jüdischer* Schuldner ausnahmsweise schützenswert war, wenn die Übertragung des Grundbesitzes auf *Arier* bereits vorgenommen werde oder unmittelbar bevorstehe und wenn der neue Grundbesitzer den Kaufpreis teilweise durch Übernahme einer bestehenden Hypothek begleichen wolle. Der Beklagtenvertreter meinte, daß die Situation seiner Mandanten noch günstiger sei, da diese das Eigentum bereits auf *Arier* übertragen hätten.[883] An seine Mandanten schrieb er auch recht zuversichtlich, daß der Klägervertreter zwar „[...] *jetzt offenbar durch dick und dünn geh*[e] *und glaub*[e], *dass er* [...] *Oberwasser bekommen habe* [...]“,[884] daß die Situation für die Beklagten aber günstig sei.

Die Rechtslage war schwierig, da die Verordnung jede, d.h. auch persönliche Forderungen in seinen Schutzbereich mit einbezog, andererseits aber die Kammergerichtsentscheidung offenbarte, daß die Rechtsprechung einen Schutz *jüdischer* Bürger ablehnte.

Das AG Bad Homburg folgte in seinem Beschluß im wesentlichen der Linie des Kammergerichts und ließ die Kündigung der Hypothek in der Höhe zu, wie die *jüdischen* Beklagten sie im Verhältnis zu den *arischen* Grundbesitzern zu tragen hatten.[885]

---

[881] KG Berlin, DJ 1939, S. 1640 f.

[882] HStA Wiesbaden 474/2-334, Schriftsatz v. 25.11.1939.

[883] HStA Wiesbaden 474/2-334, Schriftsatz v. 23.11.1939.

[884] HStA Wiesbaden 474/2-334, Schreiben v. 21.11.1939.

[885] HStA Wiesbaden 474/2-334, AG Bad Homburg, Beschluß v. 30.11.1939.

Der Klägervertreter und anschließend das Gericht beachteten in ihrer Auslegung nicht die von der Rechtsprechung selbst gesetzten Grenzen bei der Auslegung nationalsozialistischer Gesetze.

5. Repressionen im Rahmen der Entflechtung

Die wirtschaftliche Entflechtung von *jüdischen* und *arischen* Bürgern wurde zumeist nicht durch Gesetz erzwungen. Dennoch war es für *Arier* wenig ratsam, die noch bestehenden Kontakte aufrechtzuerhalten, wie die bereits zu Beginn dieses Abschnitts beschriebenen Aktionen der Nationalsozialisten belegen.[886] Diese Maßnahmen waren auch vor Gericht kaum angreifbar, wie ein bereits erörterter Fall vor dem LG Frankenthal bestätigt, in dem es um den Warenbezug von *jüdischen* Metzgern ging. Darin machten die von einer Demonstration und einer gewaltsamen Räumungsaktion Betroffenen ihre Schadensersatzansprüche vor Gericht geltend. Die Ehefrau der Zielperson dieser Maßnahmen konnte ihre Schadensersatzansprüche durchsetzen,[887] nicht aber der unmittelbar Betroffene. Während hier der Beklagtenvertreter noch in seiner Argumentation auf die fehlende Kenntnis seines Mandanten (des Oberbürgermeisters) von der bereits erwähnten Demonstration verwies, bedurfte das LG Frankenthal dieser Argumentation nicht, um den Antrag des Klägers auf Armenrecht abzulehnen. Es hielt die Demonstration auch im Hinblick auf die gewählten Mittel und den verfolgten Zweck für rechtmäßig. Der Antragsteller habe „[...] *durch überstürzte Eröffnung des neuen Ladens in der Stadt* [...] *den Unwillen* [...] *auch eines Teils der Bevölkerung hervorgerufen.*“[888]

---

[886] S. S. 215. S. auch Schröder, „... aber im Zivilrecht sind die Richter standhaft geblieben!“, S. 184, bei dem ein diesbezüglicher Fall des OLG Celle vorgestellt wird.

[887] LA Speyer J6-845, 846, Bl. 81 ff.

[888] LA Speyer J6-892, Bl. 68 ff. Ausführliche Darstellung, s. S. 129 ff.

II. Personenrechtliche Ausgrenzung von Erberkrankten und jüdischer Bevölkerung

„Auch die Ehe kann nicht Selbstzweck sein, sondern muß dem einen größeren Ziele, der Vermehrung und Erhaltung der Art und Rasse dienen.“[889]

Die Machtübernahme durch die Nationalsozialisten veränderte schlagartig die Bedeutung der Ehe in der Gesellschaft. Sie sollte keine Privatangelegenheit mehr sein, sondern der Erhaltung der rassischen und kulturellen Kräfte des Volkes dienen. Allein dieser rassenpolitische Zweck der Ehe war für die Nationalsozialisten ausschlaggebend, sie anzuerkennen und zu schützen.[890] Das erstrebte Ziel konnte nach Ansicht der Nationalsozialisten nur durch zwei *rassenhygienische* Maßnahmen erreicht werden.[891] Zum einen mußte sogenannter *erbkranker Nachwuchs* vermieden werden, der ansonsten „[...] *für den Verfall der Völker* [...]“ sorge.[892] Zum anderen mußten die ehelichen Beziehungen zwischen *Rasseangehörigen* und anderen, d.h. *Juden*, gelöst werden.[893]

1. Eheanfechtung bei Erbkrankheiten

Die Nationalsozialisten versuchten mit verschiedenen gesetzlichen Maßnahmen, eine von ihnen angenommene „[...] *dauernde Vermehrung der weniger wertvol-*

---

[889] S. Hitler, Mein Kampf, S. 275 f.

[890] S. Freisler, Vom alten zum neuen Ehescheidungsrecht, S. 107; vgl. Rüthers, Die unbegrenzte Auslegung, S. 400, 402.

[891] Zur Rassenhygiene, s. Rethmeier, „Nürnberger Rassegesetze“ und Entrechtung der Juden im Zivilrecht, S.33 ff.

[892] S. Schütz, Zum Gesetz zur Verhütung erbkranken Nachwuchses, JW 1933, S. 2034 f; Lang, Die Unfruchtbarmachung Erbkranker, JW 1933, S. 2035 ff; Flitner, Rassenhygienische Betrachtungen im Recht, JW 1933, S. 2490 f; vgl. Rethmeier, „Nürnberger Rassegesetze“ und Entrechtung der Juden im Zivilrecht, S. 34 m.weit.Nachw. Zur Praxis der Unfruchtbarmachung von *erbkranken* Personen im OLG-Bezirk Zweibrücken, s. Neumüller, Die Erbgesundheitssachen in der Zeit des Dritten Reichs, in: 175 Jahre pfälzisches Oberlandesgericht, S. 257 ff.

[893] Bereits 1935 wurden Eheschließungen zwischen Bürgern jüdischer Herkunft und *Ariern* verboten, § 1 I 1 BlSchG, RGBl. I, S. 1146 f. Zu den Reaktionen in der Literatur, vgl. Rethmeier, „Nürnberger Rassegesetze“ und Entrechtung der Juden im Zivilrecht, S. 47 f.

len Bestandteile innerhalb des Volkes [....]“ zu vermeiden.[894] Bereits 1933 wurde mit dem *Erbgesundheitsgesetz*[895] die Zwangssterilisation von *Erbkranken* angeordnet; staatliche Darlehen wurden von „*geistiger und körperlicher Gesundheit*“ abhängig gemacht;[896] schließlich kam es in den Jahren 1940/41 zu den geheimgehaltenen und nicht offiziellen,[897] aber durch einen Führererlaß geforderten Euthanasie-Aktionen, denen zwischen 60.000 und 80.000 Menschen zum Opfer fielen.[898]

Sicherlich veranlaßte die gesetzliche Diskriminierung von *Erbkranken* einige ihrer Ehepartner, sich von ihnen zu trennen.[899] Erleichtert wurde dies allerdings erst durch das Ehegesetz von 1938,[900] das Ehescheidungen in solchen Fällen zuließ.

---

[894] Vgl. Rethmeier, „Nürnberger Rassegesetze“ und Entrechtung der Juden im Zivilrecht, S. 34.

[895] Gesetz zur Verhütung erbkranken Nachwuchses v. 14.07.1933, RGBl. I, S. 529 ff., sog. Erbgesundheitsgesetz.

[896] Keine Darlehensgewährung bei „*geistigem oder körperlichem Gebrechen*“ eines Ehepartners, § 1 der 1. DVO zum Gesetz zur Vermeidung der Arbeitslosigkeit v. 10.06.1933, RGBl. I, S. 323 ff. Weitere gesetzliche Regelungen im Erbrecht, s. Rethmeier, „Nürnberger Rassegesetze“ und Entrechtung der Juden im Zivilrecht, S. 35 f.

[897] Vgl. Gruchmann, Justiz im Dritten Reich, S. 520 ff.

[898] Vgl. Gruchmann, Justiz im Dritten Reich, S. 504.

[899] Das kann auch aus der Zunahme dieser Streitigkeiten im Dritten Reich geschlossen werden: 1937: HStA Wiesbaden 462-406; 1938: HStA Wiesbaden 462-427; HStA Wiesbaden 462-428; HStA Wiesbaden 462-417; HStA Wiesbaden 462-429; HStA Wiesbaden 462-421; HStA Wiesbaden 462-430; LA Speyer J6-1675; HStA Wiesbaden 474/3-1838; HStA Wiesbaden 474/4-207; 1939: LA Speyer J6-1492; LA Speyer J6-1506; LA Speyer J6-1510; LA Speyer J6-1522; LA Speyer J6-1523; LA Speyer J6-1524; LA Speyer J6-1568; LA Speyer J6-1674; LA Speyer J6-1519; LA Speyer J6-1521; LA Speyer J6-1511; LA Speyer J6-1526; LA Speyer J6-1502; J6-1504; HStA Wiesbaden 462-445; 1940: LA Speyer J6-1564; LA Speyer J6-1571; LA Speyer J6-1591; LA Speyer J6-1592; LA Speyer J6-1682; LA Speyer J6-1570; LA Speyer J6-1574; LA Speyer J6-1560; LA Speyer J6-1583; HStA Wiesbaden 462-464; HStA Wiesbaden 462-469; HStA Wiesbaden 462-467; HStA Wiesbaden 462-453; HStA Wiesbaden 462-457; HStA Wiesbaden 462-465; 1941: LA Speyer J6-1614;. LA Speyer J6-1617; LA Speyer J6-1626; LA Speyer J6-1650 (2); LA Speyer J6-1659; LA Speyer J6-1625; LA Speyer J6-1649; LA Speyer J6-1664; HStA Wiesbaden 462-472; HStA Wiesbaden 462-476; 1942: HStA Wiesbaden 462-494; HStA Wiesbaden 462-501; HStA Wiesbaden 462-484; 1944: HStA Wiesbaden 462-538.

[900] Ehegesetz v. 06.07.1938, RGBl. I, S. 807.

Das Reichsgericht hatte bis 1933 eine relativ restriktive Haltung gegenüber der Anfechtung von Ehen eingenommen. Danach war ein Irrtum über genetische Defekte des Ehegatten nur beachtlich, wenn diese zum Zeitpunkt der Eheschließung vorgelegen hatten und zu diesem Zeitpunkt mit einer geistigen Erkrankung zu rechnen gewesen war.[901]

In einem Rechtsstreit vor dem LG Frankenthal von 1934 zeigen sich erste Veränderungen in den tatbestandlichen Voraussetzungen der Eheanfechtung.[902] Den Klägervertreter müssen die in der Literatur geäußerten Ansichten in seiner Meinung bestärkt haben, daß sein Mandant die für die Anfechtung erforderliche Frist von sechs Monaten (§ 1339 BGB) eingehalten habe, da er erst im September 1934 von der *geistigen Erkrankung* seiner Ehefrau Kenntnis erlangt habe.[903]

Ein ärztliches Gutachten bestätigte zwar die *geistige Erkrankung* der Beklagten, Schizophrenie,[904] führte aber auch aus, daß die Kenntnis des Klägers schon früher eingetreten sein müsse, so daß die Anfechtungsfrist nicht eingehalten worden sei.[905] Für einen zugezogenen sachverständigen Zeugen kam es hingegen nicht darauf an, ob der Kläger die *geistige Erkrankung*, sondern die Unheilbarkeit der Erkrankung erkannt habe.[906]

Der Klägervertreter machte sich diese Aussage zu eigen, indem er darauf hinwies, daß dem Anfechtungsberechtigten auch „[...] *die Tragweite und das Wesen der Krankheit selbst* [...]“ bewußt sein müßten.[907]

Das LG ließ die bisherige Rechtsprechung unbeachtet und hielt einen Anfechtungsgrund für gegeben. Das Gericht wies die Klage jedoch ab, da dem Gutachten zufolge die Anfechtungsfrist verstrichen war.[908]

---

901 RG, JW 1904, S. 284.

902 LA Speyer J6-248, Klage v. 20.09.1934.

903 LA Speyer J6-248, Schriftsatz v. 07.03.1935, Bl. 15.

904 LA Speyer J6-248, Bl. 11: Der Bruder starb an schizophrener Erkrankung, die jüngere Schwester war wegen Schizophrenie in Behandlung und wurde 1933 zwangssterilisiert, die Urgroßvater mütterlicherseits starb durch Selbstmord, der Großvater trank unmäßig viel, die Mutter war „*nervös und ängstlich*“ und die Kusine der Mutter schwachsinnig.

905 LA Speyer J6-248, Bl. 13.

906 LA Speyer J6-248, Bl. 18 (Rückseite).

907 LA Speyer J6-248, Schriftsatz v. 29.03.1935, Bl. 20.

908 LA Speyer J6-248, Urteil v. 02.05.1935, Bl. 24 ff.

In der Berufung blieb der Klägervertreter bei seiner Argumentation, versuchte sogar noch, den Fristbeginn nach hinten hinauszuschieben. „*Der Kläger wurde erst durch den Inhalt des Gutachtens vom 22.02.1935 über die Bedeutung der schizophrenen Erkrankung seiner Frau als einer Erbkrankheit aufgeklärt und ist auch insoweit zur Eheanfechtung berechtigt.*“[909]

Auch der Beklagtenvertreter blieb bei seiner Ansicht, daß die Feststellung genüge, es handele „[...] *sich um eine* [erkennbar] *schwerere Art geistiger Erkrankung bei dem anderen Ehegatten* [...]“,[910] so daß es auf die Kenntnis der Unheilbarkeit nicht ankomme.

Das OLG Zweibrücken folgte der klägerischen Argumentation und gab der Eheanfechtung statt.[911] Es setzte sich zunächst, anders als das LG, mit der bisherigen Rechtsprechung auseinander. „*Das RG hat in neueren Entscheidungen (RG 145, 11; JW 1934, 2844; WarnRspr 1935 Nr. 70; JW 1935, 3097) seinen früheren Standpunkt, wonach die Anlage zu einer Geisteskrankheit im Zeitpunkt der Eheschließung nur dann als eine persönliche Eigenschaft eines Ehepartners i.S.d. § 1333 BGB gilt, wenn diese Anlage nach dem gewöhnlichen Verlauf zur wirklichen Erkrankung führen muß, verlassen und der Anlage zu der Erbkrankheit Schizophrenie die Bedeutung einer persönlichen Eigenschaft im Sinne der bezeichneten Gesetzesstelle zuerkannt. Der Hauptzweck der Ehe ist die Erzeugung und Erziehung der Kinder. Es bedarf keiner weiteren Ausführung, daß bei der Schwere der Krankheit der Schizophrenie, ihrem Verlauf und den ungeheueren schädigenden Folgen derselben für den Erbkranken selbst und seiner Nachkommenschaft kein vernünftiger Mensch mit einem schizophren anlagebehafteten Ehepartner eine Ehe abschließt.*“ [912] Nach dieser Auseinandersetzung kam es zur Frage der Kenntnis des Klägers und stellte sich wie der Klägervertreter auf den Standpunkt, daß die Unheilbarkeit erkennbar sein müsse.

Die vom OLG benannten neueren Entscheidungen des Reichsgerichts zeigen, wie früh sich die Gerichte mit den Vorstellungen der nationalsozialistischen

---

[909] LA Speyer J6-248, Schriftsatz v. 13.07.1935, Bl. 33 f. mit zitiertem Urteil des LG Göttingen v. 08.02.1935, JW 1935, S. 1895.

[910] LA Speyer J6-248, Schriftsatz v. 28.10.1935, Bl. 43.

[911] LA Speyer J6-248, Urteil v. 12.11.1935, Bl. 48 ff.

[912] LA Speyer J6-248, Bl. 52. Die zitierten Entscheidungen fallen in die Zeit nach der Machtergreifung durch die Nationalsozialisten.

Machthaber arrangiert hatten. Die Argumentation des Klägervertreters verdeutlicht aber gleichzeitig, daß dieser nicht erst entsprechende Entscheidungen abzuwarten gewillt war, sondern selbst die Beachtung veränderter Werte einforderte.

Den aus *erbgesundheitlichen* Gesichtspunkten vorgenommenen Klagen wurde durchweg entsprochen. Stand einmal fest, daß eine *Erbkrankheit* vorlag, war die Eheaufhebung unvermeidlich. Nur selten versuchten Rechtsanwälte *erbkranker* Ehegatten, eine Gegenargumentation aufzubauen, wie etwa in einem Fall vor dem LG Frankenthal von 1940.[913] Der Geisteskrankheit seiner Mandantin setzte hier der Beklagtenvertreter die langjährige Beziehung der Eheleute entgegen. „*Die Eheleute sind nunmehr 22 Jahre verheiratet und haben 2 gesunde Kinder. Weitere Kinder wird der Kläger wohl nicht haben wollen. Es ist daher nicht* [ein]*zusehen, warum der Kläger, wenn nicht aus sehr selbstsüchtigen Gründen die Ehe geschieden wissen will.*“[914] Außerdem fordere die zwischen Eheleuten bestehende Treuepflicht, daß ein Ehegatte dem anderen in seinem Unglück beistehe.

Der Klägervertreter ging auf diese Ausführungen nicht ein, sah zwischen den Prozeßparteien eine geistige Gemeinschaft nicht mehr bestehen und beantragte die Aufhebung der Ehe.[915]

Das Gericht entsprach dem klägerischen Begehren, ohne auf die Ausführungen des Beklagtenvertreters einzugehen,[916] der einen anderen bedeutenden Wert unter den Nationalsozialisten angesprochen hatte, nämlich den der Treue unter Ehegatten. Es entschied damit anders als das OLG Celle in einem ähnlich gelagerten Rechtsstreit 1941,[917] in welchem es die Treuepflichten zwischen Eheleuten für vorrangig erachtete.

Es ist verwunderlich, daß Prozeßvertreter von sogenannten *Erbkranken* nicht des öfteren versuchten, dem Begehren auf Eheanfechtung eine Argumentation entgegen zu stellen, die auf anderen, unter den Nationalsozialisten beachteten

---

[913] LA Speyer J6-1700, Klage v. 19.09.1940.

[914] LA Speyer J6-1700, Bl. 11.

[915] LA Speyer J6-1700, Bl. 12.

[916] LA Speyer J6-1700, Bl. 31 (Rückseite).

[917] Vgl. Schröder, „... aber im Zivilrecht sind die Richter standhaft geblieben!“, S. 40 f.

Werten beruhte. Gerade das Urteil des OLG Celle müßte in diese Richtung Mut gemacht haben. Andererseits hatte dieses Urteil aus anderen Gründen keinen Bestand, und der endgültige Ausgang dieses Rechtsstreits ist nicht dokumentiert. Entscheidend war wohl letztlich die klare Position des Reichsgerichts zugunsten trennungswilliger Ehegatten,[918] die den Versuch einer Gegenargumentation aussichtslos erscheinen ließ.

2. Die Ehescheidungen und -anfechtungen bei jüdischen Ehegatten

Die Ausgrenzungspolitik der Nationalsozialisten gegenüber dem *jüdischen* Bevölkerungsteil fand ihre einschneidendste familienpolitische Maßnahme[919] in dem in Verbindung mit den *Nürnberger Gesetzen*[920] erlassenen *Blutschutzgesetz*, welches Ehen zwischen *Ariern* und Bürgern jüdischer Herkunft verbot.[921] Das neue Ehegesetz von 1938 unterstützte diese Politik, indem es *arischen* Eheleuten ermöglichte, sich aufgrund des im deutschen Recht neuartigen Zerrüttungsprinzips von ihren *jüdischen* Ehegatten zu trennen.[922] Neben die bis dahin zulässige Eheanfechtung trat nun die leichter zu erreichende Ehescheidung, die zu einer Zunahme von Trennungen gerade von sogenannten *Mischehen*[923] führte. Die Gerichte kamen den trennungswilligen Ehegatten entgegen, allerdings in aller Deutlichkeit erst mit Inkrafttreten des neuen Ehegesetzes 1938,[924] das zu

---

[918] Vgl. Schröder, „... aber im Zivilrecht sind die Richter standhaft geblieben!“, S. 42.

[919] Vgl. Rethmeier, „Nürnberger Rassegesetze“ und Entrechtung der Juden im Zivilrecht, S. 201 ff; Ostler, Rechtsanwälte in der NS-Zeit, AnwBl 1983, S. 58.

[920] Reichsbürger-Gesetz v. 15.09.1935, RGBl. I, S. 1146.

[921] § 1 I des Gesetzes zum Schutze des deutschen Blutes und der deutschen Ehre v. 15.09.1935, RGBl. I, S. 1146 f. Zu weiteren Maßnahmen, s. Majer, „Fremdvölkische“ im Dritten Reich, S. 692 ff.

[922] Die Trennung von *arischen* Ehegatten bewirkte den Verlust des Privilegs der *Mischehe*, was die spätere Deportation, rechtlich betrachtet, erleichterte, vgl. Rethmeier, „Nürnberger Rassegesetze“ und Entrechtung der Juden im Zivilrecht, S. 216 f. Die Gerichte nahmen diese Gefährdung des *jüdischen* Ehegatten wohl kaum wahr bzw. nahmen diese hin, vgl. Schröder, „... aber im Zivilrecht sind die Richter standhaft geblieben!“, S. 44 ff; Rüthers, Die unbegrenzte Auslegung, S. 403 ff.

[923] Ein Ehegatte war jüdischer Herkunft, der andere *Arier*.

[924] Der Wandel der Rechtsprechung zu dieser Frage wird ausführlich dokumentiert bei Rüthers, Die unbegrenzte Auslegung, S. 155 ff., 403 ff; s. auch Schröder, „... aber im Zivilrecht sind die Richter standhaft geblieben!“, S. 38 f.

einer erhöhten Ehescheidungsrate führte. Unabhängig davon, ob Eheanfechtung oder Ehescheidung begehrt wurden, war die Argumentation sehr ähnlich: Man habe erst im Laufe der Jahre die rassebedingte Verschiedenheit der Eheleute erkannt.[925]

Auf die zunehmende Unverträglichkeit in der Beziehung wurde in zwei Streitigkeiten vor dem LG Frankfurt von 1938 abgestellt, um eine Trennung zu erreichen.[926] Während der Klägervertreter in dem einen Rechtsstreit den Rückzug seines Mandanten aus der Ehe mit der nun erkennbaren grundverschiedenen Weltanschauung der Familie seiner Ehefrau zu erklären versuchte und damit auch erfolgreich war,[927] nannte der Klägervertreter in dem anderen Rechtsstreit einen auch 1933 noch bestehenden „[...] *jüdische*[n] *Einfluss* [...]", unter dem seine Mandantin gestanden habe,[928] der erst durch „[...] *die letzten Vorkommnisse* [...]" (Reichspogromnacht) gebrochen worden sei. Der Ausgang des zweiten Rechtsstreits ist nicht dokumentiert, es ist aber im Hinblick auf die anderen Streitigkeiten von einer erfolgreichen Klage auszugehen.

In zwei weiteren Streitigkeiten von 1938 wurde die Argumentation dadurch ergänzt, daß die trennungswilligen Ehegatten sich zumindest zeitweilig im Ausland aufgehalten hatten und sie die „*Rassenverschiedenheit*" daher nicht oder erst verspätet erkannt hätten.[929]

Die Eheanfechtung hatte in dem einen vor dem LG Frankfurt verhandelten Rechtsstreit Erfolg, weil der Klägerin nicht nur zuerkannt wurde, im Ausland gelebt und die Rassenverschiedenheit nicht oder erst verspätet erkannt zu haben, sondern weil ihr durch den Aufenthalt in Italien außerdem die Möglichkeit genommen worden war, die Eheaufhebung von dort zu beantragen.[930]

---

[925] Diese Argumentation wurde vom RG nicht immer toleriert, vgl. Schröder, „... aber im Zivilrecht sind die Richter standhaft geblieben!", S. 54 f.

[926] HStA Wiesbaden 474/3-1618, Klage v. 28.11.1938; 474/3-2216, Klage v. 15.12.1938.

[927] HStA Wiesbaden 474/3-1618, Klage v. 28.11.1938, Klageschrift, S. 3.

[928] HStA Wiesbaden 474/3-2216, Klageschrift, S. 2.

[929] HStA Wiesbaden 474/4-478; LA Speyer J6-889, Klage v. 04.04.1938

[930] HStA Wiesbaden 474/4-478; Vgl. Gruchmann, Justiz im Dritten Reich, S. 869.

In dem anderen Rechtsstreit vor dem LG Frankenthal[931] half der Klägerin ein zeitweiliger Aufenthalt in Belgien zwar nicht zu einer erfolgreichen Eheanfechtung, jedoch zur Ehescheidung. Ihr Prozeßvertreter hatte in seiner Argumentation zur Eheanfechtung auch weniger auf ihren Auslandsaufenthalt abgestellt, als vielmehr auf grundlegende Überlegungen der Nationalsozialisten zu einer vollständigen gesellschaftlichen und wirtschaftlichen Trennung der *jüdischen* und *arischen* Bevölkerung, die seiner Ansicht nach auch eine Trennung im privaten Bereich bedinge.

Er verwies auf das neue Ehegesetz, welches nach seiner Ansicht den „[...] *sehr engherzigen Standpunkt* [...]“ der bisherigen Rechtsprechung beseitigen wolle. Die Anfechtungsvorschrift sei weiter zu verstehen und umfasse auch die Umstände, die „[...] *in der staatlichen, wirtschaftlichen und gesellschaftlichen Stellung des Juden in Deutschland* [begründet seien. ...] *Mancher arischer Ehegatte, der bislang noch glaubte, von der Anfechtung absehen zu können, kann dies jetzt nicht mehr, denn es treten erst jetzt Umstände, die die Person des anderen Ehegatten betreffen, zutage, die ihm klarmachen, dass er bei der Eheschliessung einem verhängnisvollen Irrtum unterlegen ist.*[932] [...] *Der Gesetzgeber* [gebe ...] *eine neue Möglichkeit, sich aus den Fesseln der jüdischen Mischehe zu befreien.*“[933]

Der Klägervertreter bekundete zwar mit seinen Ausführungen Verständnis für die Rassenpolitik der Nationalsozialisten, die Ausführungen konnten jedoch nicht das Vorliegen eines rechtserheblichen Irrtums zum Zeitpunkt der Eheschließung erklären. Darauf verwies auch das Gericht, das einen Irrtum und damit die Eheanfechtung ablehnte, da die Klägerin bei Eheschließung 1934 die jüdische Herkunft des Beklagten gekannt und trotz dieser Kenntnis mehrere Jahre mit dem Beklagten zusammengelebt habe. Die hilfsweise geltend gemachte Ehescheidung sei aber erfolgreich,[934] da die Klägerin aufgrund ihres zeitweiligen Auslandsaufenthalts sich aus „*verständlichen*“ Gründen keine richtigen Vorstellungen über die weitere Entwicklung der staatlichen, wirtschaftlichen

[931] LA Speyer J6-889, Klage v. 04.04.1938.

[932] LA Speyer J6-889, Bl. 30.

[933] LA Speyer J6-889, Bl. 31.

[934] LA Speyer J6-889, Bl. 35 ff.

und gesellschaftlichen Stellung der *Juden* in Deutschland habe machen können, ihre jetzige Erkenntnis ein weiteres Zusammenleben aber nicht erlaube.[935]

Von den bisher geschilderten Fällen weicht ein Rechtsstreit vor dem LG Frankfurt von 1938 ab.[936] Der Klägervertreter unterließ es, zugunsten seines Mandanten, der selbst *Arier* war, aber der jüdischen Religionsgemeinschaft angehörte,[937] auf dessen Fehleinschätzung der *Judenfrage* abzustellen. Statt dessen führte er die Beeinträchtigungen in der Ehe auf die Judengesetzgebung der Regierung zurück. Negativ ausgewirkt habe sich seiner Ansicht nach, daß „[...] *dem Kläger seitens der Ortsgruppe untersagt* [... wurde]*, mit Rücksicht auf seine jüdische Ehefrau zu flaggen.*“[938] Das angespannte Verhältnis zwischen der Beklagten und seinen beiden Kindern aus erster Ehe sei auch nur auf die Judengesetzgebung und die politischen Maßnahmen der Nationalsozialisten zurückzuführen. Der Beklagten sei allerdings anzulasten, daß sie über diese Kinder als „*Nazigesellschaft*“ spreche und sich abfällig über die politischen Maßnahmen der letzten Zeit äußere.[939]

Die Klage hatte keinen Erfolg. Das Gericht war der Ansicht, daß der Kläger bereits seit mehreren Jahren die Bedeutung der Rassenverschiedenheit erkannt habe, er sich daher nicht mehr auf eine diesbezügliche Unkenntnis stützen könne. Die Parteien wurden dennoch auf eine von der Beklagten erhobenen Widerklage hin geschieden.[940] Der Ausgang der diesbezüglichen Berufung ist nicht dokumentiert.

Die Besonderheit dieses Rechtsstreits liegt nicht nur in der abweichenden Argumentation des Klägervertreters, sondern auch in dem Schreiben eines Freundes des Klägers vom 09.12.1938, welches sich in der Handakte befindet. Darin äußerte sich dieser über die schwierige Lage des Klägers, der seine Ehefrau

---

935 LA Speyer J6-889, Bl. 38.

936 HStA Wiesbaden 474/3-2231, Klage v. 30.12.1938.

937 HStA Wiesbaden 474/3-2231, Klageerwiderung v. 23.01.1939.

938 Das Verbot des Flaggehissens nicht nur für Bürger jüdischer Herkunft, sondern auch für deren *arische* Ehegatten, hatte von 1937 an beamtenrechtliche Konsequenzen. Mit Anordnung v. April 1937 wurden Beamte in den Ruhestand versetzt, da das Nichthissen der Nationalflagge „*auf Dauer nicht tragbar sei*“, vgl. Gruchmann, Justiz im Dritten Reich, S. 172.

939 HStA Wiesbaden 474/3-2231, Klageschrift, S. 2.

940 HStA Wiesbaden 474/3-2231, Urteil v. 02.03.1939.

immer noch liebe, dem aber aufgrund der sich abzeichnenden weiteren Verschlechterungen in der Lage der *Juden* in Deutschland eine Ehescheidung dringend zu raten sei.

Durch das Schreiben wird deutlich, daß der Kläger die Ehescheidungsklage nicht freiwillig erhoben hatte, er vielmehr dazu von anderen gedrängt worden war.[941] Auch macht es die Argumentation in der Klageschrift verständlich: Der Kläger wollte seiner Ehefrau keine Vorwürfe machen.

Insgesamt betrachtet förderten die Gerichte die Auflösung der ehelichen Gemeinschaft zwischen *arischen* und *nichtarischen* Eheleuten, indem sie fortwährend betonten, daß sich der scheidungswillige *arische* Ehegatte noch keine rechten Vorstellungen über die weitere rassenpolitische Entwicklung habe machen können. Sie setzten sich über die Tatsache hinweg, daß mit Beginn der nationalsozialistischen Herrschaft über die vermeintlichen Unterschiede der Rassen in der Öffentlichkeit unter Hinweis auf die inkraftgetretenen Gesetze der nationalsozialistischen Regierung berichtet wurde, so daß jedermann in Deutschland wissen mußte, welche Auswirkungen die *Rassenverschiedenheiten* haben würden.[942] Dennoch blieben die Gerichte bei ihrer Spruchpraxis.

---

[941] Seine Haltung änderte und verhärtete sich aber gegenüber seiner Ehefrau, HStA Wiesbaden 474/3-2232-2235, 2237.

[942] S. Jung, Die Auflösung der Ehe zwischen Ariern und Nichtariern, JW 1933, S. 2367 f; Wöhrmann, Die Auflösung der Ehe zwischen Juden und Ariern, JW 1933, S. 2041.

III. Abstammung und Rasse

1. Die Grundlage eines Feststellungsinteresses

Die *rassehygienischen* Vorstellungen der Nationalsozialisten wirkten sich auch auf die Frage der individuellen Abstammung aus, denn unklare Abstammungs- und Familienverhältnisse waren in der Gesellschaft weniger erwünscht und konnten auch in der beruflichen Entwicklung hinderlich sein.[943] Der positive Vaterschaftsbeweis diente nichtehelich Gezeugten der Feststellung des tatsächlichen Erzeugers, der negative Vaterschaftsbeweis wurde vor allem in Fällen gesetzlicher Empfängnisvermutungen angewandt, um den als Vater vermuteten Mann als Erzeuger auszuscheiden, aber auch um bei früher ergangenen Vaterschaftsfeststellungen diese wieder zu beseitigen. Diese Klagen scheiterten teilweise schon an der Zulässigkeit, da nicht jeder Kläger hinreichend das auch für die Ehelichkeitsanfechtung erforderliche Feststellungsinteresse darlegen konnte.[944] Nur in Fällen, in denen eine Prozeßpartei jüdischer Herkunft war, erwies sich diese Zulässigkeitsvoraussetzung als unproblematisch.[945]

Die Klagen, die als unzulässig abgewiesen wurden, scheiterten zumeist an einem unzureichend begründeten Feststellungsinteresse. So genügte es für den negativen Vaterschaftsbeweis nicht, lediglich auf den im „[...] *Volksleben* [...]*herrschenden Blutsgedanken* [hinzuweisen, der ...] *ein Interesse an der Feststellung der Abstammung* [begründe].“[946] Denn das LG Frankenthal war der Ansicht,[947] daß das rechtliche Interesse gemäß § 256 ZPO nur unter besonderen Umständen bestehe, da auch die Interessen des Kindes an einem Vater zu berücksichtigen seien. Lediglich rassische, sippenrechtliche oder erbgesundheitsrechtliche Gründe seien beachtlich. Ein allgemeiner Hinweis genüge dagegen nicht.

Es reichte auch nicht aus, auf das Interesse der *Sippe* oder auf erbgesundheitliche Gründe, die möglicherweise bei der Mutter des beklagten Kindes zutrafen,

---

[943] Die Sippe wurde als der Ursprung der Gemeinschaftsordnung angesehen, s. Kersten, Die Rückkehr zum deutschen Volksrecht, JW 1933, S. 1233 f.

[944] S. Baumbach, ZPO-Kommentar, 9. Aufl., § 640 Anm. 1; 15. Aufl., § 640 Anm. 1 B.

[945] S. S. 231 ff.

[946] LA Speyer J6-905, Klage v. 12.11.1938, Bl. 7.

[947] LA Speyer J6-905, Urteil v. 24.01.1939, Bl. 10 ff.

abzustellen.[948] Nach dem OLG Zweibrücken - in der Berufung des obigen Rechtsstreits - war im konkreten Fall nicht einmal bei der Kindsmutter eine *Erbkrankheit* wahrscheinlich, diese müsse auch bei Vorliegen bei der Kindsmutter nicht zwingend auf den Beklagten übergehen, so daß keine Gefahr bestehe, daß der Kläger als „[...] *Zahlvater eines erbkranken Kindes selbst einmal als Träger einer Erbkrankheit angesehen* [... werde].“[949]

Ebenfalls zu allgemein gehalten waren die Ausführungen in einem Rechtsstreit vor dem LG Frankenthal von 1941.[950] Der Kläger hatte bereits 1933 in einer Klage auf Feststellung die Durchführung einer Blutuntersuchung begehrt, die jedoch wegen ihrer Unbestimmtheit als Beweismittel noch abgelehnt worden war. Er begehrte nun abermals die Vaterschaftsfeststellung. Er berief sich dabei jedoch lediglich auf die veränderte Bedeutung der blutsmäßigen Abstammung und die neue Rechtsprechung des Reichsgerichts.[951] Dem Gericht genügte dies nicht.

Eine Entscheidung des OLG Frankfurt von 1938 zeigt aber, daß der Hinweis auf die veränderten Wertvorstellungen in der Gesellschaft durchaus Sinn machte.[952] In seiner Entscheidung hob das Gericht den abweisenden Armenrechtsbeschluß des LG Limburg[953] auf, weil es dem Klägervertreter in seiner Argumentation folgen wollte, daß die „[...] *Frage, von wem ein Kind stammt,* [...] *im heutigen nationalsozialistischen Deutschland von so eminenter Bedeutung* [sei], *dass die klare Beantwortung dieser Frage und die Feststellung, zu welcher Sippe das Kind nun eigentlich gehört, einwandfrei gelöst werden muss nicht zuletzt im Interesse des Kindes selbst und dass man bei der Lösung dieser Frage nicht über Fristbestimmungen stolpern darf, die von dem Gesetzgeber zu einer Zeit normiert worden sind, als diese Fragen noch gar nicht zur Diskussion standen,*

---

948 LA Speyer J6-905, Berufungsbegründung v. 24.04.1939, Bl. 25.

949 LA Speyer J6-905, Berufungsurteil v. 23.05.1939, Bl. 42 ff.

950 LA Speyer J6-1656, Klage v. 19.09.1941.

951 LA Speyer J6-1656, Klageschrift, S. 3.

952 HStA Wiesbaden 462-410, Klage v. 03.08.1937.

953 HStA Wiesbaden 462-410, Beschluß v. 14.12.1937, Bl. 33 ff. In der Begründung machte das Gericht auf das Verstreichen der Anfechtungsfrist aufmerksam.

noch keine Rolle spielten und von dem Gesetzgeber noch nicht berücksichtigt worden sind."[954]

Eine Klage vor dem LG Frankenthal von 1939 wurde im Laufe des Prozesses zurückgenommen, vermutlich aufgrund der Erkenntnis, daß die Klage gegen einen zwischenzeitlich Verstorbenen unzulässig sein müsse.[955] Dennoch hatte der Klägervertreter zunächst versucht, ein Feststellungsinteresse zu konstruieren. Dabei griff er auf die von den Nationalsozialisten propagierte Gleichbehandlung von ehelichen und nichtehelichen Kindern zurück. Das eheliche Kind gelte nach Gesetz und Volksanschauung als vom Ehepartner der Kindsmutter gezeugt. Bei Ableben desselben bleibe es bei dieser Vermutung, so daß das Kind keinen gesellschaftlichen Schaden erleiden müsse. Ganz anders verhalte es sich dagegen bei einem unehelichen Kind. Bei diesem müsse der Erzeuger zumeist unter mehreren Männern ermittelt werden. „*Wollte man im Falle des Ablebens des angeblichen Erzeugers dem unehelichen Kinde im Hinblick auf § 628 ZPO die Möglichkeit* [der Vaterschaftsfeststellung] *abschneiden, dann wäre das uneheliche Kind, dem nach der Tendenz der Gesetzgebung, Rechtsprechung und Volksanschauung eine soziale Besserstellung und weitmögliche rechtliche und soziale Gleichstellung mit dem ehelichen Kinde geschaffen werden soll, jetzt schlechter gestellt, als vor 1933 und noch nach der bisherigen Rechtsprechung des Reichsgerichts in Band 159 Seite 58.* [...] *Wenn die Klägerin später einmal einen Beamten, einen Angehörigen der NSDAP oder ihrer Gliederungen heiraten wollte, könnten ihr durch die Nichtfeststellung des Erzeugers und damit ihrer deutschblütigen Abstammung die größten Schwierigkeiten erwachsen.* [...] *Im Hinblick auf die Rassegesetzgebung hat gerade das uneheliche Kind, das erst um die Feststellung der Vaterschaft des benannten Erzeugers bemüht sein muß, ein überragendes Interesse an der gerichtlichen Klarstellung mit Wirkung für und gegen alle im Sinne des § 643 ZPO.*"[956]

Damit zog der Klägervertreter lediglich logische Konsequenzen aus der *Rassenpolitik* der Nationalsozialisten auf, die auf eine Statusklage ohne Prozeßgegner hinausgelaufen wären.

---

954 HStA Wiesbaden 462-410, Beschwerde v. 13.12.1937, Bl. 36. Ausführungen zum erbbiologischen Gutachten, s. S. 228 ff.

955 LA Speyer J6-1491, Klage v. 03.11.1939.

956 LA Speyer J6-1491, Bl. 15 ff.

Für die Zulässigkeit dieser Klagen war es also erforderlich, daß konkrete Umstände vorgetragen wurden, die das Feststellungsinteresse begründeten. Es genügten Hinweise auf neue Beweismittel, wie „[...] *die Kindsmutter des Klägers* [rücke nunmehr] *aus ihrer Reserve heraus* [...]“,[957] Kläger und Beklagter weisen „[...] *eine Reihe gemeinsamer körperlicher Merkmale* [... auf]“[958] oder ähnliche.

2. Der Abstammungsnachweis durch ein erbbiologisches Gutachten

Hatte die Klage die Zulässigkeitshürde überwunden, bedurfte es zumeist eines erbbiologischen Gutachtens, um durch seine Wahrscheinlichkeitsbestimmung der erblichen Abstammung die Beweislage zugunsten des Klägers zu verbessern.[959] Dieses wurde ihm jedoch dann nicht gewährt, wenn keines der übrigen Beweismittel zu seinen Gunsten ausgefallen war.[960] „*Der Beweiswert einer solchen Untersuchung soll nicht verkannt werden. Sie kann ihrem Wesen nach aber nur dann von Bedeutung sein, wenn das Beweisergebnis im übrigen kein einheitliches ist. Dann ist es denkbar, dass sie nach der einen oder anderen Seite die Entscheidung herbeiführt. Bei einem einheitlichen Beweisergebnis, wie es hier vorliegt, kann es aber auf eine solche Untersuchung nicht mehr ankommen.*“[961]

An diesen Überlegungen orientierte sich auch die Argumentation der Prozeßvertreter. Zunächst wurde die Beweislage als unklar hingestellt, um dann einen Antrag auf ein erbbiologisches Gutachten zu stellen. Beispielsweise wurde das Zeugnis einer Kindsmutter verworfen, einem „[...] *durch und durch verdorbene*[n] *Frauenzimmer* [...]“, die sich dem Kläger, obwohl sie ihn gerade erst kennengelernt hatte, schon hingegeben und mit weiteren Männern

---

[957] LA Speyer J6-1620, Klage v. 07.01.1941.

[958] LA Speyer J6-1611, Klage v. 05.02.1941.

[959] Manchmal genügte auch der Bluteigenschaftstest, LA Speyer J6-1499, Klage v. 06.03.1939.

[960] LA Speyer J6-1544, Klage v. 07.02.1940, Bl. 32. Mit ähnlicher Argumentation, LA Speyer J6-1543, Klage v. 27.03.1940; LA Speyer J6-1630, Klage v. 09.05.1939.

[961] Das erbbiologische Gutachten kann auch heute als Beweismittel herangezogen werden, um zusammen mit anderen Beweismitteln einen positiven Vaterschaftsbeweis zu erbringen, s. Jauernig-Schlechtriem, vor § 1591 Rn 7.

nengelernt hatte, schon hingegeben und mit weiteren Männern Geschlechtsverkehr gehabt habe.[962]

In dem ersten der drei hier dargestellten Fälle wurde ein erbbiologisches Gutachten nicht eingeholt, da der Kläger zwischenzeitlich verstorben war, in dem zweiten führte das erbbiologische Gutachten zur Klageabweisung[963] und im dritten zum Erfolg der Klage.[964]

Gerade die letzte Entscheidung zeigt, welche Position man zum Beweismittel des erbbiologischen Gutachtens ziehen mußte, wenn es für den Prozeßgegner sprach. So verlangte der Beklagtenvertreter im Armenrechtsgesuch zur Berufung,[965] daß vom Gutachten eine mit an Sicherheit grenzende Wahrscheinlichkeit verlangt werden müsse, welche hier nicht ausgesprochen worden war. *„Darüber hinaus ist das erbbiologische Gutachten im Jahre 1938 erstattet worden, zu einer Zeit, als das Kind gerade 2 Jahre alt war. Auf Grund der bisherigen Erfahrungen über erbbiologische Gutachten steht es fest, dass solche Gutachten an Kindern, die unter 4 bis 6 Jahren sind, geradezu wertlos sind. Jedenfalls bieten sie keine genügende Sicherheit.“*[966]

Die ergänzende erbbiologische Untersuchung einer weiteren Person führte jedoch auch zu keinem abweichenden Ergebnis,[967] so daß das Berufungsgericht sich lediglich mit der Frage auseinandersetzen mußte, von welcher Wahrscheinlichkeit das Gutachten bei seinem Ergebnis auszugehen hatte. *„Der Umstand, daß das Gutachten bei der Beantwortung der Abstammungsfrage nur zu einer „Wahrscheinlichkeit“ gelangt und die Frage nicht „mit Sicherheit“ oder „mit an Sicherheit grenzender Wahrscheinlichkeit“ beantwortet hat, kann dem Gutachten nicht die für die Entscheidung maßgebende Bedeutung nehmen.* [...] *Das Reichsgericht ist, wie es in der Entscheidung DR 1941 S. 2562 ausführt, wie-*

---

[962] LA Speyer J6-1611, Bl. 3. 1947 wurde die Klage aufgrund der veränderten Rechtslage zur Feststellung der blutsmäßigen Abstammung zurückgenommen, LA Speyer J6-1611, Bl. 39, 41. Mit ähnlicher Argumentation, LA Speyer J6-1612, Klage v. 24.01.1941; LA Speyer J6-1663, Klage v. 31.10.1941.

[963] LA Speyer J6-1612, Bl. 28 ff., 34 ff.

[964] LA Speyer J6-1663, Bl. 18.

[965] LA Speyer J6-1663, Berufungsbegründung v. 06.05.1942, Bl. 33.

[966] LA Speyer J6-1663, Bl. 24.

[967] LA Speyer J6-1663, Bl. 60.

derholt der Ansicht entgegengetreten, daß ein erbbiologisches Gutachten nur dann maßgebend sei, wenn es die Frage nach der Vaterschaft nicht mindestens mit an Sicherheit grenzender Wahrscheinlichkeit beantwortet, es läßt, sogar zur Feststellung der offenbaren Unmöglichkeit, einen geringeren Grad der Wahrscheinlichkeit genügen, vergl. DR 1941 S. 787."[968] Das OLG schloß daraus auf die Unbegründetheit der Berufung.

Auch in einem Rechtsstreit vor dem LG Limburg von 1942 versuchte der Beklagtenvertreter, die Aussagekraft eines möglichen erbbiologischen Gutachtens zu relativieren.[969] Dabei betonte er, daß auch bei den geringsten Zweifeln dieses unpräzise Beweismittel keine Berücksichtigung finden dürfe. Derlei Bedenken bestünden im vorliegenden Fall, wenn man berücksichtigt, daß es „[...] *bekanntlich 6 verschiedene Blutgruppen* [gibt ...] *Wenn also der Beklagte wirklich mit dem Kläger der gleichen Blutgruppe angehören sollte, so steht fest, daß mit den Parteien noch weiter etwa 1/6 der ganzen Menschheit die gleiche Blutgruppe teilt, so daß also, wenn man mal die artfremden Rassen ausscheidet, zum mindesten doch 1/6 aller mit dem Kläger und dem Beklagten artgleichen Männer auch als Vater nicht ausgeschlossen werden könnte;* [...] *Mit Recht führt ja auch Frantz in seinem im Deutschen Recht S. 62 veröffentlichten Aufsatz über die reichsgerichtliche Rechtsprechung in Abstammungssachen aus, daß selbst die erbbiologische Untersuchung, die ja bekanntlich im Gegensatz zur Blutgruppenuntersuchung sogar im positiven Sinne herangezogen wird, nie einen Mann mit absoluter Sicherheit als Vater festzustellen vermag, sodaß theoretisch stets noch die Möglichkeit der Erzeugerschaft eines anderen Mannes offenbleibt.*"[970]

Seine Zweifel bezüglich dieses Beweismittels ergänzte der Beklagtenvertreter mit der Tatsache, daß seit dem klageabweisenden Unterhaltsprozeß zehn Jahre verstrichen seien. In dieser Zeit habe sein Mandant eine Familie mit drei Kindern gegründet und sich in Rechtssicherheit gewähnt.[971] Nutzen aus dem Verfahren werde allenfalls der Kläger ziehen können, da seine Mutter hinreichend Zeit hatte, sich auf ihre Zeugenaussage vorzubereiten, während der Beklagte

---

[968] LA Speyer J6-1663, Bl. 73.

[969] HStA Wiesbaden 462-485, Klage v. 31.10.1942.

[970] HStA Wiesbaden 462-485, Schriftsatz v. 15.03.1943, Bl. 22 ff., 24.

[971] HStA Wiesbaden 462-485. Schriftsatz v. 25.01.1943. Bl. 13 ff.

nun in Beweisnot geraten sei. „*Das Ergebnis wäre so unbillig, daß man mit Recht von einer Erschütterung der Rechtssicherheit sprechen kann.*“[972]

Den Beklagten und seinen Prozeßvertreter dürften beruhigt haben, daß das erbbiologische Gutachten zu ihren Gunsten ausfiel und die Klage daher abgewiesen wurde.

Die Zweifel der Prozeßvertreter an der Wertigkeit eines erbbiologischen Gutachtens waren nicht unbegründet, wie sich aus zwei Prozessen vor dem LG Limburg zeigt.[973] In dem einen von 1937 wurde im Gutachten ausgeführt, daß im Beklagten ein vorwiegend fremder Erbcharakter dominiere, der die Vaterschaft des Klägers unwahrscheinlich mache.[974] Dennoch kam es zur Klageabweisung, da das Gericht die Aussagen des Klägers für widersprüchlich hielt.[975]

Das maßgebliche Gutachten in dem anderen Prozeß von 1939 stufte die Vaterschaft des Beklagten auch als eher unwahrscheinlich ein.[976] Nachdem aber ein Arzt als sachverständiger Zeuge zu dem Schluß kam, daß die Klägerin durchaus aus dem Geschlechtsverkehr mit dem Beklagten stammen könne und weitere potentielle Erzeuger nicht ersichtlich waren, kam das Gericht anders als das Gutachten zu der Schlußfolgerung, nur der Beklagte könne der Erzeuger der Klägerin sein.[977]

3. Der Abstammungsnachweis bei Vermutung jüdischer Herkunft

Mit der zunehmenden Unterdrückung und Ausgrenzung des *jüdischen* Bevölkerungsteils in Deutschland kam es auch vermehrt zu Rechtsstreitigkeiten um die Frage der jüdischen Herkunft. Bürger, die bislang als *jüdisch* galten, weil für sie ein *Jude* die Unterhaltspflicht übernommen hatte, versuchten sich von diesem

---

[972] HStA Wiesbaden 462-485, Bl. 27.

[973] HStA Wiesbaden 462-410, Klage v. 03.08.1937, s. auch S. 157 ff; HStA Wiesbaden 462-450, Klage v. 17.01.1939. Vgl. Rethmeier, „Nürnberger Rassegesetze“ und Entrechtung der Juden im Zivilrecht, S. 172 ff.

[974] HStA Wiesbaden 462-410, Bl. 78 ff., 88.

[975] HStA Wiesbaden 462-410, Urteil v. 16.10.1939, Bl. 158 ff.

[976] HStA Wiesbaden 462-450, Bl. 56 ff.

[977] HStA Wiesbaden 462-450. Urteil v. 28.03.1941. Bl. 133 ff.

„*Makel*“[978] zu befreien. Dabei hatten erbbiologische Gutachten eine große und auch etwas andere Bedeutung als in den übrigen Prozessen um die Abstammung.[979] Für den Erfolg der Klage war es in Fällen, in denen als potentieller Erzeuger neben dem Beklagten nur ein Bürger jüdischer Herkunft in Frage kam, ausreichend, daß das Gutachten bei der klägerischen Partei keine *jüdischen* Körpermerkmale feststellte, der Partei ihre *arische* Abstammung „[...] *mit großer Wahrscheinlichkeit* [...]“ bescheinigte.[980]

In einem Limburger Rechtsstreit von 1942[981] war das Gericht allerdings der Ansicht, daß entsprechend den Ausführungen des Beklagtenvertreters[982] die negative Feststellung „[...] *typisch jüdischer Eigenschaften* [...]“ nicht ausreiche, die Vaterschaft des Beklagten „[...] *mit einer an Gewissheit grenzenden Wahrscheinlichkeit* [...]“ auszuschließen.[983] Es bestünden Zweifel, ob bei der Zeugung eines Kindes durch einen „*Volljuden*“ zwingend „[...] *typisch jüdische Rassemerkmale* [...]“ weitervererbt würden.[984] In der Berufung aber entschied das OLG Frankfurt nach Einholung eines Zweitgutachtens[985] zugunsten des

[978] LA Speyer J6-1689, Klage v. 27.08.1940, Bl. 1 ff., 2; ausführliche Darstellung, s. S. 110 f; LA Speyer J6-903, Klage v. 13.10.1938, Klageschrift, S. 2: „*Da der Beklagte arisch ist, hat das Kind ein ganz erhebliches rechtliches Interesse daran, festgestellt zu erhalten, dass der Beklagte sein unehelicher Erzeuger ist. Es gilt dann nicht mehr als jüdisch, sondern als Mischling 1. Grades. Die blutsmässige Abstammung - auch als Mischling - ist im 3. Reich für die Eingehung einer Ehe z.B., sowie für die gesamte Tätigkeit im Berufs- und Wirtschaftsleben von wesentlicher Bedeutung.*“

[979] Keine Bedeutung in zwei Prozessen, in denen bereits die Blutuntersuchung für eine Urteilsbegründung ausreichte: LA Speyer J6-1689, LA Speyer J6-903: Während des Prozesses wurde für die Klägerin ein Reisepaß für die Auswanderung beantragt. Die Ausstellung des Dokumentes verzögerte sich aber aufgrund des Rechtsstreits. Dessen Ausgang entschied darüber, ob dem Vornamen der Klägerin nach der 2. VO zur Durchführung des Gesetzes über die Änderung von Familiennamen und Vornamen v. 17.08.1938, RGBl. I, S. 1044, noch ein *jüdischer* Vorname anzuhängen war. Dies war nicht erforderlich, da die Klage erfolgreich war, LA Speyer J6-903, Bl. 18 ff.

[980] HStA Wiesbaden 467-886, Klage v. 17.12.1937, Bl. 159 ff.

[981] HStA Wiesbaden 462-559, Klage v. 20.06.1942, Bl. 10 ff.

[982] HStA Wiesbaden 462-559, Urteil v. 30.04.1943, Bl. 48 ff., 49 f.

[983] HStA Wiesbaden 462-559, Schriftsatz v. 20.04.1943, Bl. 46.

[984] HStA Wiesbaden 462-559, RGRK 1591 Anm. 2, im Beklagtenschriftsatz zitiert, Bl. 46.

[985] HStA Wiesbaden 462-559, Bl. 91: Die Klägerin wurde vom Zweitgutachter als „*deutschblütig*“ bezeichnet.

Klägers.[986] Danach hätte doch wenigstens irgendein Merkmal der *„jüdischen Rasse“* bei der Klägerin durchschlagen müssen, insbesondere weil „[...] *der Jude* [...] *geradezu als Typ eines Juden anzusehen war, der in hervorragendem Masse die Merkmale seiner Rasse aufwies.*“[987]

Selbst wenn eine Klage auf Feststellung der Vaterschaft keinen Erfolg hatte, weil der Ausschluß allein des potentiellen *jüdischen* Erzeugers nicht ausreichte, konnte der Kläger aus dem erbbiologischen Gutachten noch Vorteile ziehen.

So in einem Rechtsstreit am LG Frankenthal von 1938, bei dem die Klage selbst zwar erfolglos blieb, sich aus der Urteilsbegründung aber ein Hilfsmittel für das eigentliche Ziel des Klägers, nicht als *Jude* zu gelten, ergab.[988] Darin wurde festgehalten, daß „[...] *die anthropologische Untersuchung des Klägers sowohl bei seinen einzelnen Merkmalen als auch bei seinem körperlichen und geistigen Gesamteindruck kein jüdisches Rassenmerkmal erkennen lasse, vielmehr passt sich der Kläger in seinem Erscheinungsbild unserer Durchschnittsbevölkerung an, sodass er auf keinen Fall als jüdischer Mischling i. S. des § 2 Abs. II d. 1. VO. z. Reichsbürgergesetz* [...] *angesehen werden kann.*“[989] Aufgrund dieser Ausführungen beantragte der Kläger eine entsprechende Änderung in der Geburtsurkunde. Der Standesbeamte lehnte zunächst ab.[990] Die sehr zuversichtliche Mitteilung des Klägervertreters an seinen Mandanten, daß er mit seinem Antrag beim Standesamt letztlich Erfolg haben müsse, da das Urteil des LG Frankenthal die *jüdische* Abstammung verneine,[991] gibt hinreichenden Anlaß zu der Annahme, daß der Kläger diesbezüglich erfolgreich war. Der Klägervertreter machte seinen Mandant darüber hinaus noch darauf aufmerksam, daß dieser nun auf jeden Fall bis zum Gegenbeweis als *Arier* zu behandeln sei.[992]

---

[986] HStA Wiesbaden 462-559, Schriftsatz v. 07.06.1943, Bl. 59 ff., 62.

[987] HStA Wiesbaden 462-559, zitiert wurde Reche, Der Wert des erbbiologischen Abstammungsnachweises für die richterliche Praxis, DR 1939, S. 1606 ff.

[988] LA Speyer J6-1450, Bl. 107.

[989] LA Speyer J6-1450, Bl. 108. Der Reichssicherheitsdienst (SS) forderte aufgrund der Urteilsbegründung die Unterlagen an, LA Speyer J6-1450, Bl. 118.

[990] LA Speyer J6-1450, Schreiben des Standesbeamten v. 15.03.1941, Bl. 119.

[991] LA Speyer J6-1450, Bl. 119: *„Demnach steht m.E., ohne daß Sie einen weiteren Abstammungsnachweis erbringen, fest, daß Sie Arier sind.“*

[992] LA Speyer J6-1450, Bl. 119: *„Sie sind also ein uneheliches Kind einer deutschen Mutter, dessen Erzeuger nicht bekannt ist. Solche Kinder gelten nach der VO. vom 29.6.1937 zur*

Welche familiären Probleme sich aus einer rassenbezogenen Betrachtung ergaben, zeigt ein Rechtsstreit, der 1939 vor dem LG Frankenthal ausgetragen wurde. Darin focht der Klägervertreter die Ehelichkeit des Beklagten an,[993] der gemäß § 1719 BGB als eheliches Kind des Klägers galt.

Der Klägervertreter trug nun vor,[994] daß der Beklagte sich mit fortschreitendem Alter „[...] *zum Entsetzen des Klägers wie ein jüdisches Kind* [... entwickelt habe] *und* [...] *auch deutlich die Merkmale eines Nichtariers* [trage]." Auf vorgelegten Fotos sehe man unzweifelhaft, daß der Beklagte nicht von zwei *Ariern* abstammen könne, Kläger und Mutter des Beklagten aber *„rein arisch"* seien. Nachdem letztere einen ungeschützten Geschlechtsverkehr in der Empfängniszeit mit einem nun ausgewanderten Bürger jüdischer Herkunft gestanden habe, bestehe der Kläger auf einem erbbiologischen Gutachten.

Das Gutachten kam zu einem anderen Resultat, als der Kläger beabsichtigt hatte. *„Die erbbiologische Untersuchung* [...] *führt zu dem Ergebnis, dass nach erbbiologischen Gesichtspunkten der Kläger der Erzeuger des Beklagten ist.*"[995]

Durchführung des Deutschen Beamtengesetzes (Abs. 4 der Vorschriften zu § 25 DBG) bis zum Beweis des Gegenteils als deutschblütig."

[993] LA Speyer J6-1486, Klage v. 25.09.1939.

[994] LA Speyer J6-1486, Bl. 1 f.

[995] LA Speyer J6-1486, Bl. 36.

IV. Genetische Defekte und Schadensersatz

Gesetzliche Maßnahmen der nationalsozialistischen Regierung gegen eine von ihnen angenommene „[..] *dauernde Vermehrung der weniger wertvollen Bestandteile innerhalb des Volkes* [...]“[996] scheinen sich auch auf die Argumentation von Rechtsanwälten in Prozessen ausgewirkt zu haben, die sich mit Schadensersatzansprüchen befaßten.

In einem Rechtsstreit vor dem LG Wiesbaden von 1937, in dem es um die Mißhandlung eines Beamten durch Nationalsozialisten ging,[997] schloß der Beklagtenvertreter aus der möglichen „*Minderwertigkeit*“ der Erbanlagen eines Verstorbenen auf einen geringeren Schadensersatz. Seiner Ansicht nach verdränge „[...] *die geringwertigere Erbmasse der Mutter* [des Verstorbenen] *die hochwertigere des väterlichen Erbanteils.* [... Es sei unter Beachtung der] *Erfahrungstatsache, dass die geringwertigeren Erbanlagen die hochwertigeren in der Regel verdrängen, anzunehmen, dass auch im vorliegenden Falle das Erbgut des Vaters durch die schlechtere Erbanlage der Mutter verdrängt worden wäre, dass also* [der Verstorbene] *angesichts des frühzeitigen Todes seiner Mutter keine Ursache hatte, mit einem hohen Alter zu rechnen.*“[998]

Der Beklagtenvertreter folgte damit der Ansicht von Nationalsozialisten, die von einer Verdrängung des höherwertigeren Erbguts durch geringwertigeres ausgingen[999] und daher eine Trennung unterschiedlichen Erbguts wünschten.[1000]

Das ex ante zu erwartende niedrigere Alter des Verstorbenen müsse sich nach seiner Ansicht auf die Höhe des Schadensersatzes auswirken und die Unterhaltsansprüche von Witwe und Tochter reduzieren.

Das Gericht folgte dieser Argumentation nicht und gab der Klage statt.[1001]

---

996 S. S. 215.

997 HStA Wiesbaden 467-799, 760, Klage v. 12.01.1937; ausführliche Darstellung, s. S. 122 f., 170 ff.

998 HStA Wiesbaden 467-799, Bl. 100 f.

999 Vgl. Rethmeier, „Nürnberger Rassegesetze“ und Entrechtung der Juden im Zivilrecht, S. 34 m.weit.Nachw.

1000 S. S. 215.

1001 HStA Wiesbaden 467-799. Urteil v. 13.11.1935. Bl. 114.

In einem Limburger Rechtsstreit von 1939 machte die Klägerin Schadensersatz geltend, nachdem sie nach einer ärztlichen Behandlung Krampfadern bekommen hatte.[1002]

Der Beklagtenvertreter wies den Vorwurf einer fehlerhaften ärztlichen Behandlung zurück und behauptete dem gegenüber, daß es sich bei der Klägerin um einen *„Bindegewebsschwächling"* handele, die Folgen einer ärztlichen Behandlung also nicht vorhersehbar gewesen seien.[1003]

Ein Gutachten bestätigte dem behandelnden Arzt sorgfaltsgemäße Arbeit, so daß es zur Klageabweisung kam.

In beiden Fällen ging das Gericht nicht auf die Ausführungen erniedrigenden Charakters ein.

[1002] HStA Wiesbaden 462-952, Klage v. 01.06.1939.

[1003] HStA Wiesbaden 462-952, Bl. 19.

V. Die Beziehungen zum Ausland und der Status als Ausländer

In einigen Streitigkeiten kam es zu Ausführungen, welche die auswärtigen Beziehungen des Deutschen Reiches ansprachen, um daraus Vorteile für die eigene Argumentation zu ziehen, oder die auf den Status des Prozeßgegners als Ausländer zu sprechen kamen.

Die auswärtigen Beziehungen waren in einem bereits erörterten Rechtsstreit von Bedeutung,[1004] in dem der Kläger Schadensersatz forderte, nachdem er seine Metzgerei aufgrund von Demonstrationen und Aufforderungen seitens lokaler NSDAP-Politiker geschlossen hatte. Der Klägervertreter führte aus, daß sein Mandant „[...] *den deutschen Fremdenverkehr nicht* [...] *schädigen und unliebsames Aufsehen unter den zahlreichen ausländischen Besuchern der Fasswirtschaft im Interesse des deutschen Ansehens* [...]" vermeiden wollte.[1005]

In einem anderen, bereits geschilderten Fall[1006] wurde der Mehraufwand der steuerberatenden Tätigkeit zum einen mit der Tatsache begründet, daß sich die Auftraggeberin als Ausländerin „[...] *infolge ihrer internationalen Beziehungen* [...] *die wenigste Zeit im Deutschen Reich* [...]" aufhalte[1007] und zum anderen damit, daß die Steuerbehörden bei Ausländern, die in der Inflationszeit der zwanziger Jahre „*deutsches Volksvermögen*" erworben hätten, genauer und kritischer arbeiteten.[1008]

In beiden Fällen hatten diese Hinweise aber keine Auswirkungen auf die Urteile; sie wurden nicht einmal in die Tatbestände der jeweiligen Urteile mit aufgenommen, obwohl sie gerade im zweiten Rechtsstreit materiellrechtlich von Bedeutung waren.

Der Ausländerstatus des Prozeßgegners oder eines in einem besonderen Näheverhältnis zum Prozeßgegner stehenden Dritten wurde in den anderen Streitigkeiten als negativ zu bewerten herausgestellt.

[1004] J6-892 f., Klage v. 19.08.1938; ausführliche Darstellung, s. S. 128 ff., 149 ff.

[1005] LA Speyer J6-892, Bl. 10.

[1006] HStA Wiesbaden 467-864/859, Klage v. 23.11.1935; ausführliche Darstellung, s. S. 105, 136 f.

[1007] HStA Wiesbaden 467-864, Bl. 105, 108.

[1008] HStA Wiesbaden 467-864. Bl. 159.

So in einer Streitigkeit vor dem LG Wiesbaden, die 1932 begonnen hatte.[1009] Darin ging es um einen Anspruch auf Aussteuer gegenüber dem geschiedenen Vater der Klägerin. Sie beabsichtigte, einen indischen, noch mittellosen Augenarzt zu heiraten und diesem nach Indien zu folgen.

Der Beklagtenvertreter glaubte ein Recht seines Mandanten zu sehen, die geforderte Aussteuer verweigern zu dürfen.[1010] Als Vater dürfe dieser das Unglück seiner Tochter nicht mit finanziellen Mitteln fördern. Die Klägerin wolle sich nach Indien begeben, wo nur die Eheschließung zwischen „*Hindus*" als rechtswirksam betrachtet werde und die Frau „[...] *eines eingeborenen Inders* [...] *eine für europäische Begriffe unvorstellbar niedrige und rechtlose Stellung* [...]" einnehme. Darüber hinaus sei dort die Polygamie weit verbreitet.[1011] Die Klägerin könne keinen Schutz mehr von deutschen Auslandsvertretungen erbitten, weil sie mit der Eheschließung ihre deutsche Staatsangehörigkeit verliere. Ihr zukünftiger Ehemann werde schon bald wieder nach indischen Traditionen leben wollen, denn „[...] *stärker als die Eindrücke, die ein vorübergehender Aufenthalt in Deutschland von europäischer Kultur und europäischen Anschauungen vielleicht hinterläßt*, [... seien die in Indien] *altüberlieferte*[n] *Lehre*[n ...] *und ein jahrhundertelang genährter Glaube, der bei der Religiösität des indischen Volkes noch heute entscheidend ist.*"[1012] Der Beklagte könne die Klägerin, seine Tochter, wegen der „*Bande des Blutes*" nicht in ihr Unglück ziehen lassen, trotz der inzwischen eingetretenen Entfremdung.[1013]

Das Gericht verweigerte der Klägerin das Armenrecht, da dieses nur Personen mit deutscher Staatsangehörigkeit zustehe, die Klägerin diese aber mit der zwischenzeitlichen Eheschließung verloren habe.

Im Anschluß daran wurde geklärt, daß der Beklagte kein Vermögen hatte,[1014] was den Klägervertreter zur schriftlichen Klagerücknahme veranlaßte.[1015] In der

---

[1009] HStA Wiesbaden 467-691, Klage v. 02.09.1932.

[1010] HStA Wiesbaden 467-691, Schriftsatz v. 30.11.1932, Bl. 17 ff.

[1011] HStA Wiesbaden 467-691, Bl. 19.

[1012] HStA Wiesbaden 467-691, Bl. 19 (Rückseite).

[1013] HStA Wiesbaden 467-691, Bl. 20.

[1014] HStA Wiesbaden 467-691, Bl. 57 f.

[1015] HStA Wiesbaden 467-691, Schriftsatz v. 02.01.1934, Bl. 59.

mündlichen Verhandlung wurde der Antrag jedoch nicht wiederholt, so daß es schließlich zu einem rechtskräftigen Versäumnisurteil gegen die Klägerin kam.[1016] Das Gericht ging mit keiner Silbe auf die Ausführungen des Beklagtenvertreters ein.

Der Status der Prozeßgegnerin war 1942 in einem Rechtsstreit vor dem LG Limburg Gegenstand der Argumentation.[1017] Der Kläger begehrte die Eheanfechtung bzw. -scheidung von seiner Ehefrau. Diese hatte mit der Heirat ihre niederländische Staatsangehörigkeit verloren und die deutsche Reichsangehörigkeit erworben. Der gegen die Beklagte erhobene Vorwurf bestand darin, daß sie sich trotz anderslautender vorheriger Versprechen gegen Deutschland gewendet habe: Sie habe in den Niederlanden immer gesagt, daß sie „[...] *sich in allem als eine Deutsche Frau* [...]" fühlen werde und sich alle Mühe geben werde, „[....] *sich* [... an] *die Deutschen Verhältnisse* [...]" zu gewöhnen. Der Kläger habe darauf vertraut, daß die Beklagte ihr Versprechen halten werde, insbesondere weil die Beklagte sich nach der Verlobung in den Niederlanden entsprechend verhalten hatte. So trat sie immer gegen kritische Äußerungen niederländischer Staatsbürger an Deutschland auf.[1018] Nach der Eheschließung habe sich dies jedoch geändert. „*Sie sprach ganz offen davon, dass sie mit einem Sieg unserer Feinde rechne* [und daß diese] *an Deutschland Rache* [... nehmen] *werde*[n. ...] *Ferner warf sie der Deutschen Verwaltung vor, die Deutschen hätten aus Holland alles weggeschleppt und den Holländern alles „weggefressen". Sie nahm dauernd für Holland und gegen Deutschland Stellung, und zwar bei jeder Gelegenheit und bis in die letzten Tage hinein.*"[1019] Diese Einstellung der Beklagten habe der Kläger zum Zeitpunkt der Eheschließung nicht gekannt, hätte er sie gekannt, wäre er „[...] *unter Berücksichtigung des Wesens der Ehe von der Eheschliessung abgehalten* [worden]." Für ihn sei es als aktiven „[...] *Deutschen Soldaten unerträglich, mit einer Frau zusammen zu leben, die eine solche feindselige Einstellung gegen das Vaterland des Mannes an den Tag legt.*"[1020]

Das Gericht folgte dieser Argumentation nicht und wies die Klage ab.

[1016] HStA Wiesbaden 467-691, Urteil v. 05.01.1934, Bl. 61.

[1017] HStA Wiesbaden 462-518, Klage v. 16.09.1942.

[1018] HStA Wiesbaden 462-518, Bl. 2 ff.

[1019] HStA Wiesbaden 462-518, Bl. 4.

[1020] HStA Wiesbaden 462-518. Bl. 4 f.

Mit dem Unterlassen von wirtschaftsschädigenden Äußerungen befaßte sich das LG Frankfurt 1944. Der Antragsteller begehrte unter anderem das Unterlassen der Behauptung, ein „*Franzosenmensch*" zu sein.[1021] Im Zusammenhang mit den übrigen Äußerungen, wie „[...] *Saumensch, Luder, Hure*, [...] *Drecksau, Lumpensack* [...]" und im Hinblick auf den Kriegszustand des Dritten Reiches im Jahre 1944 zeigt sich die Bedeutung dieser Aussage.[1022]

Die Gerichte gingen in keinem der Fälle auf die auslands- und ausländerbezogenen Äußerungen der Prozeßvertreter, woraus deutlich wird, daß daraus keine negativen Schlüsse für die betroffenen Parteien gezogen wurden.[1023]

[1021] HStA Wiesbaden 460-1054-27 Q 5/44, Antrag v. 04.05.1944.

[1022] Die einstweilige Verfügung wurde erlassen, Widerspruch vom Antragsgegner eingelegt. Der Ausgang des Rechtsstreits ist nicht dokumentiert.

[1023] So schon in der Analyse von Schröder bezüglich des OLG Celle, s. Schröder, „... aber im Zivilrecht sind die Richter standhaft geblieben!", S. 100 ff.

VI. Zwischenergebnis

Personenbezogenen Argumente zur jüdischen Herkunft zeigen, daß die von den Nationalsozialisten geforderten und teilweise gesetzlich durchgesetzten Veränderungen Ausdruck in der anwaltlichen Argumentation fanden. Die wenigen vorgebrachten Gegenargumente wurden insbesondere bei der Auflösung langfristiger Beziehungen wirtschaftlicher oder privater Art nicht beachtet. Gleiches gilt auch für Streitigkeiten, in denen genetische Mängel Grundlage der Auseinandersetzungen waren.

Der Ausländerstatus hatte keine Bedeutung für die anwaltliche Argumentation; selbst in diese Richtung zurückhaltende Äußerungen von Rechtsanwälten wurden von den Gerichten nicht beachtet.

D. Die jüdischen Rechtsanwälte[1024]

Die bisherige Analyse hat gezeigt, in welchen Bereichen und auf welche Weise verschiedene Rechtsanwälte die unter der nationalsozialistischen Herrschaft geänderten Wertvorstellungen in ihre Argumentation einbauten. Dabei wird unter anderem deutlich, welchem Druck Parteien jüdischer Herkunft und deren Prozeßvertreter auch in Zivilprozessen ausgesetzt waren. Diese Schwierigkeiten finden sich auch in Akten, die außergerichtliche Streitigkeiten beinhalten.

I. Die Prozeßsituation der jüdischen Bevölkerung

Wie bereits dargelegt führten die politischen Veränderungen nach der Machtergreifung durch die Nationalsozialisten zu erheblichen wirtschaftlichen Nachteilen für *jüdische* Unternehmen. Diese versuchten, mit dezenten Hinweisen auf die veränderte politische Lage um Verständnis für ihre Zahlungsschwierigkeiten zu werben. Teilweise gelang es ihnen nicht einmal, auch nur eine Reaktion des Prozeßgegners hervorzurufen,[1025] teilweise erreichten sie aber zumindest einen der Situation angemessenen Vergleich.[1026] Der *jüdische* Besitzer eines Filmverleihbetriebs, der aufgrund von Umsatzeinbußen nicht mehr in der Lage gewesen war, seine Verbindlichkeiten zu begleichen, konnte die Verwertung ihm zustehender Filmrechte zwar nicht verhindern, er erreichte aber die Aufhebung eines persönlichen Arrests durch seine Versicherung, nach einer Existenzgründung in den Niederlanden seine Schulden zu begleichen.[1027] Den Gläubiger, der zunächst davon nichts wissen wollte,[1028] schien es zu überzeugen, daß der aufgrund der Geschäftsschließung weitestgehend vermögenslose *jüdische* Schuldner im Deutschen Reich keinem Erwerb mehr nachgehen konnte.[1029]

[1024] Bezeichnung als *jüdische Konsulenten* seit der 5. VO zum Reichsbürgergesetz v. 27.09.1938, RGBl. I, S. 1403 ff.

[1025] Keine Reaktion und Beharren auf Rückzahlung der Darlehenssumme durch den *jüdischen* Kinounternehmer, HStA Wiesbaden 474/4-502, Schreiben v. 29.05.1933.

[1026] HStA Wiesbaden 460-428 (5) (29 Q 87/36), Antrag v. 23.11.1936.

[1027] HStA Wiesbaden 460-428 (5) (29 Q 87/36), Bl. 65 f.

[1028] HStA Wiesbaden 460-428 (5) (29 Q 87/36), Bl. 7.

[1029] HStA Wiesbaden 460-428 (5) (29 Q 87/36), Bl. 19.

Außergerichtliche Hilfe durch einen *Arier* zeigt sich in einem Herausgaberechtsstreit vor dem Frankfurter Amtsgericht von 1939, in dem der hilfsbereite *Arier* zwar wegen der politischen Lage unerkannt bleiben,[1030] seine Hilfe aber nicht verweigern wollte. So schrieb er der *jüdischen* Klägerin in einem privaten Brief, daß der Beklagte „[...] *ein grosser Hochstapler* [...] *und seit 1933 der grösste Aasgeier auf dem Schlachtfeld der Juden* [...]" sei. Die der Klägerin gehörenden Sachen würden sich sehr wahrscheinlich in der Wohnung des Beklagten oder dessen Sohns befinden, wohin bereits viele andere Sachen geschafft worden seien. „*Mehr kann ich zunächst nicht tun um Ihnen zu helfen. Meinen Namen darf ich Ihnen auch nicht nennen, wie die Dinge nun heute einmal liegen, da Sie Jude sind.*"[1031] Der angesprochene Rechtsstreit endete mit einem Versäumnisurteil gegen den Beklagten.[1032]

Nicht verkannt werden darf, daß in der Gesellschaft eine desinteressierte, häufig auch eine judenfeindliche Stimmung bestand,[1033] die sich auch vor Gericht bemerkbar machte.[1034] Dies zeigt sich deutlich in Streitigkeiten um Gewerbezulassungen *jüdischer* Unternehmer,[1035] aber auch in anderen Streitigkeiten. Beispielhaft ist die von einer *arischen* Partei in einem ein Steuerberaterhonorar be-

---

[1030] HStA Wiesbaden 474/4-551, Klage v. 24.08.1939.

[1031] HStA Wiesbaden 474/4-551, letztes Schriftstück in der Akte, weist weder ein Datum noch eine Blattangabe auf.

[1032] HStA Wiesbaden 474/4-551, Versäumnisurteil v. 11.10.1939.

[1033] In HStA Wiesbaden 474/4-158, Schriftsatz v. 27.03.1941, wird auf die Ansicht einer *arischen* Partei hingewiesen, ein Diebstahl bei einer *jüdischen* Firma müsse milder bestraft werden; in HStA Wiesbaden 467-842, Klage v. 22.02.1939, weisen Hausverwalter und DAF darauf hin, daß ein *Jude* die Wohnung, in welche die Beklagten ziehen wollten, gemietet hatte und eine Weitervermietung erst nach umfangreichen Renovierungsarbeiten möglich sei, Schreiben v. 10.03.1939, Bl. 5 f.

[1034] Das geht aus den bereits behandelten Akten hervor, außerdem aus HStA Wiesbaden 474/3-1928, Rechtsstreit von 1937. Der Beklagtenvertreter warb um Verständnis für die schwierige Situation seiner *jüdischen* Partei, worauf der Klägervertreter mit Schriftsatz v. 18.03.1938, S. 5, antwortete, daß sein Mandant lediglich ein zulässiges Recht ausübe und daß das „*Deutsche Volk* [...] *es nicht verstehen* [würde], *wenn ein Jude Nachteile, die ihm selbst auf Grund seines eigenen Risikos erwachsen sind, auf einen deutschen Volksgenossen abschieben könnte. Nur dies würde von dem Volk als unzulässig bezeichnet werden.*"

[1035] HStA Wiesbaden 474/3-935; vgl. auch Schröder, „... aber im Zivilrecht sind die Richter standhaft geblieben!", S. 75 f., 124 ff.

treffenden Rechtsstreit vor dem LG Wiesbaden von 1935[1036] geäußerte Ansicht, daß die Entscheidung, welcher Partei zu glauben sei, angesichts der Tatsache, daß der *jüdischen* Partei ein *Arier* gegenüberstehe, nicht schwerfallen dürfe.[1037]

Auch materiellrechtlich zeigte sich diese Erniedrigung und Ausgrenzung in den Ausführungen von Klägervertreter und Gericht in einem Rechtsstreit vor dem AG Bad Homburg von 1939 zum Anwendungsbereich eines hypothekenrechtlichen Schutzgesetzes.[1038]

Ein Frankenthaler Rechtsstreit zeigt ein weiteres sich aus dieser Situation ergebendes Problem: die Glaubhaftigkeit *jüdischer* Gutachten.[1039] Die Klägerin hatte sich 1928 im Kaufhaus des Beklagten, eines Bürgers jüdischer Herkunft, verletzt. Sie war aufgrund des Fehlens zweier Bodenplatten gestrauchelt und hatte sich dabei das Sprunggelenk beschädigt. Komplikationen während des Heilungsprozesses führten zu einem hohen Schaden bei der Klägerin. Den sich über mehrere Jahre hinziehenden Rechtsstreit verlor der beklagte Kaufhauseigentümer fast in voller Höhe. Drei sich widersprechende ärztliche Gutachten wurden vorgelegt. Das OLG ließ in seiner klagebestätigenden Begründung zum zweiten Teilurteil[1040] nur eines gelten, welches eine fortwährende Behinderung der Klägerin diagnostizierte und von einem *arischen* Arzt erstellt worden war.[1041] Das Gericht ging nicht auf den Vorwurf der Befangenheit des ersten Gutachters ein, noch auf die am ersten Gutachten geäußerte Kritik der beiden *jüdischen* Fachleute.[1042] Die beiden anderen Diagnosen, von *jüdischen* Gutachtern vorgetragen, hatten eine entgegengesetzte Position bezogen und waren vom Gericht nach eigenen Bekunden nicht aufgrund von „[...] *politische*[n] *Gesichtspunkte*[n ...]“, der jüdischen Herkunft der Ärzte, verworfen worden.[1043] Vielmehr hätten die Gutachten Tatsachen, welche die Klägerin vorgetragen hatte, nicht berücksich-

---

1036 HStA Wiesbaden 467-864/859, ausführliche Darstellung, s. S. 105, 136.

1037 HStA Wiesbaden 467-859, Bl. 584, 602.

1038 HStA Wiesbaden 474/2-334, s. S. 211 f.

1039 LA Speyer J6-851 (Bl. 1 - 449)/852 (Bl. 450 - 809), Klage v. 28.04.1928.

1040 LA Speyer J6-851, Bl. 210: Der Beklagte hatte ¾, die Klägerin ¼ der Kosten zu tragen.

1041 LA Speyer J6-852, Gutachten v. 24.06.1933, Bl. 477 ff.

1042 LA Speyer J6-852, Bl. 712.

1043 LA Speyer J6-852, Bl. 710.

tigt und seien daher unglaubhaft.[1044] Das Einholen weiterer Gutachten erübrige sich; wegen der schlechten Leistungen der beiden *jüdischen* Ärzte werde man aber in Zukunft Auskünfte über die Herkunft der Fachleute einholen.[1045]

Hieran ist auffällig, daß das Gericht kleinere Unstimmigkeiten in den Unterlagen der *jüdischen* Ärzte zum Anlaß nahm, die Gutachten nicht zu berücksichtigen, gleichzeitig aber Kritik an der Arbeit eines *arischen* Mediziners unbeachtet ließ. Ebenso beachtlich ist, daß das Gericht sich gegenüber dem Klägervertreter abzugrenzen suchte, indem es auf eine vermeintliche Äußerung seinerseits hinsichtlich zu beachtender „*politischer Gesichtspunkte*“ abstellte, die er nicht gemacht hatte. Auch das Reichsgericht, welches das Berufungsurteil bestätigte, ging unerklärlicherweise von einer entsprechenden Äußerung des Klägervertreters aus.[1046]

[1044] Die gesamte Akte weist keine entsprechende Äußerung des Klägervertreters auf. In LA Speyer J6-852 fehlen lediglich zwei Seiten aus dem Jahr 1931, im übrigen kann von Vollständigkeit ausgegangen werden.

[1045] LA Speyer J6-852, Bl. 714.

[1046] LA Speyer J6-852, Bl. 771 f.

II. Das Auftreten jüdischer Rechtsanwälte

1. Schreiben an Prozeßgegner

Jüdische Rechtsanwälte, die bei festgestellten Bedarf durch die Justizverwaltung ab dem 01.12.1938 als *jüdische Konsulenten* tätig sein durften,[1047] mußten sicherlich häufiger als hier dokumentiert ihre zumeist *jüdischen* Mandanten beruhigen sowie ihnen gelegentlich auch den Ernst der Lage erläutern.[1048] Die schwierige Lage hinderte sie aber zumeist nicht daran, die Rechtsansprüche ihrer Mandanten gegenüber Dritten durchzusetzen. Die Schreiben waren klar und bestimmt formuliert und entsprachen Schriftsätzen, die vor der nationalsozialistischen Machtergreifung verfaßt worden waren. Deutlich wird dies durch einen Vergleich von drei Handakten aus den Jahren 1932, 1939 und 1941[1049] sowie durch weitere Schreiben aus verschiedenen Handakten.[1050]

In einer Sache drohte der *jüdische Konsulent* mit rechtlichen Schritten, falls „[...] *ungehörige*[...] *Aeusserungen* [...]" fortgesetzt würden. „*Ich bin* [...] *nicht gewillt, mich zur Zielscheibe Ihrer Ergüsse machen zu lassen.*"[1051]

Die gegnerische Partei beschimpfte daraufhin die Mandanten des *jüdischen* Prozeßvertreters,[1052] worauf dieser sachlich, aber energisch erwiderte, daß das

---

[1047] §§ 1, 9 der 5. VO zum Reichsbürgergesetz v. 27.09.1938, RGBl. I, S. 1403 ff.

[1048] S. Abschnitt: Schreiben an Mandanten, S. 250.

[1049] HStA Wiesbaden 474/2-170 (1932); 474/2-44, Schreiben v. 07.10.1939: „*Im Übrigen ist die Sache so einfach, dass Ihre Bank, die doch auch sonst den Geschäftsbetrieb aufrecht erhält, in der Lage sein muss, eine einfache Überweisung in relativ so unbedeutender Höhe jederzeit zu machen.*" Darauf folgte die Zahlung; 474/2-8, Schreiben v. 14.12.1940: „*Meine Auftraggeberin ist* [...] *auch heute noch bereit, Ihnen Ratenzahlungen zuzugestehen, aber nur unter der Bedingung, dass Sie den nachfolgenden Zahlungsplan peinlich genau einhalten*"; 474/2-46, verschiedene Schreiben v. 09.01.1941 bis 24.01.1941; 474/2-47, Schreiben v. 09.01.1941.

[1050] HStA Wiesbaden 474/4-30; 474/5-3.

[1051] HStA Wiesbaden 474/4-30, Schreiben v. 05.01.1938.

[1052] HStA Wiesbaden 474/4-30, Schreiben v. 27.12.1938: Ich hoffe, „[...] *Ihnen damit noch einen Beitrag zu Ihrer hoffentlich baldigen Reise nach Palästina, sofern dort noch so tüchtige Rechtsverdreher wie Sie gebraucht werden, geleistet zu haben* [...] *Was die Abrechnung mit Ihrer Partei betrifft so ist doch diese nicht etwa der meineidige Lump* [...] *denn der hat sich doch* [...] *selbst gerichtet* [...] *Auch sein Sohn, der in der gleichen Sache wissentlich falsch ausgesagt hat* [...] *hat auch seine Strafe* [...] *So habe ich doch die Genugtuung, dass sich alles Unrecht auf Erden rächt, so auch in Sachen* [...] *geschehen in der Zeit des jüdischen Rechtes, die nun für immer gebannt ist.*"

übliche Maß von Beleidigungen mit dem Meineidsvorwurf gegenüber seinem Mandanten überschritten sei und daß er diesem raten werde, die dagegen erforderlichen Schritte zu unternehmen.[1053]

Hervorzuheben ist hier, daß der *jüdische Konsulent* sich selbstbewußt verhielt, obwohl die zwei Monate zuvor stattgefundene Reichspogromnacht allen Anlaß zu einem eher eingeschüchterten Verhalten geboten hätte.

In einer weiteren Handakte[1054] handelt es sich um ein Schreiben an eine Behörde, ebenso klar und bestimmt verfaßt. Die Mandantin eines *jüdischen Konsulenten* war aufgrund einer unmittelbar im Anschluß an die Reichspogromnacht begangene Visumsbeschaffungskriminalität inhaftiert worden. Sie hatte sich den für das gefälschte Visum erforderlichen Geldbetrag durch Veräußerung von in Kommission gegebenen Waren verschafft.

In der Haftbeschwerde schrieb er, daß die Untersuchungshaft die zu erwartende Strafe bereits übersteige. Das einzige Motiv seiner Mandantin sei die schnellstmögliche Ausreise aus dem Deutschen Reich gewesen. „*Sie hat alle Gefahren, welche bei einer illegalen Einwanderung nach Frankreich entstehen, auf sich nehmen wollen* [...] *Sie* [...] *muss die Strafe für eine Handlung auf sich nehmen, die nur aus völliger Kopflosigkeit unter dem Eindruck der Ereignisse vom November 1938 zu erklären ist.*“[1055] Seine Mandantin wolle die Ansprüche der durch die Veräußerung der in Kommission gegebenen Waren Geschädigten befriedigen, sobald sie in Frankreich sei.

Die Auswanderung wird nicht dokumentiert.

Nach 1939 weisen die Schreiben der *jüdischen Konsulenten* in einem Punkt ein Entgegenkommen gegenüber anderen Parteien auf, anders als vor der nationalsozialistischen Machtergreifung: Zahlungsaufschübe wurden vermehrt gewährt. Die Gründe dafür müssen aber nicht ausschließlich in der Situation der *jüdischen* Bevölkerung gelegen haben, wenngleich diese immer bedrückender wurde: Die Telefonbenutzung wurde 1940 erheblich eingeschränkt,[1056] Geldmittel aus (den zwangsweise herbeigeführten) Betriebs- und Grundstücksveräußerun-

---

[1053] HStA Wiesbaden 474/4-30, Schreiben v. 03.01.1939.

[1054] HStA Wiesbaden 474/5-3.

[1055] HStA Wiesbaden 474/5-3, Schriftsatz v. 13.03.1939.

[1056] HStA Wiesbaden 474/2-2. Schreiben v. 04.09.1940.

gen mußten auf sogenannte Sicherungskonten überwiesen werden, auf die der Staat jederzeit zugreifen konnte,[1057] jüdische Feiertage wurden vor Gericht nicht mehr unbedingt beachtet,[1058] und *Juden* liefen Gefahr, bei der Zwangsvollstrekkung benachteiligt zu werden.[1059]

Die Gründe können auch in dem Bedürfnis *jüdischer Konsulenten* gelegen haben, gerichtliche Auseinandersetzungen zu vermeiden, insbesondere wenn die Prozeßgegner ebenfalls jüdischer Herkunft waren. Dokumentiert wird dies durch eine seit 1938 zunehmende Zahl außergerichtlicher Vergleiche. In einem Streit wurde der Vergleichsvorschlag mit der sich aus der politischen Situation ergebenden Notlage der Mandantin, die unter der Inhaftierung ihres Ehegatten litt, erklärt.[1060] In einem Rechtsstreit vor dem LG Frankfurt von 1938 stellte der *jüdische* Prozeßvertreter auf das „[...] *allgemeine jüdische Interesse* [...]" an einem Vergleich ab.[1061] Und in einem Rechtsstreit vor dem AG Frankfurt von 1940 um eine Vermögensabgabe an die Jüdische Kultusvereinigung stand wiederum ersichtlich die außergerichtliche Streitschlichtung zwischen den *jüdischen* Parteien im Vordergrund.[1062]

[1057] HStA Wiesbaden 474/2-3, Schreiben v. 08.09.1940, in dem der Mandant darauf hinweist, daß für eine Chance bestehe, etwas Geld zur Seite zu schaffen: „*Meine vorstehende Bemerkung hat aber den Sinn zu verhüten, dass die Devisenstelle auf diese einschränkende Abfassung der Sicherungsanordnung gestossen wird und sie dann erweitert.*"

[1058] HStA Wiesbaden 474/2-152, Schreiben v. 12.09.1939; noch anders im Jahre 1933, HStA Wiesbaden 474/3-2110, Schreiben v. 21.09.1933.

[1059] HStA Wiesbaden 474/3-158, Schreiben v. 12.04.1937: „*Interessant dürfte auch für Sie sein, dass* derselbe *Vollstreckungs-Obersekretär* [...] *der Ihnen mitteilte, nichts pfändbares* [beim Schuldner ...] *anzutreffen, für Ihren Kollegen Herrn R.A.* [...] *mit Erfolg gepfändet hat. Ich bitte in Erwägung zu ziehen, ob Sie* [den Vollstreckungsbeamten] *nicht regresspflichtig machen können.*"

[1060] HStA Wiesbaden 474/3-1702, Klage v. 17.09.1938, Schreiben v. 26.01.1939. Der Ehegatte befand sich in sogenannter Schutzhaft.

[1061] HStA Wiesbaden 474/2-292, Klage v. 20.12.1938, Schreiben von Hertz v. 19.08.1939.

[1062] HStA Wiesbaden 474/4-220, Schreiben v. 28.06.1940. In einem Rechtsstreit gab es ein erhebliches Nachgeben der *jüdischen*, zur Auswanderung bereiten Seite gegenüber einer *arischen* Partei, HStA Wiesbaden 474/4-330, Rechtsstreit von 1939 vor dem LG Frankfurt, Vergleich v. 10.07.1939.

Der wichtigste Grund für die zunehmenden Zahlungsaufschübe lag aber wohl im Ausbruch des Zweiten Weltkriegs, der zu einer Geldmittelverknappung führte.

2. Schreiben an Mandanten

Viele Schreiben *jüdischer Konsulenten* an ihre Mandanten aus den Jahren 1939 bis 1941 sollten diese wohl vor allem beruhigen. So wurden das Ergebnis eines recht erfolglos verlaufenen Prozesses mit der wirtschaftlichen und gesellschaftlichen Situation der *jüdischen* Bevölkerung erklärt,[1063] für einige Monate der Prozeßkostenvorschuß gestundet,[1064] weiterhin Zuversicht vermittelt[1065] oder Mitgefühl entgegengebracht, wenn der Mandant wegen der Reichspogromnacht und der nicht geglückten Ausreise nach Südamerika in Panik geraten war.[1066]

Ein *jüdischer Konsulent* versuchte in einer eben geschilderten Angelegenheit[1067] den Ehegatten seiner Mandantin dadurch zu beruhigen, daß er auf die zu erwartende baldige Entlassung seiner Mandantin aus der Untersuchungshaft hinwies. Sie werde „[...] *wohl auf milde Richter stossen* [...]“,[1068] habe sie doch mit allen Mitteln die Ausreise zu erzwingen versucht.

Unklar bleibt in einer anderen Angelegenheit, ob ein *jüdischer* Rechtsanwalt auf die Bitte seines Mandanten einging, nicht alle Informationen zur Grundstücksveräußerung an die Devisenstelle weiterzuleiten, damit erhaltene Kaufpreiszahlungen der Sicherungsanordnung entzogen werden konnten.[1069]

In einigen Fällen zeigten *jüdische* Rechtsanwälte aber kein Verständnis, sondern im Gegenteil Gereiztheit. Man verbat sich den vom Mandanten angeschla-

---

[1063] HStA Wiesbaden 474/2-21, Schreiben v. 16.04.1940.

[1064] HStA Wiesbaden 474/2-31, Schreiben v. 08.12.1939.

[1065] HStA Wiesbaden 474/2-33.

[1066] HStA Wiesbaden 474/2-7, Schreiben v. 24.02.1941: „*Sie sind in derartigen Dingen leider ein ausgemachter Pechvogel.*“

[1067] HStA Wiesbaden 474/5-3; s. auch S. 247 f.

[1068] HStA Wiesbaden 474/5-3, Schreiben v. 14.02.1939 an den in Frankreich lebenden Ehemann seiner Mandantin.

[1069] HStA Wiesbaden 474/2-3, Schreiben v. 08.09.1940.

genen Ton,[1070] forderte die Mandantin auf, weitere Briefe ihres Sohnes an den *jüdischen Konsulenten* zu verhindern[1071] und teilte seinem Mandanten mit, daß dieser, der „[...] *nicht einmal die Urteile usw. des Gerichts kennt und besitzt und zwar in eigener Sache* [...] *keinen Rechtsschutz* [verdiene]."[1072]

3. Schreiben an andere Rechtsanwälte und jüdische Konsulenten

Das Verhältnis zwischen *jüdischen* Rechtsanwälten und anderen Rechtsanwälten wurde im Laufe der nationalsozialistischen Herrschaft immer schwieriger. Das bedeutete, daß *jüdische* Rechtsanwälte, später *jüdische Konsulenten* nicht nur mit einem belasteten Verhältnis zur Richterschaft rechnen mußten,[1073] sondern vermehrt mit einem solchen zu ihren *arischen* Kollegen. Ein *jüdischer* Rechtsanwalt verlangte Anfang 1938, daß sein *arischer* Kollege „[...] *die unter Kollegen übliche Anrede* [...]" zukünftig nicht vergessen solle,[1074] eine Aufforderung, die ein knappes Jahr später mit der Reichspogromnacht und der Herabsetzung der *jüdischen* Rechtsanwälte zu *jüdischen Konsulenten* an Aktualität verlor.

Diese Herabsetzung führte nicht dazu, daß sich *jüdische Konsulenten* entmutigen ließen. Ein Betroffener fragte 1941 beim Prozeßgegner nach, ob die Androhung durch diesen, gegen ihn selbst vorzugehen, „[...] *auf einem Schreibfehler beruhe*[...]".[1075]

[1070] HStA Wiesbaden 474/4-225, Schreiben v. 04.11.1940.

[1071] HStA Wiesbaden 474/4-30, Schreiben v. 15.06.1939.

[1072] HStA Wiesbaden 474/2-137, Schreiben v. 26.09.1941.

[1073] HStA Wiesbaden 474/2-368, Streit um die Höhe der Gebührenforderung. Schreiben v. 16.11.1939: „*Wenn das Gericht in seinem letzten Beweisbeschluss bemerkt, „für den hier fraglichen Fall fehle eine Vorschrift", so ist diese Bemerkung unverständlich. Wie bereits mein Untervertreter, Konsulent Cahn, in seinem Schriftsatz vom 26. Oktober 1939 mitgeteilt hat, besagt der von ihm wörtlich zitierte § 14 Abs. 1 der 5. Verordnung zum Reichsbürgergesetz, dass die Konsulenten Gebühren und Auslagen erheben nach Massgabe der für Rechtsanwälte geltenden reichs- und landesrechtlichen Vorschriften* [...] *Da das Gutachten der Anwaltskammer bereits das Honorar von 200,- RM ausdrücklich für einen Anwalt für angemessen erklärt hat, muss dies auf Grund dieser Bestimmung auch für Konsulenten gelten.*" Der Richter beachtete diese Ausführungen nicht und setzte das Honorar auf 125,- RM fest, s. Schreiben v. 04.12.1939.

[1074] HStA Wiesbaden 474/4-138, Schreiben v. 25.01.1938.

[1075] HStA Wiesbaden 474/4-214. Antwort v. 21.07.1941 auf das Schreiben v. 18.07.1941.

Auch untereinander bestanden *jüdische Konsulenten* auf die Einhaltung standesrechtlicher Gepflogenheiten, so in einer Handakte, in der sich ein *jüdischer Konsulent* bei seinem ebenfalls *jüdischen* Kollegen über den von ihm verlangten Kostenvorschuß beschwerte.[1076] Es sei standesüblich, daß die Übernahme der Streitigkeit eines Kollegen in eigener Sache ohne Kostenvorschuß erfolge. Der Kollege bedauerte zwar, nicht gewußt zu haben, daß der Auftrag in eigener Sache erteilt worden war, machte aber gleichzeitig auf die neue Rechtslage für *jüdische Konsulenten* aufmerksam, die wegen der Abführpflicht von Gebühreneinkünften das bisherige Vorgehen gegenüber Kollegen zukünftig verbiete.[1077]

4. Die Beurteilung arischer Rechtsanwälte durch jüdische Kollegen

Jüdische Konsulenten notierten recht genau, wie sich die *arischen* Rechtsanwälte verhielten. So weist in einer Handakte ein *jüdischer Konsulent* einen *jüdischen* Kollegen darauf hin, daß er von Anfang an den Eindruck gehabt habe, daß die gegnerische Seite nur die gegenwärtige Situation ausnützen wolle.[1078]

In einer bereits kurz zuvor beschriebenen Streitigkeit,[1079] zeigt die Äußerung eines *jüdischen* Rechtsanwalts, daß es sich bei dem Fehlen der kollegialen Anrede durch den *arischen* Kollegen sicherlich um einen „*Schreibfehler*“ handele wie erniedrigend er dieses Verhalten empfand.[1080]

Auch das Schreiben eines *arischen* Kollegen, in dem dieser sein Mitgefühl äußerte, liegt bei den Handakten. Dieser Kollege schrieb,[1081] daß ihm die Vertretung eines *jüdischen* Bürgers vom Gaurechtsamt nicht gestattet worden sei. „*Ich bedauere deshalb, mitteilen zu müssen, daß ich die Vertretung* [...] *nicht mehr weiter führen kann.*“[1082]

[1076] HStA Wiesbaden 474/4-249, Klage v. 14.12.1938, Schreiben v. 27.01.1939.

[1077] HStA Wiesbaden 474/4-249, Schreiben v. 01.02.1939.

[1078] HStA Wiesbaden 474/3-316, Schreiben v. 12.03.1939.

[1079] HStA Wiesbaden 474/4-138, s. S. 258.

[1080] HStA Wiesbaden 474/4-138, Schreiben v. 25.01.1938.

[1081] HStA Wiesbaden 474/4-154, Schreiben v. 02.12.1938.

[1082] HStA Wiesbaden 474/4-154. Schreiben v. 24.05.1939.

III. Zwischenergebnis

Das Verhalten von Rechtsanwälten jüdischer Herkunft, die von der nationalsozialistischen Regierung Ende 1938 auf den Status eines *jüdischen Konsulenten* zurückgestuft wurden, ist geprägt von Beständigkeit in der Argumentation und Verständnis für die Situation ihrer Mandanten. Das war angesichts der Situation, in der sich der *jüdische* Bevölkerungsteil befand, nicht zwingend zu erwarten gewesen.

Schlußbetrachtung

Die Grundlagen der zivilrechtlichen Argumentation hatten sich mit der Machtergreifung durch die Nationalsozialisten verändert. Die Analyse der vorliegenden Arbeit zeigt, daß in der anwaltlichen Argumentation neue Wertvorstellungen in unterschiedlicher Weise und aufgrund verschiedener Ansatzpunkte Berücksichtigung fanden.

A. Die Bezugnahme auf das Verhalten der Parteien

Argumente, die an das Verhalten des eigenen Mandanten, des Prozeßgegners oder eines diesen unterstützenden Dritten anknüpfen, werden im ersten Abschnitt behandelt. Rechtsanwälte, die sich der aufgezeigten Argumentation bedienten, scheinen weniger die Auslegung von Recht und Gesetz als vielmehr eine Stimmungsveränderung vor Gericht im Blick gehabt zu haben. Ihnen ging es zumeist darum, die feindliche geistige Haltung dem Nationalsozialismus gegenüber herauszustreichen, beispielsweise durch den Hinweis, daß dieser Kommunist oder *Separatist* gewesen sei.[1083] Auch nutzten verschiedene Rechtsanwälte die Möglichkeit, von der jüdischen Herkunft des Prozeßgegners auf ein negativ zu bewertendes Verhalten zu schließen.[1084]

Die Prozeßvertreter der gegnerischen Parteien äußerten sich zu diesen bloßen Behauptungen zumeist nicht. In einzelnen Streitigkeiten war eine Gegendarstellung aber unbedingt erforderlich, insbesondere, wenn die Vorwürfe Verhaltensweisen betrafen, die sich während der nationalsozialistischen Herrschaft ereigneten. Denn die Strategie, dem Vorwurf einer *separatistischen* oder kommunistischen Tätigkeit in der Vergangenheit mit dem Hinweis zu begegnen, daß dieses Verhalten einige Jahre zurücklag, konnte bei aktuellem Verhalten nicht helfen. Hier zeigte sich eine unterschiedliche Gegenargumentation: Den Vorwurf, politischen Katholizismus zu praktizieren, ließ der Prozeßvertreter der gegnerischen Partei im betreffenden Fall unbeantwortet.[1085] Die Kritik, sich *„ju-*

[1083] S. S. 81 f., 82 ff.

[1084] S. S. 101 ff.

[1085] S. S. 123 f.. 169 ff.

denfreundlich verhalten" zu haben, wurde relativiert.[1086] Dem Vorwurf, eine „*evangelische Rompilgerin*" zu sein und in einer dem Nationalsozialismus feindlich gesonnenen Organisation der evangelischen Kirche gearbeitet zu haben, entgegnete der berufene Prozeßvertreter, daß ein derartiges Verhalten an sich nicht falsch sei und die angesprochene Organisation der evangelischen Kirche sich staatstreu verhalte.[1087]

In einigen Streitigkeiten wurde nach Vorwürfen gegen den Prozeßgegner zum Verhalten des eigenen Mandanten Stellung genommen. Dabei wurde nicht auf dessen mögliche Rechtschaffenheit oder auf andere persönliche Eigenschaften abgestellt, sondern allein auf seine Mitgliedschaft in der NSDAP,[1088] lediglich in einem Fall auch auf seine religiöse Haltung, die als gottgläubig bezeichnet wurde,[1089] um seine Position vor Gericht zu verbessern.

Tatbestände und Entscheidungsgründe der in diesen Streitigkeiten ergangenen Urteile beinhalten ganz überwiegend keine verhaltensbezogenen Vorwürfe. Diese hatten auf die Entscheidungsfindung keine oder geringe Auswirkungen. Das gilt für pauschale Behauptungen, insbesondere für solche, die gegen *Juden* erhoben wurden, wie auch für jene, die sich mit dem Verhalten in der Weimarer Republik befaßten. In den politisch brisanteren Fällen, in denen die Vorwürfe aktuelles, von den Nationalsozialisten als störend empfundenes Verhalten betrafen, setzten sich die Gerichte mit den vorgebrachten Vorwürfen auseinander. Die Entscheidungsgründe lassen in den Fällen, in denen zivilrechtliche Konsequenzen aus nationalsozialistischen Ausschreitungen zu ziehen waren,[1090] Zweifel an einem unparteiischen Verfahren aufkommen.

Ein Rechtsstreit hebt sich insofern von den übrigen ab als es um verleumderische Äußerungen der nationalsozialistischen Presse ging.[1091] Hier weist die anwaltliche Argumentation weder in der ersten noch in der zweiten Instanz eine derart radikale Auslegung zugunsten der nationalsozialistischen Presse auf wie sie vom OLG Frankfurt vorgenommen wurde.

[1086] S. S. 127 ff.
[1087] S. S. 117 ff.
[1088] S. S. 113 ff.
[1089] S. S. 117 ff.
[1090] S. S. 168 ff.
[1091] S. S. 93 ff.

B. Die Auslegung von Recht und Gesetz

Das nach der nationalsozialistischen Machtergreifung frühzeitige und grundsätzliche Festhalten an der Gesetzesbindung durch die Rechtsprechung ließ es kaum zu, daß entgegen dem kodifizierten Recht und anhand von veränderten Wertvorstellungen argumentiert wurde. Andererseits eröffneten einige Entscheidungen, in denen die Weimarer Verfassung sowohl hinsichtlich der Überprüfbarkeit von Verwaltungsentscheidungen[1092] wie auch bezüglich ihrer Geltung für die NSDAP[1093] eingeschränkt wurde, einen gewissen Argumentationsspielraum auch für andersgelagerte Fälle.

Erlaubte daher der Interpretationsspielraum einer anzuwendenden Norm nicht die Berücksichtigung von veränderten und seitens der Nationalsozialisten auch erwünschten Wertvorstellungen, dann forderten einige Rechtsanwälte die Nichtbeachtung dieses Gesetzes. Sie verwendeten verschiedene, auch von den Nationalsozialisten benutzte Begriffe wie des Vorrangs der Allgemeinnützigkeit gegenüber individuellen Interessen,[1094] das *Führerprinzip*[1095] und das der Einschränkung der sachenrechtlichen Zuordnung von Sachen zu bestimmten Rechtssubjekten.[1096]

Die Argumentation der Prozeßvertreter der gegnerischen Parteien in diesen Streitigkeiten zeigt die Unzulänglichkeit dieser auf neuen Werten aufbauenden Ausführungen. Denn taktisch geschickt konnten diese unbestimmten Begriffe selbst mit eigenen Argumenten besetzt bzw. dem Prozeßgegner ein mißbräuchliches Verhalten bezüglich der Verwendung dieser Begriffe vorgeworfen werden. Dem Argument des *Gemeinnutzes* konnte entgegengehalten werden, daß es das Eigeninteresse der vortragenden Partei nicht ausschließe, und dem Vorhalt der Beachtung des *Führerprinzips* stand entgegen, daß die sich darauf berufende Partei eigenverantwortlich gehandelt hat. Auch eine wirtschaftliche Betrachtung, die zu einer Einschränkung der sachenrechtlichen Zuordnung von Gegen-

---

1091 S. S. 93 ff.

1092 S. S. 160 ff.

1093 Das OLG Frankfurt folgte damit nicht mehr der bis dahin geltenden Rechtsprechung, welche die NSDAP noch in das bestehende Rechtssystem einbeziehen wollte, s. S. 162 ff.

1094 S. S. 148 ff.

1095 S. S. 155 ff.

1096 S. S. 145. 159.

ständen zu bestimmten Rechtssubjekten führen müßte, hatte an der zu beachtenden Regelung im Bürgerlichen Gesetzbuch zu scheitern.

Tatbestände und Entscheidungsgründe der in diesen Streitigkeiten ergangenen Urteile zeigen eine gewisse Zurückhaltung der Gerichte hinsichtlich der Beachtung neuer Wertvorstellungen. Möglicherweise lag dies daran, daß die Prozeßparteien in den verschiedenen Prozessen ausschließlich Individuen waren, die nicht nur allgemeine, öffentliche, sondern vielmehr individuelle Ziele verfolgten. Anders dagegen verhielt es sich, wenn die NSDAP oder die nationalsozialistische Verwaltungstätigkeit im Vordergrund standen[1097] sowie, wenn Individuen klagten und diese sich auf eindeutige politische, rassistische oder gesellschaftliche Ziele der Nationalsozialisten berufen konnten. Letzteres war z.B. der Fall, als ein Kläger die Nichtanwendbarkeit von hypothekenrechtlichen Schutzvorschriften zugunsten der *jüdischen* Beklagten verlangte,[1098] ebenso in dem Rechtsstreit betreffend eine Ehelichkeitsanfechtung nach Ablauf der Anfechtungsfrist.[1099] Diese Fälle zeigen, daß die Gesetzesbindung dann aufgehoben wurde, wenn die Vorstellungen der Nationalsozialisten unzweideutig formuliert waren.

Die anwaltliche Argumentation, welche die Gesetzesbindung beachtete, versuchte in einigen Fällen des Deliktsrechts, über die Auslegung von Generalklauseln und über eine Neuinterpretation von Kausalität und Rechtswidrigkeit zum Erfolg zu kommen. Auffällig ist, daß dies vor allem im Zusammenhang mit Schadensersatzforderungen infolge nationalsozialistischer Ausschreitungen geschah.[1100] Danach war das die Ausschreitungen „*auslösende Fehlverhalten*" der Geschädigten ursächlich für die Rechtsgutsverletzung und das Handeln der nationalsozialistischen Demonstranten durch die Anweisung von Parteistellen rechtmäßig.

Die Urteile dieser beiden Streitigkeiten fielen unterschiedlich aus. Während das Wiesbadener Landgericht die Auslegung von Kausalität und Rechtswidrigkeit in traditioneller Weise vornahm,[1101] kam das LG Frankenthal zu einer Klageab-

---

[1097] S. S. 162 ff., 160 ff.

[1098] S. S. 211 ff.

[1099] S. S. 157 f.

[1100] S. S. 122 ff., 169 ff., 235.

[1101] S. S. 170 ff.

weisung, weil es die Teilnahme der Beklagten an den Ausschreitungen für nicht erwiesen ansah. Hier ist ein Entgegenkommen seitens des Gerichts zur Frage der Kausalität zu spüren, erklärte es doch das Glockenläuten durch Gemeindemitglieder der Kirche als kausal für die Ausschreitungen, stellte aber bei seiner Entscheidung auf fehlende Beweismittel ab.[1102]

Wurden Generalklauseln wie § 138 und § 242 BGB ausgelegt, kam es in der anwaltlichen Argumentation selten zu Abweichungen gegenüber einer traditionellen Auslegung. Prozeßparteien jüdischer Herkunft wurde allerdings regelmäßig die Redlichkeit abgesprochen.

Aber auch, wenn der Prozeßgegner kein *Jude* war, konnte es im Rahmen von Treu und Glauben zu einer Argumentation kommen, die veränderte Wertvorstellungen beinhaltete. Kapitalistischem und damit egoistischem Verhalten stellte man *gemeinnütziges* gegenüber,[1103] um so die Veränderungen im Deutschen Reich entgegen der kapitalistischen Marktwirtschaft für die eigene Position zu nutzen.

Die Tatbestände der in diesen Streitigkeiten ergangenen Urteile nehmen diese Ausführungen zumeist nicht auf; wenn doch, waren sie für die Urteilsbegründung nicht von Bedeutung.

C. Status, Rasse und Eigenschaften einer Person

Die von den Nationalsozialisten angestrebte und durchgesetzte wirtschaftliche und gesellschaftliche Trennung von *jüdischer* und *arischer* Bevölkerung wirkte sich auf die rechtsgeschäftlichen Beziehungen dieser Gruppen recht unterschiedlich aus.

Im Arbeitsrecht war die ordentliche Kündigung von Anfang an gängiges Mittel zur Beendigung des Beschäftigungsverhältnisses mit einem *jüdischen* Arbeitnehmer. Prozeßvertreter der *arischen* Parteien mußten nur auf diese mit der Machtergreifung durch die Nationalsozialisten begonnene Rechtsprechung verweisen, um ihre Ausführungen argumentativ abzusichern. Die Prozeßvertre-

---

[1102] S. S. 169 f.

[1103] LA Speyer J6-829; J6-845, 846, 892; J6-1689; J6-862 ff., 229, 1443; J6-350 ff., 378; J6-689; J6-1541; HStA Wiesbaden 467-799; 467-864, 859; 467-754; 462-418; 462-970; 462-253; 462-567; 460-509.

ter der gegnerischen *jüdischen* Parteien hatten hingegen keine Aussichten auf Erfolg, wenn sie sich nur zum im Streit befindlichen Beschäftigungsverhältnis zwischen den Parteien äußerten. Sie mußten darüber hinausgehende wirtschaftliche Bindungen zwischen den Parteien, wie die einer gesellschaftsrechtlichen oder darlehensrechtlichen Verbindung, aufweisen, um die Kündigung zu verhindern. Aber auch dann erreichten sie, wenn überhaupt, in den untersuchten Fällen nur einen Vergleich.[1104]

Die außerordentlichen Kündigungen hingegen konnten in den analysierten Streitigkeiten, die vor 1939 stattfanden, noch verhindert werden. Den Prozeßvertretern der *arischen* Parteien gelang es nicht, Gründe gegen die diesbezüglich ständige Rechtsprechung anzuführen.[1105]

Ähnliches gilt für die Ausführungen in einem Rechtsstreit um betrieblich zugesicherte Ruhegehaltszahlungen an einen *Juden*.[1106] Der Prozeßvertreter des *arisierten* Unternehmens nutzte für seine Argumentation die im selben Jahr aufgekommene, seine Ansicht unterstützende Literatur. Aber auch hier folgte das Gericht der bis dahin noch herrschenden Literaturmeinung, die bei sozialer Schieflage des verpflichteten Unternehmens die Kürzung, aber nicht die Einstellung von Ruhegehaltszahlungen zuließ, unabhängig davon, ob der Empfänger jüdischer Herkunft war oder nicht.

Im Kaufrecht nahm die Zahl der Streitigkeiten zu, in denen die Kaufverträge zwischen *jüdischen* und *arischen* Vertragspartnern gemäß § 119 Abs. 2 BGB angefochten wurden. Anfechtungsgrund war der von der Rechtsprechung nach der Machtergreifung durch die Nationalsozialisten grundsätzlich als Irrtum über verkehrswesentliche Eigenschaften anerkannte Irrtum über die jüdische Herkunft des Vertragspartners. Die Argumentation zu diesen Streitigkeiten weist keine Besonderheiten auf, wenn man von einem Fall absieht, in dem die Unwahrscheinlichkeit der Kenntnis der jüdischen Herkunft sich aus der Mitgliedschaft in der NSDAP ergeben sollte.

Die Gerichte entschieden in allen Anfechtungsstreitigkeiten, auch im zuletzt angeführten Fall, zugunsten der *jüdischen* Parteien, da die Prozeßvertreter der

[1104] S. S. 195 ff.

[1105] S. S. 198 ff.

[1106] S. S. 201 ff.

gegnerischen Parteien einen Irrtum nach § 119 Abs. 2 BGB nicht belegen konnten.[1107]

Im Mietrecht erleichterte zwar der neu geschaffene Begriff der Hausgemeinschaft die Kündigung von Mietverträgen mit *jüdischen* Mietern,[1108] die analysierten Streitigkeiten weisen aber entsprechende Kündigungsfälle nicht auf. Statt dessen liegen mehrere Kündigungsstreitigkeiten vor, in denen *jüdische* Vermieter ihren *arischen* Mietern kündigten. Rechtsanwälte *arischer* Parteien nutzten hier anders als Parteien ohne Vertretung keine, die *jüdische* Partei erniedrigende Begriffe.[1109] Die Gerichte argumentierten in den Entscheidungen in traditioneller Weise und zumeist zugunsten der *jüdischen* Parteien.

Die Rechtsprechung zeigte sich bereit, durch verschiedene neue Gedanken im Arbeits-, Kauf- und Mietrecht die von den Nationalsozialisten geforderte wirtschaftliche und gesellschaftliche Ausgrenzung der *jüdischen* Bevölkerung zu unterstützen. Die Argumentation von verschiedenen Rechtsanwälten erlaubt den Schluß, daß viele möglicherweise deshalb von einer allgemeinen Schlechterstellung *jüdischer* Prozeßparteien ausgingen und entsprechend argumentierten, was letztlich aber nicht zum Erfolg führte.

Im Familienrecht wurde die Ausgrenzung der *jüdischen* Bevölkerung insbesondere durch die 1938 geschaffene Möglichkeit erleichtert, die Ehe nach dem Zerrüttungsprinzip zu scheiden.[1110] Die Gerichte kamen den trennungswilligen *arischen* Ehegatten zumeist entgegen, wenn deren Prozeßvertreter behaupteten, ihre Mandanten hätten die Bedeutung des Unterschieds zwischen *Ariern* und *Juden* nicht früher erkannt. Lediglich in einem Rechtsstreit unterlag der scheidungswillige *arische* Ehegatte, wohl, weil er nicht seiner *jüdischen* Ehefrau, sondern der nationalsozialistischen Regierungspolitik vorwarf, an der Zerrüttung die Schuld zu tragen.[1111]

Mit familienrechtlichen Mitteln war rechtspolitisch von den Nationalsozialisten aber nicht nur die Ausgrenzung der *jüdischen* Bevölkerung gewollt, sondern

---

[1107] S. S. 207 ff.

[1108] S. S. 204.

[1109] S. S. 203 ff.

[1110] S. S. 216.

[1111] S. S. 223 f.

auch die von Personen mit sogenannten *Erbkrankheiten*.[1112] Die Voraussetzungen zur Eheanfechtung wurden bereits kurz nach der Machtergreifung durch die Nationalsozialisten von der Rechtsprechung erheblich reduziert. In einem Rechtsstreit erreichte ein Rechtsanwalt darüber hinaus mit seiner Argumentation eine weitergehende Beseitigung dieser Voraussetzungen.[1113]

Für die Nationalsozialisten war auch die Klärung von Vaterschaftsfragen von Bedeutung. Hier kam es häufig zu pauschalen, wenig überzeugenden und bereits an den Zulässigkeitsvoraussetzungen einer Feststellungsklage scheiternden anwaltlichen Ausführungen.[1114] Unproblematisch war hingegen die Zulässigkeit in den Fällen, in denen als weiterer potentieller Erzeuger des Beklagten nur ein *Jude* in Frage kam. Im Rahmen der Begründetheitsprüfung kam es zumeist zur Einholung eines erbbiologischen Gutachtens, dessen grundsätzliche Aussagefähigkeit allerdings schon damals angezweifelt wurde, vornehmlich von Seiten der Rechtsanwälte,[1115] aber auch von den Gerichten.[1116]

D. Abschließende Bemerkungen

Die vorliegende Analyse führt zu unterschiedlichen Ergebnissen:

1. Die Zahl der anwaltlichen Schriftsätze, die in ihrer Argumentation einen auf die Machtergreifung der Nationalsozialisten zurückzuführenden Wertewandel erkennen lassen, ist mit 6,5% der Prozeßakten der Landgerichte Frankenthal, Frankfurt, Limburg und Wiesbaden und 10% der Handakten der *jüdischen* Rechtsanwälte des OLG-Bezirks Frankfurt gering.[1117]

2. Die Zurückhaltung der Gerichte, neue Werte zu beachten, kann eine Ursache für das geringe Interesse der Anwälte an einer entsprechenden Argumentation gewesen sein.

3. Die geringe Zahl wird aber dadurch relativiert, daß Regierung und NSDAP nur wenig Einfluß auf die anwaltliche Argumentation im Zivilrecht ausgeübt

---

[1112] S. S. 215 ff.

[1113] S. S. 217 f.

[1114] S. S. 225 ff.

[1115] S. S. 229 f.

[1116] S. S. 231.

[1117] S. S. 77.

haben. Die ehrengerichtlichen Verfahren und Bespitzelungen waren auf Strafverteidiger ausgerichtet,[1118] ihre Aktivitäten waren den parteiamtlichen Stellen der NSDAP ein Dorn im Auge.[1119] Im Zivilrecht tätige Anwälte litten zwar auch unter den Vorwürfen der Nationalsozialisten, die den Anwaltsstand pauschal trafen,[1120] sie hatten aber bei Fortführung einer traditionellen Auslegungsmethodik keine Repressalien zu befürchten. Dieser Bewegungsspielraum, den die Anwälte hier hatten, wertet den geringen Anteil der Akten, die in den Ausführungen der Rechtsanwälte einen Wertewandel erkennen lassen, auf. Denn es wird deutlich, daß es sich bei diesen Äußerungen um freiwillige, keinen Restriktionen außer denen der eigenen Mandanten unterworfene Darstellungen handelt.

4. Der niedrige Anteil darf außerdem nicht darüber hinwegtäuschen, daß die zivilrechtliche Rechtsprechung schon zu Beginn der nationalsozialistischen Herrschaft ihre Auslegung neuen Wertvorstellungen, insbesondere zum Verhältnis von *Juden* und *Ariern*, angepaßt und damit anwaltliche Ausführungen in vielen Fällen verhindert hatte. Nur in besonderen Fällen in Bereichen des Arbeits-, Miet- und Kaufrechts sowie in familienrechtlichen Angelegenheiten versprach eine anwaltliche Auseinandersetzung mit der neuen Spruchpraxis noch Aussicht auf Erfolg.[1121]

5. Die Akten bieten keinen Anlaß, zwischen bestimmten Altersgruppen von Rechtsanwälten zu unterscheiden. Die Annahme einer größeren Distanziertheit gegenüber sich verändernden Werten und einer stärkeren Verwurzelung in herkömmlichen Werten von Anwälten, die schon vor der nationalsozialistischen Machtergreifung zugelassen waren, ist nicht erkennbar. Hier hilft nur die biographische Aufarbeitung der Lebensläufe einzelner Anwälte weiter.

6. Die anwaltliche Argumentation an den verschiedenen Gerichten war recht ähnlich. Sicherlich weisen das eine Landgericht mehr familienrechtliche und

---

[1118] Vgl. Ostler, Rechtsanwälte in der NS-Zeit, AnwBl 1983, S. 56.

[1119] Vgl. Ostler, Rechtsanwälte in der NS-Zeit, AnwBl 1983, S. 59.

[1120] Die Rechtskultur in der nationalsozialistischen Zeit entspricht sicherlich nicht der heutigen, wenn der Reichsjustizministers Dr. Gürtner einem Rechtsanwalt dafür seinen Dank aussprach, daß dieser trotz einigen Drucks von NSDAP und GESTAPO und einer einmonatigen Haft seinen juristischen Standpunkt beibehielt, vgl. Ostler, Rechtsanwälte in der NS-Zeit, AnwBl 1983, S. 52.

[1121] S. S. 193 ff.

das andere Landgericht mehr schuldrechtliche Streitigkeiten auf,[1122] woraus sich unterschiedlich viele Akten ergeben, die anwaltliche Ausführungen mit veränderten Wertvorstellungen aufweisen. Beispielsweise befassen sich sechs[1123] von elf[1124] Frankenthaler Streitigkeiten, die eine umfangreichere Argumentation anhand von veränderten Werten aufweisen, mit familienrechtlichen Problemen. Aber dies ergibt sich aus der Tatsache, daß ein großer Teil der Frankenthaler Akten familienrechtliche Streitigkeiten beinhalten. Die Auswahl der zu archivierenden Akten durch die an der jeweiligen Entscheidung beteiligten Richter erfolgte nach dem Zufallsprinzip. Insgesamt betrachtet gibt es zu fast jedem Thema zumindest eine Akte jedes Gerichts mit einer die veränderten Wertvorstellungen berücksichtigenden Argumentation von Rechtsanwälten.

7. Die Analyse zeigt, daß sich Rechtsanwälte in den ersten Jahren der nationalsozialistischen Herrschaft hinsichtlich der Polemik gegenüber *jüdischen* Prozeßparteien zurückhaltender verhielten als verschiedene *arische* Parteien, sie dies aber später zunehmend aufgaben.

8. Bereits zu Beginn des Dritten Reiches flossen in die anwaltliche Argumentation neue, in der Auslegung zu berücksichtigende Werte ein. Unklar ist diesbezüglich, ob die Veränderungen auf Initiative der Mandanten oder der jeweiligen Rechtsanwälte selbst vorgenommen wurden. Bloße Spekulation wäre es, aufgrund dieser Untersuchung auf ein Sympathisieren des jeweiligen Rechtsanwalts mit dem Nationalsozialismus zu schließen[1125] beziehungsweise ihm das Ausnutzen der Situation vorzuhalten, denn es darf nicht vergessen werden, daß

[1122] S. Anlage zu dieser Arbeit, S. 267 ff.

[1123] LA Speyer J6-248 befaßt sich mit dem Zeitpunkt der Kenntnis vom Anfechtungsgrund der *Erbkrankheit*, J6-1700 mit der Bedeutung einer langjährigen Ehe, die ein Anfechtungshindernisgrund darstellen sollte, J6-1689 beinhaltet Äußerungen zur Zahlungsmoral eines *Juden*, J6-1491 mit einem Feststellungsinteresse an der Abstammung trotz des Todes des möglichen Erzeugers, J6-1663 mit der Bedeutung erbbiologischer Gutachten als Beweismittel und J6-1450 mit dem außergerichtlichen Nutzen eines erbbiologischen Gutachtens.

[1124] Von den übrigen Akten befassen sich LA Speyer J6-829 und J6-892, 845 f. mit der Rechtmäßigkeit nationalsozialistischer Ausschreitungen, J6-862 ff. mit dem wirtschaftlichen Eigentum, J6-835 mit der Gemeinnützigkeit und J6-1541 mit dem Bestand eines Vertrages zwischen verwandten *Juden* und *Ariern*.

[1125] Einige Rechtsanwälte trugen allerdings als Zeichen ihrer Mitgliedschaft in der NSDAP eine Uniform mit unter der Robe sichtbaren Kragenspiegeln oder den *Völkischen Beobachter* mit sich, vgl. Ostler, Rechtsanwälte in der NS-Zeit, AnwBl 1983, S. 51.

verschiedene neu entwickelte Werte vor allem sozialpolitischen Charakter hatten und infolge eines relativ ungebremsten Kapitalismus der Weimarer Republik entstanden waren. Hier würde es dem Inhalt dieser Ausführungen nicht gerecht werden, jede sich von der traditionellen Auslegung lösende Argumentation als nationalsozialistisch zu bezeichnen.

9. Soweit neue Werte in die Diskussion einflossen, war die Reaktion der Rechtsanwälte der gegnerischen Parteien recht unterschiedlich. Sie verwiesen häufig auf die traditionelle Auslegung, die von den Gerichten zu beachten sei oder auf die Schwächen des neuartigen Arguments. Sie zeigten damit die nach wie vor bestehende Möglichkeit auf, sich auch mit den neuen Argumenten inhaltlich auseinanderzusetzen.

10. Anwaltliche Äußerungen zu veränderten Wertvorstellungen waren zumeist oberflächliche, inhaltslose Wiedergaben der neuen Begriffe. Nur in wenigen Fällen, die sich fast immer als zivilrechtliche Absicherungen des von der Parteiführung gewollten Handelns ihrer Anhänger darstellen, zeigt sich die moralisch verwerfliche, juristisch aber zu beachtende Fähigkeit, den neuen Werten einen rechtlich bedeutsamen Inhalt zu verleihen.

Anlage - Aufteilung der Streitigkeiten nach Rechtsgrundlagen

Prozeßakten, die eine anwaltliche Argumentation zu nationalsozialistischen Wertvorstellungen beinhalten, sind mit einem * gekennzeichnet. Handakten „jüdischer Konsulenten" sind ohne besondere Kennzeichnung aufgrund ihres für diese Arbeit beachtlichen Inhalts am Ende aufgelistet.[1126]

1. Schuldrechtliche Streitigkeiten

a) Kaufvertrag: LG Frankenthal 9 Akten (LA Speyer J6-253; J6-661; J6-694; J6-701; J6-707; J6-807; J6-715; J6-830; J6-1471);

LG Wiesbaden 16 Akten (HStA Wiesbaden 467-1224; 467-792; 467-753; 467-801; 467-802; 467-668; 467-793; 467-663; 467-835; 467-841; 467-1264*; 467-820; 467-900; 467-876; 467-870; 467-872);

LG Limburg 24 Akten (HStA Wiesbaden 462-415; 462-826; 462-956*; 462-983; 462-966; 462-1008; 462-951; 462-1004; 462-958; 462-1002; 462-1013; 462-1085; 462-1018; 462-1020; 462-1025; 462-961; 462-947; 462-1087; 462-935; 462-1030; 462-1027; 462-995; 462-1036; 462-1041);

LG Frankfurt 7 Akten (HStA Wiesbaden 460-108; 460-109; 460-100; 460-394 (1) - 22 Q 155/33; 460-497 (1) - 26 Q 11/41; 460-1055; 460-1052).

b) Schenkung: LG Frankenthal 6 Akten (LA Speyer J6-638*; J6-656; J6-685*; J6 704; J6-712; J6-828);

LG Wiesbaden 1 Akte (HStA Wiesbaden 467-803);

LG Limburg 3 Akten (HStA Wiesbaden 462-1019; 462-1039; 462-1086);

LG Frankfurt 2 Akten (HStA Wiesbaden 460-394 (1); 460-518).

1126 *Jüdische* Rechtsanwälte im OLG-Bezirk Frankfurt: M. L. Cahn, Dr. S. Gutenstein (bis 31.1.39), Dr. H. Mayer (bis 24.12.38), Dr. S. Popper, Dr. R. Rheinstein, Dr. A. Rosenmeyer (bis 18.12.38), W. Rothschild, Dr. A. Stern (gest. am 3.5.39), B. Guthmann, s. HStA Wiesbaden 460-526, Bl. 1a. Dr. Feuchtwanger (bis 11.2.1939), Dr. J. Grünebaum, Dr. G. J. Hoeniger (bis 29.4.39), Dr. J. Meyer (gest. am 3.5.39), Dr. R. Rosenburg (bis 30.11.38), Dr. S. Katzenstein (gest. am 3.5.39), s. HStA Wiesbaden 460-526, Bl. 5a.

c) Darlehen: LG Frankenthal 4 Akten (LA Speyer J6-659; J6-816; J6-818; J6-1487);

LG Wiesbaden 7 Akten (HStA Wiesbaden 467-677; 467-805; 467-772; 467-669*; 467-891; 467-874; 467-905);

LG Limburg 11 Akten (HStA Wiesbaden 462-821; 462-1009; 462-1006; 462-1003; 462-985; 462-1012; 462-945; 462-990; 462-1046; 462-1001; 462-1083);

LG Frankfurt 7 Akten (HStA Wiesbaden 460-105; 460-106; 460-107; 460-92; 460-394 (1) - 22 Q 166/33; 460-128; 460-1042).

d) Mietvertrag: LG Frankenthal 10 Akten (LA Speyer J6-658*; J6-1438; J6-845 f.*, 895-900; J6-1541*);

LG Wiesbaden 32 Akten (HStA Wiesbaden 467-759; 467-797; 467-808; 467-847; 467-822; 467-843; 467-844; 467-879; 467-852; 467-850; 467-858; 467-868; 467-860; 467-863; 467-861; 467-909; 467-877; 467-908; 467-907; 467-875; 467-913; 467-904; 467-892; 467-894; 467-893; 467-919; 467-928; 467-912; 467-896; 467-920; 467-914; 467-915);

LG Limburg 2 Akten (HStA Wiesbaden 462-565; 462-1052*);

LG Frankfurt 2 Akten (HStA Wiesbaden 460-111;460-122).

e) Pachtvertrag: LG Frankenthal 6 Akten (LA Speyer J6-225 f.; J6-249; J6-654; J6-819; J6-815; J6-841*);

LG Wiesbaden 8 Akten (HStA Wiesbaden 467-778; 467-665; 467-662; 467-824; 467-842*; 467-857; 467-882; 467-885);

LG Limburg 3 Akten (HStA Wiesbaden 462-959; 462-933; 462-1084);

LG Frankfurt 5 Akten (HStA Wiesbaden 460-125; 460-101; 460-1088; 460-1051; 460-1054).

f) Dienstvertrag: LG Frankenthal keine Akten;

LG Wiesbaden 17 Akten (HStA Wiesbaden 467-682; 467-679; 467-745; 467-746; 467-748; 467-764; 467-825; 467-776; 467-773; 467-670; 467-666; 467-667; 467-821; 467-838; 467-862*; 467-866; 467-924);

LG Limburg 10 Akten (HStA Wiesbaden 462-567*; 462-253*; 462-678*; 462-793, 823; 462-416; 462-637; 462-821; 462-824; 462-952*; 462-1016);

LG Frankfurt 5 Akten (HStA Wiesbaden 460-123; 460-96; 460-94; 460-507 - 22 Q 11/42; 460-2080).

g) Werkvertrag: LG Frankenthal 6 Akten (LA Speyer J6-231 ff; J6-657; J6-683; J6-697; J6-868; J6-1455);

LG Wiesbaden 6 Akten (HStA Wiesbaden 467-660; 467-833; 467-814; 467-871; 467-887; 467-906);

LG Limburg 14 Akten (HStA Wiesbaden 462-246; 462-813; 462-987; 462-437; 462-977; 462-941; 462-1056; 462-1035; 462-963; 462-1000; 462-1021; 462-1049; 462-1055; 462-478);

LG Frankfurt 3 Akten (HStA Wiesbaden 460-116; 460-124; 460-1042 - 25 Q 29/44).

h) Geschäftsbesorgung: LG Frankenthal 11 Akten (LA Speyer J6-851 f.*; J6-1424 ff; J6-1439 ff; J6-836 f; J6-682*; J6-687*; J6-709; J6-1477; J6-1449; J6-1550; J6-1652);

LG Wiesbaden 11 Akten (HStA Wiesbaden 467-684; 467-786; 467-790; 467-781; 467-864, 859*; 467-779; 467-795; 467-979/2-7; 467-849; 467-840; 467-979/1);

LG Limburg 9 Akten (HStA Wiesbaden 462-563; 462-827; 462-1007; 462-982; 462-981; 462-986; 462-1033; 462-996; 462 992);

LG Frankfurt 3 Akten (HStA Wiesbaden 460-97 f; 460-509*; 460-521).

i) Personenvereinigung: LG Frankenthal 3 Akten (LA Speyer J6-646; J6-857 f; J6-833);

LG Wiesbaden 4 Akten (HStA Wiesbaden 467-696; 467-758; 467-750*; 467-674);

LG Limburg 2 Akten (HStA Wiesbaden 462-679*; 462-1044);

LG Frankfurt 4 Akten (HStA Wiesbaden 460-442 - 31 Q 5/37; 460-512*; 460-497 (3) - 29 Q 13/41; 460-488 (2)).

j) Sonstige Verträge (Vergleich, Schuldanerkenntnis, Schuldmitübernahme, Streitigkeiten aus Kontokorrentverhältnissen, Versicherungs- und Maklervertrag, Bürgschaft und atypische und gemischttypische Verträge): LG Frankenthal 7 Akten (LA Speyer J6-1442; J6-727; J6-649; J6-700; J6-831; J6-1468; J6-1465);

LG Wiesbaden 12 Akten (HStA Wiesbaden 467-804; 467-812; 467-854; 467-846; 467-867; 467-851; 467-884; 467-898; 467-901; 467-899; 467-911; 467-930);

LG Limburg 18 Akten (HStA Wiesbaden 462-1156 f.*; 462-248; 462-677*; 462-396; 462-398; 462-796; 462-979; 462-938; 462-978; 462-1048; 462-1014; 462-1059; 462-1022; 462-972; 462-991; 462-1047; 462-1032; 462-1050*);

LG Frankfurt 7 Akten (HStA Wiesbaden 460-120; 460-104; 460-95; 460-112; 460-113; 460-91*; 460-448 (2)).

k) Unerlaubte Handlungen (§§ 823, 826 BGB, 7, 18 StVG, u.a.): LG Frankenthal 8 Akten (LA Speyer J6-1533; J6-250; J6-826; J6-829*; J6-849*; J6-891; J6-1469; J6-1555);

LG Wiesbaden 31 Akten (HStA Wiesbaden 467-1234; 467-757; 467-1235; 467-799*; 467-807; 467-791; 467-766; 467-763; 467-765; 467-800; 467-787; 467-673; 467-834*; 467-760*; 467-831; 467-796; 467-815; 467-818; 467-819; 467-888; 467-839; 467-856; 467-869; 467-848; 467-921; 467-897; 467-925; 467-929; 467-923; 467-918; 467-926);

LG Limburg 40 Akten (HStA Wiesbaden 462-560; 462-395; 462-566; 462-820; 462-765 f; 462-636; 462-943; 462-957; 462-937; 462-934; 462-1005; 462-960; 462-1058; 462-953; 462-1057; 462-1011; 462-1034; 462-949; 462-950; 462-1088; 462-1043; 462-964; 462-962; 462-965; 462-998; 462-948; 462-944; 462-946; 462-974; 462-451; 462-967; 462-797; 462-969; 462-1082; 462-1081; 462-1080; 462-1054; 462-1051; 462-638; 462-488);

LG Frankfurt 10 Akten (HStA Wiesbaden 460-119; 460-117; 460-118; 460-121; 460-103; 460-90; 460-110; 460-513; 460-522; 460-1094).

l) Amtshaftung: LG Frankenthal 6 Akten (LA Speyer J6-665; J6-246; J6-894; J6-695; J6-892 f.*; J6-1597);

LG Wiesbaden 11 Akten (HStA Wiesbaden 467-865 f., 873*; 467-761; 467-782; 467-747; 467-755; 467-754*; 467-806; 467-775; 467-770; 467-816; 467-785);

LG Limburg 2 Akten (HStA Wiesbaden 462-828*; 462-799*);

LG Frankfurt keine Akten.

m) Unterlassen in der Wirtschaft u.a.: LG Frankenthal 5 Akten (LA Speyer J6-227; J6-237*; J6-247; J6-252*; J6-865*);

LG Wiesbaden 7 Akten (HStA Wiesbaden 467-798; 467-784; 467-672*; 467-794; 467-811*; 467-832*; 467-927*);

LG Limburg 3 Akten (HStA Wiesbaden 462-249; 462-1141; 462-1040*);

LG Frankfurt 18 Akten (HStA Wiesbaden 460-394 (1) - 22 Q 13/33*; 460-394 (1) - 22 Q 23/33*; 460-395 (1) - 31 Q 14/33; 460-395 (1) - 31 Q 15/33; 460-395 (1) - 31 Q 27/33; 460-395 (1) - 31 Q 29/33; 460-394 (1) - 22 Q 105/33*; 460-456 - 31 Q 5/38*; 460-456 - 31 Q 7/38; 460-456 - 31 Q 9/38; 460-456 - 31 Q 24/38; 460-455 - 29 Q 65/38*; 460-514; 460-519; 460-1054 - 27 Q 3/44; 460-1054 - 27 Q 5/44; 460-1122; 460-1056).

n) Unterlassen (Presse): LG Frankenthal 4 Akten (LA Speyer J6-400; J6-401; J6-958*; J6-959*);

LG Wiesbaden 1 Akte (HStA Wiesbaden 467-675*);

LG Limburg keine Akten;

LG Frankfurt 1 Akte (HStA Wiesbaden 460-99*).

2. Sachenrechtliche Streitigkeiten

a) Mobiliarsachenrecht: LG Frankenthal 1 Akte (LA Speyer J6-650);

LG Wiesbaden 4 Akten (HStA Wiesbaden 467-678; 467-771; 467-827; 467-828);

LG Limburg 5 Akten (HStA Wiesbaden 462-942; 462-973; 462-1026; 462-1010; 462-968);

LG Frankfurt 6 Akten (HStA Wiesbaden 460-441 (1) - 26 Q 32/37; 460-1054; 460-1053 - 26 Q 1/44; 460-1053 - 26 Q 2/44; 460-1054 - 27 Q 8/44; 460-1065).

b) Immobiliarsachenrecht: LG Frankenthal 52 Akten (LA Speyer J6-228; J6-229*; J6-240 f; J6-243*; J6-251; J6-254; J6-689*; J6-640; J6-645; J6-647; J6-662; J6-663; J6-673; J6-668; J6-669; J6-681; J6-716; J6-696; J6-705; J6-710; J6-808; J6-703; J6-714; J6-726; J6-690; J6-729; J6-728; J6-721; J6-861; J6-859 f.; J6-814; J6-862 ff.*; J6-835*; J6-878; J6-824; J6-871; J6-872; J6-1443*; J6-1538; J6-902; J6-1451; J6-1462; J6-676; J6-1483; J6-1532; J6-1551; J6-1529; J6-1534; J6-1530; J6-1540; J6-1609; J6-1608);

LG Wiesbaden 6 Akten (HStA Wiesbaden 467-695; 467-690; 467-767; 467-762; 467-780; 467-823);

LG Limburg 8 Akten (HStA Wiesbaden 462-250; 462-251; 462-397; 462-819; 462-810; 462-976; 462-997; 462-1031);

LG Frankfurt 5 Akten (HStA Wiesbaden 460-394 (3) - 26 Q 40/33; 460-468 (4) - 26 Q 1/39; 460-482 (1) - 22 Q 7/40; 460-486; 460-497 (1) - 26 Q 4/41).

3. Familienrechtliche Streitigkeiten

a) Eheanfechtungen und Ehescheidungen, e.V. auf Unterhalt: LG Frankenthal 54 Akten (LA Speyer J6-248* - Schizophrenie; J6-664; J6-667; J6-672; J6-688; J6-713; J6-817; J6-822; J6-889*; J6-1675 - Schizophrenie; J6-1521 - geistige Erkrankung; J6-1522; J6-1523 - Schizophrenie; J6-1501; J6-1492 - Schizophrenie; J6-1568 - Schizophrenie; J6-1502 - geistige Erkrankung; J6-1504 - geistige Erkrankung; J6-1506 - Schizophrenie; J6-1524 - Schizophrenie; J6-1526 - geistige Erkrankung; J6-1511 - geistige Erkrankung; J6-1510 - Schizophrenie; J6-1513; J6-1674 - Schizophrenie; J6-1519 - geistige Erkrankung; J6-1560 - geistige Erkrankung; J6-1584 - geistige Erkrankung; J6-1574 - geistige Erkrankung; J6-1570 - geistige Erkrankung; J6-1687 - geistige Erkrankung; J6-1682 - Schizophrenie; J6-1590; J6-1591 - Schizophrenie; J5-1564; J6-1591a - geistige Erkrankung; J6-1587 (2); J6-1587 (1) - geistige Erkrankung; J6-1571 - Schizophrenie; J6-1592 - Schizophrenie; J6-1559; J6-1700* - geistige Erkrankung; J6-1583 - geistige Erkrankung; J5-1702; J6-1626 - Schizophrenie; J6-1645; J6-1625 - geistige Erkrankung; J6-1649 - geistige Erkrankung; J6-1650 (2) - Schizophrenie; J6-1641; J6-1614 - Schizophrenie; J6-1664 - geistige Erkrankung; J6-1617 - Schizophrenie; J6-1659 - Schizophrenie);

LG Wiesbaden 1 Akte (HStA Wiesbaden 467-774);

LG Limburg 54 Akten (HStA Wiesbaden 462-405; 462-406 - Schizophrenie; 462-409 - Schizophrenie; 462-407 - geistige Erkrankung; 462-412; 462-413; 462-400 - Schizophrenie; 462-417 - geistige Erkrankung; 462-418*; 462-420; 462-421 - Schizophrenie; 462-422; 462-423 - Schizophrenie; 462-426; 462-427 - geistige Erkrankung; 462-428 - geistige Erkrankung; 462-429 - geistige Erkrankung; 462-430 - Schizophrenie; 462-379; 462-716; 462-433; 462-435; 462-439; 462-438; 462-414; 462-448; 462-445 - Schizophrenie; 462-446; 462-447; 462-732; 462-453 - geistige Erkrankung; 462-455 - Impotenz; 462-457 - geistige Erkrankung; 462-459; 462-731; 462-464 - Schizophrenie; 462-465 - geistige Erkrankung; 462-467 - geistige Erkrankung; 462-469 - Schizophrenie; 462-728; 462-471; 462-472 - geistige Erkrankung; 462-476 - geistige Erkrankung; 462-477; 462-729; 462-501 - geistige Erkrankung; 462-494 - Schizophrenie; 462-518*; 462-484 - ekelerregende Erkrankung; 462-516; 462-514; 462-538 - Schizophrenie; 462-550; 462-549);

LG Frankfurt 22 Akten (HStA Wiesbaden 460-394 (3) - 26 Q 31/33; 460-394 (1) - 22 Q 82/33; 460-394 (1) - 22 Q 92/33; 460-394 (1) - 22 Q 95/33; 460-394 (1) - 22 Q 121/33; 460-394 (1) - 22 Q 132/33; 460-394 (1) - 22 Q 149/33; 460-394 (1) - 22 Q 174/33; 460-394 (1) - 22 Q 181/33; 460-413 (1) - 24 Q 8/35; 460-428 (2) - 24 Q 10/36; 460-428 (5) - 29 Q 84/36; 460-455 - 29 Q 23/38; 460-441 (1) - 26 Q 13/37; 460-441 (1) - 26 Q 48/37; 460-441 (1) - 26 Q 49/37; 460-454 (1) - 22 Q 4/38; 460-455 - 29 Q 8/38; 460-455 - 29 Q 31/38; 460-455 - 29 Q 41/38; 460-454 (3) - 25 Q 40/38; 460-454 (1) - 22 Q 36/38).

b) Aufhebung der Gütergemeinschaft: LG Frankenthal 5 Akten (LA Speyer J6-224; J6-725; J6-678; J6-680; J6-686);

im übrigen keine Akten.

c) Herausgabe von Kindern: LG Frankenthal 22 Akten (LA Speyer J6-885; J6-692; J6-719; J6-718; J6-729; J6-730; J6-731; J6-722; J6-825; J6-834; J6-838; J6-848; J6-890; J6-881; J6-1447; J6-904; J6-1474; J6-1476; J6-1481; J6-1551 (2); J6-1598; J6-1600);

LG Wiesbaden keine Akten;

LG Limburg 1 Akte (HStA Wiesbaden 462-999);

LG Frankfurt 1 Akte (HStA Wiesbaden 460-508 - 24 Q 31/42).

d) Vaterschaftsfeststellung: LG Frankenthal 40 Akten (LA Speyer J6-875; J6-1448; J6-850; J6-877; J6-1473; J6-888; J6-883; J6-880; J6-1450*; J6-876; J6-906; J6-1454; J6-901; J6-903*; J6-1445; J6-1460; J6-1466; J6-1457a; J6-1690; J6-1470; J6-1491*; J6-1582; J6-1549; J6-1553; J6-1575; J6-1576; J6-1579; J6-1578; J6-1689*; J6-1679; J6-1696; J6-1620*; J6-1612*; J6-1595; J6-1611*; J6-1669; J6-1639; J6-1657; J6-1656*; J6-1663*);

LG Wiesbaden 1 Akte (HStA Wiesbaden 467-886);

LG Limburg 15 Akten (HStA Wiesbaden 462-450*; 462-449; 462-443; 462-441; 462-460; 462-458; 462-462;462-500; 462-559*; 462-493; 462-490; 462-485*; 462-479; 462-522; 462-480);

LG Frankfurt keine Akten.

e) Anfechtung der Vaterschaftserklärung: LG Frankenthal 25 Akten (LA Speyer J6-660; J6-698; J6-840; J6-842; J6-882; J6-1457; J6-886; J6-1456; J6-887; J6-905*; J6-1463; J6-1495 f; J6-1494; J6-1478; J6-1497; J6-1480; J6-1482; J6-1640; J6-1692; J6-1648; J6-1588; J6-1594; J6-1621; J6-1605; J6-1642);

LG Wiesbaden 1 Akte (HStA Wiesbaden 467-813);

LG Limburg 4 Akten (HStA Wiesbaden 462-442; 462-452; 462-454; 462-506);

LG Frankfurt keine Akten.

f) Anfechtung der Ehelichkeit: LG Frankenthal 98 Akten (LA Speyer J6-1498; J6-1493; J6-1499*; J6-1515; J6-1500; J6-1516; J6-1517; J6-1673; J6-1630*; J6-1662; J6-1518; J6-1503; J6-1505; J6-1508; J6-1507; J6-1525; J6-1486*; J6-1586; J6-1509; J6-1563; J6-1520; J6-1527; J6-1514; J6-1512; J6-1458; J6-1561; J6-1562; J6-1569; J6-1697; J6-1565; J6-1567; J6-1544*; J6-1566; J6-1585; J6-1681; J6-1683; J6-1543*; J6-1589; J6-1684; J6-1686; J6-1685; J6-1688; J6-1676; J6-1577; J6-1593; J6-1580; J6-1581; J6-1691; J6-1572; J6-1703; J6-1699; J6-1693; J6-1698; J6-1704; J6-1618; J6-1706; J6-1705; J6-

1619; J6-1695; J6-1694; J6-1573; J6-1701; J6-1644; J6-1643; J6-1646; J6-1622; J6-1624; J6-1647; J6-1665; J6-1651; J6-1650 (1); J6-1623; J6-1632; J6-1613; J6-1628; J6-1660; J6-1629; J6-1631; J6-1667; J6-1627; J6-1666; J6-1668; J6-1633; J6-1637; J6-1653; J6-1636; J6-1661; J6-1634; J6-1635; J6-1655; J6-1654; J6-1638; J6-1670; J6-1671; J6-1615; J6-1616; J6-1658; J6-1672);

LG Wiesbaden keine Akten;

LG Limburg 78 Akten (HStA Wiesbaden 462-401; 462-402; 462-403; 462-404; 462-408; 462-410*; 462-411; 462-419; 462-424; 462-425; 462-432; 462-717; 462-434; 462-436; 462-440; 462-444; 462-730; 462-466; 462-456; 462-461; 462-463; 462-468; 462-470; 462-473; 462 474; 462-475; 462-504; 462-503; 462-502; 462-499; 462-498; 462-497; 462-496; 462-495; 462-492; 462-491; 462-489; 462-558; 462-487; 462-483; 462-481; 462-482; 462-528; 462-527; 462-526; 462-524; 462-525; 462-523; 462-520; 462-521; 462-519; 462-517; 462-515; 462-513; 462-512; 462-510; 462-511; 462-509; 462-508; 462-507; 462-505; 462-546; 462-545; 462-544; 462-543; 462-542; 462-440; 462-541; 462-539; 462-537; 462-535; 462-536; 462-534; 462-533; 462-531; 462-532; 462-529; 462-530);

LG Frankfurt keine Akten.

g) Sonstige familienrechtliche Streitigkeiten: LG Frankenthal 2 Akten (LA Speyer J6-1556; J6-1545);

LG Wiesbaden 2 Akten (HStA Wiesbaden 467-691*; 467-692);

LG Limburg 5 Akten (HStA Wiesbaden 462-984; 462-993; 462-989; 462-1037; 462-1038);

LG Frankfurt 1 Akte (HStA Wiesbaden 460-1042 - 25 O 14/44).

4. Erbrechtliche Streitigkeiten

a) Testament: LG Frankenthal 6 Akten (LA Speyer J6-821; J6-843; J6-1475; J6-1531*; J6-1552; J6-1596);

LG Wiesbaden 2 Akten (HStA Wiesbaden 467-883; 467-922);

LG Limburg keine Akten;

LG Frankfurt 2 Akten (HStA Wiesbaden 460-520; 460-1042 - 25 Q 36/44).

b) Vermächtnis: LG Frankenthal 5 Akten (LA Speyer J6-238; J6-245; J6-670 J6-1557; J6-812);

LG Wiesbaden 4 Akten (HStA Wiesbaden 467-676; 467-829; 467-878; 467-910);

LG Limburg und LG Frankfurt keine Akten.

c) Pflichtteil: LG Frankenthal 22 Akten (LA Speyer J6-236; J6-684; J6-244; J6-651; J6-652; J6-866 f; J6-675; J6-706; J6-699; J6-811; J6-711; J6-723; J6-813 J6-827; J6-847; J6-839; J6-1446; J6-1464; J6-1484; J6-1680; J6-1610; J6-1601);

LG Wiesbaden 2 Akten (HStA Wiesbaden 467-817; 467-890);

LG Limburg 2 Akten (HStA Wiesbaden 462-564; 462-936);

LG Frankfurt keine Akten.

d) Auseinandersetzung mit Dritten: LG Frankenthal 12 Akten (LA Speyer J6-1431 ff; J6-642; J6-823; J6-820; J6-1444; J6-1488; J6-1461; J6-1490; J6-1548 J6-1677; J6-1554; J6-1604);

LG Wiesbaden 10 Akten (HStA Wiesbaden 467-693; 467-743; 467-744; 467-749; 467-809; 467-830; 467-826; 467-853; 467-845; 467-903);

LG Limburg 2 Akten (HStA Wiesbaden 462-1024; 462-1045);

LG Frankfurt 1 Akte (HStA Wiesbaden 460-482 (1) - 22 Q 13/40).

e) Auflösung der Erbengemeinschaft: LG Frankenthal 26 Akten (LA Speyer J6-641; J6-643; J6-655; J6-671; J6-884; J6-691; J6-693; J6-810; J6-832; J6-869 J6-870; J6-873; J6-1606; J6-1485; J6-1489; J6-1479; J6-1459; J6-1472; J6-1467; J6-1603; J6-1678; J6-1535; J6-1539; J6-1547; J6-1599, J6-1602);

LG Wiesbaden 7 Akten (HStA Wiesbaden 467-689; 467-756; 467-783, 467-769; 467-810; 467-881, 467-917);

LG Limburg 7 Akten (HStA Wiesbaden 462-939; 462-940; 462-980; 462-1029; 462-971; 462-954; 462-955);

LG Frankfurt 2 Akten (HStA Wiesbaden 460-517; 460-487 (4)*).

f) Sonstige erbrechtliche Streitigkeiten: LG Frankenthal 3 Akten (LA Speyer J6-879; J6-1536 f; J6-1607);

LG Wiesbaden 1 Akte (HStA Wiesbaden 467-889);

LG Limburg und LG Frankfurt keine Akten.

5. Prozeßfragen

a) Abänderungsklagen, Schiedsgerichtsverfahren, insolvenzrechtliche Streitigkeit u.a.: LG Frankenthal 9 Akten (LA Speyer J6-242; J6-653; J6-340, 353 ff; J6-372; J6-378 f.*; J6-381; J6-383 ff.*; J6-853 ff.*; J6-1558);

LG Wiesbaden 2 Akten (HStA Wiesbaden 467-855; 467-916);

LG Limburg 1 Akte (HStA Wiesbaden 467-247);

LG Frankfurt 3 Akten (HStA Wiesbaden 460-102; 460-126; 460-1054).

b) Zwangsvollstreckungsrecht: LG Frankenthal 7 Akten (LA Speyer J6-639; J6-644; J6-677; J6-708; J6-809; J6-724; J6-844);

LG Wiesbaden 9 Akten (HStA Wiesbaden 467-694; 467-699; 467-698; 467-685; 467-788; 467-1314; 467-880; 467-895; 467-902);

LG Limburg 8 Akten (HStA Wiesbaden 462-561; 462-252; 462-802; 462-1028; 462-975; 462-1023; 462-1053; 462-970*);

LG Frankfurt 11 Akten (HStA Wiesbaden 460-114; 460-394 (1) - 22 Q 4/33; 460-394 (1) - 22 Q 29/33 u. 22 Q 31/33; 460-93; 460-394 (1) - 22 Q 113/33; 460-328 (1) - 22 Q 28/36 u. 22 Q 44/36; 460-428 (3) - 26 Q 33/36; 460-428 (5) - 29 Q 87/36*; 460-455 - 31 Q 3/38; 460-455 - 29 Q 54/38; 460-456 - 31 Q 26/38).

6. Sonstige Streitigkeiten (Aufwertungsfragen, Enteignungsentschädigungen, behördliche Streitigkeiten, Entmündigungen): LG Frankenthal 11 Akten (LA Speyer J6-239; J6-666; J6-679; J6-674; J6-806; J6-702; J6-717; J6-874*;

J6-1452 f; J6-1542; J6-1546);

LG Wiesbaden 4 Akten (HStA Wiesbaden 467-697; 467-742; 467-768; 467 661*);

LG Limburg 5 Akten (HStA Wiesbaden 462-562; 462-399; 462-431; 462-1015 462-547);

LG Frankfurt 3 Akten (HStA Wiesbaden 460-115; 460-515*; 460-516*).

7. Sonstige Akten: LG Frankenthal 2 Akten (LA Speyer J6-230; J6-648);

LG Wiesbaden 8 Akte (HStA Wiesbaden 467-789; 467-777; 467-836; 467-837 467-970; 467-971; 467-972; 467-973);

LG Limburg 4 Akten (HStA Wiesbaden 462-1017; 462-994; 462-1042; 462 988);

LG Frankfurt 5 Akten (HStA Wiesbaden 460-127; 460-395 (2) - 32 Q 17/33 460-428 (1) - 22 Q 6/36; 460-428 (3) - 26 Q 41/36; 460-641).

Handakten *jüdischer Konsulenten*: HStA Wiesbaden 474/2-2; 2-3; 2-7; 2-8; 2 10; 2-21; 2-31; 2-33; 2-44; 2-46; 2-47; 2-54; 2-55; 2-90; 2-112; 2-137; 2-152 2-170; 2-264; 2-292; 2-318; 2-334; 474/3-104; 3-128; 3-158; 3-223; 3-301; 3 306; 3-316; 3-332; 3-415; 3-525; 3-764; 3-765; 3-900; 3-935; 3-005; 3-1043; 3 1053; 3-1232; 3-1240; 3-1403; 3-1484; 3-1499; 3-1523; 3-1561; 3-1618; 3 1682; 3-1702; 3-1712; 3-1718; 3-1838; 3-1864; 3-1871; 3-1888; 3-1928; 3 2110; 3-2189; 3-2216; 3-2231; 3-2352; 474/4-30; 4-53; 4-59; 4-67; 4-138; 4 158; 4-177; 4-179; 4-214; 2-220; 4-225; 4-239; 4-330; 4-332; 4-393; 4-400;4 478; 4-498; 4-502; 4-551; 474/5-3; 5-49; 474/6-3.

RECHTSHISTORISCHE REIHE

Band 1 Studien zu den germanischen Volksrechten. Gedächtnisschrift für Wilhelm Ebel. Vorträge gehalten auf dem Fest-Symposion anläßlich des 70. Geburtstages von Wilhelm Ebel am 16. Juni 1978 in Göttingen. Götz Landwehr (Hrsg.) 1982.

Band 2 Hans Poeschel: Die Statuten der Banken, Sparkassen und Kreditgenossenschaften in Hamburg und Altona von 1710 bis 1889. 1978.

Band 3 Thomas Kolbeck: Juristenschwemmen, Untersuchungen über den juristischen Arbeitsmarkt im 19. und 20. Jahrhundert. 1978.

Band 4 Norbert Hempel: Richterleitbilder in der Weimarer Republik. 1978.

Band 5 Rolf Stratmann: Die Scheinbußen im mittelalterlichen Recht. 1978.

Band 6 Martin C. Lockert: Die niedersächsischen Stadtrechte zwischen Aller und Weser. Vorkommen und Verflechtungen. Eine Bestandsaufnahme. 1979.

Band 7 Joachim Rückert/Wolfgang Friedrich: Betriebliche Arbeiterausschüsse in Deutschland, Großbritannien und Frankreich im späten 19. und frühen 20. Jahrhundert. Eine vergleichende Studie zur Entwicklung des kollektiven Arbeitsrechts. 1979.

Band 8 Peter Bender: Die Rezeption des römischen Rechts im Urteil der deutschen Rechtswissenschaft. 1979.

Band 9 Friedrich Karl Alsdorf: Untersuchungen zur Rechtsgestalt und Teilung deutscher Ganerbenburgen. 1980.

Band 10 Dietmar Willoweit/Winfried Schich (Hrsg.): Studien zur Geschichte des sächsisch-magdeburgischen Rechts in Deutschland und Polen (Sammelband). 1980.

Band 11 Brigitte Hempel: Der Entwurf einer Polizeiordnung für das Herzogtum Sachsen-Lauenburg aus dem Jahre 1591. 1980.

Band 12 Klaus-Detlev Godau-Schüttke: Rechtsverwalter des Reiches. Staatssekretär Dr. Curt Joël. 1981.

Band 13 Rainer Polley: Anton Friedrich Justus Thibaut (AD 1772-1840) in seinen Selbstzeugnissen und Briefen. Teil 1: Abhandlung. Teil 2: Briefwechsel. Teil 3: Register zum Briefwechsel. 1982.

Band 14 Michael Wettengel: Der Streit um die Vogtei Kelkheim 1275-1276. Ein kanonischer Prozeß. 1981.

Band 15 Otto Wilhelm Krause: Naturrechtler des sechzehnten Jahrhunderts. Ihre Bedeutung für die Entwicklung eines natürlichen Privatrechts. 1982.

Band 16 Helga Spindler: Von der Genossenschaft zur Betriebsgemeinschaft. Kritische Darstellung der Sozialrechtslehre Otto von Gierkes. 1982.

Band 17 Holger Otte: Gustav Radbruchs Kieler Jahre 1919 - 1926. 1982.

Band 18 Rüdiger Teuner: Die fuldische Ritterschaft 1510 - 1656. 1982.

Band 19 Gerhard Dilcher/Rudolf Hoke/Gian Savino Pene Vidari/Hans Winterberg (Hrsg.): Grundrechte im 19. Jahrhundert. 1982.

Band 20 Karl-Hans Schloßstein: Die westfälischen Fabrikengerichtsdeputationen - Vorbilder, Werdegang und Scheitern. 1982.

Band 21 Birger Schulz: Der Republikanische Richterbund (1921-1933). 1982.

Band 22 Engelbert Krause: Die gegenseitigen Unterhaltsansprüche zwischen Eltern und Kindern in der deutschen Privatrechtsgeschichte. 1982.

Band 23 Meent W. Francksen: Staatsrat und Gesetzgebung im Großherzogtum Berg (1806-1813). 1982.

Band 24 Gerd von Sonnleithner: Bearbeitung des Handelsrechts durch Ignaz von Sonnleithner in seinem "Leitfaden über das österreichische Handels- und Wechselrecht". 1982.

Band 25 Rudolf Palme: Rechts-, Wirtschafts- und Sozialgeschichte der inneralpinen Salzwerke bis zu deren Monopolisierung. 1983.

Band 26 Helen Bosshard: Pestalozzis Staats- und Rechtsverständnis und seine Stellung in der Aufklärung. 1983.

Band 27 Jens Jessen: Die Selbstzeugnisse der deutschen Juristen. Erinnerungen, Tagebücher und Briefe. Eine Bibliographie. 1983.

Band 28 Günter Martin Jensen: Das Domanium Waldeck. Die rechtliche Zuordnung eines Fürstenvermögens. 1984.

Band 29 Johann Heinrich Kumpf: Petitionsrecht und öffentliche Meinung im Entstehungsprozeß der Paulskirchenverfassung 1848/49. 1983.

Band 30 Sabine Frey: Rechtsschutz der Juden gegen Ausweisungen im 16. Jahrhundert. 1983.

Band 31 Dietrich Joswig: Die germanische Grundstücksübertragung. 1984.

Band 32 Andreas Baryli: Konzessionssystem contra Gewerbefreiheit. Zur Diskussion der österreichischen Gewerberechtsreform 1835 bis 1860. 1984.

Band 33 Gerhard Oberkofler: Studien zur Geschichte der österreichischen Rechtswissenschaft. 1984.

Band 34 Rudolf Lauda: Kaufmännische Gewohnheit und Burgrecht bei Notker dem Deutschen. Zum Verhältnis von literarischer Tradition und zeitgenössischer Realität in der frühmittelalterlichen Rhetorik. 1984.

Band 35 Jens Jensen: Die Ehescheidung des Bischofs Hans von Lübeck von Prinzessin Julia Felicitas von Württemberg-Weiltingen AD 1648-1653. Ein Beitrag zum protestantischen Ehescheidungsrecht im Zeitalter des beginnenden Absolutismus. 1984.

Band 36 Horst Schröder: Friedrich Karl von Savigny. Geschichte und Rechtsdenken beim Übergang vom Feudalismus zum Kapitalismus in Deutschland. 1984.

Band 37 Andreas Hatzung: Dogmengeschichtliche Grundlagen und Entstehung des zivilrechtlichen Notstands. 1984.

Band 38 Matthias Klasen: Das Billwerder Landrecht. Landrecht und Landgericht in den Hamburger Elbmarschen. 1985.

Band 39 Rainer Jamin: Aufbau, Tätigkeit und Verfahren der Auseinandersetzungsbehörden bei der Durchführung der preußischen Agrarreformen. 1985.

Band 40 Henry Winter: Teilschuld, Gesamtschuld und unechte Gesamtschuld. Zur Konzeption der §§ 420 ff. BGB - Ein Beitrag zur Entstehungsgeschichte des BGB. 1985.

Band 41 Hermann Eichler: Verfassungsbewegung in Amerika und Europa. 1985.

Band 42 Dagmar Bandemer: Heinrich Albert Zachariae. Rechtsdenken zwischen Restauration und Reformation. 1985.

Band 43 Eva-Christine Frentz: Das Hamburgische Admiralitätsgericht (1623-1811). Prozeß und Rechtsprechung. 1985.

Band 44 Karl Lillig: Rechtsetzung im Herzogtum Pfalz-Zweibrücken während des 18. Jahrhunderts. Ein Beitrag zur Geschichte der territorialen Rechtsbildung. 1985.

Band 45 Walter Weber: Die Entwicklung der Sparkassen zu selbständigen Anstalten des öffentlichen Rechts. Ein Beitrag zur Entwicklung des Anstaltsbegriffs im 19. Jahrhundert. 1985.

Band 46 Bärbel Baum: Der Stabreim im Recht. Vorkommen und Bedeutung des Stabreims in Antike und Mittelalter. 1986.

Band 47 Hans Popp: Die nationalsozialistische Sicht einiger Institute des Zivilprozeß- und Gerichtsverfassungsrechts. 1986.

Band 48 John Karl-Heinz Montag: Die Lehrdarstellung des Handelsrechts von Georg Friedrich von Martens bis Meno Pöhls. Die Wissenschaft des Handelsrechts im ersten Drittel des 19. Jahrhunderts. 1986.

Band 49 Volker D. Anhäusser: Das internationale Obligationenrecht in der höchstrichterlichen Rechtsprechung des 19. Jahrhunderts. 1986.

Band 50 Udo Beer: Die Juden, das Recht und die Republik. Verbandswesen und Rechtsschutz 1919-1933. 1986.

Band 51 Herbert Grziwotz: Der moderne Verfassungsbegriff und die "Römische Verfassung" in der deutschen Forschung des 19. und 20. Jahrhunderts. 1986.

Band 52 Ralf Conradi: Karl Friedrich Eichhorn als Staatsrechtslehrer. Seine Göttinger Vorlesung über "Das Staatsrecht der deutschen Bundesstaaten" nach einer Kollegmitschrift aus dem Wintersemester 1821/22. 1987.

Band 53 Dieter Dannreuther: Der Zivilprozeß als Gegenstand der Rechtspolitik im Deutschen Reich 1871 - 1945. Ein Beitrag zur Geschichte des Zivilprozeßrechts in Deutschland. 1987.

Band 54 Stephan Felix Pauly: Organisation, Geschichte und Praxis der Gesetzesauslegung des (Königlich) Preußischen Oberverwaltungsgerichtes 1875 - 1933. 1987.

Band 55 Rüdiger Schulz: Die Entstehung des Seerechts des Allgemeinen Deutschen Handelsgesetzbuches unter besonderer Berücksichtigung der Bestimmungen über die Reederei, den Schiffer und die Schiffsmannschaft. 1987.

Band 56 Reinhold Reis: Deutsches Privatrecht in den Weistümern der Zenten Schriesheim und Kirchheim. 1987.

Band 57 Jürgen Christoph: Die politischen Reichsamnestien 1918 - 1933. 1987.

Band 58 Gerhard Oberkofler/Eduard Rabofsky: Hans Kelsen im Kriegseinsatz der k.u.k.-Wehrmacht. Eine kritische Würdigung seiner militärtheoretischen Angebote. 1988.

Band 59 Arne Wulff: Staatssekretär Prof. Dr. Dr. h.c. Franz Schlegelberger. 1876-1970. 1991.

Band 60 Gerhard Köbler (Hrsg.): Wege europäischer Rechtsgeschichte. Karl Kroeschell zum 60. Geburtstag. 1987.

Band 61 Rüdiger Hütte: Der Gemeinschaftsgedanke in den Erbrechtsreformen des Dritten Reichs. 1988.

Band 62 Markus Göldner: Politische Symbole der europäischen Integration. Fahne, Hymne, Hauptstadt, Paß, Briefmarke, Auszeichnungen. 1988.

Band 63 Wolfgang Kröner: Freiheitsstrafe und Strafvollzug in den Herzogtümern Schleswig, Holstein und Lauenburg von 1700 bis 1864. 1988.

Band 64 Werner Gaile: Die Norder Theelacht. 1988.

Band 65 Karl v. Kempis: Andreas Gaill (1526 - 1587). Zum Leben und Werk eines Juristen der frühen Neuzeit. 1988.

Band 66 Wolf-Rüdiger Osburg: Die Verwaltung Hamburgs in der Franzosenzeit. 1811-1814. 1988.

Band 67 Christian Schudnagies: Hans Frank. Aufstieg und Fall des NS-Juristen und Generalgouverneurs. 1988.

Band 68 Otmar Jung: Senatspräsident Freymuth. Richter, Sozialdemokrat und Pazifist in der Weimarer Republik. Eine politische Biographie. 1989.

Band 69 Joachim Lohner: Das landeshauptmannschaftliche Gericht in Oberösterreich zu Beginn der Neuzeit. Eine Darstellung des oberösterreichischen Prozeßrechts am obersten Territorialgericht des Landes anhand der oberösterreichischen Landtafel.1989.

Band 70 Bernd Klemann: Rudolf von Jhering und die Historische Rechtsschule. 1989.

Band 71 Adalbert Langer: Männer um die österreichische Zivilprozeßordnung 1895. Zusammenspiel / Soziales Ziel. 1990.

Band 72 Robert-Dieter Klee: Die Landessuperintendentur Lauenburg. Ursprung und Entwicklung sowie Ende der Sonderstellung des Kirchenkreises Herzogtum Lauenburg durch die nordelbische Kirchenvereinigung. 1989.

Band 73 Heinrich Herrmann: Die Gehöferschaften im Bezirk Trier. 1989.

Band 74 Wilhelm Brauneder, Franz Baltzarek (Hrsg.): Modell einer neuen Wirtschaftsordnung. Wirtschaftsverwaltung in Österreich 1914 - 1918. 1991.

Band 75 Thomas Dreyer: Die "Assecuranz- und Haverey-Ordnung" der Freien und Hansestadt Hamburg von 1731. 1990.

Band 76 Bernhard Sendler: Die Rechtssprache in den süddeutschen Stadtrechtsreformationen. 1990.

Band 77 Brigitte Lehmann: Ehevereinbarungen im 19. und 20. Jahrhundert. 1990.

Band 78 Michael Sunnus: Der NS-Rechtswahrerbund (1928-1945). Zur Geschichte der nationalsozialistischen Juristenorganisation. 1990.

Band 79 Stefan Schulz: Die historische Entwicklung des Rechts an Bienen. (§§ 961 - 964 BGB). 1990.

Band 80 Gerhard Lingelbach, Heiner Lück (Hrsg.): Deutsches Recht zwischen Sachsenspiegel und Aufklärung. Rolf Lieberwirth zum 70. Geburtstag dargebracht von Schülern, Freunden und Kollegen, herausgegeben von Gerhard Lingelbach und Heiner Lück. 1991.

Band 81 Manfred Krohn: Die deutsche Justiz im Urteil der Nationalsozialisten 1920 - 1933. 1991.

Band 82 Angelika Kühn: Privilegierung nationaler Minderheiten im Wahlrecht der Bundesrepublik Deutschland und Schleswig-Holsteins. 1991.

Band 83 Georg Brun: Leben und Werk des Rechtshistorikers Heinrich Mitteis unter besonderer Berücksichtigung seines Verhältnisses zum Nationalsozialismus. 1991.

Band 84 Wolfgang Simon: Claudius Freiherr von Schwerin. Rechtshistoriker während dreier Epochen deutscher Geschichte. 1991.

Band 85 Friedrich-Carl Wachs: Das Verordnungswerk des Reichsdemobilmachungsamtes. Stabilisierender Faktor zu Beginn der Weimarer Republik. 1991.

Band 86 Jens-Uwe Petersen: Die Vorgeschichte und die Entstehung des Mieterschutzgesetzes von 1923 nebst der Anordnung für das Verfahren vor dem Mieteinigungsamt und der Beschwerdestelle. 1991.

Band 87 Ulrike Haibach: Familienrecht in der Rechtssprache. Die historische Entwicklung zentraler Ausdrücke des geltenden Familienrechts. 1991.

Band 88 Joern Christian Nissen: Die Beratungen des Seeversicherungsausschusses der Akademie für Deutsches Recht zu einem neuen Seeversicherungsgesetz (1934-1939). Ein Beitrag zur Entwicklung der allgemeinen Lehren des Seeversicherungsrechts unter besonderer Berücksichtigung des Handelsgesetzbuchs und der Allgemeinen Deutschen Seeversicherungs-Bedingungen 1919. 1991.

Band 89 Diethard Bühler: Die Entstehung der allgemeinen Vertragsschluß-Vorschriften im Allgemeinen Deutschen Handelsgesetzbuch (ADHGB) von 1861. Ein Beitrag zur Kodifikationsgeschichte des Privatrechts im 19. Jahrhundert. 1991.

Band 90 Gerhard Oberkofler: Die Vertreter des Römischen Rechts mit deutscher Unterrichtssprache an der Karls-Universität in Prag. Vom Vormärz bis 1945. 1991.

Band 91 Ulrich Andermann: Ritterliche Gewalt und bürgerliche Selbstbehauptung. Untersuchungen zur Kriminalisierung und Bekämpfung des spätmittelalterlichen Raubrittertums am Beispiel norddeutscher Hansestädte. 1991.

Band 92 Heinz Marcus Hanke: Luftkrieg und Zivilbevölkerung. Der kriegsvölkerrechtliche Schutz der Zivilbevölkerung gegen Luftbombardements von den Anfängen bis zum Ausbruch des Zweiten Weltkrieges. 1991.

Band 93 Kirsten Kraglund: Familien- und Erbrecht. Materielles Recht und Methoden der Rechtsanwendung in der Rechtsprechung des Oberappellationsgerichts der vier Freien Städte Deutschlands zu Lübeck. 1991.

Band 94 Reinhard Lorenz: Die politische und rechtliche Stellung des Proletariats in Preußen in der Zeit zwischen den Reformen und der Revolution 1848/49. 1991.

Band 95 Eric Hilgendorf: Die Entwicklungsgeschichte der parlamentarischen Redefreiheit in Deutschland. 1991.

Band 96 Hans J. Reiter: Die Handelsgesellschaft Villeroy & Boch von der Gründung 1836 bis zum Jahr 1878. 1992.

Band 97 Martin Johannes Heller: Reform der deutschen Rechtssprache im 18. Jahrhundert. 1992.

Band 98 Michael Kotulla: Die Tragweite der Grundrechte der revidierten preußischen Verfassung vom 31.01.1850. 1992.

Band 99 Michael Siefener: Hexerei im Spiegel der Rechtstheorie. Das crimen magiae in der Literatur von 1574 bis 1608. 1992.

Band 100 Andreas Ebert-Weidenfeller: Hamburgisches Kaufmannsrecht im 17. und 18. Jahrhundert. Die Rechtsprechung des Rates und des Reichskammergerichtes. 1992.

Band 101 Enno Bommel: Die Entstehung der Verwirkungslehre in der Krise des Positivismus. 1992.

Band 102 Ralph Steppacher: Die Berücksichtigung der bäuerlichen Postulate bei der Entstehung des ZGB und der Revision des OR. Ein Beitrag zur schweizerischen Kodifikationsgeschichte (1893 - 1912). 1992.

Band 103 Martin Fleckenstein: Die Todesstrafe im Werk Carl Joseph Anton Mittermaiers (1707 1867). Zur Entwicklungsgeschichte eines Werkbereichs und seiner Bedeutung für Theorie- und Methodenbildung. 1992.

Band 104 Jörn Eckert: Der Kampf um die Familienfideikommisse in Deutschland. Studien zum Absterben eines Rechtsinstitutes. 1992.

Band 105 Jörg Grotkopp: Beamtentum und Staatsformwechsel. Die Auswirkungen der Staatsformwechsel von 1918, 1933 und 1945 auf das Beamtenrecht und die personelle Zusammensetzung der deutschen Beamtenschaft. 1992.

Band 106 Andreas Rohde: Die Garantiehaftung des Vermieters und ihr Verhältnis zum Unmöglichkeitsrecht in dogmengeschichtlicher und modernrechtlicher Sicht. 1992.

Band 107 Tjark Siefke Kunstreich: Gesamtvertretung. Eine historisch-systematische Darstellung. 1992.

Band 108 Jürgen Krüger: Blindheit und Königtum. Die Blindheit des Königs Georg V. von Hannover als verfassungsrechtliches Problem. 1992.

Band 109 Wolfgang Putschek: Ständische Verfassung und autoritäre Verfassungspraxis in Österreich 1933-1938 mit Dokumentenanhang. Verfassung und Verfassungswirklichkeit. Mit einem Anhang: Denkschriften von Rechtsanwalt Dr. Erich Führer 1936/37. 1993.

Band 110 Klaus Hofmann: Die Verdrängung der Juden aus öffentlichem Dienst und selbständigen Berufen in Regensburg 1933-1939. 1993.

Band 111 Franz Kilger: Die Entwicklung des Telegraphenrechts im 19. Jahrhundert mit besonderer Berücksichtigung der technischen Entwicklung. Telegraphenrecht im 19. Jahrhundert. 1993.

Band 112 Wilhelm Brauneder (Hrsg.): Heiliges Römisches Reich und moderne Staatlichkeit. 1993.

Band 113 Thomas Heinrich: Das preußische Nichtehelichenrecht: Von der Aufklärung zur Reaktion. 1993.

Band 114 Gerald Kohl: Jagd und Revolution. Das Jagdrecht in den Jahren 1848 und 1849. 1993.

Band 115 Christian Schudnagies: Der Kriegs- oder Belagerungszustand im Deutschen Reich während des Ersten Weltkrieges. Eine Studie zur Entwicklung und Handhabung des deutschen Ausnahmezustandsrechts bis 1918. 1994.

Band 116 Elisabeth Bellmann: Die Internationale Kriminalistische Vereinigung (1889-1933). 1994.

Band 117 Julia Pfannkuch: Volksrichterausbildung in Sachsen 1945-1950. 1993.

Band 118 Jörg Offen: Von der Verwaltungsgemeinschaft des BGB von 1896 zur Zugewinngemeinschaft des Gleichberechtigungsgesetzes von 1957. 1994.

Band 119 Dorothee Kohlhas-Müller: Untersuchungen zur Rechtsstellung Theoderichs des Großen. 1995.

Band 120 Monika Rose: Das Gerichtswesen des Herzogtums Pfalz-Zweibrücken im 18. Jahrhundert. Ein Beitrag zur territorialen Gerichtsbarkeit im Alten Reich. 1994.

Band 121 Jörn Eckert / Hans Hattenhauer (Hrsg.): Bibel und Recht. Rechtshistorisches Kolloquium 9. - 13. Juni 1992 an der Christian-Albrechts-Universität zu Kiel. 1994.

Band 122 Robert Martin Mizia: Der Rechtsbegriff der Autonomie und die Begründung des Privatfürstenrechts in der deutschen Rechtswissenschaft des 19. Jahrhunderts. 1995.

Band 123 Walther Graf von Plettenberg: Das Fortleben des Liber Iudiciorum in Asturien/León (8. - 13. Jh.). 1994.

Band 124 Wolfgang Schulz: Das deutsche Börsengesetz. Die Entstehungsgeschichte und wirtschaftlichen Auswirkungen des Börsengesetzes von 1896. 1994.

Band 125 Frank Hagemann: Der Untersuchungsausschuß Freiheitlicher Juristen. 1949 – 1969. 1994.

Band 126 Andreas Rethmeier: "Nürnberger Rassegesetze" und Entrechtung der Juden im Zivilrecht. 1995.

Band 127 Edith Grether: Die Poesie der Throne. Die Juristen in der Fruchtbringenden Gesellschaft. 1995.

Band 128 Anna Bartels-Ishikawa: Der Lippische Thronfolgestreit. Eine Studie zu verfassungsrechtlichen Problemen des Deutschen Kaiserreiches im Spiegel der zeitgenössischen Staats. 1995.

Band 129 Jörg Schmidt: Otto Koellreutter 1883-1972. Sein Leben, sein Werk, seine Zeit. 1995.

Band 130 Christian Hattenhauer: Wahl und Krönung Franz II. AD 1792. Das Heilige Reich krönt seinen letzten Kaiser - Das Tagebuch des Reichsquartiermeisters Hieronymus Gottfried von Müller und Anlagen. 1995.

Band 131 Jutta v. der Decken: Das Seearbeitsrecht im Hamburger Stadtrecht von 1301 bis 1603. 1995.

Band 132 Detlev Schmidt: Die Reform des Rechts der Handelsvertreter von 1953. 1995.

Band 133 Gabi Roßdeutscher: Privatautonomie im Scheidungsrecht. Scheidungsbezogene Vereinbarungen in den letzten 200 Jahren. 1995.

Band 134 Harald Kahlenberg: Leben und Werk des Rechtshistorikers Walther Merk. Ein Beispiel für das Verhältnis von Rechtsgeschichte und Nationalsozialismus. 1995.

Band 135 Michael Steitz: Adelbert Düringer am Reichsgericht (1902-1915). Seine aktienrechtlichen Entscheidungen und sein Einfluß auf das Aktienrecht in Deutschland. 1995.

Band 136 Christian Becker: Beata Justorum Translatio. Juristen in schleswig-holsteinischen Leichenpredigten. 1996.

Band 137 Christoph Seiler: Vom Allgemeinen Landrecht zum Bürgerlichen Gesetzbuch. Dargestellt am Beispiel der höchstrichterlichen Judikatur zum kaufrechtlichen Sachmängelgewährleistungsrecht. 1996.

Band 138 Bernd Mayer: Die Vertrauensmännerausschüsse auf den preußischen Steinkohlegruben an der Saar. Entstehung und Wirken. Eine rechtshistorische Untersuchung. 1996.

Band 139 Rochus Scholl: Juden und Judenrecht im Herzogtum Pfalz-Zweibrücken. Ein Beitrag zur Rechtsgeschichte eines deutschen Kleinstaates am Ende des alten Reiches. 1996.

Band 140 Meike Bursch: Judentaufe und frühneuzeitliches Strafrecht. Die Verfahren gegen Christian Treu aus Weener/Ostfriesland 1720-1728. 1996.

Band 141 Markus Hillenbrand: Fürstliche Eheverträge. Gottorfer Hausrecht 1544 - 1773. 1996.

Band 142 Ulf Häder: Das gemeinschaftliche Oberappellationsgericht thüringischer Staaten in Jena. Ein Beitrag zur Geschichte des Gerichtswesens im 19. Jahrhundert. 1996.

Band 143 Andreas Bauer: Das Gnadenbitten in der Strafrechtspflege des 15. und 16. Jahrhunderts. Dargestellt unter besonderer Berücksichtigung von Quellen der Vorarlberger Gerichtsbezirke Feldkirch und des Hinteren Bregenzerwaldes. 1996.

Band 144 Christian Wirth: Der Jurist Johann Andreas Georg Friedrich Rebmann zwischen Revolution und Restauration. 1996.

Band 145 Stefanie Müller: Die Rechtsprechung des Hanseatischen Oberlandesgerichts zum persönlichen Eherecht in Hamburgischen Gerichtsfällen von 1879 -1900. 1996.

Band 146 Jean-Nicolas Morisset: Der Frachtvertrag in der *Ordonnance de la marine* von 1681. 1996.

Band 147 Dirk Lentfer: Die Glogauer Landesprivilegien des Andreas Gryphius von 1653. 1996.

Band 148 Wencke Mull: Die Haftung für Einsturzschäden nach den §§ 836-838 BGB in der Rechtsprechung des Reichsgerichts. 1996.

Band 149 Renate Zelger: Teufelsverträge. Märchen, Sage, Schwank, Legende im Spiegel der Rechtsgeschichte. 1996.

Band 150 Guido Kraß: Das Arrestverfahren in Frankfurt am Main im Spätmittelalter. 1996.

Band 151 F. Benedict Heyn: Die Entwicklung des Eisenbahnfrachtrechts von den Anfängen bis zur Einführung des Allgemeinen Deutschen Handelsgesetzbuches (ADHGB). 1996.

Band 152 Thomas Lang: Die Staats- und Verfassungslehre Carl Salomo Zachariaes. 1996.

Band 153 Michael Hebeis: Karl Anton von Martini (1726-1800). Leben und Werk. 1996.

Band 154 Gerald Hubert: Die Diskussion um die rechtliche Natur der Bizone in den Jahren 1947-1949. 1996.

Band 155 Christof Horn: Die Rechtsprechung des Reichsgerichts in Ehescheidungssachen der Jahre 1900 bis 1905. 1996.

Band 156 Hermann Nehlsen / Georg Brun (Hrsg.): Münchener rechtshistorische Studien zum Nationalsozialismus. 1996.

Band 157 Jan Otto Clemens Kehrberg: Die Entwicklung des Elektrizitätsrechts in Deutschland. Der Weg zum Energiewirtschaftsgesetz von 1935. 1997.

Band 158 Johannes Tradt: Der Religionsprozeß gegen den Zopfschulzen (1791-1799). Ein Beitrag zur protestantischen Lehrpflicht und Lehrzucht in Brandenburg-Preußen gegen Ende des 18. Jahrhunderts. 1997.

Band 159 Dietmar Olsen: Das kaufrechtliche Sachmängelgewährleistungsrecht des Code civil in der Rechtsprechung deutscher Gerichte im 19. Jahrhundert. Ein Beitrag zur Ablösung der Partikularrechte durch das BGB. 1997.

Band 160 Ulrich Bernhardt: Die Deutsche Akademie für Staats- und Rechtswissenschaft „Walter Ulbricht" 1948-1971. 1997.

Band 161 Claudia Susan Hoppe: Die Bürgschaft im Rechtsleben Hamburgs von 1600 bis 1900. 1997.

Band 162 Franz-Rudolf Ecker: Die Entwicklung des Bergrechts im Saarbrücker Steinkohlenrevier bis zum Ende des 18. Jahrhunderts. Ein Vergleich mit dem älteren deutschen Bergrecht. 1997.

Band 163 Anne Katrin Rückert: Politik und Privatrecht in der „konservativen Revolution". 1997.

Band 164 Gisbert Laube: Der Reichskunstwart. Geschichte einer Kulturbehörde 1919-1933. 1997.

Band 165 Nicolas Lührig: Die Diskussion über die Reform der Juristenausbildung von 1945 bis 1995. 1997.

Band 166 Regula Gerber Jenni: Die Emanzipation der mehrjährigen Frauenzimmer. Frauen im bernischen Privatrecht des 19. Jahrhunderts. 1997.

Band 167 Mischa A. Färber: Das gemeinschaftliche Testament in der höchstrichterlichen Rechtsprechung zum Allgemeinen Preußischen Landrecht und zum BGB. Ein Beitrag zur Ablösung der Partikularrechte durch das BGB. 1997.

Band 168 Catherine Antoinette Gasser: Philipp Lotmar 1850-1922. Professor der Universität Bern. Sein Engagement für das Schweizerische Arbeitsrecht. 1997.

Band 169 Lars Immisch: Der sozialistische Richter in der DDR und seine Unabhängigkeit. Der Versuch eines Rechtsvergleiches zum Unabhängigkeitsbegriff in der bundesdeutschen Rechtsordnung. 1997.

Band 170 Jessica Jacobi: Besitzschutz vor dem Reichskammergericht. Die friedenssichernde Funktion der Besitzschutzklagen am Reichskammergericht im 16. Jahrhundert, dargestellt anhand von Kameralisten. 1998.

Band 171 Ewald Hügemann: Die Geschichte des öffentlichen und privaten Mietpreisrechts vom Ersten Weltkrieg bis zum Gesetz zur Regelung der Miethöhe von 1974. 1998.

Band 172 Lutz Rentzow: Die Entstehungs- und Wirkungsgeschichte der Vernewerten Landesordnung für das Königreich Böhmen von 1627. 1998.

Band 173 Sabine Stürmer: Mühlenrecht im Herzogtum Pfalz-Zweibrücken während des 18. Jahrhunderts. Ein Beitrag zum Wirtschaftsrecht eines deutschen Kleinstaates im Alten Reich. 1998.

Band 174 Mario Bogisch: *Nemo testis in re sua.* Das Problem der Zeugnisfähigkeit bei der Anwendung der deutschen Zivilprozeßordnung von 1877. 1998.

Band 175 Rainer Oßwald: Pactane sunt servanda? Freiwilligkeit, Zwang und Unverbindlichkeitserklärungen im islamischen Vertragsrecht malikitischer Schule. 1998.

Band 176 Bettina Kern: Der preußische BGB-Entwurf von 1842. 1998.

Band 177 Inken Fuhrmann: Die Diskussion über die Einführung der fakultativen Zivilehe in Deutschland und Österreich seit Mitte des 19. Jahrhunderts. 1998.

Band 178 Annette Rieck: Der Heilige Ivo von Hélory (1247-1303). Advocatus pauperum und Patron der Juristen. 1998.

Band 179 Frank Bottenberg: Die Hamburgische Strafprozeßordnung von 1869. 1998.

Band 180 Matthias Krauß: Das kursächsische Postrecht von seinen Anfängen bis zum Ende des Alten Reichs. 1998.

Band 181 Torsten Schmidt: Die Entmündigung von den Anfängen des BGB bis zu ihrer Ablösung durch das Institut der Betreuung. 1998.

Band 182 Christian Nunn: Rudolf Müller-Erzbach. 1874-1959. Von der realen Methode über die Interessenjurisprudenz zum kausalen Rechtsdenken (Leben und Werk). 1998.

Band 183 Christian Ortloff: Das staatskirchenrechtliche System Wilhelm Traugott Krugs. Glaubens- und Gewissensfreiheit – eine Forderung der Vernunft. 1998.

Band 184 Christian Hattenhauer: Schuldenregulierung nach dem Westfälischen Frieden. Der sog. § *de indaganda* und seine Umsetzung im Jüngsten Reichsabschied (AD 1648 und 1654). 1998.

Band 185 Werner Schubert: Preußen im Vormärz. Die Verhandlungen der Provinziallandtage von Brandenburg, Pommern, Posen, Sachsen und Schlesien sowie – im Anhang – von Ostpreußen, Westfalen und der Rheinprovinz (1841-1845). 1998.

Band 186 Silvia Schumacher: Das Rechtsverhältnis zwischen Eltern und Kindern in der Privatrechtsgeschichte. 1999.

Band 187 Kai Sommer: Die Strafbarkeit der Homosexualität von der Kaiserzeit bis zum Nationalsozialismus. Eine Analyse der Straftatbestände im Strafgesetzbuch und in den Reformentwürfen (1871-1945). 1998.

Band 188 Jan Erik Backhaus: Volksrichterkarrieren in der DDR. 1999.

Band 189 Ralf Ruhnau: Die Fürstlich Thurn und Taxissche Privatgerichtsbarkeit in Regensburg. Ein Kuriosum der deutschen Rechtsgeschichte. 1999.

Band 190 Antonio Grilli: Die französische Justizorganisation am linken Rheinufer 1797-1803. 1999.

Band 191 Stephanie Kammerloher-Lis: Die Entstehung des Gesetzes über die religiöse Kindererziehung vom 15. Juli 1921. 1999.

Band 192 Jan Telp: Ausmerzung und Vorrat. Zur Diskussion um Strafzwecke und Verbrechensbegriffe im Dritten Reich. 1999.

Band 193 Kurt von Pannwitz: Die Entstehung der Allgemeinen Deutschen Wechselordnung. Ein Beitrag zur Geschichte der Vereinheitlichung des deutschen Zivilrechts im 19. Jahrhundert. 1999.

Band 194 Sylvia Busch: Die Entstehung der Allgemeinen Gerichtsordnung für die Preussischen Staaten von 1793/95. Ein Beitrag zur Geschichte der Kodifikationsbewegung und der Reform des Zivilprozesses in Preußen im 18. Jahrhundert. 1999.

Band 195 Dirk Bieresborn: Klage und Klageerwiderung im deutschen und englischen Zivilprozeß. Eine rechtshistorische und rechtsvergleichende Untersuchung unter besonderer Berücksichtigung der Beeinflussung durch das römisch-kanonische Verfahren. 1999.

Band 196 Andreas Thier / Guido Pfeifer / Philipp Grzimek (Hrsg.): Kontinuitäten und Zäsuren in der Europäischen Rechtsgeschichte. Europäisches Forum Junger Rechtshistorikerinnen und Rechtshistoriker München 22.-24. Juli 1998. 1999.

Band 197 Franz Smola: Die Fürstlich Liechtenstein'sche Kunstsammlung. Rechtsfragen zur Verbringung der Sammlung von Wien nach Vaduz in den Jahren 1944/45. 1999.

Band 198 Frank Martin Krauss: Das geteilte Eigentum im 19. und 20. Jahrhundert. Eine Untersuchung zum Fortbestand des Teilungsgedankens. 1999.

Band 199 Matthias Frey: Die spanische Aktiengesellschaft im 18. Jahrhundert und unter dem Código de Comercio von 1829. 1999.

Band 200 Alexandra Gilde: Die Stellung der Frau im Reichsstrafgesetzbuch von 1870/71 und in den Reformentwürfen bis 1919 im Urteil der bürgerlichen Frauenbewegung. Eine Analyse ausgewählter Straftatbestände. 1999.

Band 201 Malte Dießelhorst / Arne Duncker: Hans Kohlhase. Die Geschichte einer Fehde in Sachsen und Brandenburg zur Zeit der Reformation. 1999.

Band 202 Jörg Hillmann: Territorialrechtliche Auseinandersetzungen der Herzöge von Sachsen-Lauenburg vor dem Reichskammergericht im 16. Jahrhundert. 1999.

Band 203 Carsten Engler: Die Kommanditgesellschaft (KG) und die stille Gesellschaft im Allgemeinen Deutschen Handelsgesetzbuch (ADHGB) von 1861. 1999.

Band 204 Vesta Hoffmann-Steudner: Die Rechtsprechung des Reichsgerichts zu dem Scheidungsgrund des § 49 EheG (EheG 1938) in den Jahren 1938-1945. 1999.

Band 205 Michaela Thiele: Die Auflösung von Arbeitsverhältnissen aufgrund Anfechtung und außerordentlicher Kündigung nach der Rechtsprechung des Reichsarbeitsgerichts (1927-1945). 2000.

Band 206 Peter Landau / Hermann Nehlsen / Mathias Schmoeckel (Hrsg.): Karl von Amira zum Gedächtnis. 1999.

Band 207 Marcus Flinder: Die Entstehungsgeschichte des Zivilgesetzbuches der DDR. 1999.

Band 208 Boris Franz Leo Bromm: Die Entstehungsgeschichte des Berufs des Handelsvertreters. Unter besonderer Berücksichtigung der Sozialgesetzgebung in den Jahren von 1871-1933. 2000.

Band 209 Winfried C. J. Eberstein: Das Tierschutzrecht in Deutschland bis zum Erlaß des Reichs-Tierschutzgesetzes vom 24. November 1933. Unter Berücksichtigung der Entwicklung in England. 1999.

Band 210 Patrick Deller: Der „nach dem Vertrage" vorausgesetzte Gebrauch (§ 459 Absatz 1 Satz 1 BGB). Eine kaufrechtliche Untersuchung unter Berücksichtigung rechtshistorischer wie rechtsvergleichender Grundlagen. 2000.

Band 211 Eckard Freiherr von Bodenhausen: Haftung des Geschäftsherrn für Verrichtungsgehilfen im Straßen- und Schienenverkehr. Eine Analyse der Entscheidungen des Reichsgerichts zu § 831 BGB (1900-1945). 2000.

Band 212 Birte Gast: Der Allgemeine Teil und das Schuldrecht des Bürgerlichen Gesetzbuchs im Urteil von Raymond Saleilles (1855-1912). 2000.

Band 213 Hansjörg Michael Huber: Koloniale Selbstverwaltung in Deutsch-Südwestafrika. Entstehung, Kodifizierung und Umsetzung. 2000.

Band 214 Ulf Björner: Die Verfassungsgerichtsbarkeit im Norddeutschen Bund und Deutschen Reich (1867-1918). Eine rechtshistorische Untersuchung über Gerichtsbarkeit im Spannungsfeld von Politik und Recht innerhalb der von Bismarck geschaffenen deutschen Bundesstaaten. 2000.

Band 215 Mathias Freiherr von Rosenberg: Friedrich Carl von Savigny (1779-1861) im Urteil seiner Zeit. 2000.

Band 216 Reinhard Binder-Krieglstein: Österreichisches Adelsrecht 1868-1918/19. Von der Ausgestaltung des Adelsrechts der cisleithanischen Reichshälfte bis zum Adelsaufhebungsgesetz der Republik unter besonderer Berücksichtigung des adeligen Namensrechts. 2000.

Band 217 Claudia-Regine Nerius: Johannes Lehmann-Hohenberg (1851-1925). Eine Studie zur völkischen Rechts- und Justizkritik im Deutschen Kaiserreich. 2000.

Band 218 Ludger Meuten: Die Erbfolgeordnung des Sachsenspiegels und des Magdeburger Rechts. Ein Beitrag zur Geschichte des sächsisch-magdeburgischen Rechts. 2000.

Band 219 Christoph Alexander von Wilcken: Die Reformbestrebungen zum Genossenschaftsgesetz in der Frühzeit der Bundesrepublik. Die Beratungen der Sachverständigenkommission zur Überprüfung des Genossenschaftsrechts 1954 bis 1958 und der Referentenentwurf von 1962. 2000.

Band 220 Verein Junger RechtshistorikerInnen Zürich (Hrsg.): ¿Rechtsgeschichte(n)? ¿Histoire(s) du droit? ¿Storia/storie del diritto? ¿Legal Histori(es)? Europäisches Forum Junger Rechtshistorikerinnen und Rechtshistoriker Zürich 28.-30. Mai 1999. 2000.

Band 221 Hans Christian Schüler: Die Entstehungsgeschichte der Bundesnotarordnung vom 24. Februar 1961. 2000.

Band 222 Nils-Eberhard Schramm: Die Vereinigung demokratischer Juristen (1949-1999). 2000.

Band 223 Silke Anke Torp: Das Rechtsverhältnis zwischen den Eltern und ihren Kindern. Dienstleistungspflicht, Aussteuer und Ausstattung. Eine Analyse der Rechtsprechung des Reichsgerichts und des Reichsarbeitsgerichts zu den Vorschriften der §§ 1616 bis 1625 des Bürgerlichen Gesetzbuches in der Zeit von 1900 bis 1945. 2000.

Band 224 Martin Jürgen Maaß: Die Geschichte des Eigentumsvorbehalts, insbesondere im 18. und 19. Jahrhundert. 2000.

Band 225 Stefanie Langer: Rechtswissenschaftliche Itinerarien. Lebenswege namhafter europäischer Juristen vom 11. bis zum 18. Jahrhundert. 2000.

Band 226 Ulrich Schmitz: Der Unterhaltsanspruch des nichtehelichen Kindes gegen seinen Erzeuger. Die rechtsgeschichtliche und dogmatische Entwicklung im deutschen Recht. 2000.

Band 227 Sebastian Günther: Friedrich Carl von Savigny als Grundherr. 2000.

Band 228 Henning Ibs: Hermann J. Held (1890-1963). Ein Kieler Gelehrtenleben in den Fängen der Zeitläufe. 2000.

Band 229 Matthias Rücker: Wirtschaftswerbung unter dem Nationalsozialismus. Rechtliche Ausgestaltung der Werbung und Tätigkeit des Werberats der deutschen Wirtschaft. 2000.

Band 230 Hendrik Sandmann: Die Entwicklung von Begriff und Inhalt des Wirtschaftsrechts durch die Rechtswissenschaft in der Weimarer Republik. 2000.

Band 231 Sibylle Müller: Gibt es Menschenrechte bei Samuel Pufendorf? 2000.

Band 232 Karin Olechowski-Hrdlicka: Die gemeinsamen Angelegenheiten der Österreichisch-Ungarischen Monarchie. Vorgeschichte – Ausgleich 1867 – Staatsrechtliche Kontroversen. 2001.

Band 233 Johannes Mierau: Die juristischen Abschluß- und Diplomprüfungen in der SBZ/DDR. Ein Einblick in die Juristenausbildung im Sozialismus. 2001.

Band 234 Jörg Wolff (Hrsg.): Stillstand, Erneuerung und Kontinuität. Einsprüche zur Preußenforschung. 2001.

Band 235 Friedo Schröder: Die anwaltliche Tätigkeit während der nationalsozialistischen Herrschaft. Eine Analyse der anwaltlichen Argumentation in Zivilprozessen anhand der vorhandenen Prozeßakten der Landgerichte Frankenthal, Wiesbaden, Limburg und Frankfurt und der Handakten der *jüdischen Konsulenten* des OLG-Bezirks Frankfurt. 2001.

Kurt Seelmann (Hrsg.)

Aktuelle Fragen der Rechtsphilosophie

Frankfurt/M., Berlin, Bern, Bruxelles, New York, Oxford, Wien, 2000. 143 S.
ISBN 3-631-36193-9 · br. DM 48.–*

Viele der heute in der Öffentlichkeit erörterten Fragen haben eine zentrale rechtsphilosophische Komponente. Ob Schwangerschaftsabbruch, Umweltschutz, Strafbarkeit von „Mauerschützen", Nationalismus, mitmenschliche Solidarität, Ordnung des Arbeitslebens, Menschenrechtsschutz und Achtung staatlicher Souveränität sowie Sterbehilfe – überall geht es um die Möglichkeit einer rationalen Begründung nichtpositiver Richtigkeitskriterien und um die Bestimmung einer sinnvollen Begrenzung rechtlicher Regelungen. Didaktisch besonders anregende Beiträge aus den *Rechtsphilosophischen Heften* sind hier zu einem Reader zusammengefaßt.

Aus dem Inhalt: Schutz des Lebens · Grenzen des positiven Rechts · Verteilungsgerechtigkeit · Nationalismus · Solidarität · Philosophie des Arbeitsrechts · Menschenrechtsschutz · Sterbehilfe